W0267424

die 50 wichtigsten Fälle zum Mobiliarsachenrecht

Sachenrecht I

Hemmer/Wüst/d'Alquen

Hemmer/Wüst Verlagsgesellschaft

Hemmer/Wüst/d'Alquen, die 50 wichtigsten Fälle zum Mobiliarsachenrecht,

Sachenrecht I

ISBN 978-3-86193-939-9

10. Auflage 2020

gedruckt auf chlorfrei gebleichtem Papier
von Schleunungdruck GmbH, Marktheidenfeld

Inhaltsverzeichnis

Kapitel I: Besitzschutz

Kapitel II: Die Eigentumsvermutung für den Besitzer

Kapitel III: Der Anspruch aus § 985 BGB

Kapitel IV: Die Ansprüche aus §§ 987 ff. BGB

Kapitel VII: Das Anwartschaftsrecht

Kapitel VIII: Gesetzliche und vertragliche Pfandrechte

Kapitel IX: Gesetzlicher Eigentumserwerb

Verbindung, Vermischung, Verarbeitung, §§ 946 ff. BGB

Vorwort

Die vorliegende Fallsammlung ist für **Studierende in den ersten Semestern** gedacht. Gerade in dieser Phase ist es wichtig, bei der Auswahl der Lernmaterialien den richtigen Weg einzuschlagen. **Auch in den späteren Semestern und im Referendariat** sollte man in den grundsätzlichen Problemfeldern sicher sein. Die essentials sollte jeder kennen.

Die Gefahr zu Beginn des Studiums liegt darin, den Stoff zu abstrakt zu erarbeiten. Nur ein **problemorientiertes Lernen**, d.h. ein Lernen am konkreten Fall, führt zum Erfolg. Das gilt für die kleinen Scheine / die Zwischenprüfung genauso wie für das Examen. In juristischen Klausuren wird nicht ein möglichst breites Wissen abgeprüft, vielmehr steht der Umgang mit konkreten Problemen im Vordergrund. Nur wer gelernt hat, sich die Probleme des Falles aus dem Sachverhalt zu erschließen, schreibt die gute Klausur. Es geht darum, Probleme zu erkennen und zu lösen. Abstraktes anwendungsunspezifisches Wissen, sog. „Träges Wissen“, täuscht Sicherheit vor, schadet aber letztlich.

Bei der Anwendung dieser Lernmethode sind wir Marktführer. Profitieren Sie von der über 40-jährigen Erfahrung des **Juristischen Repetitoriums hemmer** im Umgang mit Examensklausuren. Diese Erfahrung fließt in sämtliche Skripten des Verlages ein. Das Repetitorium beschäftigt **ausschließlich Spitzenjuristinnen und Spitzenjuristen**, teilweise Landesbeste ihres Examenstermins. Die so erreichte Qualität in Unterricht und Skripten werden Sie anderswo vergeblich suchen. Lernen Sie mit den Profis!

Ihre Aufgabe als Juristin oder Jurist wird es einmal sein, konkrete Fälle zu lösen. Diese Fähigkeit zu erwerben ist das Ziel einer guten juristischen Ausbildung. Nutzen Sie die Chance, diese Fähigkeit bereits zu Beginn Ihres Studiums zu trainieren. Erarbeiten Sie sich das notwendige Handwerkszeug anhand unserer Fälle. Sie werden feststellen: Wer Jura richtig lernt, dem macht es auch Spaß. Je mehr Sie verstehen, desto mehr Freude werden Sie haben, sich neue Probleme durch eigenständiges Denken zu erarbeiten. Wir bieten Ihnen mit unserer **juristischen Kompetenz** die notwendige Hilfestellung.

Fallsammlungen gibt es viele. Die Auswahl des richtigen Lernmaterials ist jedoch der entscheidende Aspekt. Vertrauen Sie auf unsere Erfahrungen im Umgang mit Prüfungsklausuren. Unser Beruf ist es, **alle klausurrelevanten Inhalte** zusammenzutragen und verständlich aufzubereiten. Prüfungsinhalte wiederholen sich. Wir vermitteln Ihnen das, worauf es in der Prüfung ankommt – verständlich – knapp – präzise.

Achten Sie dabei insbesondere auf die richtige Formulierung. Jura ist eine Kunstsprache, die es zu beherrschen gilt. Abstrakte Floskeln, ausgedehnte Meinungsstreitigkeiten sollten vermieden werden. Wir haben die Fälle daher bewusst kurz gehalten. Der Blick für das Wesentliche darf bei der Bearbeitung von Fällen nie verloren gehen.

Wir hoffen, Ihnen den Einstieg in das juristische Denken mit der vorliegenden Fallsammlung zu erleichtern und würden uns freuen, Sie auf Ihrem Weg in der Ausbildung auch weiterhin begleiten zu dürfen.

Karl-Edmund Hemmer & Achim Wüst

Kapitel I: Besitzschutz

Fall 1: Possessorische Besitzschutzansprüche (1)

Sachverhalt:

M hat von V für seinen Pkw eine Garage gemietet. D stellt seinen Pkw so vor der Garageneinfahrt ab, dass M nicht in die Garage einfahren kann.

Hat M gegen D einen Anspruch auf Entfernung des Pkw?

Abwandlung:

Frage: *Ändert sich etwas, wenn V dem D das Parken vor der Garage gestattet hat?*

I. Gliederung

1. Anspruch aus § 861 BGB

(-) da keine Besitzentziehung

2. Anspruch aus § 862 BGB

a) **Unmittelbarer Besitz** des M an der Garage (+)

b) **Störung des Besitzes** durch **verbotene Eigenmacht**: (+), Voraussetzungen des § 858 I BGB liegen vor

c) **Ausschlusstatbestände** nach §§ 862 II, 864 I, II BGB (-)

⇨ **Anspruch (+)**

3. §§ 823 I, 249 I BGB

(+) da zumindest berechtigter Besitz als sonstiges Recht nach § 823 I BGB geschützt.

4. §§ 823 II, 858 I, 249 I BGB

(+) da § 858 BGB nach h.M. Schutzgesetz

5. Ergebnis:
Der Anspruch auf Entfernung besteht.

Abwandlung

Kein abweichendes Ergebnis, da das Vorliegen einer **verbotenen Eigenmacht allein vom Willen des unmittelbaren Besitzers abhängt**. Die „Gestattung" wirkt auch nicht zu Lasten des M, so dass sich an der Widerrechtlichkeit i.S.d. § 858 I BGB nichts ändert.

II. Lösung

1. Anspruch des M gegen D auf Entfernung dessen Pkw aus § 861 I BGB

Ein Anspruch des M gegen D auf Entfernung des Pkw von der Garageneinfahrt könnte sich aus § 861 I BGB ergeben.

Das ist dann der Fall, wenn D dem M seinen Besitz durch verbotene Eigenmacht entzogen hätte.

a) Besitzentziehung

Besitzentziehung bedeutet – im Unterschied zur Besitz*störung* i.S.d. § 862 I BGB – die vollständige und dauerhafte Beseitigung des unmittelbaren Besitzes.

Fraglich ist, ob diese vorliegend bejaht werden kann. In Betracht kommt insoweit sowohl die Besitzentziehung hinsichtlich der Garage als auch hinsichtlich des Pkw.

aa) Garage

Die Nutzung der Garage wurde durch das Zuparken der Einfahrt vollständig aufgehoben, so dass die Annahme einer Besitzentziehung vertretbar erscheint. Allerdings ist die Besitzentziehung der schwerste Eingriff in die Herrschaftsgewalt des Besitzers, alle *unter* dieser Schwelle liegenden Beeinträchtigungen sind Besitzstörungen.

Daher erscheint es sachgerecht, hier nur vom Vorliegen einer Besitzstörung auszugehen; ein Öffnen der Garage, um Dinge dort zu lagern oder zu entfernen, bleibt möglich, so dass eine (vollständige) Entziehung nicht vorliegt.

bb) Pkw

Die Nutzungsmöglichkeit des Pkw wurde durch das Zuparken der Garage nicht vollständig aufgehoben. Vielmehr kann M sein Fahrzeug nach wie vor nutzen, nur die Möglichkeit des Parkens in der Garage bleibt ihm verwehrt.

b) Ergebnis

Damit ist § 861 I BGB mangels Vorliegen einer Besitzentziehung nicht gegeben.

hemmer-Methode: Andere Ansicht gut vertretbar! Die Abgrenzung von § 861 BGB und § 862 BGB ist fließend. Beachten Sie jedoch, dass – bei Vorliegen der Voraussetzungen im Übrigen – sich der Anspruch jedenfalls aus § 862 BGB ergibt; halten Sie sich bei der Abgrenzung also nicht allzu lange auf!

2. Anspruch des M gegen D auf Entfernung des Pkw aus § 862 I BGB

Als Anspruchsgrundlage kommt jedoch § 862 I BGB in Betracht. Der Anspruch ist dann gegeben, wenn M in der Ausübung seines unmittelbaren Besitzes durch verbotene Eigenmacht des D gestört ist.

a) Unmittelbarer Besitz des M

Obwohl § 862 I BGB nur von dem „Besitzer“ spricht, ist hiermit allein der *unmittelbare* Besitzer gemeint. Dies ergibt sich letztlich aus § 869 BGB, der die §§ 861, 862 BGB auch dem mittelbaren Besitzer zuspricht, jedoch nur bei Vorliegen verbotener Eigenmacht gegenüber dem unmittelbaren Besitzer.

M übt an der Garage ein von einem Besitzwillen getragenes tatsächliches Herrschaftsverhältnis aus, ist also unmittelbarer Besitzer an der Garage.

hemmer-Methode: Auf eine Berechtigung zum Besitz kommt es nicht an! Die §§ 859 ff. BGB schützen die tatsächlichen Besitzverhältnisse. Dementsprechend kann der Störer die Besitzstörung nicht damit rechtfertigen, ihm stünde ein Recht zum Besitz zu, § 863 BGB. Nur bei einer prozessualen Geltendmachung kann dies gem. § 864 II BGB zum Erlöschen der §§ 861 ff. BGB führen. Da die §§ 861 ff. BGB vom Vorliegen eines Besitz*rechtes* unabhängig sind, spricht man auch von „possessorischen“ Ansprüchen. Den Gegensatz dazu bilden petitorische Ansprüche, die sich aus einem Recht zum Besitz ergeben (§ 1007 BGB).

b) Besitzstörung durch verbotene Eigenmacht

aa) Besitzstörung

Besitzstörung ist die Beeinträchtigung des unmittelbaren Besitzes in der Weise, dass der Besitzer in der Ausübung seines Herrschaftsrechts erheblich behindert wird.

D hat vor der Garage des M geparkt. Dadurch wurde M in der Ausübung seiner Herrschaftsgewalt an der Garage erheblich behindert. Eine Besitzstörung i.S.d. § 862 BGB liegt vor.

hemmer-Methode: Eine Besitzstörung liegt nicht vor, wenn der Vermieter nach Beendigung des Mietverhältnisses die Versorgung der Räume mit Heizenergie unterbricht. Das gilt jedenfalls im Gewerbemietrecht. Für das Wohnraummietrecht hat der BGH dies ausdrücklich noch nicht entschieden, vgl. BGH, Life&Law 2009, 593 ff.
Ein wichtiges Urteil im Kontext des Mietrechts sei hier ebenfalls erwähnt. Wenn sich ein Mieter durch das Rauchen eines anderen Mieters (konkret: Rauch zieht von dessen Balkon nach oben in die Wohnung des „gestörten" Mieters) belästigt fühlt, stellt sich die Frage, ob man sich direkt an den störenden Mieter wenden kann. Zu diesem besteht keine vertragliche Beziehung, so dass insbesondere an § 862 BGB zu denken ist. Für die Frage eines Anspruchs aus § 862 BGB stellt der BGH auf die zu § 906 BGB entwickelten Grundsätze ab, d.h. darauf, ob eine wesentliche Beeinträchtigung vorliegt. Eine pauschale Beantwortung der Frage, ob ein Anspruch aus § 862 BGB besteht, ist daher nicht möglich. Vielmehr müssen die Umstände des Einzelfalls herangezogen werden. Dazu gehört auch, dass der gestörte Mieter in gewissem Umfang Rücksicht auf das Rauchbedürfnis des störenden Mieters nehmen muss, BGH, Life&Law 2015, 486 ff.

bb) Verbotene Eigenmacht, § 858 BGB

Diese müsste D durch verbotene Eigenmacht bewirkt haben.

Der Begriff der verbotenen Eigenmacht ist in § 858 I BGB definiert. Voraussetzung ist eine Besitzbeeinträchtigung des *unmittelbaren* Besitzers ohne dessen Willen, die auch nicht durch Gesetz gestattet und damit widerrechtlich ist.

Die Besitzstörung durch D erfolgte durch das Parken vor der Garage ohne den Willen des unmittelbaren Besitzers M; ein Handeln *gegen* den Willen des M ist nicht erforderlich.

Gesetzliche Gestattungen sind nicht ersichtlich.

Damit hat D den M durch verbotene Eigenmacht in seinem Besitz an der Garage gestört.

hemmer-Methode: Stünde der Pkw des M *in* der Garage, könnte direkt auf die Besitzstörung am *Pkw* abgestellt werden. Denn durch das Zuparken wird das Fahren mit dem Pkw unmöglich gemacht und damit die Herrschaftsgewalt am Pkw erheblich beeinträchtigt.
Das „Nicht-Einfahren-Können" in die Garage ist demgegenüber keine Besitzstörung am Pkw; das Fahren auf einem bestimmten Weg oder zu einem bestimmten Zielort wird vom Besitzschutz nicht erfasst.

c) Ausschlusstatbestände, § 862 II BGB

§ 862 II BGB ist nicht einschlägig, da M gegenüber D nicht i.S.d. § 858 II BGB fehlerhaft besitzt: Weder er noch ein Rechtsvorgänger haben gegenüber D bzgl. der Garage verbotene Eigenmacht verübt.

Die Jahresfrist des § 864 I BGB ist nicht abgelaufen; eine prozessuale Geltendmachung von Besitzrechten durch D i.S.d. § 864 II BGB ist nicht erfolgt.

hemmer-Methode: Dies nur der Vollständigkeit halber. An § 862 II BGB sollten Sie ebenso wie an § 861 II BGB denken, wenn der Anspruchsteller auf „nicht ganz sauberem Wege" in den Besitz der Sache gekommen ist.
So ist der Student, der das ihm gestohlene Fahrrad in der Stadt entdeckt und „zurückstiehlt" wegen § 861 II BGB keinem Anspruch aus § 861 BGB ausgesetzt:
Der Besitz des Diebes war gegenüber dem „Störer" fehlerhaft, § 858 II S. 1 BGB!
Hatte der Dieb die Sache einem Dritten weiterverkauft, so besitzt dieser nur bei Bösgläubigkeit fehlerhaft, § 858 II S. 2 Alt. 2 BGB. Jedoch kann der Student einen Herausgabeanspruch des Dritten aus § 861 BGB abwenden, in dem er sein Eigentum als Besitzrecht nach § 864 II BGB klageweise geltend macht.

3. Anspruch des M gegen D auf Entfernung des Pkw aus §§ 823 I, 249 I BGB

a) Rechtsgutsverletzung

Fraglich ist welches Rechtsgut des M verletzt wurde.

Durch das Verhalten des D wurde der Besitz des M an der Garage beeinträchtigt. Da M lediglich Mieter und nicht Eigentümer des Grundstücks ist, liegt eine Rechtsgutsverletzung nur dann vor, wenn es sich beim Besitz um ein geschütztes Recht i.S.v. § 823 BGB handelt.

Der Besitz ist nicht im Katalog des § 823 I BGB aufgezählt.

Er könnte aber ein sonstiges Recht i.S.d. § 823 BGB sein. Sonstige Rechte genießen dann den Schutz des § 823 I BGB, wenn sie ähnlich wie Eigentum absolut wirken. Sonstige Rechte müssen demnach *eigentumsähnlich* sein, also eine Nutzungs- und eine Ausschlussfunktion aufweisen (vgl. § 903 BGB).

Dies ist in jedem Fall beim *berechtigten* Besitz des M zu bejahen. Er kann Dritte von der Nutzung **ausschließen** (§§ 859 ff. BGB); aufgrund seines Besitzrechts aus dem Mietvertrag steht ihm die **Nutzung** an der Garage zu.

b) Verletzungshandlung, Kausalität, Verschulden, Rechtswidrigkeit

Die Verletzungshandlung des D liegt in dem Parken vor der Garage. Durch das Parken vor der Garageneinfahrt hat D den Besitz des M beeinträchtigt. Da von einem zumindest fahrlässigen und rechtswidrigen Verhalten des D auszugehen ist, ist der Haftungstatbestand des § 823 I BGB gegeben.

hemmer-Methode: Die Rechtswidrigkeit wird bei unmittelbaren Eingriffen grds. indiziert. Sie ist also zu bejahen, es sei denn es liegen Rechtfertigungsgründe vor. Eine Rechtfertigung läge hier vor, wenn ein Notstand gem. § 904 BGB einschlägig wäre, so z.B. für einen Arzt, wenn dieser im Einsatz die Einfahrt zuparkt.

Anderes gilt bei den sog. Rahmenrechten (Allgemeines Persönlichkeitsrecht, Recht am eingerichteten und ausgeübten Gewerbebetrieb), bei denen die Rechtswidrigkeit stets positiv festgestellt werden muss.

c) Schaden

Der zu ersetzende Schaden ist die noch andauernde Besitzbeeinträchtigung. Nach § 249 I BGB hat M gegen D einen Anspruch, den Schaden zu beseitigen, sog. Naturalrestitution. Dies geschieht durch Entfernen des Pkw von der Einfahrt.

d) Ergebnis

Damit besteht der fragliche Anspruch auch nach §§ 823 I, 249 I BGB.

hemmer-Methode: Um Missverständnissen vorzubeugen: Entgegen dem üblichen Sprachgebrauch ist Schadensersatz keinesfalls nur auf Geld gerichtet! Schaden ist jeder „Nachteil im Recht“, also auch eine Besitzbeeinträchtigung. Schadensersatz ist vorrangig durch Beseitigung des Schadens zu leisten, § 249 I BGB; nur wenn dies nicht möglich oder unzumutbar ist, kommt Geldersatz nach § 251 BGB in Betracht (sog. Schadenskompensation).

4. Anspruch des M gegen D auf Entfernung des Pkw aus §§ 823 II, 858 I, 249 I BGB

Nach h.M. stellt § 858 I BGB ein Schutzgesetz im Sinne des § 823 II BGB dar, so dass der Anspruch auf Entfernung auch auf diese Anspruchsgrundlage gestützt werden kann.

hemmer-Methode: Diese h.M. ist nicht ganz unproblematisch. Denn während bei § 823 I BGB nach h.M. nur der berechtigte Besitz als sonstiges Recht anerkannt ist (s.o.), schützt § 858 I BGB die tatsächliche Sachherrschaft, so dass über § 823 II BGB doch jeglicher Besitz deliktisch geschützt wird. Der BGH diskutiert diesen Aspekt aber gar nicht, sondern geht ganz selbstverständlich vom Schutzgesetzcharakter des § 858 I BGB aus.

5. Endergebnis

Also kann M von D Entfernung dessen Pkw von der Garageneinfahrt verlangen.

III. Lösung Abwandlung

Am gefundenen Ergebnis ändert sich nichts. Denn die Gestattung lässt die von D verübte verbotene Eigenmacht nicht entfallen: Nur ein Einverständnis des gestörten *unmittelbaren Besitzers* kann dazu führen, dass die Beeinträchtigung nicht mehr *ohne seinen Willen* i.S.v. § 858 I BGB erfolgt. Ein Ausschluss der Widerrechtlichkeit kommt nur bei *gesetzlicher*, nicht bei privater Gestattung in Betracht.

Daran ändert auch die u.U. bestehende Gutgläubigkeit nichts. Verbotene Eigenmacht setzt kein Verschulden voraus.

IV. Zusammenfassung

Voraussetzungen des Anspruchs aus § 862 BGB

- Anspruchsteller ist unmittelbarer Besitzer

- Besitzstörung durch verbotene Eigenmacht, § 858 I BGB
- Anspruchsgegner ist Störer

hemmer-Methode: Der Fall zeigt, dass Besitzschutz nicht nur über die spezielle Systematik der §§ 858 ff. BGB, sondern auch über deliktische Ansprüche gewährt wird. Beachten Sie, dass der Schwerpunkt der Klausur ganz einfach in das Deliktsrecht verschoben werden kann. Wie wäre der Fall zu lösen, wenn es nicht um die Entfernung selbst ginge, die M begehrt, sondern darum, ob M, wenn er den Wagen des D abschleppen lässt, Ersatz der entsprechenden Kosten verlangen könnte. Die Ansprüche aus §§ 861 f. versagen hier, weil sie nicht auf Ersatz gerichtet sind. Im Rahmen der deliktischen Ansprüche ist auf der Rechtsfolgenseite dann an § 251 I BGB zu denken, so dass Ersatz grundsätzlich verlangt werden könnte. Die Problematik liegt dann darin zu prüfen, ob die Kosten für das Abschleppen dem D zurechenbar sind. Der BGH bejaht dies, weil der M sich herausgefordert fühlen darf, den Wagen abschleppen zu lassen. Auch ein Verstoß gegen die Schadensgeringhaltungsobliegenheit gem. § 254 II S. 1 BGB liegt nicht vor, wenn die Ausübung des Selbsthilferechts im Einzelfall verhältnismäßig war, d.h. wenn das Abschleppen geboten war (z.B. nicht, wenn Aufenthaltsort des Störers bekannt), vgl. zur Fundstelle den Vertiefungshinweis.

V. Zur Vertiefung

- Hemmer/Wüst, SachenR I, Rn. 192 ff., 218 ff.
- Zur Ersatzfähigkeit der Abschleppkosten: BGH, Life&Law 2009, 511 ff.; 2012, 853 ff. Der BGH stellt hier auf §§ 823 II, 858 BGB ab. Auch § 823 I BGB wegen Eigentumsverletzung bzw. wegen Verletzung des berechtigten Besitzes als sonstigem Recht kommt in Betracht. Eine weitere denkbare Anspruchsgrundlage im Falle des Abschleppens ist die GoA, §§ 677, 683, 670 BGB, BGH, Life&Law 2016, 457 ff. Diese AGL wird insbesondere dann relevant, wenn sich der Fahrer nicht ermitteln lässt und der Anspruch gegen den Halter des Kfz geltend gemacht werden soll. Gegen den Halter kommt nur eine verschuldensunabhängige Anspruchsgrundlage in Betracht, was bei §§ 683, 670 BGB der Fall ist!
- Zur Besitzstörung durch Rauchen eines Mieters BGH, Life&Law 2015, 486 ff.

Fall 2: Possessorische Besitzschutzansprüche (2)

Sachverhalt:

Eigentümer E hat L für eine wöchentliche „Gebühr" von 10 € seinen Palandt „geliehen". L wittert eine günstige Gelegenheit und bietet seinem Freund F den Palandt für 80 € zum Kauf an; F greift erfreut zu und nimmt das Buch mit. Später ficht E wirksam den „Leihvertrag" wegen Irrtums an. Als er daraufhin von L erfährt, dieser habe das Buch gar nicht mehr, ist er empört und fragt nach seinen Rechten.

Frage: *Bestehen bzgl. des Palandt Ansprüche des E gegen F aus den §§ 861 ff. BGB?*

I. Gliederung

1. Anspruch aus § 861 I BGB

(-) da E nicht unmittelbarer Besitzer war

2. Anspruch aus §§ 869 S. 1, 861 BGB

a) **Mittelbarer Besitz** des E, § 868 BGB

aa) Mietvertrag = Besitzmittlungsverhältnis

bb) Besitzmittlungswille des L (+)

cc) Herausgabeanspruch E ⇨ L?
Nach Anfechtung Mietvertrag unwirksam, § 142 I BGB;
gesetzl. Anspruch aus § 812 I S. 1, Alt. 1 BGB genügt

b) **Verbotene Eigenmacht** gegen den unmittelbaren Besitzer L
(-) unmittelbarer Besitz freiwillig aufgegeben

c) **Ergebnis**: Anspruch (-)

II. Lösung

1. Anspruch des E gegen F auf Herausgabe des Palandt aus § 861 I BGB

E könnte gegen F einen Herausgabeanspruch aus § 861 I BGB haben, wenn E seinen unmittelbaren Besitz an dem Buch durch verbotene Eigenmacht des F verloren hat.

a) Unmittelbarer Besitz des E

E müsste somit unmittelbarer Besitzer des Buches vor dem Verlust gewesen sein.

Besitz ist die vom Verkehr anerkannte und von einem Besitzerwillen getragene tatsächliche Herrschaft einer Person über eine Sache. Unmittelbar ist ein Besitz dann, wenn diese tatsächliche Sachherrschaft von dem Besitzer selbst ausgeübt wird, § 854 I BGB.

hemmer-Methode: Beachten Sie bitte Grundsätzliches zum Besitz: Besitz, Gewahrsam und Eigentum sind völlig unterschiedliche Rechtsbegriffe. Während Besitz *tatsächliche* Sachherrschaft über eine Sache (§§ 90 ff. BGB) ist, bedeutet Eigentum *rechtliche* Herrschaft. Besitz liegt auch dann vor, wenn der Besitzer gar keine *unmittelbare* tatsächliche Sachherrschaft über die Sache hat (so z.B. Besitzherr eines Besitzdieners, § 855 BGB oder mittelbarer Besitzer, § 868 BGB).

Dagegen bedeutet Gewahrsam nur unmittelbare tatsächliche Sachherrschaft; der Begriff interessiert im materiellen Zivilrecht nicht, sondern v.a. im Strafrecht (§ 242 StGB) oder im Zwangsvollstreckungsrecht (§ 809 ZPO).

Vorliegend fehlte E die erforderliche tatsächliche *unmittelbare* Herrschaftsgewalt. Nach § 855 BGB und § 857 BGB (Erbenbesitz) kann ausnahmsweise unmittelbarer Besitzer auch eine Person sein, der eine solche Herrschaftsgewalt fehlt; diese Ausnahmevorschriften sind vorliegend jedoch nicht einschlägig.

b) Ergebnis

Damit war E zum fraglichen Zeitpunkt kein unmittelbarer Besitzer des Buches.

Daher kommt ein Anspruch aus § 861 I BGB nicht in Betracht.

2. Anspruch aus §§ 869 S. 1, 861 I BGB

Ein Anspruch des E gegen F könnte sich jedoch aus §§ 869 S. 1, 861 BGB ergeben. §§ 861, 862 BGB gelten direkt nur für den unmittelbaren Besitzer. Das ergibt sich aus dem Verweis des § 869 S. 1 BGB, der diese Vorschriften auch für den mittelbaren Besitzer für anwendbar erklärt. Würden §§ 861, 862 BGB direkt auch für den mittelbaren Besitzer gelten, wäre § 869 S. 1 BGB überflüssig.

hemmer-Methode: Merken Sie sich also: Sprechen §§ 858 ff. vom Besitzer, meinen sie nur den unmittelbaren Besitzer.

Der Gesetzgeber war in diesem Punkt inkonsequent, denn bei §§ 929 ff. BGB meint mit Besitz auch den mittelbaren Besitz. Anders wiederum bei § 935 I S. 1 BGB (wegen § 935 I S. 2 BGB).

a) Mittelbarer Besitz des E

Damit ist zuerst zu prüfen, ob E mittelbarer Besitzer des Buches war. Mittelbarer Besitzer ist gem. § 868 BGB derjenige, der die tatsächliche Sachherrschaft durch einen anderen ausüben lässt. Seine Beziehung zur Sache ist nur mittelbar. Sie wird ihm durch den unmittelbarer Besitzer vermittelt. Der unmittelbare Besitzer ist somit ein Besitzmittler. Als Besitzmittler kommt vorliegend L in Betracht.

Jedoch genügt der unmittelbare Besitz des L alleine nicht. Da L den Besitz dem E mitteln soll, ist eine besondere Rechtsbeziehung zwischen L und E erforderlich. Diese besondere Rechtsbeziehung wird auf zwei Elementen aufgebaut: dem Besitzmittlungswillen und dem Besitzmittlungsverhältnis, § 868 BGB.

aa) Besitzmittlungsverhältnis

Mittelbarer Besitz erfordert ein Rechtsverhältnis der in § 868 BGB genannten Art, sog. Besitzmittlungsverhältnis. Die dortigen Aufzählungen sind nur beispielhaft („oder einem ähnlichen Verhältnisse"); maßgeblich ist eine hinreichend konkrete Rechtsbeziehung, die auf Zeit ein Besitzrecht vermittelt.

Vorliegend handelte es sich um eine Miete i.S.d. §§ 535 ff. BGB, nicht um eine Leihe i.S.d. §§ 598 ff. BGB, da ein Mietzins vereinbart wurde. Die vereinbarte Entgeltlichkeit ist gerade der Unterschied zur Leihe.

Die nähere Qualifikation des Vertrages ist allerdings ohne Belang, da sowohl Miete als auch Leihe anerkanntermaßen ein Rechtsverhältnis i.S.d. § 868 BGB darstellen.

hemmer-Methode: Damit sind die – knapp gehaltenen – Ausführungen zur Abgrenzung Miete/Leihe nicht fallentscheidend. Bedenken Sie jedoch: Es ist ein umfassendes Gutachten und kein Urteil zu schreiben, zu jeder aufgeworfenen Rechtsfrage ist Stellung zu nehmen. Die – zudem noch in Anführungszeichen gesetzte – Falschbezeichnung als „Leihe“ ist als Wink mit dem Zaunpfahl auf eine kurze Einordnung des geschlossenen Vertrages zu sehen. Verwerten Sie die Hinweise des Klausurerstellers!

bb) Besitzmittlungswille

Weitere Voraussetzung ist der Besitzmittlungswille beim unmittelbaren Besitzer. Mittelbarer Besitz liegt nur dann vor, wenn der Besitzmittler (i.d.R. ein unmittelbarer Besitzer) für einen anderen besitzt, also eine generelle Herausgabepflicht gegenüber dem mittelbaren Besitzer anerkennt. Dieser Fremdbesitzerwille lag bei L zunächst vor.

hemmer-Methode: Beim mittelbaren Besitz ist es nicht zwingend, dass der Besitzmittler *unmittelbarer* (Fremd-)Besitzer ist, vielmehr kann auch ein mittelbarer Besitz noch einmal „gemittelt“ werden, vgl. § 871 BGB.

cc) Herausgabeanspruch

Ferner bedarf es des Bestehens eines – zumindest potentiellen – Herausgabeanspruches des mittelbaren Besitzers E gegen den Besitzmittler L. Dies ist erforderlich, um dem mittelbaren Besitzer zumindest eine gewisse Nähebeziehung zu der jeweiligen Sache zu geben, da Ziel des Besitzschutzes eigentlich der Schutz der *tatsächlichen* Herrschaftsverhältnisse ist.

Ein solcher könnte sich aus dem Mietverhältnis ergeben: Der künftige Herausgabeanspruch nach Beendigung des Mietverhältnisses aus § 546 I BGB ist ausreichend.

Fraglich ist jedoch wie es sich auswirkt, dass das Mietverhältnis aufgrund erfolgreicher Anfechtung ex tunc unwirksam ist, § 142 I BGB. Es ließe sich vertreten, dass im maßgeblichen Zeitpunkt der Wegnahme des Buches das Mietverhältnis noch bestand; das Besitzrecht schützt die *tatsächlichen* Verhältnisse, weshalb es vertretbar erschiene, im Bereich des § 868 BGB Rückwirkungsfiktionen nicht anzuwenden.

hemmer-Methode: Hier könnte der Vergleich zum Strafrecht helfen: Bei § 242 StGB ist es anerkannt, dass zivilrechtliche Rückwirkungsfiktionen wie § 142 I BGB oder § 1953 I BGB an der Fremdheit der Sache nichts ändern.

Eine solche Betrachtung ist jedoch gar nicht erforderlich: Auch bei Unwirksamkeit des Mietverhältnisses besteht zumindest ein Herausgabeanspruch des E gegen L aus § 812 I S. 1, Alt. 1 BGB. Denn L hat den Besitz rechtsgrundlos erlangt. Dieser Kondiktionsanspruch ist als Herausgabeanspruch zur Bejahung eines Besitzmittlungsverhältnisses ausreichend.

Damit liegen alle Voraussetzungen eines Besitzmittlungsverhältnisses vor. E war mittelbarer Besitzer.

b) Verbotene Eigenmacht gegen den unmittelbaren Besitzer

§ 869 S. 1 BGB setzt die Verübung verbotener Eigenmacht gegen den *unmittelbaren* Besitzer voraus. Zwar meint das Gesetz, wenn es allgemein vom „Besitzer" spricht, in aller Regel sowohl den unmittelbaren *als auch* den mittelbaren Besitzer.

Dies gilt jedoch nicht bei § 869 S. 1 BGB: Die Vorschrift verwendet einerseits den Begriff „Besitzer" und bezieht die Rechtsfolge auch auf den „mittelbaren Besitzer". Hieraus ist zu folgern, dass mit „Besitzer" nur der unmittelbare Besitzer gemeint sein kann.

Was unter verbotener Eigenmacht zu verstehen ist, ist im § 858 I BGB definiert.

Damit ist bei der Prüfung der verbotenen Eigenmacht auf den L und nicht auf den E abzustellen. L hat das Buch freiwillig an F verkauft. Seine Besitzaufgabe erfolgt also weder ohne noch gegen seinen Willen. Es spielt auch keine Rolle, dass L hierzu im Verhältnis zu E nicht berechtigt war.

c) Ergebnis

Damit hat E Keinen Anspruch gegen F nach § 861 BGB bzw. §§ 869 S. 2, 861 BGB!

hemmer-Methode: Der Besitzschutz umfasst neben §§ 861 ff. BGB auch sog. Gewaltrechte des § 859 BGB: Besitzwehr, § 859 I BGB und Besitzkehr, § 859 II BGB. Diese stellen besondere Selbsthilferechte des Besitzers dar, wenn eine Besitzbeeinträchtigung unmittelbar bevorsteht oder gerade erfolgt ist.

Diese Ansprüche spielen im vorliegenden Fall keine Rolle. Hinzuweisen ist in diesem Zusammenhang nur noch auf die Frage, ob diese Gewaltrechte auch dem mittelbaren Besitzer zustehen. § 869 BGB verweist nur auf possessorische Ansprüche der §§ 861 ff. BGB nicht jedoch auch § 859 BGB. Während eine Meinung den mittelbaren Besitzer deswegen auf §§ 227, 229 BGB verweist, wendet die h.M. § 869 BGB analog an. Lesen Sie dazu Hemmer/Wüst, SachenR I, Rn. 213 ff.

Weitere Ansprüche des E (ohne Ansprüche aus dem Eigentum):

hemmer-Methode: Zusätzlich zur Fallfrage erfolgt hier zwecks Vollständigkeit eine verkürzte Darstellung weiterer möglicher Ansprüche des Besitzers. Denken Sie in der Klausur neben den §§ 861 ff. BGB immer auch an §§ 1007, 823, 812 BGB.

I. Anspruch des E gegen F aus § 1007 I BGB

Zum Besitzschutz gehören neben §§ 861 ff. BGB auch die sog. petitorischen Ansprüche aus § 1007 BGB. Diese knüpfen an den rechtmäßigen Besitz des Anspruchstellers. E könnte gegen F einen Anspruch auf Herausgabe des Buches aus § 1007 I BGB haben, wenn F bei dem Besitzerwerb bösgläubig war.

1. Die Norm ist anwendbar, da es sich um eine bewegliche Sache handelt.

2. Anspruchsteller ist früherer rechtmäßiger Besitzer

§ 1007 BGB findet Anwendung auch auf mittelbare Besitzer. E war früher rechtmäßiger mittelbarer Besitzer des Buches.

3. Anspruchsgegner ist jetziger Besitzer

F ist unmittelbarer Besitzer des Buches.

4. Bösgläubigkeit des F bei dem Besitzerwerb, § 932 II BGB analog

F müsste bei dem Besitzerwerb des Buches bösgläubig hinsichtlich des Fehlens eines Besitzrechts gegenüber E gewesen sein. Der Maßstab der Bösgläubigkeit richtet sich dabei nach § 932 II BGB. Es schaden somit positive Kenntnis und grob fahrlässige Unkenntnis.

Vorliegend ist aber mangels entgegenstehender Anhaltspunkte davon auszugehen, dass F zum Zeitpunkt des Besitzerwerbes gutgläubig war.

Dieser Zeitpunkt ist einzig und alleine maßgeblich für die Beurteilung der Gutgläubigkeit. Spätere Bösgläubigkeit schadet dem Erwerber nicht.

5. Ergebnis

Mangels Bösgläubigkeit des F scheidet ein Anspruch aus § 1007 I BGB aus.

II. Anspruch des E gegen F auf Herausgabe des Buches aus § 1007 II BGB

Es könnte allerdings ein Anspruch aus § 1007 II BGB gegeben sein. Es handelt sich um einen **selbständigen, neben § 1007 I BGB bestehenden petitorischen Anspruch**.

Er ist gegeben trotz Gutgläubigkeit des Erwerbers, wenn die Sache gestohlen worden, verloren oder sonst abhandengekommen ist. Gemeint ist damit ein Abhandenkommen i.S.d. § 935 BGB.

Abhandenkommen bedeutet unfreiwilliger Verlust des *unmittelbaren* Besitzes, § 935 I S. 1 BGB. Davon kann in vorliegendem Fall aber gerade keine Rede sein, denn der unmittelbare Besitzer L hat seinen unmittelbaren Besitz nicht unfreiwillig aufgegeben. Vielmehr bekam der F den Besitz auf Veranlassung und mit Einverständnis des L. Die Tatsache, dass der Besitzerwerb des F ohne oder sogar gegen den Willen des E geschah ist unerheblich. Es kommt nur auf den unmittelbaren Besitzer an, vgl. § 935 I S. 2 BGB.

Damit kann E die Herausgabe des Buches auch nicht nach § 1007 II BGB verlangen.

III. Anspruch des E gegen F auf Herausgabe des Buches aus § 823 I BGB

Schließlich könnte F durch seinen Besitzerwerb eine deliktische Handlung dem E gegenüber verübt haben. Dafür müsste er ein deliktisch geschütztes Rechtsgut des E widerrechtlich und schuldhaft verletzt haben.

1. Rechtsgutverletzung

Problematisch ist die Rechtgutverletzung. Denn lässt man das Eigentum des E außer Betracht, so ist fraglich ob bloßer Besitz ein sonstiges Recht i.S.d. § 823 I BGB ist.

Zum Teil wird der Besitz generell als sonstiges Recht i.S.d. § 823 I BGB bezeichnet.

Nach anderer Ansicht ist nur der berechtigte (rechtmäßige) Besitz deliktisch geschützt.

Sonstige Rechte können nur solche Rechte sein, die dem Eigentum ähnlich sind. Das Eigentum hat zwei wichtige Funktionen: Nutzungs- und Ausschlussfunktion. Der bloße Besitz berechtigt nur zum Ausschluss, §§ 861 ff. BGB. Nur der rechtmäßige Besitz berechtigt daneben zur Nutzung der Sache. Damit kann nur er ein sonstiges Recht i.S.d. § 823 BGB sein.

Da E rechtmäßiger Besitzer der Sache war, hat F durch seine Besitzergreifung dieses Rechtsgut verletzt.

2. Widerrechtlichkeit

Widerrechtlich handelt jedoch, wer gegen die Rechtsordnung verstößt. Der gutgläubige Erwerber handelt jedoch nicht widerrechtlich. F hat nämlich gutgläubig Eigentum (und damit auch Besitz) an dem Buch erworben. Er handelte damit nicht widerrechtlich.

3. Ergebnis

Ein Anspruch aus § 823 I BGB ist zu verneinen.

IV. Anspruch des E gegen F auf Herausgabe des Buches aus § 812 I S. 1, Alt. 2 BGB

1. Besitz als erlangtes Etwas

Erlangtes Etwas ist jede vermögensrechtliche Position. Dazu gehört auch der Besitz. Die Anwendbarkeit der Eingriffskondiktion auf den Besitz könnte jedoch aus Konkurrenzgründen ausgeschlossen sein.

Zu beachten ist nämlich, dass §§ 861 ff., 1007 BGB abschließende Regelungen des Besitzschutzes getroffen haben. Ansonsten würde die differenzierte Gestaltung des Besitzschutzes nach §§ 861 ff., 1007 BGB verloren gehen.

Nach h.M. ist deswegen die Eingriffskondiktion jedenfalls auf einen Eingriff in den tatsächlichen Besitz nicht anzuwenden. Dagegen ist § 812 I S. 1, Alt. 2 BGB auf den Eingriff in ein Recht zum Besitz anwendbar.

Damit wäre vorliegend die Eingriffskondiktion einschlägig.

2. Subsidiarität

Jedoch muss hier die Eingriffskondiktion aus Subsidiaritätsgründen ausscheiden. Denn der F hat den Besitz durch eine Leistung des L bekommen. Damit besteht im Hinblick auf Besitz zwischen F und L eine Leistungsbeziehung, die grundsätzlich vor der Eingriffskondiktion Vorrang hat. Eine Ausnahme von diesem Grundsatz ist hier nicht ersichtlich (§§ 816, 822 BGB).

Hinweis:
In dem Zeitpunkt, in dem L dem F die Sache zum Kauf angeboten hat, endete der mittelbare Besitz des E. Denn L hat seinen Fremdbesitzerwillen aufgegeben: Er wollte nun nicht mehr für E besitzen, sondern verfolgte eigene Interessen. Nach h.M. muss eine solche Aufgabe des Besitzmittlungswillens objektiv erkennbar sein; durch das Anbieten zum Kauf hat sich der Aufgabewille aber ausreichend äußerlich manifestiert.
Das Besitzrecht wird Ihnen nicht „isoliert“ in rein besitzrechtlichen Klausuren begegnen. Es darf hier jedoch keinesfalls „auf Lücke“ gesetzt werden, z.B. beim Erwerb beweglicher Sachen nach den §§ 929 ff. BGB ist eine fundierte Kenntnis der §§ 854 ff. BGB von Bedeutung.

Häufige Klausursituation ist auch eine allgemeine Frage nach bestehenden Herausgabeansprüchen: Neben dem i.d.R. zentralen § 985 BGB muss auch an § 861 BGB gedacht werden!

III. Zusammenfassung

Voraussetzungen des mittelbaren Besitzes, § 868 BGB

- unmittelbarer / mittelbarer Besitz des Besitzmittlers
- Besitzmittlungsverhältnis i.S.d. § 868 BGB
- Besitzmittlungswille
- Vertraglicher oder gesetzlicher Herausgabeanspruch

IV. Zur Vertiefung

- Hemmer/Wüst, SachenR I, Rn. 112 ff.
- Zu den Voraussetzungen für eine Besitzaufgabe bei liegen gelassenen Sachen vgl. KG, Life&Law 2007, 370 ff.

Fall 3: Petitorische Ansprüche aus § 1007 I und II BGB

Sachverhalt:

E war früher einmal unmittelbarer Besitzer einer Rolex.

Frage: *Unter welchen Voraussetzungen kann E von dem jetzigen Besitzer B Herausgabe nach § 1007 BGB verlangen?*

I. Einordnung

§ 1007 BGB dient dem Besitzschutz. Die Vorschrift gibt **sog. petitorische Ansprüche** aus früherem Besitz, d. h., es kommt für § 1007 BGB nicht wie bei §§ 858 ff. BGB auf die Besitzentziehung an, sondern auf ein „besseres" Recht zum Besitz des früheren Besitzers im Vergleich zum jetzigen Besitzer.

§ 1007 I BGB und § 1007 II BGB sind **zwei unterschiedliche Anspruchsgrundlagen**, die Sie stets getrennt prüfen *müssen.*

Der **Ausschluss** des Anspruchs gem. § 1007 III BGB findet auf beide Anspruchsgrundlagen, § 1007 I und II BGB, Anwendung. Achtung: § 1007 I und II BGB gelten nur für *bewegliche* Sachen. § 1007 I BGB stellt auf die Bösgläubigkeit nur bei Besitzerwerb ab. Eine spätere Bösgläubigkeit (wie bei § 990 I S. 2 BGB) führt dagegen nicht zur Anwendbarkeit des § 1007 I BGB. Wenn die Sache abhandengekommen ist, kann sie von einem gut- oder bösgläubigen Besitzer unter den Voraussetzungen des § 1007 II BGB verlangt werden. § 1007 III BGB schließt Ansprüche aus § 1007 I und II BGB aus, wenn der frühere Besitzer bei *seinem* Besitzerwerb selbst nicht in gutem Glauben war oder seinen Besitz aufgegeben hat.

§ 1007 III S. 2 BGB erklärt die §§ 986 bis 1003 BGB für analog anwendbar. Dies bedeutet, der jetzige Besitzer kann ein Recht zum Besitz gem. § 986 BGB und Verwendungsersatz samt Zurückbehaltungsrecht, §§ 994 ff., 1000 S. 1 BGB, geltend machen. Der frühere Besitzer hat bei Vorliegen der Voraussetzungen der §§ 985 ff. BGB Nutzungs- und Schadensersatzansprüche gegen den jetzigen Besitzer.

II. Gliederung

Ansprüche auf Herausgabe der Rolex nach § 1007 BGB

1. § 1007 I BGB

a) Bewegliche Sache

b) Früherer Besitz

c) Keine Gutgläubigkeit des B bei Besitzerwerb

2. § 1007 II BGB

a) Bewegliche Sache und früherer Besitz, § 1007 I BGB

b) Abhandenkommen der Sache

c) Anspruch ausgeschlossen, wenn jetziger Besitzer Eigentümer oder ihm die Sache vor Besitzrecht des früheren Besitzers abhandengekommen ist.

3. Kein Ausschluss nach § 1007 III BGB

a) Bösgläubigkeit des früheren Besitzers bei Besitzerwerb

b) Besitzaufgabe, § 856 BGB

c) Recht zum Besitz, § 986 BGB i.V.m. § 1007 III S. 2 BGB

III. Lösung

Ansprüche auf Herausgabe der Rolex nach § 1007 BGB

Zu untersuchen ist, unter welchen Voraussetzungen E vom jetzigen Besitzer B Herausgabe der Rolex nach § 1007 BGB verlangen kann. Dabei ist zwischen den beiden unterschiedlichen Anspruchsgrundlagen des § 1007 I und II BGB zu unterscheiden.

1. § 1007 I BGB

E könnte einen Anspruch auf Herausgabe gegen B gem. § 1007 I BGB haben.

a) Bewegliche Sache

Die Rolex ist eine bewegliche Sache.

b) Früherer Besitz

E war früher Besitzer der Rolex; dabei würde mittelbarer Besitz genügen. E war hier aber sogar unmittelbarer Besitzer, § 854 I BGB.

c) Keine Gutgläubigkeit des B bei Besitzerwerb

B müsste bei Besitzerwerb bösgläubig gewesen sein.

Wie bei § 990 I S. 1 BGB richtet sich der böse / gute Glaube des Anspruchsgegners auf ein Besitzrecht gegenüber dem Anspruchsteller. Das Maß des guten Glaubens richtet sich nach § 932 II BGB analog.

B muss also nach § 1007 I BGB an E herausgeben, wenn er bei seinem Besitzerwerb wusste oder infolge grober Fahrlässigkeit nicht wusste, gegenüber E kein Besitzrecht zu haben.

Eine derartige Prüfung ist freilich nur möglich, wenn B auch tatsächlich kein Besitzrecht zustand. Dies stellt noch einmal § 1007 III S. 2 BGB durch die Verweisung auf § 986 BGB klar. Besteht bei Besitzerwerb ein Besitzrecht des Anspruchsgegners, kann ein Anspruch aus § 1007 I BGB nicht gegeben sein.

Die Darlegungs- und Beweislast für eine Bösgläubigkeit des B trägt E als Anspruchsteller.

2. § 1007 II BGB

Zu klären ist auch, ob E gegen B aus § 1007 II BGB vorgehen kann.

a) Bewegliche Sache und früherer Besitz, § 1007 I BGB

§ 1007 II BGB setzt wie § 1007 I BGB eine bewegliche Sache und früheren Besitz des E voraus, was hier gegeben ist.

b) Abhandenkommen der Sache

E müsste weiterhin nachweisen, dass ihm die Rolex abhandengekommen ist. Dies ist zu bejahen, wenn er den Besitz ohne (nicht notwendig gegen) seinen Willen verloren hat, z.B. durch Diebstahl oder Verlust der Uhr.

Auf eine Bösgläubigkeit des Anspruchsgegners B kommt es bei § 1007 II BGB nicht an (Wortlaut: „*auch* vom gutgläubigen Besitzer“).

c) Anspruch ausgeschlossen

§ 1007 II BGB ist aufgrund von § 1007 II S. 1 a.E. BGB nicht verwirklicht, wenn der Anspruchsgegner B Eigentümer ist oder *ihm* die Sache früher einmal abhandengekommen ist. Dazu ergibt sich aus dem Sachverhalt jedoch nichts.

3. Kein Ausschluss nach § 1007 III BGB

Die Ansprüche aus § 1007 I und II BGB könnten durch § 1007 III BGB ausgeschlossen sein.

a) Bösgläubigkeit des früheren Besitzers bei Besitzerwerb

Die Ansprüche aus § 1007 I und II BGB sind ausgeschlossen, wenn der frühere Besitzer (also E) bei dem Erwerb des Besitzes seinerseits nicht in gutem Glauben war. Dann verdient er auch keinen Besitzschutz nach § 1007 BGB wegen „besseren“ Besitzes. Die Darlegungs- und Beweislast trägt der jetzige Besitzer B.

b) Besitzaufgabe, § 856 BGB

Wenn E seinen Besitz freiwillig gem. § 856 BGB aufgegeben hat, ist E ebenfalls nicht schutzwürdig. B muss dies darlegen und beweisen.

c) Recht zum Besitz, § 986 BGB i.V.m. § 1007 III S. 2 BGB

Kann B ein Recht zum Besitz nach § 986 BGB geltend machen, ist der Anspruch aus § 1007 I, II BGB für die Dauer der Besitzberechtigung ebenfalls ausgeschlossen, § 1007 III S. 2 BGB.

4. Ergebnis

E kann bei Bösgläubigkeit des B nach § 1007 I BGB, bei Abhandenkommen nach § 1007 II BGB unter Vorliegen der sonstigen Voraussetzungen, Herausgabe der Rolex verlangen, wenn kein Ausschlussgrund nach § 1007 III BGB greift.

IV. Zusammenfassung

Sound: § 1007 I BGB gibt einen Herausgabeanspruch gegen den jetzigen unberechtigten und bei Besitzerwerb bösgläubigen Besitzer, § 1007 II BGB greift bei Abhandenkommen der Sache auch gegenüber einem gutgläubigen Besitzer ein. Ein Besitzrecht schließt die Ansprüche über §§ 1007 III S. 2, 986 BGB aus.
§ 1007 III S. 2 BGB führt in die §§ 986 ff. BGB.

hemmer-Methode: Wichtig kann der Einstieg über § 1007 III S. 2 BGB in die Ansprüche des EBV sein. Oftmals besteht neben einem Anspruch aus § 1007 I oder/und II BGB aber auch der § 985 BGB-Anspruch, so dass es in der Klausur genügen wird, dass die Verweisung des § 1007 III S. 2 BGB zu dem gleichen, vorher bei § 985 BGB besprochenen Ergebnis führt.
Theoretisch lässt sich aber eine EBV-Klausur auch nur auf § 1007 BGB aufbauen; wenn dann ganz klar Probleme des EBV in der Klausur verankert sind (Verwendungen, Nutzungen etc.), der Anspruchsteller aber nie Eigentümer war, werden 80% Ihrer Kollegen im Dunkeln tappen. Wenn Sie dann auf § 1007 BGB und das „Einfallstor" ins EBV § 1007 III S. 2 BGB kommen, haben Sie schon gewonnen. Bedenken Sie: Klausuren werden nicht isoliert korrigiert, der Korrektor nimmt stets eine vergleichende Betrachtung zu Ihren Kollegen vor. So hart es klingt: Die Schwächen der anderen sind Ihre Stärke! Daher macht es Sinn, sich mit dem „unbeliebten" § 1007 BGB einmal gründlich auseinanderzusetzen.

V. Zur Vertiefung

- Hemmer/Wüst, SachenR I, Rn. 235 ff.
- Hemmer/Wüst, Basics Zivilrecht II, Rn. 149
- Hemmer/Wüst, SachenR I, Karte 19
- Vgl. zu § 1007 BGB zur Vertiefung d'Alquen/Schmitt, Life&Law 2013, 535 ff.

Kapitel II: Die Eigentumsvermutung für den Besitzer

Fall 4: Die Regelung des § 1006 BGB

Sachverhalt:

X ist Besitzer eines Sachenrechts-Skripts. Y klagt auf Herausgabe gem. § 985 BGB. Die Eigentumslage ist unklar. X trägt vor, sein Besitz spreche dafür, dass er Eigentümer sei.

Frage: *Welche Möglichkeiten hat Y, diesen Vortrag zu entkräften?*

I. Einordnung

Besitz ist auch Rechtsscheinträger. Für die Eigentumsvermutung bei einem eingetragenen Grundstückseigentümer wirkt der öffentliche Glaube des Grundbuchs, § 891 BGB, für die Eigentumsvermutung einer beweglichen Sache der Besitz, § 1006 BGB. Diese Regelung ist nur anwendbar, wenn die Eigentumslage nicht zu klären ist. § 1006 enthält dann gesetzliche Vermutungen, die aber gem. § 292 S. 1 ZPO widerlegt werden können. § 1006 I S. 1 BGB vermutet zugunsten des Besitzers einer Sache, dass er Eigentümer der Sache sei. Es wird vermutet, dass der Besitzer bei Besitzerlangung Eigenbesitz und Eigentum erworben (**Erwerbsvermutung**) und nicht wieder verloren hat (**Bestandsvermutung**). Für einen früheren Besitzer gilt zu dessen Gunsten wiederum § 1006 II BGB, der frühere Besitzer für die Dauer seines Besitzes als Eigentümer vermutet. § 1006 I S. 2 BGB gilt dann nicht, wenn die Sache einem früheren Besitzer gestohlen worden, verloren gegangen oder sonst abhandengekommen ist, es sei denn, dass es sich um Geld oder Inhaberpapiere handelt. Grund: In einem solchen Fall des § 935 BGB kann kein gutgläubiger Eigentumserwerb des späteren Besitzers stattgefunden haben. Der frühere Eigenbesitzer, für den die Vermutung des § 1006 II BGB spricht, hat sein vermutetes Eigentum im Falle des § 1006 I S. 2 BGB damit nicht an den späteren Besitzer verloren.

Im Bereich des ersten Staatsexamens spielt § 1006 BGB allerdings eine untergeordnete Rolle: Da der Sachverhalt meist lückenlos vorgegeben ist, lässt sich aus ihm die eindeutige Eigentumslage ermitteln. In dem Fall völliger Aufklärbarkeit der Tatsachengrundlage kann und darf auf die Vermutung des § 1006 BGB nicht zurückgegriffen werden!

II. Gliederung

Welche Möglichkeiten hat Y, den Vortrag des X zu entkräften?

1. § 1006 I S. 1 BGB

a) Besitzer einer beweglichen Sache

b) Vermutungswirkung:
Eigentumserwerb und
kein Eigentumsverlust des X

2. § 1006 I S. 2 BGB

a) abhandengekommen (-)

b) Weder Geld noch Inhaberpapiere

III. Lösung

Möglichkeiten des Y den Vortrag des X zu entkräften

Fraglich ist, welche Möglichkeiten Y hat, den Vortrag des X zu entkräften. X hat bei unklarer Eigentumslage im Prozess vorgetragen, der Besitz am Sachenrechts-Skript spreche dafür, dass er der Eigentümer sei.

1. § 1006 I S. 1 BGB

Bei ausdrücklich unklaren und nicht mehr zu klärenden Eigentumsverhältnissen hilft die gesetzliche Vermutung des § 1006 BGB.

a) Besitzer einer beweglichen Sache

X müsste zunächst tatsächlich Besitzer der Sache sein. Bestreitet Y dies, muss X beweisen, dass er unmittelbarer Besitzer der Sache nach § 854 I BGB oder mittelbarer Besitzer nach §§ 868, 1006 III BGB ist. Denn die Vermutungswirkung des § 1006 BGB greift nur bei Vorliegen der gesetzlichen Tatbestandsvoraussetzung (Besitz einer beweglichen Sache) ein.

b) Vermutungswirkung

aa) Eigenbesitz

Die Vermutung des § 1006 I BGB umfasst die Vermutung, dass der jetzige Besitzer bei Besitzerwerb Eigenbesitz erworben hat. Dies ist freilich für den vorliegenden Streit um die Eigentumslage wenig relevant.

bb) Eigentumserwerb und –bestand

Insbesondere bewirkt aber § 1006 I BGB, dass vermutet wird, X habe bei Besitzerwerb auch Eigentum erworben und dieses während seiner Besitzzeit nicht verloren.

c) Möglichkeiten des Y

Y könnte zunächst versuchen, die tatbestandlichen Voraussetzungen des § 1006 BGB „auszuschalten“. Dann würde die Vermutungswirkung des § 1006 BGB nicht greifen. Allerdings müsste er Tatsachen vortragen und nötigenfalls beweisen, die gegen den Besitz des X sprechen. Dies wird schwerlich möglich sein.

Y wird daher die Vermutungswirkung des § 1006 I S. 1 BGB akzeptieren müssen und versuchen, die Vermutung durch Antritt des Gegenbeweises zu widerlegen, § 292 ZPO.

Dies gelingt etwa, wenn er Tatsachen vorträgt und nötigenfalls beweist, die zur Annahme führen, X habe kein Eigentum erworben oder dieses wieder verloren. Hierfür trägt er die volle Darlegungs- und Beweislast.

hemmer-Methode: Beachten Sie. Gegenstand von Vortrag und Beweis der Parteien im Zivilprozess ebenso wie von gesetzlichen Vermutungen sind nur Tatsachen, nicht aber Rechtsfragen. Dies gilt auch bei § 1006 I S. 1 BGB, der auf den ersten Blick eine Rechtsfrage („Eigentum“) vermutet. Gerade beim Eigentum ist aber die Abgrenzung von Tatsache und Rechtsfrage fließend.

2. § 1006 I S. 2 BGB

Y könnte auch Tatsachen vortragen und beweisen, die zur Annahme eines Falles des § 1006 I S. 2 BGB führen. Dies würde zur Unanwendbarkeit des § 1006 I S. 1 BGB führen, so dass die gesetzliche Eigentumsvermutung nicht greifen würde.

hemmer-Methode: Es bestehen bei gesetzlichen Vermutungen zwei Angriffspunkte: Entweder bereits Tatsachen vortragen, die zur Unanwendbarkeit der Vermutungsregel führen (so bei § 1006 I S. 2 BGB); oder aber die Vermutung greifen lassen und dann widerlegen, § 292 ZPO. Meist bleibt nur der zweite Weg.

a) Sache abhandengekommen

Y müsste demnach beweisen, dass er früherer Besitzer war und ihm die Sache abhandengekommen ist, er also den Besitz ohne seinen Willen verloren hat. Als früherer Eigenbesitzer gilt dann zugunsten des Y eine Eigentumsvermutung gem. § 1006 II BGB für seine Besitzzeit, ab Abhandenkommen der Sache konnte wegen § 935 BGB kein gutgläubiger Erwerb stattfinden. Damit wäre Y Eigentümer geblieben, wenn nicht ein Gegenbeweis gelingt (z.B. gesetzlicher Eigentumserwerb).

b) Weder Geld noch Inhaberpapiere

Gestritten wird um ein Sachenrechts-Skript, nicht um Geld oder Inhaberpapiere. Deswegen findet § 1006 I S. 2 a.E. BGB keine Anwendung.

3. Ergebnis

Y kann den Vortrag des X bzgl. der Vermutung des § 1006 BGB entkräften, indem er erfolgreich bestreitet, dass X Besitzer ist oder ihm (Y) die Sache abhandenkam. Dann würde § 1006 BGB seine Rechtsfolge nicht entfalten. Ist die Vermutung des § 1006 BGB aber einschlägig, bleibt Y – freilich mit geringen Chancen – nur der Gegenbeweis, § 292 S. 1 ZPO.

IV. Zusammenfassung

Sound: § 1006 I S. 1 BGB stellt zugunsten des Besitzers einer Sache die gesetzliche Vermutung auf, dass der Besitzer bei Besitzerwerb gleichzeitig Eigentum erworben und dieses Eigentum nicht verloren hat. Dieselbe Vermutung gilt gem. § 1006 II BGB für den früheren Besitzer während der Dauer seiner Besitzzeit und für den mittelbaren Besitzer, § 1006 III BGB. Ausgeschlossen ist § 1006 BGB bei Abhandenkommen der Sache von einem früheren Besitzer, § 1006 I S. 2 BGB. Die gesetzliche Vermutung des § 1006 BGB ist jedoch nach § 292 S. 1 ZPO durch Beweis des Gegenteils widerlegbar.

hemmer-Methode: Wenn Ihnen dies alles hier fremd erscheint, so lassen Sie sich beruhigen: Es handelt sich bei Problemen der Darlegungs- und Beweislast vorrangig um Probleme des Zweiten Staatsexamens. Sollte es einem Klausurersteller im Ersten Staatsexamen auf § 1006 BGB ankommen, werden Sie darauf deutlich hingewiesen werden (wie z.B. „ungewiss und in tatsächlicher Hinsicht nicht mehr aufklärbar ist, ob X wirklich Eigentümer des Pkw ist"). Sofern der Sachverhalt im Übrigen zur Prüfung der Eigentumslage ausreicht, dürfen Sie keinesfalls auf die gesetzliche Vermutung zurückgreifen, diese ist letztlich nur ein prozessuales *Hilfs*instrument!

V. Zur Vertiefung

- Hemmer/Wüst, SachenR I, Rn. 55 f., 124 ff.
- Hemmer/Wüst, Basics Zivilrecht II, Rn. 144
- Hemmer/Wüst, SachenR I, Karte 97
- Im Hinblick auf die Reichweite des § 1006 I BGB war lange Zeit umstritten, ob der Besitzer auch dann geschützt wird, wenn er behauptet, ihm sei die Sache geschenkt worden. Z.T. wurde vertreten, eine schenkweise Besitzerlangung sei keine hinreichende Legitimation für die Wirkungen des § 1006 I S. 1 BGB. Der BGH hat dies anders entschieden, u.a. deshalb, weil sich eine derartige Einschränkung weder dem Wortlaut noch der Gesetzesbegründung entnehmen lasse, BGH, Life&Law 2015, 411 ff.

Kapitel III: Der Anspruch aus § 985 BGB

Fall 5: Konkurrenz zu anderen Ansprüchen

Sachverhalt:

M mietet das Motorrad des V. Als die Mietzeit zum 30. September endet, verweigert M die Herausgabe des Motorrads. Vier Jahre später verklagt V den M auf Herausgabe des Motorrads. Dieser beruft sich auf Verjährung aller Ansprüche des V.

Frage: *Bestehen durchsetzbare Ansprüche auf Herausgabe gem. §§ 546 I, 985 BGB?*

I. Einordnung

§ 985 BGB gibt dem Eigentümer einer Sache einen Herausgabeanspruch gegen den Besitzer, wenn dieser kein Recht zum Besitz nach § 986 BGB hat (**Vindikationslage**). Eine Anspruchskonkurrenz des § 985 BGB kann sich in Bezug auf vertragliche Ansprüche, GoA, deliktische und Bereicherungsansprüche ergeben. Insbesondere dem vertraglichen Anspruch wurde teilweise Vorrang vor § 985 BGB eingeräumt. Entweder die verschiedenen Ansprüche bestehen nebeneinander, oder ein Anspruch verdrängt die anderen. Problematisch ist daher, in welchem Verhältnis der Vindikationsanspruch aus § 985 BGB zu anderen Ansprüchen steht.

Dabei ist grundsätzlich folgende **Prüfungsreihenfolge** einzuhalten:

1. Vertragliche Ansprüche, also Primäransprüche auf Leistung, oder Sekundäransprüche, z.B. auf Schadensersatz
2. Geschäftsführung ohne Auftrag
3. Dingliche Ansprüche, z.B. § 985 BGB
4. Delikt und ungerechtfertigte Bereicherung

Der vorliegende Fall beschäftigt sich mit dem Verhältnis des § 985 BGB zu dem vertraglichen Rückgabeanspruch aus § 546 I BGB.

II. Gliederung

Anspruch des V auf Herausgabe des Motorrads

1. Vertraglicher Anspruch auf Rückgabe gem. § 546 I BGB

a) Vorliegen eines MV, § 535 BGB (+)

b) Beendigung des MV, § 542 II BGB (+)

2. Dinglicher Herausgabeanspruch aus § 985 BGB

a) Anwendbarkeit des § 985 BGB

aa) Vorrang des Schuldverhältnisses (Raiser) (-)

bb) Theorie der echten Anspruchskonkurrenz (+)

b) Vindikationslage

aa) V Eigentümer

bb) M Besitzer

cc) Recht zum Besitz gem. § 986 I S. 1 BGB?
Mietvertrag Recht zum Besitz
Aber: Mietverhältnis endet mit Fristablauf

Maßgeblicher Zeitpunkt für § 985 BGB: Herausgabeverlangen, M nicht mehr zum Besitz berechtigt

3. **Verjährung der Ansprüche, § 214 I BGB**

a) Leistungsverweigerungsrecht, § 214 I BGB

b) Regelmäßige Verjährungsfrist bei § 546 I BGB, §§ 195, 199 I BGB

c) Dreißigjährige Verjährungsfrist bei § 985 BGB, vgl. § 197 BGB

4. **Ergebnis**
K kann sein Herausgabeverlangen auf § 985 BGB stützen.

III. Lösung

Anspruchsgrundlagen des V auf Herausgabe des Motorrads?

1. Vertraglicher Anspruch auf Rückgabe gem. § 546 I BGB

Möglicherweise kann V vom M Rückgabe der Mietsache gem. § 546 I BGB verlangen.

a) Abschluss des Mietvertrages

Laut Sachverhalt bestand der Mietvertrag zwischen den Parteien.

b) Beendigung

Voraussetzung für den Rückgabeanspruch ist die Beendigung des Mietverhältnisses. Dies wird im Sachverhalt als gegeben beschrieben.

V hat demnach einen vertraglichen Anspruch gegen M auf Herausgabe der Mietsache aus dem Mietvertrag, § 546 I BGB, da mit Ablauf der vereinbarten Mietzeit der Vertrag beendet wurde, § 542 II BGB.

hemmer-Methode: In Klausuren würde hier sicher ein Schwerpunkt liegen. Geht es z.B. um die Beendigung eines Wohnraummietverhältnisses, müsste zunächst einmal geprüft werden, ob eine wirksame Kündigung vorliegt, vgl. §§ 573 ff. BGB. Bedenken Sie auch, dass der Abschluss eines befristeten Mietvertrages über Wohnraum wegen der Gefahr der Umgehung des Kündigungsschutzes nur in engen Ausnahmefällen möglich ist, vgl. § 575 BGB.

2. Dinglicher Anspruch aus § 985 BGB?

Fraglich ist, ob V auch einen Anspruch auf Herausgabe gem. § 985 BGB geltend machen kann.

a) Anwendbarkeit des § 985 BGB

Die Anwendung des § 985 BGB könnte durch das Bestehen vertraglicher Herausgabeansprüche im Wege der Konkurrenz verdrängt worden sein. Dann müsste § 985 BGB subsidiär zu vertraglichen Ansprüchen sein.

hemmer-Methode: Das Konkurrenzverhältnis des § 985 BGB zu vertraglichen Herausgabeansprüchen darf nicht mit dem Verhältnis der §§ 987 ff. BGB mit vertraglichen Schadensersatz,- bzw. Nutzungsersatzansprüchen verwechselt werden. Vgl. dazu Fall 10. Hier geht es nur um den Herausgabeanspruch.

aa) Vorrang des Schuldverhältnisses nach Raiser

Durch schuldrechtliche Vereinbarungen kann der Eigentümer seine Rechte aus dem Eigentum verändern. Somit stellt das Schuldverhältnis eine Sonderrechtsbeziehung her.

Nach der von Raiser begründeten Theorie vom „Vorrang des Schuldverhältnisses" tritt der Anspruch aus § 985 BGB deshalb subsidiär hinter die vertraglichen Herausgabeansprüche zurück.

bb) Theorie der echten Anspruchskonkurrenz

Die herrschende Meinung wendet neben den vertraglichen Herausgabeansprüchen auch § 985 BGB an. Begründet wird dies einerseits mit der genetischen Auslegung des § 985 BGB, wonach der Gesetzgeber selbst ein Nebeneinander der Ansprüche vorgesehen hatte, andererseits mit § 986 BGB. Dieser gibt dem Besitzer eine Einwendung im Falle eines wegen Vertrages berechtigten Besitzes. Ob § 985 BGB vorliegt oder nicht, ist ausschließlich anhand der gesetzlichen Anspruchsvoraussetzungen zu prüfen; eine generelle Subsidiarität gegenüber vertraglichen Ansprüchen ist nicht anzunehmen.

b) Vorliegen einer Vindikationslage

aa) V Eigentümer und K Besitzer

V ist Eigentümer des Motorrades.

K ist unmittelbarer Besitzer, § 854 I BGB.

bb) Recht zum Besitz gem. § 986 I S. 1 BGB?

Fraglich ist, ob M ein Recht zum Besitz hat.

(1) Mietvertrag als Recht zum Besitz

Der Mietvertrag gibt gem. § 535 I S. 1 BGB ein Recht zum Besitz des M während der Mietzeit.

(2) Beendigung des Mietverhältnisses

Das Mietverhältnis endete jedoch durch Fristablauf am 30. September um 24:00 Uhr.

(3) Maßgeblicher Zeitpunkt für § 985 BGB

Maßgeblicher Zeitpunkt für das Recht zum Besitz ist der Zeitpunkt des Herausgabeverlangens. Hier war M nicht mehr zum Besitz berechtigt.

V hat also auch einen Anspruch gegen M auf Herausgabe des Motorrades aus § 985 BGB.

hemmer-Methode: Das Nebeneinander dieser Anspruchsgrundlagen ist nicht nur für die Anfertigung eines Gutachtens, sondern auch praktisch von Bedeutung. Zwar ist der Inhalt des Anspruchs identisch, d.h. geschuldet ist jeweils die Herausgabe im aktuellen Zustand (vgl. dazu BGH, Life&Law 2018, 442 ff.). § 546 I BGB hat eigenständige Bedeutung, wenn der Vermieter nicht der Eigentümer ist. § 985 BGB ist jedoch im Hinblick auf die Verjährung wiederum „besser", vgl. § 197 I Nr. 2 BGB (s.u.).

Befindet sie sich nicht (mehr) in ordnungsgemäßem Zustand, wäre eine Haftung im Rahmen des EBV nur unter den strengen Voraussetzungen der §§ 989, 990 BGB gegeben.

3. Verjährung der Ansprüche, § 214 I BGB

a) Leistungsverweigerungsrecht durch Einrede der Verjährung, § 214 I BGB

M hat die dauernde Einrede der Verjährung erhoben, § 214 I BGB. Die Verjährung gibt M ein Leistungsverweigerungsrecht. Fraglich ist deshalb, ob die maßgeblichen Verjährungsfristen abgelaufen sind.

b) Regelmäßige Verjährungsfrist, §§ 195, 199 I BGB

Der Anspruch aus § 546 I BGB unterliegt der regelmäßigen Verjährungsfrist. Die regelmäßige Verjährungsfrist beträgt gem. § 195 BGB drei Jahre. Die Frist beginnt nach § 199 I BGB mit dem Schluss des Jahres, in dem der Anspruch entstanden ist und der Gläubiger Kenntnis über den Schuldner und die anspruchsbegründenden Umstände hatte.

Hier hatte V am 30. September Kenntnis über diese Umstände. Trotzdem erhob V erst vier Jahre später Klage.

Der Rückgabeanspruch ist daher verjährt.

hemmer-Methode: Wäre nach weiteren Anspruchsgrundlagen gefragt, müssten Sie auch noch an § 812 I S. 2 Alt. 1 BGB denken, da durch die Beendigung des Mietverhältnisses der zunächst vorliegende rechtliche Grund wegfällt. Die Verjährung dieses Anspruchs richtete sich jedoch in gleicher Weise nach der Regelverjährung. Ebenfalls denkbar ist ein Anspruch aus § 823 I i.V.m. § 249 I BGB. Das Zurückbehalten der Mietsache trotz Beendigung des Mietverhältnisses stellt eine rechtswidrige Eigentumsverletzung dar, weil dem Eigentümer die Nutzungsmöglichkeit genommen wird. Sofern hier ein Verschuldensvorwurf erhoben werden kann, ist der Anspruch gegeben. Im vorliegenden Fall wäre aufgrund des Vorliegens der Voraussetzungen aus § 199 I BGB aber auch insoweit Verjährung eingetreten.

c) Dreißigjährige Verjährungsfrist, § 197 BGB

Etwas anderes könnte sich jedoch daraus ergeben, dass die §§ 196 f. BGB längere Fristen als die regelmäßige Verjährungsfrist vorsehen. V hat einen Anspruch aus § 985 BGB, und damit „aus Eigentum“.

Der Anspruch aus § 985 BGB verjährt also erst in 30 Jahren, § 197 I Nr. 2 BGB, ab Entstehung des Anspruchs am 30. September, § 200 BGB.

K kann sein Herausgabeverlangen (nur) auf § 985 BGB stützen.

IV. Zusammenfassung

Sound: § 985 BGB ist ein dinglicher Anspruch, der in echter Anspruchskonkurrenz zu Herausgabeansprüchen aus Schuldrecht steht. Sofern einmal relevant, sollten Sie wissen, dass § 985 BGB auch neben Ansprüchen aus Bereicherungsrecht und Deliktsrecht stehen kann.

hemmer-Methode: In diesem Fall war es entscheidend, ob man der alten Lehre vom „Vorrang des Schuldverhältnisses“ oder der herrschenden Meinung von der „echten Anspruchskonkurrenz“ folgte. Sähe man § 985 BGB als subsidiär zu vertraglichen Herausgabeansprüchen an, hätte V wegen Verjährung derselben keine Herausgabe mehr verlangen können. Die herrschende Meinung ist jedoch logischer und heute allgemein anerkannt.
Andernfalls würde es mit Ablauf der Regelverjährungsfrist zu einem dauerhaften Auseinanderfallen zwischen Besitz und Eigentum kommen. Das kann der Gesetzgeber vor dem Hintergrund der 30-jährigen Frist des § 197 I Nr. 2 BGB ersichtlich nicht gewollt haben.

V. Zur Vertiefung

- Hemmer/Wüst, SachenR I, Rn. 311 ff.
- Hemmer/Wüst, Basics Zivilrecht II, Rn. 312 ff.
- Hemmer/Wüst, SachenR I, Karte 58

Fall 6: Das Recht zum Besitz, § 986 BGB (1)

Sachverhalt:

K verklagt B auf Herausgabe eines Rasenmähers. K trägt dem Amtsrichter vor, der Rasenmäher sei von D gestohlen und dann an den B verkauft worden.

Frage: *Hat K einen Anspruch aus § 985 BGB, und prüft der Richter von Amts wegen, ob B ein Recht zum Besitz hat? Mit welchem Ergebnis?*

I. Einordnung

Der Anspruch auf Herausgabe einer Sache gem. § 985 BGB besteht nur, wenn der Besitzer kein Recht zum Besitz nach § 986 BGB hat. § 986 I S. 1, Alt. 1 BGB setzt ein eigenes Besitzrecht gegenüber dem Eigentümer voraus; § 986 I S. 1, Alt. 2 BGB betrifft abgeleitete Besitzrechte. Es kommen dingliche und schuldrechtliche Besitzrechte in Betracht.

Dingliche Besitzrechte, z.B. das Pfandrecht aus §§ 1204 ff. BGB, wirken absolut, also auch gegen den Eigentümer. **Schuldrechtliche Besitzrechte** wirken nur **relativ** zwischen den jeweiligen Vertragspartnern. Schließt der Besitzer einen schuldrechtlichen Vertrag mit einem Dritten, so kann er hieraus nur dann ein Recht zum Besitz auch gegenüber dem Eigentümer ableiten, wenn der Dritte dem Eigentümer zum Besitz berechtigt und zur Weitergabe ermächtigt ist, **sog. abgeleitetes Recht zum Besitz, § 986 I S. 1, Alt. 2 BGB.**

Der Anwartschaftsberechtigte selbst hat aus dem Kaufvertrag mit dem Veräußerer diesem gegenüber ein Recht zum Besitz gem. § 986 I S. 1, Alt. 1 BGB.

Ist das Anwartschaftsrecht vom Anwartschaftsberechtigten auf einen Dritten übertragen, ist fraglich, ob das Anwartschaftsrecht selbst ein Recht zum Besitz nach § 986 I S. 1, Alt. 1 BGB gibt. Die h. M. verneint ein Recht zum Besitz gegenüber dem Eigentümer aus § 986 I S. 1, Alt. 1 BGB, gibt dem dritten Besitzer jedoch die Arglist-Einrede (dolo-agit-Einrede).

§ 986 BGB ist keine Einrede, sondern eine Einwendung, die von Amts wegen vom Gericht zu prüfen ist, ohne dass es einer besonderen Geltendmachung des Besitzers bedarf. Lediglich die Umstände, die zum Besitz berechtigen, müssen vom Besitzer dargelegt und evtl. bewiesen werden.

II. Gliederung

Anspruch des K gegen B auf Herausgabe des Rasenmähers aus § 985 BGB

1. Vindikationslage

a) K Eigentümer
Eigentumsverlust durch gutgläubigen Erwerb des B, §§ 929, 932 II BGB
(-) wegen § 935 I BGB

b) B Besitzer

c) Recht zum Besitz gem. § 986 BGB

aa) **Eigenes RzB**, § 986 I S. 1, Alt. 1 BGB (-), da keine Rechtsbeziehung zu K, obligatorischer KV wirkt nur zwischen B und D (Relativität der Schuldverhältnisse)

bb) Abgeleitetes RzB, § 986 I S. 1, Alt. 2 BGB
Aufgrund des KV zwischen B und D (-), da D dem K gegenüber nicht zum Besitz berechtigt war

2. Prüfung des Rechts zum Besitz gem. § 986 BGB von Amts wegen

a) Nicht, wenn RzB eine Einrede darstellt, vgl. §§ 214, 273 BGB

b) H. M.: RzB aus § 986 BGB Einwendung und somit von Amts wegen zu prüfen

3. Ergebnis
Kein RzB des B, Anspruch des K aus § 985 BGB, Klage begründet

III. Lösung

Zu prüfen ist, ob K einen Anspruch aus § 985 BGB hat, insbesondere, ob der Amtsrichter dabei von Amts wegen ein Recht zum Besitz des B nach § 986 BGB prüft, und mit welchem Ergebnis.

1. Anspruch aus § 985 BGB

K hat einen Anspruch gegen B auf Herausgabe des Rasenmähers aus § 985 BGB, wenn eine Vindikationslage besteht. K müsste Eigentümer, B Besitzer der Sache sein und kein Recht zum Besitz aus § 986 BGB haben.

a) Eigentum des K

K war ursprünglich Eigentümer des Rasenmähers. Durch den Diebstahl hat K sein Eigentum nicht verloren. Jedoch kommt ein gutgläubiger Erwerb des B von D nach §§ 929 S. 1, 932 I S. 1, II BGB in Betracht.

Unabhängig von dessen Voraussetzungen ist der Rasenmäher dem K jedoch gestohlen worden und somit abhandengekommen, § 935 I S. 1 BGB. Somit scheitert ein gutgläubiger Erwerb des Rasenmähers durch B, K ist Eigentümer geblieben.

b) B Besitzer

B ist unmittelbarer Besitzer des Rasenmähers, § 854 I BGB.

c) Recht zum Besitz gem. § 986 BGB

B dürfte auch kein Recht zum Besitz nach § 986 BGB haben.

Fraglich ist deshalb, ob B zum Besitz berechtigt ist, § 986 BGB. In Betracht kommt ein eigenes Besitzrecht gem. § 986 I S. 1, Alt. 1 BGB.

aa) Eigentum

B könnte ein Recht zum Besitz aus dem Eigentum an dem Rasenmäher haben.

Das Eigentum als absolutes Recht verschafft ein Recht zum Besitz gegenüber jedermann. B ist jedoch, wie gezeigt, nicht Eigentümer geworden (§ 935 I S. 1 BGB).

bb) Relatives Recht aus Kaufvertrag

Aus dem Kaufvertrag mit D könnte B ein Besitzrecht nach § 986 I S. 1, Alt. 1 BGB gegenüber dem K zustehen. Schuldrechtliche Verträge wie der Kaufvertrag wirken jedoch nur gegenüber dem Vertragspartner, hier D, nicht jedoch gegenüber K. B kann daher kein Recht zum Besitz gegenüber K aus Kaufvertrag gem. § 986 I S. 1, Alt. 1 BGB geltend machen.

Fraglich ist aber, ob dem B ein von D abgeleitetes Recht zum Besitz zusteht. Das ist dann der Fall, wenn zwar nicht er selbst, aber D dem K gegenüber zum Besitz berechtigt ist, und K die Weitergabe an Dritte gestattet hat. Dann erhält B, der aufgrund des Kaufvertrages mit D nur ihm gegenüber berechtigt ist, auch gegenüber dem K ein sog. abgeleitetes („derivatives") Recht zu Besitz, § 986 I S. 1 Alt. 2 BGB.

Vorliegend scheitert das abgeleitete Recht zum Besitz aber daran, dass D seinerseits als Dieb dem K gegenüber zum Besitz nicht berechtigt ist. Damit kann auch B sein Besitzrecht nicht von D ableiten.

B ist ein Besitzer ohne ein Recht zum Besitz.

2. Prüfung des Rechts zum Besitz gem. § 986 BGB von Amts wegen

Fraglich ist hier, ob das Recht zum Besitz gem. § 986 BGB von Amts wegen zu prüfen ist. Voraussetzung ist, dass dieses Recht eine Einwendung darstellt. Handelt es sich jedoch um eine Einrede, muss B diese Einrede geltend machen.

a) RzB als Einrede

Für eine Einrede spricht der Wortlaut des § 986 BGB. So enthält § 986 BGB die Formulierung, der Besitzer „kann" die Herausgabe verweigern.

Diese Formulierung findet sich auch in den Einreden der § 214 I BGB (Verjährungseinrede) und § 273 I BGB (Zurückbehaltungseinrede) und ist für Einreden typisch.

b) RzB als Einwendung

Ein systematischer Vergleich des § 986 BGB mit §§ 1004 II, 1007 III, 861 II BGB spricht für eine Einwendung. § 985 BGB ist ein Unterfall des Eigentumsschutzes gem. § 1004 I BGB. Wird das Eigentum nach § 1004 I BGB gestört, begründet § 1004 II BGB eine Einwendung des Störers. Gleiches gilt im Verhältnis des § 986 BGB zu § 985 BGB.

Die Vindikationslage setzt zudem einen unrechtmäßigen Besitzer voraus. Bei einem rechtmäßigen Besitzer ist die Vindikationslage ausgeschlossen. Dann muss § 986 BGB aber eine Einwendung darstellen.

Diese Ansicht wurde durch die neue amtliche Überschrift des § 986 BGB nach der Schuldrechtsreform Gesetz („Einwendungen des Besitzers").

Der Richter prüft deshalb von Amts wegen, ob die Voraussetzungen des § 986 BGB vorliegen.

3. Ergebnis

Der Richter prüft von Amts wegen, ob B ein Recht zum Besitz aus § 986 BGB hat. Im Fall hat B kein solches Recht, so dass K einen Anspruch aus § 985 BGB gegen B geltend machen kann. Die Klage ist also begründet.

IV. Zusammenfassung

Sound: Die Vindikationslage und damit der Herausgabeanspruch aus § 985 BGB besteht nur, wenn der Besitzer kein Recht zum Besitz nach § 986 BGB hat.

Das Recht zum Besitz gem. § 986 BGB ist eine Einwendung (vgl. amtliche Überschrift des § 986 BGB) und wird somit von Amts wegen geprüft.

Ein eigenes Besitzrecht nach § 986 I S. 1, Alt. 1 BGB besteht bei schuldrechtlichen Verträgen nur, wenn Vertragspartner des Besitzers der Eigentümer ist.

hemmer-Methode: Der Streit um Einwendung oder Einrede ist seit der Schuldrechtsreform obsolet geworden: Die „neue" amtliche Überschrift des § 986 BGB lautet „Einwendungen des Besitzers". Das Problem bei § 986 BGB ist, dass das Recht zum Besitz gem. § 986 BGB bei der Prüfung der Vindikationslage oft vergessen wird. Lesen Sie daher § 985 BGB und § 986 BGB stets im Zusammenhang. Die Vorschriften gehören zusammen!

V. Zur Vertiefung

- Hemmer/Wüst, SachenR I, Rn. 291 ff.
- Hemmer/Wüst, SachenR I, Karte 57

Fall 7: Das Recht zum Besitz, § 986 BGB (2)

Sachverhalt:

S verpfändet G seinen neuen DVD-Player. G leiht den DVD-Player dem L für die Dauer der Verpfändung. Als S davon erfährt, verlangt er von L Herausgabe des DVD-Players an G gem. § 985 BGB.

Frage: *Zu Recht?*

Abwandlung:

Frage: *Kann S Herausgabe an sich selbst verlangen, wenn G den DVD-Player nicht zurücknehmen will?*

I. Einordnung

§ 986 I S. 1, Alt. 1 BGB behandelt ein eigenes Besitzrecht des Besitzers gegenüber dem Eigentümer. § 986 I S. 1, Alt. 2 BGB regelt das abgeleitete Besitzrecht, wenn der Besitzer also den Besitz von einem Besitzer erhielt, der dem Eigentümer gegenüber zum Besitz berechtigt ist.

§ 986 I S. 2 BGB differenziert für diesen Fall, ob der erste Besitzer dem Eigentümer gegenüber **zur Überlassung des Besitzes** an den zweiten Besitzer **berechtigt** war.

Der Eigentümer kann **nicht Herausgabe der Sache an sich selbst** verlangen, sondern nur, dass der zweite Besitzer den Besitz wieder an den ersten Besitzer herausgibt. Nur wenn der erste Besitzer den Besitz nicht wieder übernehmen kann oder will, kann der Eigentümer auch Herausgabe der Sache an sich selbst verlangen, § 986 I S. 2, Alt. 2 BGB.

II. Gliederung

Anspruch des S gegen L auf Herausgabe an G gem. § 985 BGB

1. Eigentum des S

2. L ist unmittelbarer Besitzer

3. Recht zum Besitz des L, § 986 BGB?

a) § 986 I S. 1, Alt. 1 BGB
Schuldrechtlicher Leihvertrag zwischen G und L nach § 598 BGB wirkt nur relativ

b) § 986 I S. 1, Alt. 2 BGB

aa) Besitzableitung des L von G

bb) Berechtigung des G zum Besitz ggü. S

c) **Berechtigung des G gegenüber S zur Überlassung der Sache an Dritte**, § 986 I S. 2 BGB
Nutzungspfand nach §§ 1213 f. BGB (-), daher kein Recht zur Weitergabe der Pfandsache

4. **Ergebnis**
Vindikationslage besteht
Herausgabeanspruch des S gegen L gem. § 985 BGB i.V.m. § 986 I S. 2 BGB auf Herausgabe an G

Abwandlung

Anspruch des S gegen L auf Herausgabe an sich selbst gem. § 985 BGB

S kann in diesem Fall nach § 986 I S. 2 BGB auch Herausgabe an sich selbst verlangen.

III. Lösung

Anspruch des S gegen L auf Herausgabe an G gem. § 985 BGB

Zu untersuchen ist, ob S von L Herausgabe des DVD-Players an G gem. § 985 BGB fordern kann. Dazu müsste eine Vindikationslage bestehen. S müsste Eigentümer, L Besitzer der Sache sein, und kein Recht zum Besitz gem. § 986 BGB haben.

1. Eigentum des S

S ist Eigentümer des DVD-Players geblieben. Weder bei der Verpfändung noch bei der Leihe konnte sich hieran etwas ändern.

2. L ist unmittelbarer Besitzer

L ist unmittelbarer Besitzer des DVD-Players gem. § 854 I BGB.

3. Recht zum Besitz des L, § 986 BGB?

Fraglich ist, ob L kein Recht zum Besitz hat.

a) § 986 I S. 1, Alt. 1 BGB

L könnte aus dem Leihvertrag gem. § 598 BGB ein Recht zum Besitz nach § 986 I S. 1, Alt. 1 BGB gegenüber S haben.

Der schuldrechtliche Leihvertrag zwischen G und L nach § 598 BGB wirkt jedoch nur relativ zwischen den Parteien des Vertrages. Somit hat L kein eigenes Besitzrecht gem. § 986 I S. 1, Alt. 1 BGB gegenüber S.

b) § 986 I S. 1, Alt. 2 BGB

Zu prüfen ist deshalb, ob L ein von G abgeleitetes Besitzrecht nach § 986 I S. 1, Alt. 2 BGB hat.

aa) Besitzableitung des L von G

§ 986 I S. 1, Alt. 2 BGB setzt voraus, dass der Besitzer sein Recht zum Besitz von einem anderen Besitzer der Sache ableitet. Der Wortlaut des Gesetzes legt nahe, dass es sich bei dieser Ableitung um ein Besitzmittlungsverhältnis zwischen den Besitzern handeln kann, z.B. Leihe der Sache. L hat mit G einen Leihvertrag über den DVD-Player abgeschlossen und leitet damit den Besitz an der Sache von G ab. Nicht zwingend erforderlich ist dagegen das Bestehen eines Besitzmittlungsverhältnisses zwischen L und G nach § 868 BGB, das hier aufgrund des Leihverhältnisses aber sogar vorliegt.

hemmer-Methode: Der Wortlaut des § 986 BGB ist zu eng: Nach ganz h.M. muss beim abgeleiteten Besitzrecht derjenige, von dem das Besitzrecht abgeleitet wird, nicht mittelbarer Besitzer i.S.d. § 986 BGB sein. Ist dies freilich (wie hier) der Fall, stellt sich das Problem gar nicht.

bb) Berechtigung des G zum Besitz gegenüber S

§ 986 I S. 1, Alt. 2 BGB erfordert weiterhin, dass G, von dem L sein Besitzrecht ableitet, dem Eigentümer S gegenüber zum Besitz berechtigt ist.

Die Berechtigung des G gegenüber S zum Besitz der Sache während der Pfandzeit ergibt sich aus dem Verpfändungsvertrag zwischen G und S, vgl. im Übrigen durch Umkehrschluss aus § 1223 I BGB.

c) Berechtigung des G gegenüber S zur Überlassung der Sache an Dritte, § 986 I S. 2 BGB

Nach § 986 I S. 2 BGB ist schließlich zu fragen, ob der Besitzer dem Eigentümer gegenüber zur Überlassung des Besitzes an den weiteren Besitzer befugt war. Deshalb ist zu klären, ob G dem S gegenüber aus der Verpfändung der Sache zur Überlassung der Sache an einen Dritten (L) berechtigt war.

Im Normalfall der Pfändung bewahrt der Pfandgläubiger die Pfandsache auf, ohne zur Nutzung berechtigt zu sein. Soll er berechtigt sein, muss ein Nutzungspfand nach §§ 1213 f. BGB bestellt werden, was hier nicht geschehen ist. Daher hat Pfandgläubiger G gegenüber S auch kein Recht zur Weitergabe der Pfandsache.

4. Ergebnis

Eine Vindikationslage besteht, S kann somit von L Herausgabe des DVD-Players an G gem. § 985 BGB i.V.m. § 986 I S. 2 BGB verlangen.

IV. Lösung Abwandlung

Anspruch des S gegen L auf Herausgabe an sich selbst gem. § 985 BGB

Fraglich ist, ob S auch Herausgabe des DVD-Players an sich selbst verlangen kann, wenn G die Sache nicht zurücknehmen will.

Nach § 986 I S. 2 BGB kann der Eigentümer von dem Besitzer die Herausgabe der Sache an den „mittelbaren“, d. h. den ersten Besitzer verlangen. Kann oder will dieser den Besitz nicht übernehmen, kann S in diesem Fall nach § 986 I S. 2 BGB auch Herausgabe an sich selbst verlangen. Also kann S auch Herausgabe an sich selbst verlangen.

V. Zusammenfassung

Sound: § 986 I S. 1, Alt. 2 BGB gibt ein abgeleitetes Besitzrecht. Entgegen dem Wortlaut des § 986 I S. 1, Alt. 2 BGB muss zwischen dem ersten und dem zweiten Besitzer kein Besitzmittlungsverhältnis gem. § 868 BGB bestehen.

Voraussetzung des abgeleiteten Besitzrechts ist nach § 986 I S. 1, Alt. 2 BGB, dass der zweite Besitzer sein Recht zum Besitz vom ersten Besitzer ableitet, und dieser wiederum dem Eigentümer gegenüber zum Besitz berechtigt ist. Außerdem muss der erste Besitzer gegenüber dem Eigentümer nach § 986 I S. 2 BGB zur Überlassung des Besitzes an den zweiten Besitzer befugt sein.

VI. Zur Vertiefung

- Hemmer/Wüst, SachenR I, Rn. 300 ff.
- Hemmer/Wüst, Basics Zivilrecht II, Rn. 298 ff.
- Hemmer/Wüst, SachenR I, Karte 57

Fall 8: Das Recht zum Besitz, § 986 BGB (3)

Sachverhalt:

Student S verleiht seinen „Schönfelder" an Kommilitonin K für drei Wochen. Nach einer Woche bemerkt S, dass er den Schönfelder gar nicht vermisst, und einigt sich mit E über den Eigentumsübergang. S tritt E den Herausgabeanspruch aus dem Leihvertrag ab.

Frage: *Kann E sofort Herausgabe des Schönfelders von K nach § 985 BGB verlangen?*

Abwandlung:

Nachdem der Leihvertrag abgeschlossen wurde, ist S noch einen Tag lang im unmittelbaren Besitz des Schönfelders. Zu diesem Zeitpunkt vereinbart er mit E ein Besitzmittlungsverhältnis, nachdem E mittelbarer Besitzer sein soll, und einigt sich mit ihm über den Eigentumsübergang. Dann gibt er den Schönfelder der K.

Frage: *Kann E sofort Herausgabe des Schönfelders von K nach § 985 BGB verlangen?*

I. Einordnung

Bei beweglichen Sachen (nur hier kann eine Übereignung nach §§ 929 S. 1, 931 bzw. 930 BGB erfolgen) gibt **§ 986 II BGB** dem Besitzer auch **dem neuen Eigentümer gegenüber ein Recht zum Besitz**, wenn der Besitzer dem alten Eigentümer gegenüber zum Besitz berechtigt war. § 986 II BGB findet über seinen Wortlaut hinaus auch auf eine Übereignung gem. § 930 BGB analoge Anwendung.

§ 404 BGB hat denselben Regelungsgehalt, gilt jedoch für den schuldrechtlichen Anspruch aus § 604 BGB. Bei der Weiterveräußerung von Grundstücken hilft § 986 II BGB nicht weiter, dafür gelten zugunsten des Besitzers Sonderregelungen, die § 986 II BGB ähnlich sind, z.B. § 566 BGB („Kauf bricht nicht Miete").

II. Gliederung

Kann E sofort Herausgabe des Schönfelders von K nach § 985 BGB verlangen?

1. Eigentum des E
Übereignung nach **§§ 929 S. 1, 931 BGB**

2. K ist Besitzerin

3. Kein Recht zum Besitz, § 986 BGB

a) § 986 I S. 1, Alt. 1 BGB
Schuldrechtlicher Leihvertrag mit S wirkt nur relativ

b) § 986 I S. 1, Alt. 2 BGB

aa) abgeleiteter Besitz von S

bb) S gegenüber E zum Besitz berechtigt (-)

c) § 986 II BGB

aa) Veräußerung nach § 931 BGB

bb) Recht zum Besitz gegenüber S aus Leihvertrag, § 598 BGB (+)

4. **Ergebnis**
   E kann nicht sofort Herausgabe nach § 985 BGB verlangen, sondern muss zwei Wochen warten; vgl. auch § 604 I BGB.
5. **Exkurs**
   Einwendung aus § 404 BGB? Gilt für den schuldrechtlichen Anspruch!

Abwandlung

Kann E sofort Herausgabe des Schönfelders von K nach § 985 BGB verlangen?

Übereignung nach
§§ 929 S. 1 BGB, 930 BGB
Recht zum Besitz der K aus § 986 II BGB?

aa) Veräußerung der Sache nach §§ 929 S. 1, 931 BGB (-), stattdessen §§ 929 S. 1, 930 BGB, aber: analoge Anwendung des § 986 II BGB

bb) Recht zum Besitz gegenüber S aus Leihvertrag, § 598 BGB

Ergebnis: E kann auch hier nicht sofort Herausgabe nach § 985 BGB verlangen, sondern muss zwei Wochen warten.

III. Lösung

Kann E sofort Herausgabe des Schönfelders von K nach § 985 BGB verlangen?

Zu klären ist, ob E sofort Herausgabe des Schönfelders von K nach § 985 BGB verlangen kann. Dies setzt voraus, dass im Zeitpunkt des Herausgabeverlangens eine Vindikationslage vorliegt. Dazu müsste E Eigentümer, K Besitzerin des Schönfelders sein, aber kein Recht zum Besitz nach § 986 BGB haben.

1. E Eigentümer

Fraglich ist, ob E Eigentümer des Schönfelders ist. Ursprünglich war S Eigentümer, könnte sein Eigentum jedoch gem. §§ 929 S. 1, 931 BGB auf E übertragen haben. Voraussetzung ist die Einigung des Berechtigten mit dem Erwerber über den Eigentumsübergang und dass der Berechtigte dem Erwerber die Sache übergibt. Eigentümer S hat sich mit E über den Eigentumsübergang am Schönfelder geeignet. Eine Übergabe nach § 929 S. 1 BGB fand nicht statt, dafür trat S dem E gem. §§ 398 S. 1, 931 BGB den (künftigen) Herausgabeanspruch aus dem Leihvertrag, § 604 BGB, durch formlosen Vertrag als Übergabesurrogat ab.

Durch die Übereignung nach §§ 929 S. 1, 931 BGB ist E damit Eigentümer des Schönfelders geworden.

2. K Besitzerin

K ist unmittelbare Besitzerin des Schönfelders, § 854 I BGB.

3. Kein Recht zum Besitz, § 986 BGB?

Zu untersuchen ist, ob K gegenüber dem Eigentümer E ein Recht zum Besitz hat, § 986 BGB.

a) § 986 I S. 1, Alt. 1 BGB

K könnte durch den Leihvertrag zum Besitz gegenüber E berechtigt sein, § 986 I S. 1, Alt. 1 BGB. Der schuldrechtlicher Leihvertrag mit S wirkt jedoch nur relativ zwischen den Vertragsparteien S und K und entfaltet somit keine Wirkung gegen E.

b) § 986 I S. 1, Alt. 2 BGB

K könnte aber ein abgeleitetes Besitzrecht gem. § 986 I S. 1, Alt. 2 BGB haben.

aa) abgeleiteter Besitz von S

K hat den Schönfelder mit Wille des S erhalten und leitet ihren Besitz folglich von S ab.

bb) S gegenüber E zum Besitz berechtigt

S müsste gem. § 986 I S. 2 BGB aber auch zum Besitz gegenüber E berechtigt sein. Dadurch, dass S sein Eigentum mit sofortiger Wirkung auf E übertragen hat, stehen dem S keine Besitzrechte am Schönfelder gegenüber dem E mehr zu.

Damit kann K auch kein Besitzrecht von S gem. § 986 I S. 1, Alt. 2 BGB ableiten.

c) § 986 II BGB

Fraglich ist aber, ob K ein Recht zum Besitz aus § 986 II BGB hat. Der Wortlaut des § 986 II BGB erfordert dazu, dass die Sache nach § 931 durch Abtretung des Anspruchs auf Herausgabe veräußert worden ist. Weiterhin müsste K ein Recht zum Besitz gegen S zugestanden haben.

aa) Veräußerung der Sache nach § 931 BGB

S hat den Schönfelder, wie gezeigt, gem. §§ 929 S. 1, 931 BGB an E übereignet.

bb) Recht zum Besitz gegenüber S aus Leihvertrag, § 598 BGB

K war gegenüber S für die Dauer der Leihe zum Besitz berechtigt.

Dies ergibt sich aus dem Leihvertrag, § 598 BGB.

Damit hat K gegenüber E während der Leihzeit ein Recht zum Besitz gem. § 986 II BGB. Der Anspruch aus § 985 BGB besteht somit (noch) nicht.

4. Ergebnis

E kann nicht sofort Herausgabe nach § 985 BGB verlangen, sondern muss zwei Wochen warten.

hemmer-Methode: § 986 II BGB führt also zu einer Durchbrechung des Grundsatzes der Relativität schuldrechtlicher Beziehungen. Hintergrund ist, dass dem Besitzer sein Besitzrecht durch Veräußerung der Sache nicht verloren gehen soll.

5. Exkurs Einwendung aus § 404 BGB?

K könnte zudem noch eine Einwendung gegen den vertraglichen Herausgabeanspruch aus dem Leihvertrag, § 604 BGB, haben. Nach § 404 BGB kann K dem neuen Gläubiger E die Einwendungen entgegensetzen, die zur Zeit der Abtretung des Herausgabeanspruchs gegen den bisherigen Gläubiger S begründet waren. K kann sich also für die Dauer der Leihe auf ihr Besitzrecht aus dem Leihvertrag mit S berufen.

hemmer-Methode: § 404 BGB gilt nur in Bezug auf den abgetretenen Anspruch, hier also bzgl. des vertraglichen Herausgabeanspruchs aus § 604 I BGB.
Bei § 985 BGB kann § 404 BGB keine Anwendung finden, da der Anspruch aus § 985 BGB selbst nicht abtretbar ist. Zum Schutz des berechtigten Besitzers hat der Gesetzgeber daher den § 986 II BGB geschaffen.

IV. Lösung Abwandlung

Kann E sofort Herausgabe des Schönfelders von K nach § 985 BGB verlangen?

Wie Grundfall, nur:

1. Übereignung nach §§ 929 S. 1 , 930 BGB

Die Übereignung des Schönfelders von S auf E erfolgte durch Vereinbarung eines Besitzmittlungsverhältnisses (§ 868 BGB) gem. §§ 929 S. 1, 930 BGB.

2. Recht zum Besitz der K aus § 986 II BGB

aa) Fraglich ist, ob K auch hier ein Recht zum Besitz aus § 986 II BGB geltend machen kann. Die Veräußerung der Sache erfolgte diesmal nicht nach §§ 929 S. 1, 931 BGB, stattdessen nach §§ 929 S. 1, 930 BGB. Auch auf diesen Fall findet § 986 II BGB nach h.M. analoge Anwendung. Andernfalls bestünde die Gefahr, dass § 986 II BGB umgangen würde. Die Schutzwürdigkeit des unmittelbaren Besitzers hängt nicht davon ab, ob die Veräußerung nach § 931 oder nach § 930 BGB stattfindet.

bb) Recht zum Besitz gegenüber S aus Leihvertrag, § 598 BGB

K hat gegenüber S ein Recht zum Besitz aus dem Leihvertrag, § 598 BGB.

Folglich kann K dem E ein Recht zum Besitz gem. § 986 II BGB entgegenhalten.

3. Ergebnis

E kann auch hier nicht sofort Herausgabe nach § 985 BGB verlangen, sondern muss zwei Wochen warten.

IV. Zusammenfassung

Sound: Ein Recht zum Besitz besteht gem. § 986 II BGB auch dann, wenn das Eigentum gem. §§ 929 S. 1, 931 BGB auf einen neuen Eigentümer übertragen wurde und gegen den bisherigen Eigentümer ein Recht zum Besitz bestand. Bei einer Übereignung der Sache nach §§ 929 S. 1, 930 BGB findet § 986 II BGB nach h.M. analoge Anwendung.

hemmer-Methode: § 986 II BGB findet bei der Übereignung von Grundstücken keine Anwendung, denn diese werden nicht gem. §§ 929 ff. BGB, sondern gem. §§ 873, 925 BGB übereignet. Denken Sie jedoch dort an Vorschriften wie § 566 BGB bei Wohnraum, §§ 566, 578 I BGB bei Grundstücken, §§ 566, 581 II BGB bei Pachtsachen und §§ 566, 593b BGB bei Landpacht. Über diese Regelungen kommt es zu einem gesetzlichen Vertragseintritt des Erwerbers in den Miet-/Pachtvertrag. Ein Recht zum Besitz lässt sich dann als Folge dessen problemlos über § 986 I S. 1 BGB herleiten.

V. Zur Vertiefung

- Hemmer/Wüst, SachenR I, Rn. 304
- Hemmer/Wüst, Basics Zivilrecht II, Rn. 303 f.
- Hemmer/Wüst, SachenR I, Karte 57

Fall 9: Zurückbehaltungsrechte als Recht zum Besitz, § 986 BGB

Sachverhalt:

Eigentümer E vermietete seine Yacht an Mieter B. Der Mietvertrag ist jedoch nichtig. Wegen eines Lecks hatte B die Yacht zur Reparatur gegeben. B beschädigte die Yacht später bei einer Kollision.

Frage: *Nach welcher Vorschrift kann E Schadensersatz verlangen, wenn B ein Zurückbehaltungsrecht aus § 1000 S. 1 BGB wegen der Reparatur geltend macht?*

I. Einordnung

§ 1000 S. 1 BGB gibt dem Besitzer ein Zurückbehaltungsrecht. Ebenso gibt die Vorschrift des allgemeinen Schuldrechts, **§ 273 BGB**, dem Schuldner unter bestimmten Voraussetzungen ein Zurückbehaltungsrecht bzgl. der geschuldeten Leistung.

§ 1000 BGB ist deshalb nötig, weil ein *Anspruch* auf Verwendungsersatz in aller Regel noch nicht fällig ist, vgl. § 1001 BGB; § 273 BGB würde aber einen fälligen Gegenanspruch voraussetzen. Daher erweitert § 1000 S. 1 BGB letztlich das allgemeine Zurückbehaltungsrecht des § 273 BGB.

Fraglich ist, ob diese Zurückbehaltungsrechte sich bei einem Herausgabeanspruch nach § 985 BGB dergestalt auswirken, dass ein Recht zur Zurückbehaltung ein Recht zum Besitz nach § 986 BGB darstellt. Dann bestünde keine Vindikationslage, so dass die §§ 987 ff. BGB bei Nutzungs- und Schadensersatzansprüchen des Eigentümers und bei Verwendungsansprüchen des Besitzers keine Anwendung fänden, wie der folgende Fall zeigt.

II. Gliederung

Schadensersatzanspruch gem. § 823 I BGB

1. **Anwendbarkeit der §§ 823 ff. BGB** (-), wenn abschließende Regeln des EBV vorliegen, § 993 I HS. 2 BGB

2. **Vindikationslage**

a) E Eigentümer

b) B Besitzer

c) Kein Recht zum Besitz gem. § 986 BGB?

aa) § 986 I S. 1, Alt. 1 BGB Mietvertrag nichtig, daher (-)

bb) Zurückbehaltungsrecht aus § 1000 S. 1 BGB als Recht zum Besitz gem. § 986 I S. 1, Alt. 1 BGB

(1) Wortlaut des § 1000 S. 1 BGB im Vergleich zu § 986 I S. 1 BGB

(2) Praktische Wirkung des Zurückbehaltungsrechts

(3) Aber unterschiedliche Rechtsfolgen bei § 986 BGB und § 1000 S. 1 BGB

(4) Teleologische Auslegung des Zurückbehaltungsrechts aus § 1000 S. 1 BGB

(5) Teufelskreisargument

cc) ZbR kein RzB
Vindikationslage, E kann wegen § 993 I HS. 2 BGB nicht nach §§ 823 ff. BGB Schadensersatz fordern.

3. Ergebnis
Schadensersatz nach §§ 989 ff. BGB

III. Lösung

Schadensersatzanspruch gem. § 823 I BGB

E könnte nach der Vorschrift des § 823 I BGB von B Schadensersatz wegen der beschädigten Yacht verlangen.

1. Anwendbarkeit der §§ 823 ff. BGB

Fraglich ist jedoch, ob die §§ 823 ff. BGB Anwendung finden können. Die Anwendung ist ausgeschlossen, wenn die Regeln des Eigentümer-Besitzer-Verhältnisses (EBV) gem. § 993 I HS. 2 BGB abschließend sind.

Deswegen ist zu klären, ob im Zeitpunkt der Beschädigung ein EBV vorlag. In diesem Fall käme wegen § 993 I HS. 2 BGB eine Haftung des B nach den §§ 823 ff. BGB grundsätzlich nicht in Betracht, es wären nur die §§ 989 ff. BGB anzuwenden.

hemmer-Methode: Auch wenn es auf den ersten Blick anders aussieht: Die §§ 987 ff. BGB sind Vorschriften, die insbesondere den redlichen unverklagten Besitzer in erster Linie *begünstigen*. Daher ist es konsequent, dass § 993 I HS. 2 BGB die Anwendung anderer Haftungsnormen sperrt. Anderenfalls würde dem Besitzer die Vergünstigungen der §§ 987 ff. BGB entzogen werden!

2. Vindikationslage

a) E Eigentümer und B Besitzer

E ist Eigentümer der Yacht.

B ist unmittelbarer Fremdbesitzer, § 854 I BGB

b) Kein Recht zum Besitz gem. § 986 BGB

B könnte jedoch ein Recht zum Besitz aus § 986 BGB haben.

aa) § 986 I S. 1, Alt. 1 BGB

B könnte dem E gegenüber aus dem Mietvertrag zum Besitz berechtigt sein, § 986 I S. 1, Alt. 1 BGB. Der Mietvertrag ist jedoch nichtig. Ein Recht zum Besitz aus Mietvertrag scheidet damit aus.

bb) Zurückbehaltungsrecht als Recht zum Besitz

Ein Recht zum Besitz könnte sich aber aus § 1000 BGB ergeben.

Dem B steht wegen einer notwendigen Reparatur ein Zurückbehaltungsrecht gem. §§ 994 I S. 1, 1000 S. 1 BGB zu.

Zu prüfen ist aber, ob B sein Zurückbehaltungsrecht aus § 1000 S. 1 BGB als Recht zum Besitz gem. § 986 I S. 1, Alt. 1 BGB geltend machen kann.

(1) Wortlaut des § 1000 S. 1 BGB

Der Wortlaut des § 1000 S. 1 BGB ist identisch mit dem des § 986 I S. 1, Alt. 1 BGB („Der Besitzer kann die Herausgabe der Sache verweigern").

Eine grammatikalische Auslegung spricht deshalb dafür, das Zurückbehaltungsrecht aus § 1000 S. 1 BGB als Recht zum Besitz gem. § 986 I S. 1, Alt. 1 BGB gelten zu lassen.

(2) Praktische Wirkung des Zurückbehaltungsrechts

Auch wird argumentiert, es bestehe kein Unterschied, ob der Besitzer die Sache wegen § 1000 S. 1 oder wegen § 986 I S. 1, Alt. 1 BGB nicht herausgeben müsse.

(3) Unterschiedliche Rechtsfolgen

Diese unter (2) genannte Argumentation ist aber nicht zutreffend. Ein Zurückbehaltungsrecht führt nur dazu, dass der zurückbehaltende Schuldner zur Herausgabe Zug um Zug verurteilt wird, § 274 I BGB. Ein Recht zum Besitz nach § 986 BGB dagegen führt dazu, dass der Eigentümer mit seiner Herausgabeklage aus § 985 BGB abgewiesen wird.

Es macht damit einen großen Unterschied, welches der beiden Institute vorliegt.

(4) Teleologische Auslegung des Zurückbehaltungsrechts

Das Recht zum Besitz gem. § 986 BGB soll dem Besitzer den Besitz an der Sache erhalten, weil der Besitzer ein Recht und Interesse gerade an dem Besitz selbst hat.

Ein Zurückbehaltungsrecht dagegen soll dem Besitzer nur ein Druckmittel zur Hand geben, den Eigentümer zur Erfüllung eigener Ansprüche anzuhalten. Dies unterscheidet die beiden Institute ebenfalls grundlegend.

(5) Schutzzweck der §§ 987 ff. BGB

Die Vorschriften der §§ 987 ff. BGB führen zu einer Privilegierung des redlichen, unverklagten Besitzers.

Sobald dieser redliche, unverklagte Besitzer ein Zurückbehaltungsrecht gem. § 1000 S. 1 BGB geltend macht, hätte er damit wegen § 986 BGB ein Recht zum Besitz, so dass keine Vindikationslage mehr bestehen und der Besitzer somit seine ihn privilegierenden Vorschriften verlieren würde; denn das Besitzrecht lässt die Vindikationslage entfallen, die aber gerade Voraussetzung für die §§ 987 ff. BGB ist.

Dies entspricht nicht dem Sinn und Regelungszweck der §§ 987 ff. BGB.

(6) „Teufelskreisargument“

Würde man schließlich § 1000 S. 1 BGB als Recht zum Besitz i.S.v. § 986 BGB ansehen, würde sich folgendes ergeben: § 1000 BGB setzt ersatzfähige Verwendungen gem. §§ 994 ff. BGB voraus, diese fordern wiederum eine Vindikationslage im Zeitpunkt der Verwendung.

Wenn nun § 1000 BGB ein Recht zum Besitz darstellt, würde mit der Verwendung die Vindikationslage entfallen, § 1000 BGB würde sich letztlich selbst „den Boden unter den Füßen wegziehen“ und wäre daher niemals gegeben.

Damit gilt: Das Zurückbehaltungsrecht des B aus § 1000 S. 1 BGB ist kein Recht zum Besitz im Sinne des § 986 BGB. Folglich besteht eine Vindikationslage. Damit kann E wegen § 993 I HS. 2 BGB nur nach den §§ 989 ff. BGB Schadensersatz von B verlangen, nicht aber nach §§ 823 ff. BGB.

K kann Schadensersatz nur nach § 989 ff. BGB verlangen.

IV. Zusammenfassung

Sound: Die Zurückbehaltungsrechte aus den §§ 1000 S. 1 BGB, 273 BGB geben kein Recht zum Besitz gem. § 986 BGB. Bei Geltendmachung von Zurückbehaltungsrechten ist der Schuldner zur Leistung Zug-um-Zug zu verurteilen.

Dagegen ist bei einem Recht zum Besitz gem. § 986 BGB die Klage auf Herausgabe gem. § 985 BGB abzuweisen. Im Übrigen werden vor Gericht nur Einwendungen von Amts wegen geprüft. Einreden nur dann, wenn sie geltend gemacht werden.

hemmer-Methode: In der Klausur sollte das Problem, ob Zurückbehaltungsrechte ein Recht zum Besitz i.S.d. § 986 BGB darstellen, nicht allzu sehr vertieft werden, da das Ergebnis der ganz h.M. entspricht. Jedenfalls das Argument unterschiedlicher Rechtsfolgen im Prozess (Verurteilung Zug um Zug bzw. Klageabweisung) und das „Teufelskreisargument“ sollte man allerdings parat haben und kurz zu Papier bringen können. Es ist schon bitter, wenn in der mündlichen Prüfung zum zweiten Examen vier von fünf Prüflingen mit der Thematik gar nichts anfangen können (und das ist keine fiktive „Story“). Dass der Streit um obige Problematik aufkam, ist übrigens nicht zuletzt auf die unglückliche Wortwahl des BGH in einigen älteren Entscheidungen zurückzuführen.

V. Zur Vertiefung

- Hemmer/Wüst, SachenR I, Rn. 409 ff.
- Hemmer/Wüst, Basics Zivilrecht II, Rn. 297
- Hemmer/Wüst, SachenR I, Karte 67

Kapitel IV: Die Ansprüche aus §§ 987 ff. BGB

Fall 10: Anwendbarkeit der §§ 987 ff. BGB

Sachverhalt:

Vermieter V vermietet M eine hübsche Wohnung. M hat jedoch nichts Besseres zu tun, als die Wohnung an den Graffitisprayer G unterzuvermieten. Nachdem die Wohnung mit Graffitis „verschönert" wurde, verlangt V Schadensersatz von M.

Frage: *Nach welchen Vorschriften?*

I. Einordnung

Die §§ 985, 986 BGB bestimmen lediglich, wann eine Vindikationslage vorliegt. § 985 BGB gibt dem Eigentümer dann einen dinglichen Herausgabeanspruch.

Die §§ 987 ff. BGB behandeln schuldrechtliche Ansprüche. Der Eigentümer kann gegen den Besitzer für Nutzungen seiner Sache einen Anspruch auf **Nutzungsherausgabe nach §§ 987 f. BGB**, einen **Schadensersatzanspruch** nur nach **§§ 989 ff. BGB** geltend machen.

Der Besitzer wiederum hat gegen den Eigentümer für Verwendungen, die er auf die Sache gemacht hat, einen **Verwendungsersatzanspruch** samt Zurückbehaltungsrecht gem. **§§ 994 ff. BGB**.

Die §§ 1004, 1007 BGB enthalten dingliche Ansprüche, die § 985 BGB ähneln.

Voraussetzung der schuldrechtlichen Ansprüche auf Nutzungsherausgabe, Schadensersatz und Verwendungsersatz ist immer das **Bestehen einer Vindikationslage**, und zwar im Zeitpunkt der Nutzung, der Schädigung oder der Verwendung.

II. Gliederung

Anspruch auf Schadensersatz des V gg. M

1. **Vertragl. Schadensersatzanspruch, §§ 280 I, 535, 540 I S. 1 BGB**
   Voraussetzungen (+)
2. **§ 823 I BGB**
   Anwendbarkeit auch wegen § 993 I HS. 2 BGB möglicherweise ausgeschlossen
3. **Schadensersatzanspruch aus §§ 990 I, 989 BGB**

a) V Eigentümer

b) M Besitzer

c) Kein Recht zum Besitz, § 986 I S. 1, Alt. 1 BGB

aa) Mietvertrag gibt Recht zum Besitz

bb) Aber nach § 540 I S. 1 BGB kein Recht zum Weitervermieten, somit **Figur des „Nicht-so-berechtigten" Besitzers**

(1) Schadensersatz aus Vertrag und Delikt reichen aus

(2) M trotz Überschreitung des Besitzrechts berechtigt, weil keine Beendigung des Mietverhältnisses

(3) Figur des „Nicht-so-berechtigten" Besitzers abzulehnen, keine Vindikationslage, keine Sperrwirkung des EBV

4. Ergebnis
Schadensersatzanspruch aus §§ 280 I S. 1, 535, 540 I S. 1 BGB und §§ 823 ff. BGB

III. Lösung

Anspruch auf Schadensersatz des V gg. M

Zu klären ist, nach welchen Vorschriften V von M Schadensersatz verlangen kann.

1. Vertraglicher Schadensersatzanspruch, §§ 280 I, 535, 540 I S. 1 BGB

Zunächst kommt ein vertraglicher Schadensersatzanspruch gem. §§ 280 I, 535, 540 I S. 1 BGB in Betracht.

Dieser Anspruch ist dem Grunde nach gegeben, da M ohne Erlaubnis des V die Wohnung untervermietet hat.

Dies stellt eine Pflichtverletzung des Mietverhältnisses dar. Der eingetretene Schaden ist der Pflichtverletzung des M zurechenbar, da M gerade das Risiko einer Beschädigung der Mietsache durch den Untermieter geschaffen hat; vgl. auch § 540 II BGB.

2. § 823 I BGB

Der Tatbestand des § 823 I BGB wurde unproblematisch verwirklicht. Bei Schadensersatzansprüchen aus Delikt gem. §§ 823 ff. BGB stellt sich aber die Frage, ob deren Anwendbarkeit wegen § 993 I HS. 2 BGB ausgeschlossen ist.

3. Schadensersatzanspruch aus §§ 990 I, 989 BGB

Voraussetzung für einen Ausschluss dieser Ansprüche nach § 993 I HS. 2 BGB ist eine Vindikationslage im Zeitpunkt der schädigenden Handlung.

a) V Eigentümer

V war während der schädigenden Handlung Eigentümer.

b) M Besitzer

M war zum Zeitpunkt der „Weitergabe" der Wohnung an G unmittelbarer Fremdbesitzer der Wohnung, § 854 I BGB.

hemmer-Methode: Im gesamten EBV gilt: Die Vindikationslage muss im Zeitpunkt der zu betrachtenden Handlung (Nutzungsziehung, Beschädigung, Vornahme der Verwendung) vorliegen!

c) Kein Recht zum Besitz, § 986 I S. 1, Alt. 1 BGB?

Fraglich ist jedoch, ob M während der schädigenden Handlung kein Recht zum Besitz hatte, § 986 I S. 1, Alt. 1 BGB.

aa) Mietvertrag gibt Recht zum Besitz

Der zwischen V und M geschlossene Mietvertrag gem. §§ 535 ff. BGB gab M gegenüber V ein Recht zum Besitz der Wohnung nach § 986 I S. 1, Alt. 1 BGB.

bb) Figur des „Nicht-so-berechtigten" Besitzers

M war jedoch nach § 540 I S. 1 BGB ohne Erlaubnis des V nicht berechtigt, den Gebrauch der Wohnung einem Dritten zu überlassen, insbesondere sie an G weiter zu vermieten.

Deshalb wird in der Literatur die Figur des „Nicht-so-berechtigten Besitzers" diskutiert. Der Besitzer hat ein Recht zum Besitz gem. § 986 BGB, überschreitet aber die Grenzen seines vorhandenen Besitzrechts. Insofern läge also doch kein Recht zu einem *solchen* Besitz vor. Deswegen sollen bei der Überschreitung und sich daraus ergebenden Schadensersatz- und Nutzungsherausgabeansprüche die §§ 987 ff. BGB analog angewendet werden.

(1) Kein Bedürfnis für §§ 987 ff. BGB

Dieser Ansicht ist jedoch entgegenzuhalten, dass durch Schadensersatzansprüche, insbesondere durch die vertraglichen Schadensersatzansprüche aus § 280 I S. 1 BGB, dieselben Ergebnisse erzielt werden können wie bei Anwendung der §§ 987 ff. BGB (z.B. Anwendung des § 278 S. 1 BGB). Es besteht deshalb kein Bedürfnis, die §§ 987 ff. BGB anzuwenden. Zudem besteht auch kein Grund, denjenigen, der seinen vertraglichen Pflichten zuwider handelt, in den Genuss der Privilegierungen der §§ 987 ff. BGB kommen zu lassen.

(2) Keine Beendigung des Mietverhältnisses

Auch ist weiterhin festzustellen, dass M trotz Überschreiten seines Besitzrechts immer noch ein Recht zum Besitz gem. § 986 BGB hat. Der Mietvertrag, der das Recht zum Besitz gibt, endet nicht automatisch dadurch, dass M sein Besitzrecht exzessiv gebraucht. Das Besitzmittlungsverhältnis mit V gem. § 868 BGB besteht fort.

Daher ist die Figur des „Nicht-so-berechtigten" Besitzers abzulehnen. Somit besteht keine Vindikationslage, womit auch keine Sperrwirkung des EBV gem. § 993 I S. 1 HS. 2 BGB eintritt.

4. Ergebnis

K kann von M, wenn die Voraussetzungen vorliegen, Schadensersatz nach den Vorschriften der §§ 280 I S. 1, 535, 540 I S. 1 BGB, und aus Delikt nach den §§ 823 ff. BGB verlangen.

IV. Zusammenfassung

Sound: Die Figur des Nicht-so-berechtigten Besitzers ist abzulehnen. Bei bestehendem Vertrag sind schädigende Handlungen vorrangig über das Vertragsrecht zu sanktionieren.

Beim „Nicht-so-berechtigten" Besitzer besteht das Besitzrecht fort, §§ 987 ff. BGB können nicht herangezogen werden.

hemmer-Methode: Die hier angesprochene Thematik muss wiederum abgegrenzt werden zu der Figur des „nicht mehr berechtigten Besitzers“. Dabei ist fraglich, inwieweit bei eindeutigem Fehlen eines Rechts zum Besitz die §§ 987 ff. BGB gleichwohl verdrängt werden von vertraglichen Sonderregelungen im nachvertraglichen Bereich. Nutzt z.B. der Mieter trotz wirksamer Kündigung die Mietsache weiter, ist er gem. § 546a BGB zur Fortentrichtung der Miete verpflichtet. Daneben liegt jedenfalls tatbestandlich ein EBV vor. Sollte der Mieter z.B. die Sache untervermietet haben und daraus einen höheren Erlös erlangen als er selbst zu zahlen verpflichtet bzw. als er ortsüblich ist, stellt sich die Frage, ob über §§ 987, 990 BGB der höhere Erlös heraus verlangt werden kann. Weil mit § 546a BGB eine vertragliche Regelung für diese Situation besteht, ist die Anwendbarkeit des EBV umstritten. Jedenfalls dann, wenn der Anspruch auf Rückgabe der Wohnung (§ 546 BGB) rechtshängig geworden ist, findet das EBV jedoch über § 292 II BGB Anwendung. Lesen Sie dazu die sehr wichtige Entscheidung des BGH in Life&Law 2010, 80 ff. Eine weitere Variante der Figur des „nicht mehr berechtigten Besitzers“ im Hinblick auf den Anspruch auf Verwendungsersatz finden Sie in Fall 24.

V. Zur Vertiefung

- Hemmer/Wüst, SachenR I, Rn. 324 ff.
- Hemmer/Wüst, Basics Zivilrecht II, Rn. 318 ff.
- Hemmer/Wüst, SachenR I, Karte 59

Fall 11: Bösgläubigkeit (§ 990 BGB) und Anwendbarkeit des § 278 BGB auf das EBV

Sachverhalt:

D bricht das Auto des E auf und schenkt es seinem Bruder M, der beim Autoknacken Schmiere stand. Der sechzehnjährige „Crash-Fahrer" M fährt das Auto zu Schrott. Vorher hatte der – nach dem Tod der Mutter des M alleinerziehende – Vater V von D und M, der von den Vorgängen wusste, im Einverständnis mit M noch das Autoradio ausgebaut und veräußert.

E möchte von M Schadensersatz für das Auto und das Autoradio.

Frage: *Hat E einen entsprechenden Anspruch?*

I. Einordnung

Die §§ 987 ff. BGB wollen den **gutgläubigen, unverklagten Besitzer privilegieren**, den bösgläubigen oder verklagten Besitzer dagegen gerade nicht. Die Vorschriften des Eigentümer-Besitzer-Verhältnisses nach §§ 987 ff. BGB differenzieren deshalb insbesondere danach, ob der Besitzer gutgläubig oder bösgläubig hinsichtlich seines Rechts zum Besitz ist.

Verklagt ist der Besitzer, sobald Rechtshängigkeit eingetreten ist (§§ 987, 989 BGB; §§ 261 I, 253 I ZPO: Zustellung der Klageschrift an den Beklagten). Sobald dem Besitzer eine Klageschrift zugestellt ist, weiß dieser, dass er die Sache evtl. herausgeben muss und wird daher vom Gesetz nicht mehr geschützt.

Bösgläubig ist der Besitzer, wenn er bei Erwerb des Besitzes nicht in gutem Glauben ist, oder später positive Kenntnis davon erlangt, dass er nicht zum Besitz berechtigt ist (§§ 990 I BGB). Dabei wird § 932 II BGB analog angewendet.

Wenn dem Besitzer bei Besitzerwerb bekannt oder infolge grober Fahrlässigkeit unbekannt ist, dass er zum Besitz nicht berechtigt ist, haftet er analog § 932 II BGB nach §§ 990, 987, 989 BGB. Obwohl § 932 II BGB eigentlich eine Vorschrift für bewegliche Sachen ist, gilt dessen Maßstab nach h.M. übrigens auch für ein EBV an Grundstücken (und nicht § 892 BGB, der für die Bösgläubigkeit positive Kenntnis verlangt).

Im Übrigen gilt noch: Durch die schuldrechtliche Natur der Ansprüche aus §§ 987 ff. BGB findet auch § 278 BGB seit Bestehen der Vindikationslage Anwendung. Die Vindikationslage begründet ein Schuldverhältnis nach § 278 BGB.

II. Gliederung

Anspruch des E gg. M auf Schadensersatz	
I.	**Schadensersatz für das Auto**
1.	**§§ 990 I S. 1, 989 BGB**
a)	E war Eigentümer

b) M war Besitzer

c) Kein Recht zum Besitz gem. § 986 BGB

d) M bösgläubig, § 990 I S. 1 BGB?

aa) § 932 II BGB analog

bb) Bei Minderjährigen
Auf gesetzlichen Vertreter gem. § 166 BGB analog oder auf Minderjährigen abstellen, § 828 BGB analog?

(1) Bei Schadensersatz überwiegt Deliktsnatur, deshalb eher § 828 BGB analog

(2) Vater aber ebenfalls bösgläubig, daher hier im Ergebnis kein Unterschied

e) Verschulden des M, §§ 989, 276 I S. 1, 2 i.V.m. § 828 III BGB (+)

2. §§ 992, 823 I BGB

a) Anwendbarkeit des Deliktsrechts trotz § 993 I HS. 2 BGB wegen § 992 BGB; § 992 BGB (+), da Besitz durch Straftat erlangt (Hehlerei gem. § 259 StGB).

b) Voraussetzungen des § 823 I BGB

3. §§ 992, 823 II i.V.m. § 259 StGB

II. Schadensersatz für das Autoradio

(P) Verschulden des M

1. §§ 989, 990 I S. 1 BGB
Zurechnung des schuldhaften Handelns des Vaters über §§ 278 S. 1, 1629 I S. 1 BGB; EBV ist schuldrechtliche Sonderverbindung, somit Anwendbarkeit des § 278 S. 1 BGB i.R.v. §§ 990 I S. 1, 989 BGB

2. §§ 823 ff. BGB
§ 823 I BGB (+), Verletzungshandlung des M liegt in der Gestattung des Ausbaus durch V

3. Ergebnis
E kann auch für das Autoradio Schadensersatz von M verlangen.

III. Lösung

Kann E von M Schadensersatz für das Auto und das Autoradio verlangen?

Zu klären ist, ob E von M Schadensersatz für das Auto und das Autoradio verlangen kann.

I. Schadensersatz für das Auto

1. §§ 990 I S. 1, 989 BGB

a) Vindikationslage

E könnte von M Schadensersatz für das zerstörte Auto gem. § 989, 990 I S. 1 BGB verlangen.

Dafür ist eine Vindikationslage im Zeitpunkt der schädigenden Handlung erforderlich.

Die Vindikationslage setzt voraus, dass E Eigentümer des Autos und M sein unberechtigter Besitzer im Zeitpunkt der Schädigungshandlung war.

Die Schädigungshandlung ist hier das „zu-Schrott-Fahren" des Pkw. Zu diesem Zeitpunkt war E trotz Diebstahls des D Eigentümer des Wagens. Die zwischen D und M vorgenommene Übereignung (§ 929 S. 1 BGB) ist mangels Berechtigung des D und Kenntnis des M von dem Einbruch des D unwirksam, § 932 II BGB. Darüber hinaus liegt ein Abhandenkommen vor, § 935 I S. 1 BGB.

Ein Recht zum Besitz gem. § 986 BGB bestand unter keinen Gesichtspunkten.

Folglich ist die Vindikationslage gegeben.

b) Bösgläubigkeit des M, § 990 I S. 1 BGB?

§ 990 I S. 1 BGB erfordert weiterhin, dass M bei dem Erwerb des Besitzes am Auto nicht in gutem Glauben an sein Besitzrecht war.

aa) § 932 II BGB analog

§ 990 I S. 1 BGB setzt keinen Maßstab für die Gutgläubigkeit. Jedoch wird § 932 II BGB analog angewendet. Der Bezugspunkt der Bösgläubigkeit ist dabei allerdings nicht das Eigentum sondern das Recht zum Besitz.

Nach § 932 II BGB analog ist nicht in gutem Glauben, wem bekannt oder infolge grober Fahrlässigkeit unbekannt ist, dass sein Besitzrecht nicht besteht.

bb) Bei Minderjährigen § 166 BGB analog oder § 828 BGB analog

Bei Minderjährigen ist des Weiteren fraglich, auf wessen Kenntnis oder Kennenmüssen abzustellen sind. Diese Frage drängt sich angesichts des weitreichenden Minderjährigenschutzes im BGB auf (§§ 106 ff.; § 828 BGB). In Betracht kommen insoweit zwei Möglichkeiten: Zum einen könnte auf den Minderjährigen selbst abzustellen sein, § 828 III BGB analog, zum anderen aber auf seine Eltern als gesetzliche Vertreter, § 166 I BGB analog.

(1) Bei Schadensersatzansprüchen ist aufgrund der Deliktsnatur auf § 828 BGB analog abzustellen.

Nur bei rechtsgeschäftsähnlichen Handlungen oder Ansprüchen, im EBV z.B. beim Nutzungsherausgabeanspruch gem. §§ 987 ff. BGB oder dem Verwendungsersatzanspruch nach §§ 994 ff. BGB ist aus Gründen des Minderjährigenschutzes nach § 166 BGB analog auf den gesetzlichen Vertreter abzustellen.

Die Voraussetzungen des § 828 III BGB analog liegen vor: Dafür, dass M die Einsicht fehlte, ist im Sachverhalt nichts ersichtlich.

(2) Würde man hier aber gem. § 166 BGB analog auf den Vater als gesetzlichen Vertreter gem. §§ 1629 I, 1680 I BGB abstellen, würde sich im Ergebnis nichts ändern, weil dieser ebenfalls bösgläubig war.

Der Streit ist deshalb nicht entscheidungserheblich, M war in jedem Fall beim Besitzerwerb bösgläubig nach § 990 I S. 1 BGB.

e) Verschulden des M, §§ 989, 276 I S. 1, 2 i.V.m. § 828 III BGB (+)

§ 990 I S. 1 BGB ist insoweit eine Rechtsgrundverweisung auf § 989 BGB, als noch das Verschulden in § 989 BGB zu prüfen ist.

M handelte vorsätzlich und somit schuldhaft nach § 276 I S. 1 BGB. In dem Fahren des Pkw ohne die erforderliche Fahrerlaubnis kann jedenfalls eine Fahrlässigkeit gesehen werden.

hemmer-Methode: Es geht also immer um zwei Ebenen: Zunächst die Bösgläubigkeit des Besitzers bzgl. des Nichtbestehens eines Besitzrechtes, die in den Anwendungsbereich der §§ 989, 990 BGB führt. Auf zweiter Stufe ist dann aber noch unbedingt das Verschulden des Besitzers hinsichtlich der Zerstörung bzw. Beschädigung der Sache zu prüfen! Allerdings gilt: Wer vorsätzlich seine Nichtberechtigung kennt und die Sache dennoch nicht herausgibt, dem wird leicht der Vorwurf der Fahrlässigkeit auch bei leichtester Unachtsamkeit gemacht werden können!

Daher: Der Schadensersatzanspruch des E gegen M aus §§ 990 I S. 1, 989 BGB hinsichtlich des Pkw ist zu bejahen.

2. §§ 992, 823 I BGB

Weiterhin könnte E seinen Schadensersatzanspruch gegen M auf Delikt stützen, § 823 I BGB.

a) Anwendbarkeit des Deliktsrechts trotz § 993 I HS. 2 BGB wegen § 992 BGB

Fraglich ist jedoch, ob das Deliktsrecht Anwendung findet. Bei Bestehen einer Vindikationslage besteht für den redlichen, unverklagten Besitzer unstreitig eine Sperrwirkung durch § 993 I HS. 2 BGB, so dass das Deliktsrecht nach §§ 823 ff. BGB nicht angewendet werden darf.

Ein Besitzer, der sich seinen Besitz durch verbotene Eigenmacht oder eine Straftat verschafft, haftet gem. § 992 BGB doch wieder nach Deliktsrecht. Es besteht kein Bedürfnis, einen solchen Besitzer zu privilegieren.

Verbotene Eigenmacht hat M nicht verübt; § 992 BGB stellt allein auf die selbst verübte verbotene Eigenmacht ab; eine bloße Zurechnung der Fehlerhaftigkeit des Besitzes nach § 858 II BGB eröffnet den Anwendungsbereich des § 992 BGB nicht. Allerdings erfüllt das Verhalten des M den Tatbestand der Hehlerei, § 259 StGB. Damit hat er den Besitz durch eine Straftat erlangt, § 992 BGB ist einschlägig.

b) Voraussetzungen des § 823 I BGB

M hat das Eigentum des E rechtswidrig und schuldhaft beschädigt. Daher hat E auch einen Schadensersatzanspruch aus § 823 I BGB.

3. §§ 992, 823 II i.V.m. § 259 StGB

Die Voraussetzungen des § 823 II BGB i.V.m. § 259 StGB sind ebenfalls erfüllt.

II. Schadensersatz für das Autoradio

Zu prüfen ist noch, ob E von M Schadensersatz für das ausgebaute Autoradio verlangen kann.

Fraglich ist hier das Verschulden des M, der nicht selbst gehandelt hat. Die Handlungen seines Vaters V müssten M zugerechnet werden können.

1. §§ 989, 990 I S. 1 BGB

§ 989 BGB erfordert ein Verschulden des M. Eine Zurechnung des schuldhaften Handelns des Vaters könnte über § 278 S. 1, Alt. 1 BGB erfolgen.

Der Vater ist gesetzlicher Vertreter des M gem. §§ 1629 I, 1680 I BGB.

Weiterhin erfordert § 278 S. 1 BGB ein bereits bestehendes Schuldverhältnis zwischen M und E, sei es vertraglicher, sei es gesetzlicher Natur.

Das EBV ist eine solche schuldrechtliche Sonderverbindung. Ab Vorliegen der Vindikationslage gem. §§ 985 f. BGB besteht ein Schuldverhältnis zwischen M und V. Somit ist § 278 S. 1 BGB i.R.d. §§ 990 I S. 1, 989 BGB anwendbar.

Entgegen seinem Wortlaut wird über § 278 S. 1 BGB nicht nur das Verschulden im technischen Sinn (Vorsatz und Fahrlässigkeit, § 276 BGB), sondern die gesamte schuldhafte Verletzungshandlung zugerechnet. Damit findet eine Verschuldenszurechnung statt.

Ebenfalls könnte man bereits in der Weggabe des M an V die maßgeblich Verletzungshandlung i.S.d. §§ 989, 990 I BGB sehen. Durch das Verhalten des M wurde nämlich die Unmöglichkeit der Herausgabe kausal verursacht, zumal M auch mit einer Weiterveräußerung durch seinen Vater rechnen durfte. Insoweit hat M sogar vorsätzlich gehandelt.

hemmer-Methode: Damit bedarf es des Weges über § 278 BGB eigentlich nicht, da M die Unmöglichkeit der Herausgabe selbst verursacht hat. Das Verhalten des Vaters ist dann nur noch eine Frage der *schadensersatzrechtlichen* Zurechnung, nicht mehr der bei § 278 BGB erfolgenden *anspruchsbegründenden* Zurechnung und ist unter Äquivalenz- sowie Adäquanzgesichtspunkten zu bejahen.

2. §§ 823 ff. BGB

Das Gestatten des Radio-Ausbaus seitens M durch seinen Vater ist als Verletzungshandlung des M anzusehen, die das Verlorengehen des Radios für den Eigentümer E kausal und zurechenbar verursacht hat. Insoweit handelte M jedenfalls fahrlässig, so dass der Anspruch aus § 823 I BGB zu bejahen ist.

§ 278 BGB darf insoweit nicht angewendet werden.

Zwar besteht zwischen E und M die nach § 278 BGB erforderliche Sonderverbindung; eine Anwendung von § 278 BGB muss bei § 823 BGB jedoch nach ganz h.M. bei der Anspruchsbegründung *generell* ausscheiden, da anderenfalls eine Umgehung von § 831 BGB zu befürchten wäre (§ 831 BGB scheidet vorliegend übrigens aus, da V nicht Verrichtungsgehilfe des M ist!).

E kann auch für das Autoradio Schadensersatz von M verlangen.

IV. Zusammenfassung

Sound: Der Besitzer ist bösgläubig im Sinne des § 990 I S. 1 BGB, wenn ihm bei Besitzerwerb analog § 932 II BGB bekannt oder infolge grober Fahrlässigkeit unbekannt ist, dass er kein Recht zum Besitz hat oder wenn er später Kenntnis der Nichtberechtigung erlangt. § 990 I S. 1 BGB ist insoweit Rechtsgrundverweisung auf § 989 BGB, als dort das Verschulden des Besitzers vorliegen muss.
Dabei ist nicht nur § 276 BGB anzuwenden: Die Vindikationslage gem. §§ 985 f. BGB ist ein bestehendes Schuldverhältnis, so dass dem Besitzer bei einem Schadensersatzanspruch aus § 989 BGB auch das Verschulden Dritter über § 278 BGB zugerechnet werden kann.

Bei Schadensersatzansprüchen gegen Minderjährige ist i.R.d. Verschuldens wegen des Deliktscharakters auf die Einsichtsfähigkeit des Minderjährigen analog § 828 BGB, nicht auf den gesetzlichen Vertreter analog § 166 BGB, abzustellen.

hemmer-Methode: Die hier getroffenen Wertungen zu Minderjährigen und §§ 166, 828 BGB analog spielen selbstverständlich nicht nur für das EBV der §§ 987 ff. BGB eine Rolle, sondern müssen auch bei Verschulden i.R.v. Schadensersatzansprüchen aus vertraglichen Sekundäransprüchen (z.B. § 280 I BGB) oder Delikt (§§ 823 ff. BGB) Berücksichtigung finden. Lernen Sie rechtsübergreifend, statt in isoliertem „Schubladendenken" zu verharren! Das EBV ist ein Paradebeispiel. Es hat immer auch Bezug zu vertraglichen, deliktischen, bereicherungs- und anderen sachenrechtlichen Problemen.

V. Zur Vertiefung

- Hemmer/Wüst, SachenR I, Rn. 365 ff.
- Hemmer/Wüst, Basics Zivilrecht II, Rn. 330 ff.
- Hemmer/Wüst, SachenR I, Karte 63

Fall 12: Fremdbesitzerexzess im Drei-Personen-Verhältnis, § 991 II BGB

Sachverhalt:

Bauer B leiht dem unerkannt geisteskranken Tierpfleger T 20 Küken zum Streicheln. In einem klaren Moment gibt T die Küken dem Aquariumswärter A unentgeltlich zur Verwahrung, der selber einige Enten hat. A wählt den Aufenthaltsort der Tiere so ungünstig, dass seine Enten samt Küken einen Schwimmausflug im Haifischbecken unternehmen und gefressen werden.

Frage: *Kann B von A Schadensersatz verlangen?*

I. Einordnung

Das Regelungssystem des EBV, §§ 987 ff. BGB, verfolgt gerade den Zweck, einen unrechtmäßigen Besitzer, der redlich und unverklagt ist, zu privilegieren. Ein redlicher, unverklagter Besitzer ohne Recht zum Besitz haftet also grundsätzlich nicht auf Schadensersatz; vertragliche und deliktische Schadensersatzansprüche sind vom Haftungsausschluss des § 993 I HS. 2 BGB erfasst.

Schadensersatzansprüche aus § 989 BGB erfordern aber Rechtshängigkeit bzw. aus § 990 I BGB bösen Glauben des Besitzers bzgl. seines Rechts zum Besitz.

Liegen diese Voraussetzungen der §§ 989 f. BGB nicht vor, müsste der redliche, unverklagte Besitzer ohne Besitzrecht, obwohl er die Sache vorsätzlich oder fahrlässig beschädigt oder zerstört („Fremdbesitzerexzess"), überhaupt keinen Schadensersatz leisten. Dies kann zu unbilligen Ergebnissen führen.

Das BGB hat deshalb für den **Fremdbesitzerexzess im Drei-Personen-Verhältnis** eine Regelung in **§ 991 II BGB** getroffen.

Der unmittelbare Besitzer, der seinen Besitz vom mittelbaren Besitzer ableitet, wird diesem in der Regel ohnehin aus Vertrag und Delikt Schadensersatz leisten müssen und damit auch rechnen. Deshalb verdient er in einer solchen Konstellation auch keinen Schutz gegenüber dem Eigentümer.

II. Gliederung

Anspruch auf Schadensersatz des B gg. A

1. Schadensersatzanspruch aus §§ 989, 990 I BGB

a) B Eigentümer

b) A Besitzer

c) Kein Recht zum Besitz, § 986 BGB

aa) § 986 I S. 1, Alt. 1 BGB
Verwahrungsvertrag zwischen T und A wirkt nur relativ

bb) § 986 I S. 1, Alt. 2 BGB
Leihvertrag zwischen B und T nichtig, § 104 Nr. 2 BGB; T gegenüber B nicht zum Besitz berechtigt

d) Rechtshängigkeit, § 989 BGB
A unverklagt, §§ 261, 253 I ZPO

e) Bösgläubigkeit des A, § 990 I BGB
A durfte an sein Recht zum Besitz glauben, § 932 II BGB analog

f) Deshalb kein Schadensersatzanspruch aus §§ 989 f. BGB

2. Schadensersatzanspruch aus Delikt, §§ 823 ff. BGB

a) Anwendbarkeit der §§ 823 ff. BGB, § 993 I HS. 2 BGB

b) Ausnahme: § 826 BGB; hier aber (-)

3. Schadensersatzansprüche aus §§ 991 II, 989 BGB

a) A bei Erwerb des Besitzes in gutem Glauben

b) Verantwortlichkeit des A dem mittelbaren Besitzer T gegenüber

aa) Vertragliche Schadensersatzansprüche, § 280 I, III, 283 BGB

bb) Schadensersatzansprüche aus Delikt, § 823 I BGB

4. Ergebnis
K kann von A Schadensersatz gem. §§ 991 II, 989 BGB verlangen.

III. Lösung

Anspruch auf Schadensersatz des B gg. A

1. Schadensersatzanspruch aus §§ 989, 990 I BGB

Ein Schadensersatzanspruch aus §§ 989, 990 I BGB erfordert zunächst das Vorliegen einer Vindikationslage gem. §§ 986 f. BGB im Zeitpunkt der schädigenden Handlung.

a) B Eigentümer

B war Eigentümer der Küken.

b) A Besitzer

A war unmittelbarer Fremdbesitzer, § 854 I BGB.

c) Kein Recht zum Besitz, § 986 BGB

A dürfte kein Recht zum Besitz gehabt haben, § 986 BGB.

aa) § 986 I S. 1, Alt. 1 BGB

Der Leihvertrag zwischen T und B wirkt nur relativ zwischen diesen Parteien, so dass A gegenüber Eigentümer B hieraus kein Recht zum Besitz gem. § 986 I S. 1, Alt. 1 BGB herleiten konnte.

bb) § 986 I S. 1, Alt. 2 BGB

A könnte sein Besitzrecht jedoch von T hergeleitet haben, § 986 I S. 1, Alt. 2 BGB.

A hat den Besitz aufgrund wirksamen Vertrages mit T erhalten (lichter Moment des T). T müsste jedoch auch dem Eigentümer B gegenüber berechtigt gewesen sein. Der Leihvertrag zwischen B und T war wegen der Geisteskrankheit des T jedoch nichtig, § 104 Nr. 2 BGB; T war folglich gegenüber B selbst nicht zum Besitz berechtigt. Damit konnte auch A sein Besitzrecht nicht von T gem. § 986 I S. 1, Alt. 2 BGB herleiten.

Damit gilt: Eine Vindikationslage nach §§ 985 f. BGB lag im Zeitpunkt der schädigenden Handlung des A vor.

d) Rechtshängigkeit, § 989 BGB

Der Schadensersatzanspruch aus § 989 BGB erfordert den Eintritt der Rechtshängigkeit.

A war jedoch unverklagt, §§ 261, 253 I ZPO. Die Voraussetzungen des § 989 BGB sind damit nicht erfüllt.

e) Bösgläubigkeit des A, § 990 I BGB

Für einen Schadensersatzanspruch aus §§ 990 I, 989 BGB müsste A keinen guten Glauben an sein Recht zum Besitz gehabt haben. A durfte aber an sein Recht zum Besitz glauben, § 932 II BGB analog, A durfte von der Geschäftsfähigkeit des T und damit von einem wirksamen abgeleiteten Besitzrecht ausgehen. Damit lag auch keine Bösgläubigkeit des A gem. § 990 I BGB vor.

Deshalb: A war redlicher, unverklagter Besitzer. Ein Schadensersatzanspruch aus §§ 989 f. BGB besteht gerade nicht.

2. Schadensersatzanspruch aus Delikt, §§ 823 ff. BGB

Durch die Sperrwirkung der § 993 I HS. 2 BGB bei einem redlichen, unverklagten Besitzer ohne Recht zum Besitz werden auch Schadensersatzansprüche aus Delikt ausgeschlossen.

Eine Ausnahme ergibt sich jedoch für § 826 BGB. § 826 BGB ist hier mangels vorsätzlicher Schädigung durch A aber nicht einschlägig.

3. Schadensersatzansprüche aus §§ 991 II, 989 BGB

Ein Schadensersatzanspruch könnte sich jedoch aus §§ 991 II, 989 BGB ergeben.

a) A war, wie von § 991 II BGB gefordert, bei Erwerb des Besitzes in gutem Glauben an sein Besitzrecht.

b) Fraglich ist jedoch, inwieweit A dem mittelbaren Besitzer T gegenüber verantwortlich ist. Die Vorschrift des § 991 II BGB beruht auf dem Gedanken, dass der redliche, unverklagte Besitzer doch nicht schutzwürdig ist, wenn er damit rechnen muss, seinem mittelbaren Besitzer gegenüber schadensersatzpflichtig zu werden.

Dann ist eine Haftung des unmittelbaren Besitzers gegenüber dem Eigentümer insoweit zu bejahen, als er dem mittelbaren Besitzer gegenüber ohnehin verantwortlich wäre.

aa) Vertragliche Schadensersatzansprüche, § 280 I, III, 283 BGB

Zwischen A und T bestand ein wirksamer Verwahrungsvertrag über die Küken, §§ 688 ff. BGB. T hatte gerade einen lichten Moment (lucidum intervallum), so dass der Vertrag auch nicht wegen der Geschäftsunfähigkeit des T nichtig nach § 104 Nr. 2 BGB war.

Die Pflichtverletzung bestand in der schlechten Aufbewahrung der Küken, die zu deren Verenden und damit zur objektiven Unmöglichkeit der Herausgabe gem. § 275 I, Alt. 2 BGB führte.

Fraglich ist jedoch, ob A der Entlastungsbeweis gelingt, die Pflichtverletzung nicht nach § 280 I S. 2 BGB vertreten zu müssen. Zu vertreten hat A Vorsatz und Fahrlässigkeit, wenn eine mildere Haftung nicht bestimmt ist, § 276 I S. 1 BGB.

Hier haben A und T einen Verwahrungsvertrag über unentgeltliche Verwahrung geschlossen, womit A nur für die eigenübliche Sorgfalt („diligentia quam in suis“) einzustehen hat, § 690 BGB. Gem. § 277 BGB haftet A damit aber jedenfalls für grobe Fahrlässigkeit.

Enten und Küken in der Nähe des Haifischbeckens aufzubewahren ist als besonders schwererer Verstoß gegen jedermann einsichtige Sorgfaltsanforderungen zu sehen. Deshalb liegt grobe Fahrlässigkeit vor.

Es nützt A deshalb nichts, dass auch die eigenen Enten von den Haifischen gefressen wurden. Dies wäre nur beachtlich, wenn es sich um einfache Fahrlässigkeit gehandelt hätte.

bb) Schadensersatzansprüche aus Delikt, § 823 I BGB

Fraglich bei einem Anspruch aus § 823 I BGB ist, welches absolute Rechtsgut des T durch A verletzt wurde.

Der Besitz ist als absolut geschütztes Rechtsgut nach § 823 I BGB anerkannt, wenn der Besitzer zum Besitz berechtigt war. T hatte aber aufgrund des nichtigen Leihvertrages mit B gerade kein Recht zum Besitz.

Folglich ist eine Rechtsgutsverletzung zu verneinen.

4. Ergebnis

B kann von A Schadensersatz gem. §§ 991 II, 989 BGB verlangen. Der Schadensumfang bestimmt sich nach §§ 280 I, III, 283 S. 1 BGB.

hemmer-Methode: Bei § 991 II BGB muss also inzident ein Schadensersatzanspruch des mittelbaren Besitzers gegen den Besitzer geprüft werden. Nur in dessen Umfang hat der Eigentümer gegen den Besitzer den Anspruch aus §§ 991 II, 989 BGB!

IV. Zusammenfassung

Sound: Der Fremdbesitzerexzess im Drei-Personen-Verhältnis ist gesetzlich geregelt, § 991 II, 989 BGB. Die Schutzwürdigkeit des redlichen, unverklagten Besitzers wird dadurch durchbrochen, dass er damit rechnen muss, dem mittelbaren Besitzer aus Vertrag oder Delikt schadensersatzpflichtig zu werden.
Deshalb kann der Eigentümer im gleichen Umfang Schadensersatz vom unmittelbaren Besitzer verlangen, wie dieser ohnehin gegenüber seinem mittelbaren Besitzer zu leisten verpflichtet ist.

hemmer-Methode: Im gesetzlich geregelten Fall des Drei-Personen- Fremdbesitzerexzesses ist unstreitig, dass die Anspruchsnormen nur §§ 991 II, 989 BGB sind. Beim Fremdbesitzerexzess im Zwei-Personen-Verhältnis, der gesetzlich nicht geregelt ist, richtet sich die Haftung nach §§ 823 ff. BGB, vgl. dazu den nächsten Fall.

V. Zur Vertiefung

- Hemmer/Wüst, SachenR I, Rn. 354 f.
- Hemmer/Wüst, Basics Zivilrecht II, Rn. 345 ff.
- Hemmer/Wüst, SachenR I, Karte 62

Fall 13: Fremdbesitzerexzess im Zwei-Personen-Verhältnis

Sachverhalt:

Archäologin A verwahrt eine wertvolle Ming-Vase von Sammler S. Bei einem Wutanfall wirft A die Vase in Richtung ihres Ehemanns, die Vase zerschellt an der Wand in tausend Stücke.

Frage: *Nach welchen Vorschriften kann S von A Schadensersatz verlangen, wenn der Verwahrungsvertrag zwischen A und S wirksam war?*

Abwandlung:

Frage: *Welche Schadensersatzansprüche bestehen, wenn S unerkannt geschäftsunfähig war?*

I. Einordnung

Ein **sog. Fremdbesitzerexzess** liegt vor, wenn eine Vindikationslage gegenüber einem redlichen, unverklagten Besitzer besteht und dieser bei *Bestehen* des vermeintlichen Besitzrechtes aus dem zugrundeliegenden Schuldverhältnis haften würde.

Wendet man streng das Gesetz an, würde die **Sperrwirkung** des § 993 I HS. 2 BGB dafür sorgen, dass der Besitzer nur nach den §§ 989 ff. BGB auf Schadensersatz haftet. Da der Besitzer jedoch gerade redlich und unverklagt ist, würden die §§ 989, 990 BGB auch nicht zu einem Schadensersatz führen.

Der **unrechtmäßige Besitzer** (EBV) darf jedoch **nicht besser stehen als ein rechtmäßiger Besitzer**, der aus Vertragsverletzung und Delikt schadensersatzpflichtig wäre. Der Fremdbesitzer weiß, dass die Sache nicht in seinem Eigentum steht, und er nicht nach Belieben damit verfahren kann, § 903 S. 1 BGB. Durch die schuldhafte Verschlechterung oder Zerstörung überschreitet der Fremdbesitzer den Rahmen seines vermeintlichen Besitzrechts.

Deshalb wird eine Analogie zum gesetzlich geregelten Fremdbesitzerexzess im Dreipersonenverhältnis herangezogen, § 991 II BGB. Auch eine analoge Anwendung der §§ 823 ff. BGB wird diskutiert.

II. Gliederung

Anspruch auf Schadensersatz bei Wirksamkeit des Verwahrungsvertrages

1. **Schadensersatzansprüche aus Vertragsverletzung, §§ 280 I, III, 283 S. 1 BGB**

a) Verwahrungsvertrag als Schuldverhältnis

b) Zerstörung ist Pflichtverletzung, führt zur objektiven Unmöglichkeit der Rückgabe, §§ 283 S. 1, 275 I, Alt. 2 BGB

c) Vertretenmüssen vermutet, § 280 I S. 2 BGB,
wegen Vorsatzes gem. § 276 I S. 1 BGB keine Haftungsprivilegierung gem. §§ 690, 277 BGB, Entlastungsbeweis, § 280 I S. 2 BGB, wird nicht gelingen

2. Deliktische Schadensersatzansprüche

a) § 823 I BGB

b) § 823 II BGB i.V.m. § 303 I StGB

Abwandlung

Anspruch auf Schadensersatz bei Geschäftsunfähigkeit des S

1. **§§ 280 I, III, 283 S. 1 BGB**
   Unwirksamer Verwahrungsvertrag, kein Schuldverhältnis nach §§ 280 I, 311 II BGB
2. **§§ 990 I S. 1, 989 BGB**
   Auf A als redliche, unverklagte Besitzerin nicht anwendbar; § 991 II BGB mangels 3-Personen-Verhältnisses nicht gegeben.
3. **§§ 823 ff. BGB**
   Zunächst (-) wg. Sperrwirkung des § 993 I HS. 2 BGB.
4. **Fremdbesitzerexzess**
   A darf aber nicht besser als bei Bestehen ihres vermeintlichen Besitzrechtes stehen. Daher unter Heranziehung des Rechtsgedankens von § 991 II BGB ungeschriebene Ausnahme von Sperrwirkung des § 993 I HS. 2 BGB
5. **Ergebnis**
   A haftet S wegen Fremdbesitzerexzesses gem. § 823 I BGB, § 823 II BGB i.V.m. § 303 I StGB.

III. Lösung

Zu prüfen ist, nach welchen Vorschriften S von A Schadensersatz für die zerstörte Ming-Vase verlangen kann, wenn der Verwahrungsvertrag zwischen S und A wirksam war.

1. Schadensersatzansprüche aus Vertragsverletzung, §§ 280 I, III, 283 S. 1 BGB

In Betracht kommen zunächst Schadensersatzansprüche aus Vertragsverletzung, §§ 280 I, III, 283 S. 1 BGB. Dazu müsste A eine Pflicht aus einem Schuldverhältnis schuldhaft verletzt haben. Die Pflichtverletzung könnte darin liegen, dass A nach § 275 BGB nicht zu leisten braucht, § 283 S. 1 BGB (Unmöglichkeit).

a) Schuldverhältnis

Der Verwahrungsvertrag ist ein Schuldverhältnis, § 280 I S. 1 BGB.

b) Pflichtverletzung

Die Pflichtverletzung ist die Zerstörung der Vase, was zur objektiven nachträglichen Unmöglichkeit der Rückgabepflicht aus § 695 BGB führt, §§ 283 S. 1, 275 I, Alt. 2 BGB.

c) Vertretenmüssen, § 280 I S. 2 BGB

Das Vertretenmüssen wird bei einer Pflichtverletzung stets vermutet, § 280 I S. 2 BGB. A kommt wegen vorsätzlichen Handelns gem. § 276 I S. 1 BGB nicht zu einer Haftungsprivilegierung gem. §§ 690, 277 BGB, selbst wenn – dies lässt der Sachverhalt offen – es sich um eine unentgeltliche Verwahrung gehandelt haben sollte (nur dann ist § 690 BGB anwendbar, vgl. Wortlaut).

Es besteht damit ein Schadensersatzanspruch des S gegen A wegen vertraglicher Pflichtverletzung aus §§ 280 I, III, 283 S. 1 BGB.

hemmer-Methode: Versuchen Sie nach Möglichkeit, i.R.d. § 280 BGB vom „Vertretenmüssen“ und nicht vom „Verschulden“ zu sprechen. Vertretenmüssen ist das übergeordnete gesetzliche Tatbestandsmerkmal. Als Unterform kommt eigenes *Verschulden* i.S.d. § 276 I S. 1 BGB in Betracht, es kann aber auch eine Haftung für fremdes Verschulden gem. § 278 BGB gegeben sein oder gar eine Verantwortlichkeit für Zufall gem. § 287 S. 2 BGB. Bieten Sie durch genaue Begrifflichkeiten keine Angriffsfläche!

2. Deliktische Schadensersatzansprüche

a) § 823 I BGB

A hat das Eigentum des S vorsätzlich und rechtswidrig zerstört. Damit besteht ein Schadensersatzanspruch aus § 823 I BGB. Zwar würde die Haftungsprivilegierung des § 690 BGB auch i.R.d. §§ 823 ff. BGB greifen; jedoch ist diese – selbst bei Annahme einer unentgeltlichen Verwahrung – ohnehin nicht einschlägig, s.o.

b) § 823 II BGB i.V.m. § 303 I StGB

Ebenso besteht ein Schadensersatzanspruch aus § 823 II BGB i.V.m. § 303 I StGB (Sachbeschädigung).

hemmer-Methode: Bitte merken: Die Sachbeschädigung nach § 303 StGB ist nur bei *Vorsatz* strafbar, eine fahrlässige Sachbeschädigung gibt es im StGB nicht. So einfach dies ist, so oft werden hier gerade in mündlichen Prüfungen schwere Fehler begangen, die nicht sonderlich zur Auflockerung der Prüfungsatmosphäre beitragen.

3. Ergebnis

A haftet S auf Schadensersatz gem. §§ 280 I, III, 283 S. 1 BGB und §§ 823 I; 823 II BGB i.V.m. § 303 I StGB.

IV. Lösung Abwandlung

Fraglich ist, nach welchen Vorschriften S von A Schadensersatz verlangen kann, wenn der Verwahrungsvertrag unwirksam war.

1. §§ 280 I, III, 283 S. 1 BGB

Der Verwahrungsvertrag ist unwirksam. Somit besteht kein Schuldverhältnis nach §§ 280 I, 311 II BGB. Ein Schadensersatzanspruch scheidet hiernach aus.

2. §§ 990 I S. 1, 989 BGB

A durfte gem. § 932 II BGB analog ohne grobe Fahrlässigkeit vom Bestehen ihres Besitzrechts aus dem vermeintlich wirksamen Verwahrungsvertrag ausgehen. Als gutgläubige, unverklagte Besitzerin kommt weder § 989 BGB noch § 990 I BGB zur Anwendung.

§ 991 II BGB ist mangels des gesetzlich klar vorausgesetzten Drei-Personen-Verhältnisses nicht anwendbar.

hemmer-Methode: Wiederum gilt die wichtige Differenzierung: Die Bösgläubigkeit ist das Tor zur Anwendbarkeit des § 990 BGB. Das Verschulden in Bezug auf die Unmöglichkeit der Herausgabe i.S.v. §§ 990 I, 989 BGB ist hiervon unabhängig zu prüfendes Tatbestandsmerkmal des Anspruches.

Vorliegend handelte die A zwar vorsätzlich in Bezug auf die Unmöglichkeit der Herausgabe. Da sie jedoch gutgläubig (§ 990 BGB) und unverklagt (§ 989 BGB) war, kommen die §§ 989, 990 BGB schon gar nicht zur Anwendung, so dass ein Anspruch hieraus nicht bestehen kann!

3. §§ 823 ff. BGB

Der Anwendbarkeit des Deliktsrechts könnte die Sperrwirkung des § 993 I HS. 2 BGB entgegenstehen.

a) Vindikationslage

S ist Eigentümer der Ming-Vase, A unmittelbare Fremdbesitzerin ohne Recht zum Besitz, § 986 BGB.

Eine Vindikationslage liegt im maßgeblichen Zeitpunkt der schädigenden Handlung also vor.

b) Redliche und unverklagte Besitzerin

§ 992 BGB als Ausnahme von dieser Sperrwirkung ist ersichtlich nicht gegeben. A hat den Besitz weder durch eine Straftat noch durch verbotene Eigenmacht erlangt.

Damit sind §§ 823 ff. BGB, bis auf § 826 BGB, von der Sperrwirkung des § 993 I HS. 2 BGB erfasst und deshalb nicht anwendbar.

4. Fremdbesitzerexzess

A müsste nach den bisherigen Ausführungen also keinerlei Schadensersatz leisten, obwohl sie die Vase vorsätzlich zerstörte. Einziger Grund für die Privilegierung der A ist, dass der Verwahrungsvertrag unwirksam war.

Dies darf A aber nicht das Recht geben, die Sache zu zerstören, ohne schadensersatzpflichtig zu werden. A war Fremdbesitzerin und wusste, dass sie die in fremdem Eigentum stehende Vase nicht zerstören durfte.

Wäre sie – wie von ihr angenommen – berechtigte Besitzerin, hätte sie wie oben geprüft Schadensersatz zu leisten; das EBV kann nicht dazu führen, dass der unberechtigte Besitzer besser steht als der berechtigte Besitzer.

Diesem Rechtsgedanken trägt § 991 II BGB für den Fall des Drei-Personen-Verhältnisses Rechnung; es ist daher anerkannt, diesen Rechtsgedanken für den vorliegenden Fall des Fremdbesitzerexzesses heranzuziehen. Dies könnte per analoger Anwendung des § 991 II BGB geschehen, so dass § 989 BGB als Anspruchsgrundlage heranzuziehen wäre. Die h.M. verfolgt einen anderen Weg und sieht im Fremdbesitzerexzess im Zwei-Personen-Verhältnis eine ungeschriebene Ausnahme von der Sperrwirkung des § 993 I HS. 2 BGB, so dass insbesondere die §§ 823 ff. BGB Anwendung finden.

Da die übrigen Voraussetzungen von § 823 I, II BGB vorliegen, ergibt sich der Anspruch doch aus § 823 I bzw. II BGB.

5. Ergebnis

A haftet S wegen Fremdbesitzerexzesses gem. § 823 I BGB, § 823 II BGB i.V.m. § 303 I StGB.

hemmer-Methode: Aber Achtung: Die Anwendbarkeit ist nicht nur bei Vorsatz gegeben! Der tragende Gedanke beim Fremdbesitzerexzess ist, dass man generell als Fremdbesitzer nicht davon ausgehen kann, fremde Sachen sanktionslos beschädigen zu dürfen.

Das bedeutet dann aber auch, dass im Falle leichter Fahrlässigkeit an die Privilegierungen des jeweiligen Vertragstyps gedacht werden muss, hier § 690 BGB!

IV. Zusammenfassung

Sound: Bei einem unrechtmäßigen, aber redlichen und unverklagten Fremdbesitzer einer Sache liegt ein Fremdbesitzerexzess vor, wenn der Besitzer die Beschädigung, Zerstörung oder einen sonstiges Herausgabehindernis zu vertreten hat und auch bei Bestehen des Besitzrechts haften würde.

Der unrechtmäßige Besitzer darf hier nicht besser stehen als ein rechtmäßiger Besitzer, der aus Vertrag und Delikt haften müsste. Deshalb ist eine Ausnahme von § 993 I HS. 2 BGB zu machen, so dass insbesondere die §§ 823 ff. BGB Anwendung finden.

hemmer-Methode: Vergleichen Sie die obigen Fälle miteinander. Einziger Unterschied ist, dass der Vertrag zwischen S und A einmal wirksam, einmal unwirksam war. Ohne die Figur des Fremdbesitzerexzesses müsste A einmal haften, ein andermal nicht, und zwar nur deshalb, weil der Vertrag nichtig war. Ein unbilliges Ergebnis, das so nicht richtig sein kann. Beachten Sie weiterhin, dass im EBV der §§ 987 ff. BGB auch die Wertungen des nichtigen Vertrages durchaus zu beachten sind!
Eine klassische Frage in der mündlichen Prüfung: Welche Ausnahmen von der Sperrwirkung des § 993 I HS. 2 BGB kennen Sie? Als Antwort muss neben dem § 992 BGB (findet noch nahezu jeder) und dem § 826 BGB auch der Fremdbesitzerexzess im Zwei-Personen-Verhältnis angeführt werden, wenn man der h.M. folgt und nicht § 991 II BGB analog anwendet.

V. Zur Vertiefung

- Hemmer/Wüst, SachenR I, Rn. 354 f.
- Hemmer/Wüst, Basics Zivilrecht II, Rn. 345 ff.
- Hemmer/Wüst, SachenR I, Karte 62

Fall 14: Haftung des Besitzmittlers auf Nutzungsherausgabe im Drei-Personen-Verhältnis, § 991 I BGB

Sachverhalt:

A veräußert seinen Obsthain formlos an B, ohne dass eine Eintragung im Grundbuch erfolgt. B verpachtet den Hain an C, der das Obst im Herbst pflückt und einkellert. Kann A von C Nutzungsherausgabe gem. §§ 987 ff. BGB bzgl. des geernteten Obstes verlangen, wenn C nach Abschluss des Pachtvertrages und vor Einholung der Ernte von der Nichtigkeit der Veräußerung erfährt?

Abwandlung:

Vor Abschluss des Pachtvertrages kennt C die Nichtigkeit der Veräußerung.

Frage: *Kann A Nutzungsherausgabe von C verlangen? Es soll in der Abwandlung unterstellt werden, dass B in dieser Variante gutgläubig ist.*

I. Einordnung

Beim Fremdbesitzerexzess im Drei-Personen-Verhältnis wurde bereits darauf hingewiesen, dass nach § 991 II BGB der unmittelbare Besitzer (Besitzmittler) dem Eigentümer so haftet, wie er seinem mittelbaren Besitzer haftet.

§ 991 I BGB betrifft ebenfalls einen Fall im Drei-Personen-Verhältnis, allerdings geht es nicht um Schadensersatz gem. § 989 BGB, sondern um **Nutzungsersatz** nach **§ 987 BGB**.

Nutzungen sind nach der **Legaldefinition** gem. **§ 100 BGB** Früchte einer Sache oder eines Rechts sowie die Vorteile, welche der Gebrauch der Sache oder des Rechts gewährt.

Nach § 991 I BGB ist in einem Drei-Personen-Verhältnis der Besitzmittler (unmittelbarer Besitzer) dem Eigentümer nur dann zur Nutzungsherausgabe nach §§ 990, 987 f. BGB verpflichtet, wenn auch der mittelbare Besitzer unredlich nach § 990 I BGB oder verklagt ist.

Grund hierfür ist, dass ohne diese Regelung des § 991 I BGB der unmittelbare Besitzer, der an den Eigentümer Nutzungen herauszugeben hätte, in aller Regel seinen mittelbaren Besitzer in Regress nehmen könnte.

Vor einer solchen mittelbaren Herausgabepflicht soll der mittelbare Besitzer geschützt werden.

Droht kein Regress, weil der Besitzmittler nicht gegen seine Besitzherren vorgehen kann, ist auch § 991 I BGB nicht anzuwenden.

§ 991 I BGB macht nach dem klaren Wortlaut eine Ausnahme nur vor der Nutzungshaftung nach § 990 BGB und ist auf eine Haftung nach §§ 987, 988 BGB nicht anzuwenden (auch nicht analog, h.M.).

II. Gliederung

Anspruch auf Nutzungsherausgabe nach §§ 987 ff. BGB

1. **§ 987 I BGB**
   a) Vindikationslage

aa) A Eigentümer des Grundstücks Übereignung an B mangels Einhaltung der §§ 873, 925 BGB unwirksam.

bb) C unmittelbarer Fremdbesitzer des Grundstücks, § 854 I BGB

cc) kein Recht zum Besitz, § 986 BGB

(1) § 986 I S. 1, Alt. 1 BGB
Pachtvertrag wirkt nur relativ zwischen B und C, § 986 I S. 1, Alt. 1 BGB (-)

(2) § 986 I S. 1, Alt. 2 BGB
Kaufvertrag zwischen A und B nichtig, §§ 311b I, 125 S. 1 BGB, keine Heilung gem. § 311b I S. 2 BGB,

b) C aber unverklagt

2. **§ 988 BGB**
Pacht nach §§ 585 II, 581 I S. 2 BGB nicht unentgeltlich

3. **§§ 990 I, 987 BGB**

a) Vindikationslage (+)

b) Bösgläubigkeit des C, § 990 I S. 2 BGB

c) Tatsächlich gezogene Nutzungen nach Bösgläubigkeit, §§ 100, 99 I BGB

⇨ Nutzungsherausgabe gem. §§ 990 I S. 2, 987 I BGB grds. (+)

d) Ausnahme des § 991 I BGB

aa) Besitzmittlungsverhältnis des C zu B

bb) Ableitung des Besitzrechts von B

cc) Mittelbarer Besitzer B unredlich (§ 990 BGB)
B bzgl. der Unwirksamkeit des mit A geschlossenen Kaufvertrages grob fahrlässig, daher § 991 I BGB (-)

4. **Ergebnis**
A hat gegen C Anspruch auf Nutzungsherausgabe gem. §§ 990 I S. 1, 987 I BGB.

Abwandlung

Anspruch auf Nutzungsherausgabe nach §§ 987 ff. BGB

(P)

1. Bösgläubigkeit des C zum Zeitpunkt des Besitzerwerbes, §§ 990 I S. 1, 932 II BGB analog

2. B gutgläubig, so dass Anspruch aus §§ 990, 987 BGB eigentlich (-); § 991 I BGB **aus teleologischen Gründen unanwendbar**
Kenntnis des Pächters von Mangel der Pachtsache bei Vertragsschluss, § 536b S. 1 BGB, daher keine Regressmöglichkeit C gegen B; Schutzbereich des § 991 I BGB nicht eröffnet.

3. Ergebnis
A hat gegen C einen Anspruch auf Nutzungsherausgabe gem. §§ 990 I S. 1, 987 I BGB.

III. Lösung

Anspruch auf Nutzungsherausgabe

A könnte von C einen Anspruch auf Nutzungsherausgabe bzgl. des geernteten Obstes gem. §§ 987 ff. BGB haben.

1. § 987 I BGB

a) Vindikationslage

Die Ansprüche aus §§ 987 ff. BGB erfordern das Vorliegen einer Vindikationslage gem. §§ 986 f. BGB, hier im Zeitpunkt der Nutzungsziehung.

Bei dem geernteten Obst handelt es sich um Früchte i.S.v. § 99 I BGB und damit um Nutzungen des fraglichen Grundstücks. Es müsste also eine Vindikationslage am Grundstück bestehen.

hemmer-Methode: Denkbar wäre zunächst auch, auf die Obstbäume abzustellen. Diese sind aber nach §§ 93, 94 I S. 2 BGB wesentliche Bestandteile des Grundstücks und bilden mit diesem eine einheitliche Sache. Eine getrennte Betrachtung von Grundstück und Obstbäumen darf nicht stattfinden.

aa) A Eigentümer des Grundstücks

Fraglich ist, ob A im maßgeblichen Zeitpunkt der Nutzungsziehung Eigentümer des Grundstücks war. Er könnte sein Eigentum durch Übereignung an B verloren haben. Eine rechtsgeschäftliche Eigentumsübertragung erfordert gem. §§ 873 I, 925 BGB die Eintragung ins Grundbuch und die formwirksame Einigung des Berechtigten mit dem Erwerber. B ist jedoch nicht im Grundbuch als neuer Eigentümer eingetragen worden. Deshalb ist A weiterhin Eigentümer des Obsthains.

bb) C unmittelbarer Fremdbesitzer des Grundstücks, § 854 I BGB

C ist unmittelbarer Fremdbesitzer des Grundstücks, § 854 I BGB.

cc) Kein Recht zum Besitz, § 986 BGB

Zu prüfen ist, ob C kein Recht zum Besitz gem. § 986 BGB zusteht.

(1) § 986 I S. 1, Alt. 1 BGB

Der Pachtvertrag gem. §§ 585 ff., 581 ff. BGB wirkt nur relativ zwischen B und C. Somit hat C gegenüber A kein Recht zum Besitz gem. § 986 I S. 1, Alt. 1 BGB.

(2) § 986 I S. 1, Alt. 2 BGB

Ein Recht zum Besitz gem. § 986 I S. 1, Alt. 2 BGB setzt voraus, dass C seinen Besitz von B herleitet, und B gegenüber A zum Besitz berechtigt ist.

Der Kaufvertrag zwischen A und B über das Grundstück ist mangels notarieller Beurkundung formnichtig, §§ 311b I, 125 S. 1 BGB. Eine Grundbucheintragung des B ist nicht erfolgt. Damit ist auch keine Heilung des Kaufvertrages gem. § 311b I S. 2 BGB eingetreten.

Aus diesem Grund hat B kein Recht zum Besitz des Obsthains gegenüber A.

In Konsequenz kann C auch kein Besitzrecht über B gem. § 986 I S. 1, Alt. 2 BGB herleiten.

hemmer-Methode: Anders als etwa bei § 935 BGB kommt es bei § 986 BGB *nicht* darauf an, ob der Eigentümer seinen Besitz freiwillig aufgegeben hat. Maßgeblich ist das zivilrechtlich wirksame Bestehen eines Besitzrechts. Anderenfalls wären die §§ 985 ff. BGB nahezu nur in Diebstahlsfällen o.ä. anwendbar. Dies entspricht nicht der Intention des Gesetzgebers und würde noch dazu die Ausnahmevorschrift des § 992 BGB zum Regelfall machen!

Somit: C hatte kein Recht zum Besitz des Grundstücks. Mithin bestand eine Vindikationslage gem. §§ 986 f. BGB im Zeitpunkt der Nutzungsziehung durch Ernte.

b) Rechtshängigkeit

Der Nutzungsherausgabeanspruch gem. § 987 I BGB setzt den Eintritt der Rechtshängigkeit voraus. C müsste also nach §§ 261, 253 I ZPO von A eine Klageschrift zugestellt worden sein. C ist im Zeitpunkt der Nutzungsziehung jedoch unverklagt. Damit besteht auch kein Anspruch auf Nutzungsherausgabe nach § 987 I BGB.

hemmer-Methode: Die Klage i.S.v. §§ 987, 989 BGB muss im Übrigen eine solche auf Herausgabe gem. § 985 BGB sein. Diese Selbstverständlichkeit ergibt sich aus dem Kontext der §§ 987 ff. BGB und ihrer Stellung im EBV.

2. § 988 BGB

Voraussetzung des § 988 BGB ist unentgeltliche Besitzerlangung des Obsthaines durch C. Bei der Vereinbarung zwischen B und C handelt es sich um eine Landpacht gem. §§ 585 ff. BGB, auf die gem. § 585 II BGB die allgemeinen Vorschriften der Pacht gem. §§ 581 ff. BGB subsidiäre Anwendung finden. § 581 I S. 2 BGB zeigt, dass die Pacht (wie auch die Miete) stets entgeltlich ist. Da C und B somit offenbar die Zahlung einer Pacht vereinbart haben, scheidet auch § 988 BGB als Anspruchsgrundlage aus.

hemmer-Methode: Wäre eine Pachtzahlung nicht vereinbart worden, so würde es sich eben nicht um eine Pacht, sondern um eine (atypische) Leihe handeln. Nicht die Bezeichnung durch die Parteien, sondern die wahre Rechtsnatur des Vereinbarten zählt. Falsa demonstratio non nocet!

3. § 990 I, 987 BGB

a) Vindikationslage

Die Vindikationslage besteht, s.o.

b) Bösgläubigkeit des C, § 990 I S. 2 BGB

Der Anspruch aus §§ 990 I, 987 I BGB erfordert weiterhin, dass der Besitzer bei Erwerb des Besitzes (§ 990 I S. 1 BGB) oder später (§ 990 I S. 2 BGB) nicht in gutem Glauben an sein Besitzrecht ist.

C war zwar bei Besitzerwerb gutgläubig nach § 932 II BGB analog, doch erfuhr er später von der Nichtigkeit der Veräußerung. C wusste damit, dass er Eigentümer A gegenüber nicht zum Besitz berechtigt sein konnte. Ab Erlangung der Kenntnis haftet C daher nach §§ 990 I S. 2, 987 BGB.

hemmer-Methode: Lesen Sie das Gesetz genau: Beim Besitzerwerb kommt es auf den „guten Glauben“ an (§ 990 I S. 1 BGB), gemeint ist der Maßstab des § 932 II BGB. *Danach* ist aber nur positive *Kenntnis* des Besitzers vom Fehlen des Besitzrechts schädlich, § 990 I S. 2 BGB. Eine grobe Fahrlässigkeit schadet *nach* der Besitzerlangung nicht mehr!

c) Tatsächlich gezogene Nutzungen nach Bösgläubigkeit

Nach Eintritt der Bösgläubigkeit hat C durch das Abernten die fraglichen Nutzungen tatsächlich gezogen. Wer Eigentümer des abgeernteten Obstes wurde, ist für den Anspruch nach § 987 BGB nicht von Belang.

Damit besteht grundsätzlich ein Anspruch des A gegen C auf Nutzungsherausgabe gem. §§ 990 I S. 2, 987 I BGB.

d) Ausnahme des § 991 I BGB

Dem könnte jedoch die Ausnahmevorschrift des § 991 I BGB entgegenstehen. Sinn und Zweck der Vorschrift ist der Schutz eines mittelbaren Besitzers vor Regressansprüchen des unmittelbaren Besitzers, der Nutzungen an den Eigentümer herausgeben müsste.

aa) Besitzmittlungsverhältnis des C zu B

§ 991 I BGB setzt deshalb voraus, dass ein unmittelbarer Besitzer den Besitz mittelt. C und B haben einen wirksamen Landpachtvertrag geschlossen, §§ 585 ff., 581 ff. BGB. Der Pachtvertrag berechtigt C als Pächter zum Besitz gegenüber B. Deswegen ist ein Besitzmittlungsverhältnis nach § 868 BGB entstanden.

bb) Ableitung des Besitzrechts von B

C leitet sein Besitzrecht von B ab.

cc) Mittelbarer Besitzer B unredlich

Fraglich ist, ob der unverklagte B in Ansehung seines Besitzrechtes bösgläubig war, § 932 II BGB analog.

Obwohl seine Gutgläubigkeit gesetzlich vermutet wird, spricht hier mehr für die Annahme zumindest grob fahrlässiger Unkenntnis von der Unwirksamkeit des mit A geschlossenen Kaufvertrages.

Auch einem juristischen Laien ist in aller Regel klar, dass er ein Grundstück nicht durch privatschriftlichen Vertrag kaufen kann. Da die Unwirksamkeit des Kaufvertrages wegen Formnichtigkeit auch bei Parallelwertung in der Laiensphäre jedermann ins Auge springen muss, ist von einer Bösgläubigkeit des B auszugehen i.S.v. § 990 BGB.

Daher greift der Schutzzweck des § 991 I BGB nicht, eine Ausnahme von der Nutzungshaftung des C ist nicht gegeben.

A kann Nutzungsherausgabe gegen C gem. §§ 987 ff. BGB geltend machen.

IV. Lösung Abwandlung

Anspruch auf Nutzungsherausgabe

1. Problematisch ist hier, dass C wusste, dass B nicht Eigentümer des Grundstücks und damit Nichtberechtigter war. Deshalb war C bereits zum Zeitpunkt des Besitzerwerbes bösgläubig bzgl. seines Rechts zum Besitz, §§ 990 I S. 1, 932 II BGB analog

2. Fraglich ist, ob hier § 991 I BGB anwendbar ist. Zwar soll unterstellt werden, dass B in dieser Variante gutgläubig ist, so dass die Einschränkung des § 991 I BGB vom Wortlaut durchgreift und der Anspruch ausgeschlossen wäre.

Fraglich ist indes, ob die Intention der Vorschrift betroffen ist, so dass es ggfs. zu einer teleologischen Reduktion kommen könnte.

Dadurch dass der Verpächter nicht Eigentümer ist, besteht aufgrund des Eigentums ein Recht eines Dritten an der Pachtsache. Dies stellt einen Rechtsmangel dar. Da C diesen im Zeitpunkt des Abschlusses des Pachtvertrages kannte, schließt § 536b BGB i.V.m. §§ 586 II BGB jegliche Gewährleistungsansprüche des C gegen B aus.

Da § 991 I BGB den *B* vor einem Regress des C schützen soll, eine solche Regressmöglichkeit aber wegen § 536b BGB nicht besteht, kann § 991 I BGB aus teleologischen Gründen nicht zur Anwendung kommen (str., nach a.A. ist konkrete Regressmöglichkeit nicht erforderlich, Palandt, § 991, Rn. 2).

hemmer-Methode: Ein Problem mehr! In einer Abwandlung muss irgendetwas anders sein als im Grundfall. Machen Sie sich klar, dass diese Diskussion nur bei Gutgläubigkeit des B geführt werden kann. Wäre er bösgläubig, griffe die Einschränkung des § 991 I BGB bereits vom Wortlaut her nicht ein, so dass eine teleologische Reduktion nicht erforderlich wäre.

A hat auch in der Abwandlung gegen C einen Anspruch auf Nutzungsherausgabe gem. §§ 987 ff. BGB.

V. Zusammenfassung

Sound: Der Besitzmittler haftet nur dann auf Nutzungsherausgabe gem. §§ 990 I, 987 BGB, wenn der mittelbare Besitzer bösgläubig oder verklagt ist. § 991 I BGB findet jedoch nur dann Anwendung, wenn der unmittelbare Besitzer Regress gegen seinen mittelbaren Besitzer nehmen kann. Der Schutzzweck des § 991 I BGB besteht darin, den redlichen, unverklagten mittelbaren Besitzer keinen Regressansprüchen des unmittelbaren Besitzers auszusetzen.

hemmer-Methode: Wäre nicht nur nach Ansprüchen aus §§ 987 ff. BGB gefragt, müsste auch an einen Herausgabeanspruch aus § 985 BGB bzgl. des geernteten Obstes gedacht werden. Die Eigentumslage an dem Obst richtet sich nach den §§ 953 ff. BGB, so dass gem. § 953 BGB grundsätzlich dem A als Eigentümer des Grundstücks auch das Eigentum am Obst zusteht. Eine Gestattung gem. § 956 BGB liegt nicht vor, da eine solche nur durch den *Eigentümer* erfolgen kann. Allerdings kommt § 957 BGB zur Anwendung, wenn der C – wie im Ausgangsfall – bei Besitzüberlassung am Grundstück an die Berechtigung des B geglaubt hat.

VI. Zur Vertiefung

- Hemmer/Wüst, SachenR I, Rn. 389
- Hemmer/Wüst, Basics Zivilrecht II, Rn. 368
- Hemmer/Wüst, SachenR I, Karte 65

Fall 15: Nutzungen des unentgeltlichen Besitzers, § 988 BGB

Sachverhalt:

Zecher Z schenkt und übereignet im Vollrausch seinen BMW samt Fahrzeugpapieren und Zündschlüsseln an seinen alten Freund und Arbeitskollegen K, ohne dass man Z etwas vom Vollrausch anmerkt. Einige Tage später erinnert sich Z schlagartig und fordert von K nicht nur den BMW heraus, sondern auch die üblichen Kosten eines Mietwagens dieses Typs für die Zeit der Nutzung.

Frage: *Kann Z von K Nutzungsherausgabe verlangen?*

I. Einordnung

Bei einer Vindikationslage im Zeitpunkt der Nutzungsziehung muss der verklagte Besitzer nach § 987 BGB, der bösgläubige Besitzer nach §§ 990 I, 987 BGB die Nutzungen der Sache an den Eigentümer herausgeben.

Interessant ist die **Sperrwirkung** gegenüber dem **Bereicherungsrecht**: Der redliche, unverklagte Besitzer muss die Früchte nach § 993 I BGB nur dann nach Bereicherungsrecht zurückgeben, wenn die Früchte Übermaßfrüchte sind, d.h. die Fruchtziehung nicht mehr Ertrag der Sache nach ordnungsgemäßer Wirtschaftsführung ist. Alle anderen Früchte darf der Besitzer behalten. Die §§ 812, 818 I BGB, die keine Bösgläubigkeit voraussetzen, sind daher gesperrt.

Eine Ausnahme von § 993 I BGB macht § 988 BGB, wonach der redliche, unverklagte Besitzer die Früchte doch nach Bereicherungsrecht herausgeben muss, wenn er den **Besitz unentgeltlich erlangt** hat.

Der Sinn der Vorschrift besteht darin, dass ein unentgeltlicher Besitzer als nicht so schutzwürdig angesehen wird wie ein Besitzer, der für den Besitz etwas leisten musste; vgl. auch den Rechtsgedanken in § 816 I S. 2 BGB oder in § 822 BGB.

Entgegen dem Wortlaut des § 988 BGB haftet nicht nur der Eigenbesitzer (§ 988, Alt. 1 BGB) oder der vermeintlich dinglich Berechtigte (Nutzungsrecht *an* der Sache, § 988, Alt. 2 BGB), sondern auch der Besitzer, der nur ein vermeintliches schuldrechtliches Besitzrecht (z.B. Leihe) hat.

§ 988 BGB gilt also über seinen Wortlaut hinaus für den Eigen- wie den Fremdbesitzer in gleichem Maße.

Die Verweisung in § 988 BGB auf das Bereicherungsrecht ist eine **Rechtsfolgenverweisung**, die Voraussetzungen der Bereicherung nach §§ 812 ff. BGB müssen deswegen nicht mehr geprüft werden. Insbesondere umfasst die Rechtsfolgenverweisung auch den Wertersatz und die Entreicherung, §§ 818 II, III BGB.

II. Gliederung

Anspruch auf Nutzungsherausgabe

1. **§ 987 I BGB**
   K unverklagt
2. **§§ 990 I, 987 I BGB**
   Zwar Vindikationslage (+), aber Gutgläubigkeit des K

3. § 988 BGB

a) Eigenbesitz des K

b) Unentgeltliche Besitzerlangung

c) Tatsächliche Nutzungen

d) Wertersatz, § 818 II BGB, keine Entreicherung gem. § 818 III BGB

4. Ergebnis

Z kann von K Nutzungsherausgabe in Form der entsprechenden Mietwagenkosten für einen BMW verlangen.

III. Lösung

Anspruch auf Nutzungsherausgabe

Zu prüfen ist, ob Z von K Nutzungsherausgabe verlangen kann.

1. § 987 I BGB

K ist unverklagt, die Rechtshängigkeit nach §§ 261, 253 I ZPO ist nicht eingetreten. Daher scheidet ein Anspruch aus § 987 BGB aus.

2. §§ 990 I, 987 I BGB

a) Voraussetzung ist zunächst eine Vindikationslage im Zeitpunkt der Nutzungsziehung. Z war ursprünglich Eigentümer; aufgrund des Vollrausches ist von der Nichtigkeit seiner Willenserklärungen gem. § 105 II BGB auszugehen, so dass eine wirksame Übereignung an K nicht stattgefunden hat. Z ist Eigentümer geblieben.

Der Besitzer K ist nicht zum Besitz berechtigt, weil auch der schuldrechtliche Schenkungsvertrag wegen § 105 II BGB unwirksam ist. Auf Probleme der Form nach § 518 BGB braucht daher gar nicht eingegangen werden.

Somit besteht seit der Übergabe an K zwischen Z und K eine Vindikationslage.

b) Der Anspruch aus §§ 990 I, 987 I BGB setzt voraus, dass K bei dem Erwerb des BMW nicht in gutem Glauben bzgl. seines Besitzrechtes war, § 990 I S. 1 BGB. Ob K gutgläubig war, bestimmt sich nach § 932 II BGB analog. K hatte keine positive Kenntnis von der Nichtigkeit der Übereignung. Auch war dem Z die Volltrunkenheit nicht anzumerken, so dass K nicht grob fahrlässig unbekannt war, nicht zum Besitz berechtigt zu sein.

K ist also redlich gem. § 932 II BGB analog. Folglich entfällt ein Anspruch aus §§ 990 I, 987 I BGB.

hemmer-Methode: Sicher, auch einem Nicht-Mediziner ist klar, dass nicht jeder Vollrausch zur Nichtigkeit von Willenserklärungen gem. § 105 II BGB führt. Werten Sie jedoch den Sachverhalt aus und versuchen Sie herauszufinden, warum der Klausurersteller wohl den Vollrausch in den Sachverhalt aufgenommen hat. Dann ist der Weg zu § 105 II BGB nicht mehr weit.
Übrigens: Sprechen Sie im Zusammenhang mit § 105 II BGB nicht von „Geschäftsunfähigkeit". Denn diese ist in § 104 BGB mit der Folge des § 105 I BGB abschließend geregelt. Der Gesetzgeber hat bewusst die vorübergehenden Störungen des § 105 II BGB nicht in den § 104 BGB aufgenommen!

3. § 988 BGB

Als Anspruchsgrundlage kommt allerdings § 988 BGB in Betracht.

a) Eigenbesitz des K

K glaubte, Eigentümer des BMW zu sein, und besaß die Sache deshalb als ihm gehörig, § 988 Alt. 1 BGB i.V.m. § 872 BGB. Dass nach h.M. § 988 BGB auch auf den Fremdbesitzer Anwendung finden soll, bedarf daher keiner Diskussion.

b) Unentgeltliche Besitzerlangung

Eine unentgeltliche Besitzerlangung ist zu bejahen, wenn der Besitz ohne Gegenleistung erworben wurde. Dies ist bei der vorliegenden vermeintlichen Schenkung der Fall.

c) Tatsächlich gezogene Nutzungen

K ist den BMW gefahren und ist damit in den kostenlosen Genuss der Vorteile gekommen, welche der Gebrauch des BMW gewährt. Somit hat K Nutzungen nach § 100 Alt. 3 BGB gezogen.

d) Wertersatz, § 818 II BGB, keine Entreicherung, § 818 III BGB

Rechtsfolge des § 988 BGB ist, dass K seine gezogenen Nutzungen nach Bereicherungsrecht herauszugeben hat. Die Herausgabe der fraglichen Gebrauchsvorteile ist wegen deren Beschaffenheit nicht möglich, so dass K nach § 818 II BGB Wertersatz zu leisten hat. Dabei sind die Kosten eines Mietwagens des entsprechenden BMW-Typs für den Zeitraum der Nutzung anzusetzen.

Eine Entreicherung nach § 818 III BGB liegt nicht vor.

4. Ergebnis

Z kann von K Nutzungsherausgabe in Form der entsprechenden Mietwagenkosten für einen BMW bereits aus § 988 BGB verlangen. Damit entfällt die Haftung gem. § 993 I BGB.

IV. Zusammenfassung

Sound: Der redliche, unverklagte Besitzer hat gezogene Nutzungen der Sache entgegen § 993 I BGB dem Eigentümer nach § 988 BGB nach Bereicherungsrecht herauszugeben, wenn der Besitzer den Besitz unentgeltlich erlangt hat. Der Grund besteht in der geringeren Schutzwürdigkeit eines unentgeltlichen Besitzers im Vergleich zu einem Besitzer, der ein Vermögensopfer für die Besitzerlangung erbringen musste, vgl. § 816 I S. 2 BGB und § 822 BGB. Unentgeltlich ist die Besitzerlangung dann, wenn der Besitz ohne Gegenleistung erlangt wurde. Entgegen dem Wortlaut des § 988 BGB wird nicht nur der Eigenbesitzer oder der vermeintlich dinglich besitzberechtigte Besitzer, sondern auch der schuldrechtlich besitzberechtigte Besitzer erfasst. Daneben fällt auch der Fremdbesitzer unter § 988 BGB.

hemmer-Methode: Sollte in einer Klausur ein unrechtmäßiger Besitzer auftauchen, der den Besitz unentgeltlich erlangt hat, „stürzen“ Sie sich nicht gleich auf § 988 BGB. Prüfen Sie erst kurz, ob der Besitzer unverklagt (§ 987 BGB) und redlich (§ 990 I BGB) ist.

V. Zur Vertiefung

- Hemmer/Wüst, SachenR I, Rn. 378 - 381
- Hemmer/Wüst, Basics Zivilrecht II, Rn. 360 f.
- Hemmer/Wüst, SachenR I, Karte 64
- BGH, Life&Law 2008, 237 ff.

Fall 16: Rechtsgrundloser Erwerb, § 988 BGB analog

Sachverhalt:

V verkauft und übereignet K einen Pkw. Nach einigen Wochen ficht K den Kaufvertrag wegen Irrtums wirksam an.

Frage: *Kann V von K Nutzungsherausgabe verlangen?*

Abwandlung:

Frage: *Wie ist die Rechtslage, wenn V auch die Übereignung wirksam anficht?*

I. Einordnung

Der redliche, unverklagte Besitzer ohne Recht zum Besitz hat nach § 993 I BGB nur die **Übermaßfrüchte** herauszugeben; im Übrigen ist er weder zur Herausgabe von Nutzungen noch zum Schadensersatz verpflichtet.

Diese Privilegierung des Besitzers weicht von den Wertungen des Bereicherungsrechts ab. Nach § 818 I BGB erstreckt sich die Herausgabe auch auf die gezogenen Nutzungen, während § 993 I BGB gerade nicht zur Herausgabepflicht bzgl. der üblichen Nutzungen führt.

Ist nur der schuldrechtliche Vertrag unwirksam, muss der Besitzer also die Nutzungen herausgeben (da EBV (-), § 812 BGB (+)), ist dagegen auch die Übereignung unwirksam, darf der Besitzer die üblichen Nutzungen scheinbar behalten (da EBV (+), § 812 BGB wegen § 993 I a.E. BGB (-)). Hierin wird ein Wertungswiderspruch gesehen. Es sei nicht einzusehen, warum der Eigentümer, der doch ein viel stärkeres Recht an der Sache hat, schlechter stehen soll als derjenige, der sein Eigentum verloren hat und rückkondizieren muss.

Deshalb stellt die Rechtsprechung den **rechtsgrundlosen Besitz der §§ 812 ff. BGB** mit einem **unentgeltlichen Besitz analog § 988 BGB** gleich. Der rechtsgrundlose Besitzer hat also doch Wertersatz nach Bereicherungsrecht zu leisten.

In der Literatur werden die §§ 812 ff. BGB direkt angewendet, obwohl eigentlich die Sperrwirkung des EBV entgegensteht, § 993 I BGB.

II. Gliederung

Anspruch auf Nutzungsherausgabe

1. §§ 987 ff. BGB

Vor.: Vindikationslage zum Zeitpunkt der Nutzungsziehung

Eigentum des V
Urspr. (+), aber Verlust durch rechtsgeschäftliche Übereignung, § 929 S. 1 BGB, von der Anfechtung nicht erfasst

2. §§ 812 I S. 1, Alt. 1, 818 I, II BGB

a) Etwas erlangt
Eigentum und Besitz am Pkw

b) Durch Leistung des V
Bewusste und zweckgerichtete Mehrung des Vermögens des K durch V

c) Ohne Rechtsgrund
KV durch Anfechtung ex tunc entfallen, § 142 I BGB

d) Nutzungsherausgabe nach § 818 I BGB mitumfasst

e) Wertersatz gem. § 818 II BGB

3. Ergebnis
Nutzungsherausgabe gem. §§ 818 I S. 1, Alt. 1, 818 I, II BGB

Abwandlung

Anspruch auf Nutzungsherausgabe

1. § 987 I BGB

a) V Eigentümer, da Übereignung wirksam angefochten, § 142 BGB

b) K Besitzer ohne ein Recht zum Besitz, da der Kaufvertrag wegen Anfechtung rückwirkend weggefallen

c) K unverklagt

2. §§ 990 I, 987 BGB
K redlich, da § 142 II BGB (-)

3. § 988 BGB direkt

a) Vindikationslage (+), s.o.
Aber: kein unentgeltlicher Besitzerwerb

b) Ergebnis: K könnte die Nutzung in diesem Fall behalten, wenn die Übereignung des Pkw unwirksam war.

4. Rechtsgrundloser Erwerb gleich unentgeltlichem Erwerb, § 988 BGB analog

- Der Eigentümer darf nicht schlechter stehen als der kondizierende Besitzer, deshalb analoge Anwendung des § 988 BGB (BGH)
- Direkte Anwendung der §§ 812, 818 I BGB, Arg.: § 993 I BGB gilt nicht für Leistungskondiktion (Literatur).

5. Ergebnis
K muss V auch hier (erst recht) Nutzungsherausgabe leisten.

III. Lösung

Anspruch auf Nutzungsherausgabe

Zu prüfen ist, ob V von K Nutzungsherausgabe verlangen kann.

1. §§ 987 ff. BGB

Eine Nutzungsherausgabe nach den §§ 987 ff. BGB setzt eine Vindikationslage im Zeitpunkt der Nutzungsziehung voraus. V müsste Eigentümer, K Besitzer der Sache sein, ohne dass ihm ein Recht zum Besitz zustünde, § 986 BGB.

Fraglich ist hierbei, ob V noch Eigentümer des Pkw war. Er hatte diesen an K gem. § 929 S. 1 BGB übereignet. Die Anfechtung des K bezog sich nur auf den schuldrechtlichen Kaufvertrag, der gem. § 142 I BGB mit ex-tunc-Wirkung nichtig ist. Die sachenrechtliche Übereignung blieb wirksam.

V ist folglich nicht mehr Eigentümer, deshalb besteht keine Vindikationslage.

Die Ansprüche aus §§ 987 ff. BGB scheiden damit aus.

2. §§ 812 I S. 1, Alt. 1, 818 I, II BGB

V könnte gegen K aber einen Anspruch auf Nutzungsersatz gem. §§ 812 I S. 1, Alt. 1, 818 I, II BGB haben. Voraussetzung ist, dass K durch Leistung des V etwas ohne Rechtsgrund erlangt hat.

a) Etwas erlangt

K hat Eigentum und Besitz an dem Pkw erlangt.

b) Durch Leistung des V

Dies geschah durch bewusste und zweckgerichtete Mehrung des Vermögens des K, mithin durch Leistung des V.

c) Ohne Rechtsgrund

Der Rechtsgrund für die Leistung könnte im Kaufvertrag zwischen V und K liegen. Die wirksame Anfechtung wegen Irrtums sorgt jedoch für eine ex-tunc-Nichtigkeit des Kaufvertrages. Deswegen erfolgte die Leistung ohne Rechtsgrund gem. § 812 I S. 1, Alt. 1 BGB. Eine andere Ansicht wendet bei der ex-tunc-Nichtigkeit wegen Anfechtung den § 812 I S. 2, Alt. 1 BGB an, was hier aber zum gleichen Ergebnis führt.

d) Nutzungsherausgabe nach § 818 I BGB

Nach Bereicherungsrecht muss der Kondiktionsschuldner nicht nur die Sache, sondern auch die gezogenen Nutzungen herausgeben, § 818 I BGB.

e) Wertersatz gem. § 818 II BGB

K kann die Gebrauchsvorteile, die er durch die Nutzung des Pkw hatte, nicht in Natur herausgeben. Somit hat er V Wertersatz gem. § 818 II BGB zu leisten.

V kann Nutzungsherausgabe gem. §§ 812 I S. 1, Alt. 1 BGB, 818 I, II BGB verlangen.

IV. Lösung Abwandlung

Anspruch auf Nutzungsherausgabe

Zu klären ist, ob V von K ebenfalls Nutzungsherausgabe verlangen kann, wenn auch die Übereignung wirksam angefochten wurde.

1. § 987 I BGB

K ist unverklagt, deshalb findet § 987 I BGB von vornherein keine Anwendung.

2. §§ 990 I, 987 I BGB

a) Durch die Anfechtung wurden in der Abwandlung sowohl die Übereignung als auch der Kaufvertrag ex tunc nichtig, § 142 I BGB. Damit ist V Eigentümer geblieben, der Besitzer K hat mangels wirksamen Kaufvertrages kein Besitzrecht, so dass eine Vindikationslage am Pkw gegeben ist.

b) Voraussetzung der §§ 990 I, 987 I BGB ist, dass K nicht in gutem Glauben war. Für eine Bösgläubigkeit des K wegen Kenntnis oder grob fahrlässiger Unkenntnis bzgl. der Anfechtbarkeit finden sich keinerlei Hinweise im Sachverhalt, so dass § 142 II BGB nicht zur Bösgläubigkeit des K nach § 990 I BGB führt. Es ist deshalb von der Gutgläubigkeit des K auszugehen.

3. § 988 BGB

In Ausnahme von § 993 I BGB könnte K jedoch als redlicher, unverklagter Besitzer dennoch Nutzungsersatz nach § 988 BGB zu leisten haben.

§ 988 BGB setzt allerdings eine unentgeltliche Besitzerlangung voraus. K hat den Pkw aber gekauft und bezahlt.

Ein unentgeltlicher Besitzerwerb liegt also nicht vor, womit § 988 BGB keine direkte Anwendung findet.

4. § 988 BGB analog

Fraglich ist, ob dieses Ergebnis der Billigkeit entspricht.

V steht als Eigentümer des Pkw schlechter da, als wenn er ihn wirksam an K übereignet hätte. Dieses Ergebnis ergibt keinen Sinn. V als Eigentümer hat weiterreichende Befugnisse, § 903 S. 1 BGB, und ein stärkeres Interesse an Nutzungen seiner Sache als der Kondiktionsgläubiger.

Der Eigentümer darf nicht schlechter stehen als der bloße Kondiktionsgläubiger, deshalb findet nach BGH-Rechtsprechung eine analoge Anwendung des § 988 BGB statt. Der rechtsgrundlose Erwerb wird dem unentgeltlichen Erwerb in § 988 BGB gleichgestellt. Da die §§ 987 ff. BGB nach der Rspr. eine abschließende Sonderregelung darstellen, die einen Rückgriff auf das allgemeine Bereicherungsrecht ausschließen, ist es nur konsequent, den § 988 BGB auf den rechtsgrundlosen Erwerb auszudehnen.

Die Literatur lehnt hingegen eine Analogie zu § 988 BGB ab und kommt über eine direkte Anwendung der §§ 812, 818 I BGB in der Regel zu gleichen Ergebnissen. Die Sperre des § 993 I BGB greife hier aus obigen Wertungsgründen nicht ein.

5. Ergebnis

K muss V daher auch hier (erst recht) Nutzungsherausgabe nach § 988 BGB analog leisten.

V. Zusammenfassung

Sound: Bei der Nutzungsherausgabe ist der rechtsgrundlose Erwerb dem unentgeltlichen Erwerb gleichzustellen, § 988 BGB analog. Nach abweichender Literaturmeinung sollen in Abweichung von § 993 I HS. 2 BGB die §§ 812 ff. BGB Anwendung finden. Letzterer Ansatz erscheint überzeugend. Der BGH selbst ist zuletzt in einem mietrechtlichen Fall diesem Ansatz gefolgt. Der Vermieter, der Eigentümer ist, stünde andernfalls schlechter als der vermietende Nichteigentümer, Life&Law 2018, 1 ff.

hemmer-Methode: Der rechtsgrundlose Erwerb als unentgeltlicher Erwerb analog § 988 BGB ist ein Klassiker, den Sie unbedingt (er)kennen sollten! Im Drei-Personen-Verhältnis hat die direkte Anwendung der §§ 812 ff. BGB (Literaturmeinung) folgenden Vorteil: E kondiziert vom mittelbaren Besitzer, dieser wiederum vom unmittelbaren Besitzer (Abwicklung übers Eck wegen Vorrangs der Leistungsbeziehung). Dabei kann der unmittelbare Besitzer seinem Besitzmittler Einwendungen, z.B. einen gezahlten Kaufpreis, entgegenhalten. Diese Einwendungen verliert der unmittelbare Besitzer, wenn der Eigentümer nach § 988 BGB analog gegen den unmittelbaren Besitzer vorgehen darf. Dieser Einwendungsverlust ist eines der wesentlichen Argumente, die die Literaturmeinung gegen die BGH-Auffassung anführt.

VI. Zur Vertiefung

- Hemmer/Wüst, SachenR I, Rn. 382 - 384
- Hemmer/Wüst, Basics Zivilrecht II, Rn. 362 ff.
- Hemmer/Wüst, SachenR I, Karte 64
- BGH, Life&Law 2018, 1 ff.

Fall 17: Verzug, § 990 II BGB; bösgläubiger Vertreter, § 166 BGB analog

Sachverhalt:

B schreibt skandalumwitterte Boulevard-Biographien. Die Vorlage seines neuesten Machwerks „Nichts als Murks“ wird von Dieb D aus der Villa des B gestohlen. V, der Vertreter der HH-GmbH für Zeitschriften, liest von dem Diebstahl in der Zeitung und kauft die gestohlene Vorlage auf dem Schwarzmarkt für die HH-GmbH. Als B dies erfährt, mahnt er die HH-GmbH, die Vorlage innerhalb von zehn Tagen herauszugeben.

Frage: *Kann B von der HH-GmbH Schadensersatz nach den Regeln des EBV verlangen, wenn die Vorlage nach Ablauf der zehn Tage bei einem Verkehrsunfall zufällig zerstört wurde? (Vorschriften des Urheberrechts bleiben außer Betracht, ebenso eine eventuelle deliktische Haftung über § 992 BGB). B hätte die Vorlage mit Gewinn veräußern können.*

I. Einordnung

Nach § 990 II BGB bleibt eine weitergehende **Haftung des Besitzers wegen Verzugs unberührt**. § 990 II BGB gilt nur für den Fall des § 990 I BGB, nicht auch für den des § 989 BGB. Er bringt im Verhältnis zur Haftung gem. §§ 989, 990 I BGB zwei Erweiterungen:

1.

Der Schadensersatzanspruch wegen Schuldnerverzugs geht nach §§ 990 II, 280 I, II, 286 BGB auf den begleitenden Verzugsschaden (**sog. Verzögerungsschaden bzw. Vorenthaltungsschaden**), z.B. Kosten des eingeschalteten Rechtsanwalts. § 989 BGB ersetzt demgegenüber nur den sog. Substanzschaden (Untergang, Beschädigung)

2.

Im Rahmen des § 989 BGB ist die Haftung verschuldensabhängig. Im Falle des Verzugs ist auf die verschärfte Haftung (auch für Zufall) abzustellen, §§ 990 II, 287 S. 2 BGB.

Weiteres Problem des Falles: Wird bei dem Erwerb des Besitzes ein Vertreter/Besitzmittler eingeschaltet, ist auf *dessen* Gut- bzw. Bösgläubigkeit analog § 166 BGB abzustellen. Bei Weisungen des Vertretenen/Besitzherren ist nach § 166 II BGB auch dessen eigene Bösgläubigkeit zu berücksichtigen.

II. Gliederung

Anspruch auf Schadensersatz

⇨ **Rechtsfähigkeit der GmbH** gem. § 13 I GmbHG, Vertretung durch Geschäftsführer, § 35 I GmbHG

1. **§§ 990 II, 280 I, II, 286 BGB**
   §§ 280 I, II, 286 BGB ersetzen nur Begleitschaden bei Verzug; hier geht es aber nicht um bloßes Verzögerungsinteresse
2. **§§ 990 I, 989 BGB**

a) Vindikationslage

aa) B Eigentümer
Wegen § 935 I BGB (Diebstahl) kein gutgläubiger Erwerb möglich

bb) HH-GmbH unmittelbarer Besitzer; Organbesitz

cc) Kein Recht zum Besitz, § 986 BGB

b) Bösgläubigkeit der HH-GmbH bei Besitzerwerb, § 990 I S. 1 BGB
Nach h. M. Zurechnung der Bösgläubigkeit des Vertreters V gem. § 166 I BGB

c) Verschulden der HH-GmbH, § 989 BGB i.V.m. § 31 BGB

aa) Kein Verschulden, sondern zufälliger Untergang

bb) Haftung auch für Zufall, § 287 S. 2 BGB?

(1) § 990 II BGB

(2) Bösgläubigkeit der GmbH gem. § 990 I BGB

(3) Voraussetzungen des Verzugs, § 286 BGB
Schuldhafte Nichtleistung auf einen fälligen, einredefreien Anspruch trotz Mahnung

3. Ergebnis
K kann Schadensersatz nach §§ 990 I S. 1, 989 BGB von der HH-GmbH verlangen.

III. Lösung

Anspruch auf Schadensersatz

Fraglich ist, ob B von der HH-GmbH Schadensersatz verlangen kann.

Die Rechtsfähigkeit der GmbH ergibt sich aus § 13 I GmbHG, sie wird vertreten durch den Geschäftsführer, § 35 I GmbHG. Die GmbH kann damit Verpflichtete eines solchen Anspruches sein.

1. §§ 990 II, 280 I, II, 286 BGB

B könnte über die Verweisung in § 990 II BGB auf das Verzugsrecht einen Schadensersatzanspruch wegen Schuldnerverzuges gem. §§ 990 II, 280 I, II, 286 BGB haben. Dieser Anspruch erfasst jedoch nur den Begleitschaden bei Verzug, sog. Verzögerungsschaden; Hier begehrt B nicht den Ersatz eines bloßen Verzögerungsinteresses, sondern will Ersatz entgangenen Gewinns für die Buchvorlage selbst. Es handelt sich um das Begehren eines Schadensersatzes statt der Leistung, der in §§ 990 I, 989 BGB speziell geregelt ist.

hemmer-Methode: § 989 BGB ist letztlich eine Spezialvorschrift bzgl. des Schadensersatzes statt der Leistung bei Unmöglichkeit gem. §§ 280 I, III, 283 BGB. Daher verbietet sich ein Rückgriff auf diese Vorschriften des Schuldrecht AT! Anders ist dies jedoch bzgl. des Anspruchs aus §§ 280 I, III, 281 BGB. Diesbezüglich enthält § 989 BGB keine Spezialregelung, denn dieser verlangt nach einer Unmöglichkeit der Herausgabe bzw. nach einer Substanzbeeinträchtigung. Unterstellt, die Vorlage wäre im vorliegenden Fall gar nicht zerstört worden, wäre § 989 BGB von vorneherein nicht einschlägig. Fraglich ist also, ob ein Anspruch auf Ersatz entgangenen Gewinns auch gegeben gewesen wäre, wenn die GmbH die Vorlage trotz Fristsetzung nicht herausgegeben hätte. Nach Ansicht des BGH findet § 281 BGB analoge Anwendung. Es wäre nicht zu rechtfertigen, den Eigentümer im Falle der Vorenthaltung für Schadenspositionen schutzlos zu stellen, die nur statt der Leistung ersatzfähig sind und von §§ 990 II, 280 I, II, 286 BGB daher nicht erfasst werden.

Voraussetzung ist aber, dass der Besitzer bösgläubig oder verklagt ist, damit die Wertungen des EBV nicht unterlaufen werden, BGH, Life&Law 2016, 747 ff. In diesem Fall wäre der B allerdings gem. § 255 BGB analog dazu verpflichtet, gegen Zahlung entgangenen Gewinns das Eigentum an der Vorlage auf die GmbH zu übertragen.

2. §§ 990 I, 989 BGB

Ein solcher Schadensersatzanspruch könnte sich hier aus §§ 990 I S. 1, 989 BGB ergeben.

a) Vindikationslage

Die Ansprüche aus §§ 987 ff. BGB erfordern eine Vindikationslage, hier im Zeitpunkt des Untergangs der Romanvorlage als maßgebliches schädigendes Ereignis.

aa) B Eigentümer

B war ursprünglich Eigentümer der Buchvorlage. Wegen des Diebstahls ist ihm die Vorlage abhandengekommen.

Nach § 935 I BGB ist deshalb kein gutgläubiger Erwerb durch die HH-GmbH möglich gewesen.

B ist deshalb Eigentümer geblieben.

hemmer-Methode: Dabei ist egal, ob die GmbH direkt von D oder von einem Dritten erworben hat. Denn der „Makel" des Abhandenkommens gem. § 935 I S. 1 BGB haftet der Sache „auf ewig" an. Sonst könnte § 935 BGB ja auch durch Zwischenschaltung von Strohmännern umgangen werden.

bb) Besitz der HH-GmbH

Die HH-GmbH ist unmittelbare Eigenbesitzerin der Buchvorlage, §§ 854 I, 872 BGB. Sie übt den Besitz durch ihre Organe aus, § 31 BGB analog.

hemmer-Methode: Die Organe haben zwar die Sachherrschaft, sind aber dennoch nicht Besitzer. Vielmehr ist nur die Körperschaft selbst Besitzerin. Dass dies als „Organbesitz" bezeichnet wird, ist missverständlich: Es geht nicht um einen Besitz der Organe, sondern um einen solchen der Körperschaft.

cc) Kein Recht zum Besitz, § 986 BGB

Die HH-GmbH hat kein Recht zum Besitz gegenüber Eigentümer B, § 986 BGB.

Eine Vindikationslage besteht somit.

b) Bösgläubigkeit der HH-GmbH bei Besitzerwerb, § 990 I S. 1 BGB

Die HH-GmbH müsste nach § 990 I S. 1 BGB bösgläubig gewesen sein, § 932 II BGB analog.

Bei einer juristischen Person wie der GmbH wird auf den guten oder bösen Glauben ihrer Organe abgestellt, § 31 BGB analog. Hier hat sich die GmbH jedoch zusätzlich eines Dritten bedient, um den Besitz am Buch zu erlangen.

Nach h. M. erfolgt bei Einschaltung eines Dritten als Vertreter und Besitzdiener bei Besitzerwerb eine Zurechnung der Bösgläubigkeit des Vertreters/Besitzdieners gem. § 166 I BGB analog, sofern der Besitzerwerb im Zusammenhang mit einem rechtsgeschäftlichen Vorgang stattfindet, bei dem die Mittelsperson eingeschaltet ist.

V wusste bei Besitzerlangung, dass das Manuskript gestohlen worden war. Deshalb war V bösgläubig analog § 932 II BGB. Diese Bösgläubigkeit wird der HH-GmbH nach § 166 I BGB analog zugerechnet, so dass eine Bösgläubigkeit nach § 990 I S. 1 BGB bei Besitzerlangung vorliegt.

c) Verschulden der HH-GmbH, § 989 BGB

Nach § 989 BGB müsste der Untergang des Manuskripts infolge des Verschuldens der HH-GmbH erfolgt sein.

aa) Zufälliger Untergang

Nach dem Sachverhalt hat die GmbH den Untergang jedoch nicht schuldhaft herbeigeführt i.S.v. Vorsatz oder Fahrlässigkeit (§ 276 I S. 1 BGB), dieser erfolgte vielmehr zufällig.

bb) Haftung auch für Zufall, § 287 S. 2 BGB

Fraglich ist deshalb, ob die GmbH auch diesen Zufall zu vertreten hat.

Dies könnte sich aus § 287 S. 2 BGB ergeben, der die Anwendbarkeit und den Eintritt des Schuldnerverzugs nach § 286 BGB voraussetzt.

(1) § 990 II BGB

§ 990 II BGB lässt den Verzug unberührt, so dass dieser trotz EBV anwendbar ist.

Zwar erweitert § 287 S. 2 BGB nur das *Vertretenmüssen* des Schuldners, während unter „Verschulden“ gem. § 276 I S. 1 BGB stets nur Vorsatz oder Fahrlässigkeit verstanden werden kann.

Anders als insbesondere § 280 I S. 2 BGB stellt § 989 BGB im Wortlaut nicht auf Vertretenmüssen, sondern auf ein Verschulden ab. Dennoch ist anerkannt, dass diese gesetzgeberische Ungenauigkeit nicht dazu führen kann, den Schuldner von der Haftungsverschärfung des § 287 S. 2 BGB zu verschonen. § 287 S. 2 BGB kann anerkanntermaßen i.R.d. Verschuldensbegriffs des § 989 BGB angewendet werden.

(2) Bösgläubigkeit der GmbH gem. § 990 I BGB

§ 990 II BGB findet jedoch nur Anwendung, wenn der Besitzer bösgläubig nach § 990 I BGB ist. Die GmbH war hier, wie gezeigt, bösgläubig gem. § 990 I S. 1 BGB.

(3) Voraussetzungen des Verzugs, § 286 BGB

Damit müssten für § 287 S. 2 BGB die Voraussetzungen des Schuldnerverzugs vorliegen, § 286 BGB.

Es müsste also nach § 286 I S. 1, IV BGB eine schuldhafte Nichtleistung der GmbH auf einen fälligen, einredefreien Anspruch des B trotz dessen Mahnung vorliegen.

Der Anspruch des B auf Herausgabe gem. § 985 BGB ist ein sofort fälliger Anspruch, § 271 I BGB. Eine Einrede der GmbH ist nicht ersichtlich. In der Aufforderung, innerhalb von 10 Tagen die Vorlage herauszugeben, ist eine Mahnung i.S.v. § 286 I S. 1 BGB zu sehen.

Ob es sich hierbei um eine befristete Mahnung handelt (die ihre Rechtsfolge, also den Schuldnerverzug erst nach Ablauf der 10 Tage auslöst) oder nicht ist nicht maßgebend, da das schädigende Ereignis ohnehin erst nach Ablauf der 10 Tage und damit jedenfalls während des Schuldnerverzuges der GmbH eintrat.

Das Verschulden der HH-GmbH wird vermutet, § 286 IV BGB.

Damit ist Schuldnerverzug eingetreten, die GmbH haftet also auch für Zufall, § 287 S. 2 BGB. Deswegen hat die GmbH den zufälligen Untergang des Manuskripts i.R.d. § 989 BGB zu vertreten.

3. Ergebnis

B kann für das zerstörte Manuskript Schadensersatz nach §§ 990 I S. 1, 989 BGB von der HH-GmbH verlangen.

IV. Zusammenfassung

Sound: § 990 II BGB lässt eine Haftung des Besitzers wegen Verzugs unberührt. Dies gilt jedoch nur für einen bösgläubigen Besitzer gem. § 990 I BGB.
Bei juristischen Personen ist die Gut- oder Bösgläubigkeit der Organe maßgeblich. Bei Einschaltung eines Vertreters/Besitzdieners bei Besitzerwerb ist § 166 I BGB analog anzuwenden, die Bösgläubigkeit wird dem Vertretenen zugerechnet. Bei Weisungen des Vertretenen ist auch dessen Bösgläubigkeit nach § 166 II BGB maßgeblich.

hemmer-Methode: Der bloße Verzögerungsschaden (z.B. Anwaltskosten bei Verzug) wird über die §§ 990 II, 280 I, II, 286 BGB ersetzt. Der Schadensersatz bei Untergang der Sache während des Verzugs kann dagegen nur über die §§ 989, 990 I BGB erfolgen. Bei Prüfung des Verschuldens in § 989 BGB ist dann auf den zufälligen Untergang während Verzugs gem. §§ 990 II, 287 S. 2 BGB abzustellen. Der Anspruch aus § 989 BGB erfasst auch entgangenen Gewinn, BGH, Life&Law 2014, 726 ff.

V. Zur Vertiefung

- Hemmer/Wüst, SachenR I, Rn. 338 ff., 365 ff.
- Hemmer/Wüst, Basics Zivilrecht II, Rn. 326 ff., 352
- Hemmer/Wüst, SachenR I, Karte 58, 63
- BGH, Life&Law 2016, 747 ff.; 2018, 303 ff.

Fall 18: Nachträgliche Heilung der Bösgläubigkeit, § 990 I S. 2 BGB; Nutzungsvorenthaltungsschaden

Sachverhalt:

D stiehlt den Ferrari des E und veräußert ihn an M weiter. D kann dabei keinen Kfz-Brief vorlegen. M fuhr den Wagen drei Monate und zerkratzte dabei fahrlässig die rote Lackierung. Dann legte D dem M nachträglich einen so geschickt gefälschten Kfz-Brief vor, dass die Fälschung nur von Spezialisten des LKA erkannt werden konnte.

Frage: *Kann E von M Schadensersatz für die Lackkratzer und den Ferrari, den er sich anmieten musste, verlangen?*

I. Einordnung

Ist der Besitzer nicht schon nach § 990 I S. 1 BGB beim Besitzerwerb bösgläubig, kann er dies später nur nach § 990 I S. 2 BGB werden; dabei schadet nach Besitzerwerb nur noch positive Kenntnis (Wortlaut!). Grund dafür ist, dass beim erstmaligen Besitzerwerb eine besonders sorgfältige Prüfung vom Erwerber erwartet werden kann.

Da nach § 990 I S. 2 BGB die nachträgliche Kenntnis zur Bösgläubigkeit führt, muss im umgekehrten Fall auch eine nachträgliche Gutgläubigkeit des Besitzers analog § 990 I S. 2 BGB zur Heilung der Bösgläubigkeit führen. Der Besitzer haftet für Schäden oder Nutzungen ab diesem Zeitpunkt („von der Erlangung der Kenntnis an“, § 990 I S. 2 BGB) nicht mehr nach § 990 I BGB.

Der Umfang der Schadensersatzpflicht wird nicht nur durch §§ 249 ff. BGB, sondern bereits durch § 989 BGB mit vorgegeben. So erwähnt § 989 BGB nur einen Schaden, der dadurch entsteht, dass die Sache verschlechtert wird, untergeht oder aus einem anderen Grund nicht herausgegeben werden kann. Deshalb wird der „Vorenthaltungsschaden“, der dem Eigentümer durch die Vorenthaltung seiner Sache entstanden ist, nicht nach § 989 BGB ersetzt (Ausnahme: §§ 990 II, 280 I, II, 286 BGB, vgl. die Einordnung zu Fall 17). Im Deliktsrecht wird der Vorenthaltungsschaden dagegen von den §§ 823 ff. BGB erfasst.

II. Gliederung

Anspruch auf Schadensersatz für die Lackkratzer und die Mietkosten eines Ferraris

1. §§ 990 I S. 1, 989 BGB

a) EBV im Zeitpunkt der Verletzungshandlung

aa) E Eigentümer
Wegen Diebstahls nach § 935 I S. 1 BGB kein gutgläubiger Eigentumserwerb des M möglich

bb) M unmittelbarer Besitzer, § 854 I BGB

cc) Kein Recht zum Besitz, § 986 BGB

b) Bösgläubigkeit des M, § 990 I BGB

aa) Bösgläubigkeit bei Besitzerwerb, § 990 I S. 1 BGB
Bei fehlendem Kfz-Brief zumindest grob fahrlässige Unkenntnis, wenn nicht dolus eventualis des M, § 932 II BGB analog

bb) Nachträgliche Heilung der Bösgläubigkeit, vgl. § 990 I S. 2 BGB
Str., ob möglich, hier perfekt gefälschter Kfz-Brief
Wirkung aber jedenfalls erst ab Übergabe des Briefs, Lackkratzer vorher entstanden

c) **Verschulden, § 989 BGB**
Lackschäden fahrlässig und damit schuldhaft nach § 276 I S. 1 BGB

d) **Umfang des Schadensersatzes, §§ 989, 249 ff. BGB**
Wegen Wortlautes des § 989 BGB nur Ersatz der Lackschäden, nicht der Mietwagenkosten (Vorenthaltungsschaden)

2. **Ersatz der Mietwagenkosten nach §§ 990 II, 280 I, II, 286 BGB**
Kein Schuldnerverzug

3. **§ 823 I BGB**

a) Unerlaubte Handlung des M durch schuldhafte Entgegennahme des Ferrari

b) Umfang des Schadensersatzes
Gem. § 823 I BGB neben Schadensersatz wegen Lackkratzer auch Ersatz des Vorenthaltungsschadens möglich; jedoch **Eigenersparnis i.H.v. 15-20 %** abzuziehen

c) Sperrwirkung des § 993 I HS. 2 BGB

aa) Nach M.M. wirkt § 993 I HS. 2 BGB nur zugunsten eines redlichen und unverklagten Besitzers

bb) Nach h.M. wirkt § 993 I HS. 2 BGB ab Vorliegen einer Vindikationslage, schützt damit auch den unredlichen/verklagten Besitzer; umfassende Sperrwirkung, durchbrochen nur in den anerkannten Ausnahmefällen

4. **Ergebnis**
E kann von M Schadensersatz für die Lackkratzer gem. §§ 990 I S. 1, 989 BGB verlangen.
Mietwagenkosten nicht ersatzfähig.

III. Lösung

Anspruch auf Schadensersatz für Lackkratzer und Mietkosten eines Ferraris

Zu klären ist, ob E von M Schadensersatz für die Lackkratzer und die Mietkosten eines Ferraris verlangen kann.

1. §§ 990 I S. 1, 989 BGB

Ein Schadensersatzanspruch aus §§ 990 I S. 1, 989 BGB setzt das Bestehen einer Vindikationslage im Zeitpunkt der Verletzungshandlung gem. §§ 985 f. BGB voraus.

a) EBV im Zeitpunkt der Verletzungshandlung

aa) Eigentum des E

E war ursprünglich Eigentümer des Ferraris, könnte sein Eigentum jedoch an M durch dessen gutgläubigen Erwerb gem. §§ 929 S. 1, 932 I S. 1, II BGB verloren haben.

Wegen des Diebstahls ist der Ferrari jedoch nach § 935 I S. 1 BGB abhandengekommen.

Somit ist kein gutgläubiger Eigentumserwerb des M möglich. E ist folglich Eigentümer des Ferraris geblieben.

bb) M unmittelbarer Besitzer, § 854 I BGB

M hat den unmittelbaren Eigenbesitz am Ferrari, §§ 854 I, 872 BGB.

cc) Kein Recht zum Besitz, § 986 BGB

Der Kaufvertrag zwischen D und M wirkt nur relativ zwischen diesen und gibt M kein Besitzrecht gegenüber E, § 986 I S. 1, Alt. 1 BGB. Auch kann kein abgeleitetes Besitzrecht gem. § 986 I S. 1, Alt. 2 BGB bejaht werden, da M dem D gegenüber zwar zum Besitz berechtigt ist, nicht aber der D gegenüber E.

Deshalb bestand eine Vindikationslage im Zeitpunkt der Verletzungshandlung.

b) Bösgläubigkeit des M, § 990 I BGB

Der Schadensersatzanspruch aus §§ 990 I, 989 BGB setzt weiterhin voraus, dass M bösgläubig war, § 990 I BGB.

aa) Bösgläubigkeit bei Besitzerwerb, § 990 I S. 1 BGB

Hier kommt nach § 990 I S. 1 BGB eine Bösgläubigkeit des M bei Besitzerwerb des Ferraris in Betracht. Beim Erwerb eines Gebrauchtwagens sollte der Erwerber sich den Kfz-Brief zur Legitimation des Veräußerers vorlegen lassen. Sofern dies nicht geschieht, handelt er grob fahrlässig.

M war deshalb bei Besitzerwerb bösgläubig gem. § 990 I S. 1 BGB.

hemmer-Methode: Beachten Sie jedoch: wenn es um den gutgläubigen Erwerb von Kraftfahrzeugen geht, ist der Erwerber nicht automatisch und generell bösgläubig, wenn er sich den Brief (heute: Zulassungsbescheinigung Teil II) nicht vorlegen lässt. Es kommt stets darauf an, wer von wem erwirbt! Vgl. Sie dazu BGH, Life&Law 2005, 583 ff.
Interessante Problem kann es in diesem Zusammenhang auch bei einer Veräußerungskette geben: Erwirbt jemand eine PKW ohne Zahlung des Kaufpreises, kann das Einbehalten des Kfz-Briefes durch den Verkäufer vom Käufer regelmäßig nur so verstanden werden, dass nur unter Eigentumsvorbehalt veräußert werden soll. Wenn dann der Käufer vor Zahlung des Kaufpreises (und damit vor Erhalt des Kfz-Briefes) den Wagen weiterveräußert, handelt er als Nichtberechtigter. Ein gutgläubiger Erwerb scheitert dann daran, dass der Vorbehaltskäufer nicht in der Lage ist, den Kfz Brief vorzulegen; vgl. BGH, Life&Law 2007, 89 ff.

bb) Nachträgliche Heilung der Bösgläubigkeit, § 990 I S. 2 BGB analog

Fraglich ist jedoch, ob die Nachreichung des perfekt gefälschten Kfz-Briefs die Bösgläubigkeit des M wieder beseitigen konnte.

Wäre dem M der perfekt gefälschte Fahrzeugbrief bei Besitzerwerb vorgelegt worden, bestünden an seiner Gutgläubigkeit keine Zweifel. Hier war er aber zunächst bösgläubig. Fraglich und gesetzlich nicht geregelt ist, ob nachträgliche Ereignisse die anfängliche Bösgläubigkeit „heilen“ können.

Dafür könnte angeführt werden, dass der Fall nachträglicher *Kenntnis* dem Besitzer schadet und deshalb umgekehrt auch eine nachträgliche Gutgläubigkeit eine anfängliche Bösgläubigkeit beseitigen könnte. Dagegen ließe sich argumentieren, dass der Gesetzgeber die Berücksichtigung nachträglicher Umstände nur in der Richtung Gutgläubigkeit ⇨ Bösgläubigkeit vorgesehen hat, nicht aber umgekehrt.

Dass es von Zufälligkeiten abhängen kann, wann dem Erwerber welche Umstände bekannt sind und wann der Besitzerwerb erfolgt, hat der Gesetzgeber in der Unterscheidung zwischen § 990 I S. 1 und S. 2 BGB bewusst in Kauf genommen (sehr str., vgl. Palandt, § 990, Rn. 2 a.E.).

Diese Streitfrage muss aber vorliegend nicht entschieden werden, da M die schädigende, zum Lackkratzer führende Handlung jedenfalls noch vor einer Betrachtung des gefälschten Kfz-Briefes und damit noch im Stadium seiner Bösgläubigkeit vorgenommen hat. Daher ist auf jeden Fall § 990 I BGB anzuwenden.

hemmer-Methode: Gerade bei unbekannten Problemen bemühen sich Klausurersteller, die Falllösung nicht von einer Entscheidung des Problems abhängen zu lassen. Es ist besonders elegant, das Problem aufzuwerfen und hinreichend zu diskutieren, um dann eine Entscheidung dahinstehen zu lassen und einen einheitlichen Weg weiterzuverfolgen. Wenn dies möglich ist, sollten Sie genau so vorgehen und nicht etwa eine Problemdiskussion völlig weglassen!

c) Verschulden, § 989 BGB

§ 989 BGB erfordert ein Verschulden des M. Die Lackschäden sind fahrlässig und damit schuldhaft nach § 276 I S. 1 BGB verursacht.

d) Umfang des Schadensersatzes, §§ 989, 249 ff. BGB

Fraglich ist, ob auch die Mietwagenkosten ersatzfähiger Schaden sind.

Schon wegen des Wortlautes des § 989 BGB wird nur der Schaden ersetzt, der dadurch entsteht, dass die Sache verschlechtert wird, untergeht oder aus einem anderen Grunde nicht herausgegeben werden kann.

Darunter fallen die Lackschäden, nicht aber die Mietwagenkosten als sog. Vorenthaltungsschaden.

Ein solcher Schaden entsteht durch das Unterbleiben der Rückgabe der Sache und nicht durch das (teilweise) Unmöglichwerden der Herausgabe.

Ein solcher Schaden, der auf der Verzögerung der Rückgabe beruht, kann nur unter den Voraussetzungen des Schuldnerverzuges zu ersetzen sein, sonst würde auch die Verweisung des § 990 II BGB in weiten Teilen überflüssig werden.

2. §§ 990 II, 280 I, II, 286 BGB

Zwar handelt es sich bei den Mietwagenkosten um einen nach §§ 990 II, 280 I, II, 286 BGB grundsätzlich ersatzfähigen Schadensposten. Die Voraussetzungen des Schuldnerverzuges lagen seitens des M jedoch ersichtlich nicht vor: Es fehlte an einer Mahnung des E i.S.v. § 286 I BGB, eine solche war auch nicht entbehrlich.

hemmer-Methode: Ein anerkannter Fall der Entbehrlichkeit der Mahnung i.S.v. § 286 II Nr. 4 BGB liegt vor, wenn der Schuldner zur Herausgabe einer durch unerlaubte Handlung entzogenen Sache verpflichtet ist. Dieser Grundsatz („fur semper in mora" – „Der Dieb ist stets im Verzug") gilt allerdings nur für denjenigen, der selbst die unerlaubte Handlung verübt hat, nicht also vorliegend für den M.

3. § 823 I BGB

Fraglich ist, ob auch ein Schadensersatzanspruch aus § 823 I BGB besteht.

a) Unerlaubte Handlung des M

In der Entgegennahme des Ferraris des E durch M kann eine Beeinträchtigung des Rechtsguts Eigentum zum Nachteil des E gesehen werden. Da M bösgläubig war, war dies auch schuldhaft.

b) Umfang des Schadensersatzes

Der Schadensumfang der §§ 823 ff., 249 ff. BGB würde neben dem Schadensersatz wegen der Lackkratzer auch den Ersatz des Vorenthaltungsschadens umfassen.

Denn durch die Entgegennahme des Ferraris wurden auch die Mietwagenkosten zurechenbar kausal verursacht. Freilich müssen die von E ersparten Eigenaufwendungen im Wege des Vorteilsausgleichs abgezogen werden. Diese ergeben sich daraus, dass E seinen eigenen Pkw nicht genutzt hat, der sonst der allgemeinen wirtschaftlichen wie technischen Abnutzung unterlegen hätte. Die h.M. schätzt diese in Höhe von 15-20 % der Mietwagenkosten.

hemmer-Methode: Vorsicht: Es geht hier nicht um den Problemkreis der Ersatzfähigkeit entgangener Gebrauchsvorteile. Wird ein Ersatzwagen gemietet, ist in den Mietkosten unproblematisch ein ersatzfähiger Vermögensschaden zu sehen.

c) Sperrwirkung des § 993 I HS. 2 BGB?

Das Deliktsrecht könnte jedoch von der Sperrwirkung des § 993 I HS. 2 BGB erfasst und damit insoweit unanwendbar sein.

aa) Eine Meinung in der Literatur will die privilegierende Sperrwirkung nach dem Schutzzweck des § 993 I HS. 2 BGB nur einem redlichen, unverklagten Besitzer zugutekommen lassen.

Demnach würde der bösgläubige M hier nicht nur gem. §§ 990 I S. 1, 989 BGB, sondern gleichzeitig wegen §§ 823 ff. BGB auf Schadensersatz haften. Dann müsste M auch den Vorenthaltungsschaden ersetzen.

bb) Nach h. M. wirkt § 993 I HS. 2 BGB ab Vorliegen einer Vindikationslage gem. §§ 985 f. BGB und schützt damit auch den unredlichen oder verklagten Besitzer. Die umfassende Sperr- und Schutzwirkung gilt demnach zugunsten jedes Besitzers ohne Besitzrecht, durchbrochen nur von den anerkannten Ausnahmen wie z.B. § 992 BGB.

4. Ergebnis

E kann von M Schadensersatz für die Lackkratzer gem. §§ 990 I S. 1, 989 BGB verlangen. Die Mietwagenkosten sind als Vorenthaltungsschaden nicht ersatzfähig.

hemmer-Methode: Bevor Sie auf falsche Gedanken kommen: Hehlerei ist nur bei Vorsatz gem. § 259 StGB strafbar. Also bitte nicht § 823 II BGB prüfen. M wusste nichts von dem Diebstahl.

Die Sperrwirkung des § 993 I HS. 2 BGB gilt nach einer Ansicht nur für einen redlichen, unverklagten Besitzer, nach h.M. generell bei Vorliegen einer Vindikationslage (Wortlaut).
Der Vorenthaltungsschaden wird von §§ 989, 990 I BGB nicht erfasst.

IV. Zusammenfassung

Sound: Ob dem bei Besitzerwerb bösgläubigen Besitzer in umgekehrter Anwendung von § 990 I S. 2 BGB nachträgliche Umstände dergestalt zugutekommen, dass sein böser Glaube „geheilt" und § 990 BGB damit unanwendbar wird, ist ungeklärt und kann mit guten Gründen sowohl bejaht als auch verneint werden.

hemmer-Methode: Verwechseln Sie die Frage, ob E Ersatz seiner eigenen Mietwagenkosten als Schadensersatz gem. §§ 989 f. BGB verlangen kann, nicht damit, ob M dem E die Nutzungen für seine Ferrari-Fahrten nach §§ 990 I S. 1, 987 I BGB herausgeben muss! Im Endeffekt hat M dem E so nämlich doch die entsprechenden Mietwagenkosten zu ersetzen, zumindest für die Zeit der Bösgläubigkeit des M.

V. Zur Vertiefung

- Hemmer/Wüst, SachenR I, Rn. 335 ff., 368
- Hemmer/Wüst, Basics Zivilrecht II, Rn. 324 ff., 353
- Hemmer/Wüst, SachenR I, Karte 63

Fall 19: Der deliktische Besitzer, § 992 BGB

Sachverhalt:

M nahm am Gepäckband des Frankfurter Flughafens einen Koffer an sich, der seinem eigenen Koffer täuschend ähnlich sah. In Wirklichkeit gehörte der Koffer jedoch dem E, der zwei Meter entfernt am Gepäckband stand. M lässt den Koffer in der Flughafenhalle längere Zeit unbeaufsichtigt, so dass Dieb D ihn stiehlt.

Frage: *Kann E Schadensersatz von M verlangen, wenn M den Koffer ohne Verschulden verwechselte?*

Abwandlung:

Frage: *Bestehen Schadensersatzansprüche, wenn der Koffer eine andere Farbe hatte, die Verwechslung also grob fahrlässig geschah?*

I. Einordnung

§ 993 I HS. 2 BGB schließt das Deliktsrecht der §§ 823 ff. BGB aus, sofern sich das schädigende Ereignis während einer Vindikationslage ereignet hat. § 992 BGB durchbricht diesen Grundsatz, indem das Deliktsrecht doch wieder Anwendung findet, wenn der Besitzer sich durch **verbotene Eigenmacht** oder durch eine **Straftat** den Besitz verschafft hat.

Eine Straftat sind z.B. die §§ 242, 249, 263 StGB. Nur die Unterschlagung, § 246 StGB, ist als Straftat im Sinne des § 992 BGB sehr umstritten. Grund hierfür ist, dass zumindest bei einer veruntreuenden Unterschlagung, § 246 II StGB, der Besitzer bereits vorher im Besitz war und den Besitz deshalb nicht durch die Unterschlagung erhalten hat.

Eine verbotene Eigenmacht i.S.v. § 992 BGB muss stets eine vom Besitzer selbst verübte sein i.S.v. § 858 I BGB. Die bloße Fehlerhaftigkeit des Besitzes i.S.v. § 858 II BGB reicht nicht aus.

Obwohl es der Wortlaut des § 992 BGB nicht erwähnt, fordert die h.M., dass die verbotene Eigenmacht i.S.d. § 992 BGB vom Besitzer *schuldhaft* verübt worden sein muss.

II. Gliederung

Anspruch auf Schadensersatz

1. §§ 990 I S. 1, 989 BGB
M gutgläubig bezüglich Besitzrecht, §§ 990 I S. 1, 932 II BGB analog

2. § 823 I BGB

a) Grds. steht **Sperrwirkung** des § 993 I HS. 2 BGB entgegen
Ausnahme § 992 BGB

aa) Ergreifen des Koffers als Verletzungshandlung
EBV bestand noch nicht, § 993 I HS. 2 BGB nicht anwendbar
Tatbestand des § 823 I BGB mangels Verschuldens des M nicht erfüllt

bb) Stehenlassen des Koffers als Verletzungshandlung
EBV bestand, § 993 I HS. 2 BGB gilt
§ 992 BGB?

b) Besitzverschaffung durch Straftat
Wissen und damit Vorsatz fehlt, § 15 StGB;

c) Besitzverschaffung durch verbotene Eigenmacht, § 858 I BGB

aa) M hat E ohne dessen Willen den Besitz entzogen

bb) Verschulden nach § 858 BGB nicht notwendig

cc) Gesetz gestattet Entziehung nicht

dd) H.M. fordert für § 992 BGB aber *schuldhafte* verbotene Eigenmacht, hier (-)

3. Ergebnis
Kein Anspruch auf Schadensersatz

Abwandlung

Anspruch auf Schadensersatz

1. §§ 990 I S. 1, 989 BGB

a) Vindikationslage

b) M bösgläubig bezüglich Besitzrecht, §§ 990 I S. 1, 932 II BGB analog

c) Verschulden, § 989 BGB
Stehenlassen des Koffers hat zurechenbar und kausal den Verlust verursacht; Fahrlässigkeit (+)

2. § 823 I BGB

a) **Ergreifen des Koffers** als Verletzungshandlung
Noch kein EBV, § 823 BGB uneingeschränkt anwendbar
Zurechnung des Diebstahls (-)
Aber § 848 BGB Zufallshaftung

b) **Stehenlassen des Koffers** als Verletzungshandlung
§ 993 I HS. 2 BGB gilt wegen § 992 BGB nicht, § 823 BGB anwendbar
Schuldhafte verbotene Eigenmacht
Vor. des § 823 I BGB (+).

3. Ergebnis
Anspruch auf Schadensersatz

III. Lösung

Anspruch auf Schadensersatz

Zu untersuchen ist, ob E von M Schadensersatz verlangen kann, wenn M den Koffer ohne Verschulden verwechselte.

1. §§ 990 I S. 1, 989 BGB

Ein Anspruch könnte sich aus §§ 990 I S. 1, 989 BGB ergeben. Im Zeitpunkt des schädigenden Ereignisses bestand unproblematisch eine Vindikationslage zwischen E und M bzgl. des Koffers, da M als Besitzer gegenüber dem Eigentümer E nicht zum Besitz berechtigt war.

Wenn M ohne Verschulden den Besitz am Koffer erlangte, heißt das, dass M nicht gem. § 932 II BGB grob fahrlässige Unkenntnis in Bezug auf sein Besitzrecht hatte. M ist folglich gutgläubig gem. §§ 990 I S. 1, 932 II BGB analog. Deshalb scheidet ein Anspruch nach diesen Vorschriften aus. Auf die Frage des Verschuldens nach § 989 BGB kommt es daher gar nicht an.

2. § 823 I BGB

a) Sperrwirkung des § 993 I HS. 2 BGB

aa) Ergreifen des Koffers als Verletzungshandlung

Wollte man als Verletzungshandlung i.S.d. § 823 I BGB bereits das Ergreifen des fremden Koffers durch M sehen, bliebe § 823 I BGB anwendbar. Das EBV schließt gem. § 993 I HS. 2 BGB nur Schadensersatzansprüche für eine Schädigung der Sache aus, die während des Bestehens des EBV erfolgt.

Im Zeitpunkt des Ergreifens des Koffers durch M bestand das EBV aber noch nicht, sondern wurde erst begründet. Damit kommt *hierfür* die Sperrwirkung des § 993 I HS. 2 BGB nicht in Betracht. Das Ergreifen des Koffers war jedoch laut Sachverhalt schuldlos und kann daher nicht die Voraussetzungen einer Haftung nach § 823 I BGB erfüllen.

bb) Stehenlassen des Koffers als Verletzungshandlung

Stellt man i.R.d. § 823 I BGB allerdings auf das Stehenlassen des Koffers in der Flughafenhalle als Verletzungshandlung ab, greift grundsätzlich die Sperrwirkung des § 993 I HS. 2 BGB ein, da in diesem Zeitpunkt das EBV zwischen E und M bereits bestand. Etwas anderes könnte sich jedoch aus § 992 BGB ergeben.

hemmer-Methode: Wer diese Differenzierung „bringt" und noch dazu die unterschiedlichen Auswirkungen auf die Sperrwirkung des § 993 I HS. 2 BGB sieht, wird mit hohen Punktzahlen belohnt werden.
Es gibt nichts Schlimmeres, als wenn sich der Korrektor beim Korrigieren fragen muss, was denn eigentlich gerade geprüft wird. Genauigkeit zahlt sich aus.

b) Besitzverschaffung durch Straftat

§ 992 BGB ist einschlägig, wenn sich der Besitzer den Besitz durch verbotene Eigenmacht oder eine Straftat verschafft hat.

Für die Verwirklichung einer Straftat wie Diebstahl, § 242 StGB, ist das Wissen um die Fremdheit des Koffers erforderlich, das M aufgrund der Verwechslung nicht hatte. Folglich fehlt damit der Vorsatz gem. § 15 StGB. Einen fahrlässigen Diebstahl o.Ä. gibt es aber nicht.

Eine Straftat liegt deshalb nicht vor.

c) Besitzverschaffung durch verbotene Eigenmacht, § 858 I BGB

Fraglich ist deshalb, ob verbotene Eigenmacht des M nach § 992 BGB zu bejahen ist.

aa) Besitzentziehung ohne Willen des Besitzers, § 858 I BGB

M könnte Besitzer E ohne dessen Willen den Besitz am Koffer entzogen haben. Dazu müsste E aber bereits Besitz an seinem Koffer gehabt haben. Besitz wird nach der Legaldefinition des § 854 I BGB durch die Erlangung der tatsächlichen Gewalt an der Sache erworben. Dies ist bei der Erlangung der tatsächlichen Sachherrschaft mit Besitzbegründungswillen gegeben. Die tatsächliche Sachherrschaft richtet sich nach der Verkehrsanschauung und kann als tatsächliche Machtbeziehung einer Person zu einer Sache verstanden werden. Hier stand E nur zwei Meter von seinem Koffer entfernt am Gepäckband. E hatte vermuteten Besitzbegründungswillen an seinem Eigentum und durch seine räumliche Nähe eine tatsächliche Einwirkungsmöglichkeit auf sein Eigentum. Deshalb ist nach der Verkehrsanschauung von einem Besitz des E an seinem Koffer auszugehen.

Dieser Besitz wurde E nach § 858 I BGB ohne dessen Willen durch M entzogen.

hemmer-Methode: Eine andere Ansicht ist hier vertretbar. Man könnte auch erst auf den Moment des Erblickens des Koffers abstellen oder gar erst auf den Moment des Ergreifens. Andererseits hat zuvor jedenfalls die Fluggesellschaft noch unmittelbaren Besitz, E ist mittelbarer Besitzer. Die Fluggesellschaft ist aber nur mit einer Besitzentziehung durch den Berechtigten einverstanden, so dass in jedem Fall vorliegend von verbotener Eigenmacht ausgegangen werden muss. Eine verbotene Eigenmacht gegen den unmittelbaren Besitzer, der dem Eigentümer den Besitz mittelt, genügt für § 992 BGB nämlich durchaus.

bb) Verschulden nach § 858

Nach dem Wortlaut des § 858 BGB ist ein Verschulden des M zur Besitzentziehung nicht erforderlich.

cc) Gesetz gestattet Entziehung nicht

Weiterhin wird vermutet („sofern nicht..“), dass das Gesetz in diesem Fall die Entziehung des Besitzes nicht gestattet, § 858 BGB a.E.

Damit liegt eine verbotene Eigenmacht des M nach § 858 I BGB vor.

dd) Schuldhafte verbotener Eigenmacht

Für die verbotene Eigenmacht setzt der Wortlaut des § 992 BGB kein Verschulden voraus. Allerdings nennt die Norm die verbotene Eigenmacht in einem Atemzug mit der Besitzerlangung durch eine Straftat, wobei Straftaten stets schuldhaft begangen sein müssen. Daher liegt die Annahme nahe, auch die verbotene Eigenmacht müsse schuldhaft verübt worden sein.

Für eine solche Auslegung spricht auch die Regelungssystematik der §§ 987 ff. BGB, die gerade den redlichen, unverklagten Besitzer privilegieren wollen. Wer schuldlos verbotene Eigenmacht verübt, wen also keinerlei Verschulden an der Besitzentziehung trifft, der muss mit dem redlichen Besitzer gleichgestellt werden. Es wäre nicht einzusehen, warum für einen solchen Besitzer die Sperrwirkung des § 993 I HS. 2 BGB durch § 992 BGB ausgeschlossen werden sollte.

Deshalb ist nach h.M. eine schuldhafte verbotene Eigenmacht i.R.d. § 992 BGB zu fordern. Diese lag bei M aber gerade nicht vor. Daher kommt wegen der Sperrwirkung des § 993 I HS. 2 BGB eine Haftung nach den §§ 823 ff. BGB nicht in Betracht.

hemmer-Methode: Beachten Sie: § 992 BGB ist keine Anspruchsgrundlage. Zu prüfen ist z.B. ein Anspruch aus § 823 I BGB, dieser könnte jedoch nach § 993 I HS. 2 BGB ausgeschlossen sein, sofern nicht § 992 BGB als Ausnahme von dieser Sperrwirkung eingreift. Erst an dieser Stelle darf und muss auf § 992 BGB eingegangen werden!

E kann somit von M keinen Schadensersatz verlangen.

IV. Lösung Abwandlung

Anspruch auf Schadensersatz

Zu klären ist, ob E Schadensersatz von M verlangen kann, wenn M den Koffer mit Verschulden verwechselte, da er eine andere Farbe hatte.

1. §§ 990 I S. 1, 989 BGB

a) Vindikationslage

Der Schadensersatzanspruch aus §§ 990 I S. 1, 989 BGB erfordert eine Vindikationslage, die hier vorliegt.

b) M bösgläubig bezüglich Besitzrecht, §§ 990 I S. 1, 932 II BGB analog

M war ferner wegen der unterschiedlichen Farben der Koffer grob fahrlässig bezüglich seines Rechts zum Besitzes, § 932 II BGB. Deshalb ist eine Bösgläubigkeit des M bei dem Erwerb des Besitzes gem. § 990 I S. 1 BGB zu bejahen.

c) Verschulden der Zerstörung, § 989 BGB

§ 989 BGB setzt jedoch eine durch den Besitzer verschuldete Zerstörung der Sache voraus.

Das Stehenlassen des Koffers durch M hat zurechenbar und kausal den Verlust des Koffers bewirkt. Die Zurechnung wird auch nicht durch das vorsätzliche Verhalten des Diebes D unterbrochen, da M durch sein Verhalten gerade das Risiko einer derartigen Vorsatztat geschaffen und sich dieses verwirklicht hat.

Das unbeaufsichtigte Stehenlassen eines Koffers in einer Flughafenhalle ist angesichts der hohen Diebstahlsgefahr als fahrlässig i.S.v. § 276 I S. 1 BGB anzusehen.

Ein Schadensersatzanspruch gem. §§ 990 I S. 1, 989 BGB ist damit zu bejahen.

2. § 823 I BGB

Fraglich ist, ob M auch nach § 823 I BGB schadensersatzpflichtig ist. Hierbei stellt sich insbesondere die Frage des Konkurrenzverhältnisses zu den §§ 985 ff. BGB

a) Ergreifen des Koffers als Verletzungshandlung

Mit dem Ergreifen des Koffers hat M rechtswidrig und schuldhaft in das Eigentum des E eingegriffen. Da zu diesem Zeitpunkt ein EBV noch nicht bestand, greift die Sperrwirkung des § 993 I HS. 2 BGB nicht ein.

Diesem Eingriff kann der spätere Schaden, nämlich der Verlust des Koffers durch Diebstahl, jedoch nicht zugerechnet werden.

Es entspricht nicht dem allgemeinen Lebensrisiko, dass bei Ergreifen eines fremden Koffers dieser später gestohlen wird. Daher ist nicht auf das Ergreifen des Koffers, sondern wiederum nur auf das Stehenlassen des Koffers in der Flughafenhalle abzustellen.

Allerdings ordnet § 848 BGB für den Fall einer Besitzentziehung durch unerlaubte Handlung eine Haftung für Zufall an. Der Diebstahl war von E und M unverschuldet und damit ein zufälliges Ereignis. Daher ist eine Haftung aus §§ 823 I, 848 BGB zu bejahen.

b) Stehenlassen des Koffers als Verletzungshandlung

Da in diesem Zeitpunkt ein EBV bereits bestand, ist fraglich, ob die grds. bestehende Sperrwirkung des § 993 I HS. 2 BGB durch § 992 BGB abbedungen wird.

aa) Straftat

Die Besitzverschaffung durch eine Straftat ist auch bei grober Fahrlässigkeit (nicht bei dolus eventualis!) aus den bereits oben genannten Gründen zu verneinen.

bb) Verbotene Eigenmacht, § 858 I BGB

Auch hier hat M dem E den Besitz ohne dessen Willen entzogen, das Gesetz gestattet diese Entziehung nicht.

Somit liegt verbotene Eigenmacht nach § 858 I BGB vor.

cc) Schuldhafte verbotene Eigenmacht

Diesmal ist auch eine schuldhafte verbotene Eigenmacht nach §§ 992, 858 I BGB gegeben.

dd) Damit ist wegen § 992 BGB die Sperrwirkung des EBV aufgehoben. Die tatbestandlichen Voraussetzungen des § 823 I BGB liegen aufgrund des fahrlässigen Verhaltens des M unproblematisch vor.

Damit lässt sich die Haftung des M aus § 823 I BGB in zweifacher Weise begründen, je nachdem, auf welche Verletzungshandlung man abstellen will. Dies führt freilich nicht dazu, dass E den Schadensersatz auch zweimal verlangen kann.

E kann von M Schadensersatz verlangen.

IV. Zusammenfassung

Sound: Hat sich der Besitzer durch verbotene Eigenmacht oder durch eine Straftat den Besitz verschafft, lässt § 992 BGB die Anwendung der §§ 823 ff. BGB zu. Wegen der Systematik des § 992 BGB, der EBV-Regeln und des gesamten schadensersatzrechtlichen Haftungssystems des BGB wird für § 992 BGB eine schuldhafte verbotene Eigenmacht gefordert.

V. Zur Vertiefung

- Hemmer/Wüst, SachenR I, Rn. 371 f.
- Hemmer/Wüst, Basics Zivilrecht II, SachenR, Rn. 354 f.
- Hemmer/Wüst, SachenR I, Karte 63

Fall 20: § 993 I HS. 2 BGB und andere Ansprüche als Nutzungs-, Schadens- und Verwendungsersatz

Sachverhalt:

K kauft auf dem Marktplatz einen Korb Kirschen. Als sie den Korb kurz abstellt, vergisst sie ihn völlig. Feinschmecker F nimmt den Korb an sich und isst die Kirschen auf. Den hübschen Weidenkorb veräußert er für 50 € weiter.

Frage: *Ansprüche K gegen F?*

I. Einordnung

§ 993 I HS. 2 BGB entfaltet – nach h.M. ab Bestehen einer Vindikationslage – eine umfassende Sperrwirkung. Diese Sperrwirkung gilt jedoch nur für die Ansprüche aus EBV gem. §§ 987 ff. BGB, also Nutzungsersatz-, Schadensersatz- sowie Verwendungsersatzansprüche. Der **Verbrauch einer Sache** oder deren **Weiterveräußerung** fällt nicht unter Nutzungen nach §§ 987 ff., 100 BGB, weil die Muttersache nicht erhalten bleibt. Deshalb ist das Bereicherungsrecht doch anwendbar. Bei der Veräußerung einer Sache durch den Besitzer über die Gutglaubensvorschriften kann der ehemalige Eigentümer daher nach § 816 I BGB Herausgabe des durch die Verfügung Erlangten verlangen. Trat kein Gutglaubenserwerb ein, kann der Eigentümer die Verfügung genehmigen und nach § 816 I BGB vorgehen, wenn der Verkauf wirtschaftlich viel eingebracht hat.

Beim Verbrauch einer Sache kann der ehemalige Eigentümer evtl. auch Wertersatz gem. §§ 812 I S. 1, Alt. 2, 818 II BGB verlangen. Als Merkposten: Die „3 V's", nämlich Veräußerung, Verbrauch und Verarbeitung, werden von den §§ 987 ff. BGB nicht erfasst.

Vorsicht aber mit dieser Eselsbrücke, immerhin fängt „Verwendung" auch mit „V" an. Außerdem gehen diese Vorgänge oft mit einer Unmöglichkeit der Herausgabe nach §§ 989, 990 BGB einher, deren *schadensersatzrechtliche* Wirkung natürlich über das EBV zu behandeln ist.

II. Gliederung

Ansprüche des K gg. F

1. **Schadensersatzanspruch gem. <u>§§ 990 I S. 1, 989 BGB</u> wegen Verzehrs der Kirschen und Veräußerung des Korbes**

a) Unmöglichkeit der Herausgabe
Wiedererlangung der Sache durch Weitergabe an Dritten durch F erschwert
Bzgl. Kirschen unproblematisch (+).

b) Vorliegen einer Vindikationslage

c) Bösgläubigkeit bei Besitzerwerb, § 990 I S. 1 BGB
Kenntnis des mangelnden Besitzrechts

d) Verschulden, § 989 BGB
Vorsätzlicher Verzehr und Veräußerung schuldhaft, § 276 I S. 1 BGB

e) Schaden, §§ 989, 249 ff. BGB
Schaden bzgl. Korb wegen § 935 I S. 1 BGB nur gegeben, solange K nicht den Korb vom jetzigen Besitzer zurückerlangt

2. Schadensersatzansprüche aus <u>§§ 823 ff. BGB wegen Verzehrs der Kirschen und Weggabe des Korbes</u>

a) Anwendbarkeit §§ 823 ff. BGB neben EBV

aa) **(P)** Sperrwirkung des § 993 I HS. 2 BGB

bb) Durchbrechung gem. § 992 BGB

(1) Schuldhafte verbotene Eigenmacht, §§ 992, Alt. 1, 858 I BGB
K hat Aufenthaltsort vergessen, Besitz (-) Daher auch keine Besitzentziehung

(2) Besitzerlangung durch Straftat, § 992, Alt. 2 BGB
Unterschlagung gem. § 246 I StGB
Anwendungsbereich strittig,
hier aber Besitzerlangung durch Straftat (sog. Fundunterschlagung)

b) Haftung aus **§§ 992, 823 I; II BGB i.V.m. § 246 StGB**

c) Schadensersatz aus **§ 826 BGB**
Stets anwendbar trotz § 992 I HS. 2 BGB, aber sittenwidrige Schädigung (-)

3. Schadensersatzansprüche aus <u>§§ 823 ff. BGB wegen Ergreifen des Korbes</u>

a) In diesem Zeitpunkt noch kein EBV
§ 993 I HS. 2 BGB gilt nicht
Haftung aus § 823 I BGB (+)
(a.A. vertretbar)

b) § 823 II BGB i.V.m. § 246 I StGB (+); § 826 BGB mangels Sittenwidrigkeit (-)

4. Nutzungsersatzanspruch, §§ 987, 990 I S. 1 BGB
Nutzungen nach § 100 BGB
Verbrauch oder Verkauf der Sache keine Nutzung

5. Ansprüche aus Bereicherungsrecht, §§ 812 ff. BGB

a) Anwendbarkeit des Bereicherungsrechts
Sperrwirkung § 993 I HS. 2 BGB nur bei Nutzungen gem. §§ 987 ff. BGB, hier (-) Muttersache muss bei Nutzung erhalten bleiben.
Auch keine Sperrwirkung bzgl. Erlösherausgabe

b) Verzehr der Kirschen,
§§ 812 I S. 1, Alt. 2, 818 II BGB i.E. (+)

c) Veräußerung des Weidenkorbes,
§ 816 I S. 1 BGB

aa F Nichtberechtigter

bb) Veräußerung ist Verfügung

cc) Wirksamkeit der Verfügung gegenüber dem Berechtigten
Wegen § 935 I S. 1 BGB (-),
Genehmigungsmöglichkeit der K bzgl. der Veräußerung, § 185 II S. 1, Alt. 1 BGB Konkludent durch Herausgabeverlangen des Erlöses erklärt

6. Ansprüche aus GoA und § 1007 BGB

a) Schadensersatz §§ 687 II, 678 BGB
Erlösherausgabe §§ 687 II, 681 S. 2, 667 BGB

b) § 1007 I und § 1007 II BGB führen über § 1007 III S. 2 BGB zu den §§ 987 ff. BGB.

7. Ergebnis
Sowohl Anspruch auf Schadensersatz in Höhe des Wertes als auch Erlösherausgabe i.H.v. 50 €.

III. Lösung

Ansprüche der K gegen F

1. Schadensersatzanspruch gem. §§ 990 I S. 1, 989 BGB

Zunächst könnte ein Schadensersatzanspruch gem. §§ 990 I S. 1, 989 BGB wegen Verzehrs der Kirschen und Veräußerung des Korbes bestehen.

a) Unmöglichkeit der Herausgabe

Infolge der Weitergabe des Weidenkorbes durch F an einen Dritten kann sie diesen nicht mehr herausgeben, so dass ein Anspruch aus §§ 989, 990 I S. 1 BGB in Betracht kommt.

Richtig ist zwar, dass F die Sache eventuell von dem Dritten (evtl. bei einem Rücktritt des Dritten wegen Nichtverschaffung des Eigentums an dem Korb, §§ 323 I, 346 I BGB) zurückerlangen wird. Zum Schutz des Eigentümers genügt es jedoch für die Anwendung von §§ 989, 990 I S. 1 BGB, dass der Besitzer die Herausgabe infolge der Weitergabe an einen Dritten nicht mehr bewirken kann und so dem Eigentümer die Wiedererlangung der Sache nicht unerheblich erschwert wurde. Keinesfalls ist allerdings eine wirksame Übereignung des Besitzers an den Dritten erforderlich.

Durch den Verzehr der Kirschen wurde deren Herausgabe unmöglich.

b) Vorliegen einer Vindikationslage

Der Anspruch setzt zunächst eine Vindikationslage im Zeitpunkt der Verletzungshandlungen voraus.

K war Eigentümerin des Korbes und der Kirschen, F unmittelbarer Fremdbesitzer gem. § 854 I BGB. Ein Recht zum Besitz gem. § 986 BGB existiert nicht.

Exkurs

Auch hat K ihr Eigentum am Korb nicht durch die Veräußerung des F verloren, da einem gutgläubigen Erwerb ein Abhandenkommen i.S.v. § 935 I BGB entgegensteht. Auch wenn die K nämlich den Korb vergessen hatte, ging damit nicht automatisch ein Besitzverlust i.S.d. 856 I BGB einher. Willentlich hat sich K nicht von ihrem Besitz getrennt.

Ein Verlieren i.S.d. § 856 I BGB setzt voraus, dass die Sache besitzlos wird. Das ist aber nicht der Fall, soweit der Aufenthaltsort der Sache bekannt ist und eine jederzeitige Wiedererlangung möglich ist. Davon ist vorliegend auszugehen. Indem F den Korb an sich nahm, ist er der K abhandengekommen.

Anmerkung: Die Einordnung bei § 856 I BGB könnte man freilich auch anders sehen. Insbesondere die Möglichkeit, die Sache jederzeit wiederzuerlangen, ist abhängig von den örtlichen Begebenheiten natürlich eine Frage des Einzelfalls (vgl. z.B. KG, Life&Law 2007, 370 ff.). Im Hinblick auf § 935 I BGB ergäbe sich indes kein Unterschied. Das Abhandenkommen läge dann nur etwas früher vor, nämlich schon bevor F den Korb an sich nahm. Denn ein Abhandenkommen setzt einen Besitzverlust nur ohne, nicht notwendig gegen den Willen des unmittelbaren Besitzers voraus!

Exkurs Ende

Damit lag eine Vindikationslage bei der Weiterveräußerung vor.

hemmer-Methode: Noch einmal: Für die §§ 987 ff. BGB kommt es immer auf den Zeitpunkt der Nutzungsziehung, der schädigenden Handlung bzw. der Vornahme der Verwendung an. In *diesem* Zeitpunkt muss eine Vindikationslage vorgelegen haben. Zur anderweitigen Auffassung der Rechtsprechung beim Verwendungsersatz später.

c) Bösgläubigkeit bei Besitzerwerb, § 990 I S. 1 BGB

Weiterhin müsste F bösgläubig in Bezug auf sein Besitzrecht sein. Der Maßstab der Bös- und Gutgläubigkeit richtet sich nach § 932 II BGB, der hier analog angewendet wird. Damit ist derjenige bösgläubig, der weiß oder grob fahrlässig nicht weiß, dass ihm an der Sache kein Recht zum Besitz zusteht.

F war sich der Tatsache bewusst, kein Recht zum Besitz zu haben, und war damit bösgläubig gem. §§ 932 II BGB analog, 990 I S. 1 BGB. Selbst wenn er davon ausging, hier habe jemand sein Eigentum an dem Korb samt Inhaltes aufgegeben (sog. Dereliktion, § 959 BGB), so muss diese Annahme zumindest als grob fahrlässig bewertet werden.

d) Verschulden, § 989 BGB

F handelte vorsätzlich, als er die Kirschen verzehrte, den Korb veräußerte und damit die Herausgabe durch ihn unmöglich machte.

Verschulden nach § 989 BGB ist deshalb zu bejahen, § 276 I S. 1 BGB.

e) Schaden, §§ 989, 249 ff. BGB

Hinsichtlich der Kirschen ist deren Wert ersatzfähig; hierbei kann entweder § 249 II S. 1 BGB als Form der Naturalrestitution oder auch § 251 I BGB herangezogen werden. Der BGH hält bei Zerstörung vertretbarer Sachen (§ 91 BGB) eine Naturalrestitution durch Verschaffung anderer derartiger Sachen (§ 249 I BGB) bzw. des hierfür notwendigen Geldbetrages (§ 249 II S. 1 BGB) für möglich.

Der Korb ist jedoch wegen § 935 I S. 1 BGB im Eigentum der K geblieben. K hat lediglich den Besitz, nicht jedoch ihr Eigentum verloren. Dennoch ist richtigerweise der Schaden am Wert des Eigentums zu bemessen. Dass eine erhebliche Erschwerung der Rückerlangung der Sache vorliegen muss, setzt §§ 989, 990 BGB bereits tatbestandlich voraus (s.o.). Ist dies aber der Fall, entspricht der wirtschaftliche Wertverlust beim Eigentümer dem Verlust der Sache selbst. Nur wenn K den Korb zurückerlangen würde, würde ihr Schaden insoweit entfallen.

2. Schadensersatzansprüche aus §§ 823 ff. BGB wegen Verzehrs der Kirschen und Weggabe des Korbes

Wegen des Verzehrs der Kirschen sowie der Weggabe des Korbes kommen Ansprüche aus Delikt in Betracht.

a) Anwendbarkeit der §§ 823 ff. BGB

Der Anwendbarkeit der §§ 823 ff. BGB könnte (bis auf § 826 BGB) die umfassende Sperrwirkung des § 993 I HS. 2 BGB entgegenstehen.

aa) Sperrwirkung des § 993 I HS. 2 BGB

(1) Nach M.M. nur für redlichen, unverklagten Besitzer

Nimmt man mit der M.M. die Sperrwirkung des § 993 I HS. 2 BGB nur zugunsten des redlichen, unverklagten Besitzers an, ist F bösgläubig nach § 990 I S. 1 BGB, weshalb § 993 I HS. 2 BGB nicht greift.

(2) Nach h.M. ab Vorliegen einer Vindikationslage

Nimmt man mit der h.M. eine umfassende Sperrwirkung des § 993 I HS. 2 BGB ab Vorliegen einer Vindikationslage an, sind Ansprüche aus Delikt hier ausgeschlossen. Diese Ansicht ist auch vorzugswürdig, da das EBV eine abgestufte Regelung der Besitzerhaftung darstellt. Das Haftungssystem sieht unterschiedliche Haftung für den redlichen, unverklagten Besitzer auf der einen Seite und den verklagten und unredlichen Besitzer auf der anderen Seite vor. Durch die Sperrwirkung des § 993 I BGB a.E. soll dieses Gesamtkonzept von Einflüssen außerhalb des EBV bewahrt bleiben.

bb) Durchbrechung gem. § 992 BGB

Der Grundsatz des § 993 I HS. 2 BGB wird jedoch durch § 992 BGB durchbrochen. Der deliktische Besitzer soll den Schutz der abgestuften Haftung des EBV nicht genießen. Er ist weiteren Ansprüchen neben denen des EBV unbegrenzt ausgesetzt.

Zu prüfen ist also, ob die Voraussetzungen des § 992 BGB erfüllt sind. Der deliktische Besitzer muss sich den Besitz entweder durch schuldhafte verbotene Eigenmacht oder eine Straftat verschafft haben.

(1) Schuldhafte verbotene Eigenmacht, §§ 992 Alt. 1, 858 I BGB

§ 992 BGB setzt schuldhafte verbotene Eigenmacht oder eine Straftat voraus. Verbotene Eigenmacht liegt gem. § 858 I BGB vor, wenn F der K den Besitz ohne deren Willen entzogen hat.

Fraglich ist aber, ob K überhaupt noch Besitz an der Sache hatte. Ob K tatsächliche Einwirkungsmöglichkeiten hat, bestimmt sich nach der Verkehrsanschauung.

Selbst wenn die K noch wüsste, wo sie den Korb hat stehenlassen, kann der Marktplatz nicht mehr als Gewahrsamssphäre der K beschrieben werden. In einem solchen Fall wird man einen Besitz verneinen müssen, daher konnte auch keine Besitzentziehung gem. § 858 I BGB stattfinden. Verbotene Eigenmacht ist damit zu verneinen.

hemmer-Methode: Ganz ähnlich im Strafrecht, § 242 StGB: Ein Gewahrsamsverlust und nicht mehr eine bloße Gewahrsamslockerung liegt vor, wenn der frühere Gewahrsamsinhaber nicht mehr weiß, wo sich die Sache befindet, wenn er sie also nicht nur vergessen oder auf begrenztem Raum verlegt, sondern verloren hat.

(2) Besitzerlangung durch Straftat, § 992, Alt. 2 BGB

In Betracht kommt ferner eine Straftat, namentlich eine Unterschlagung gem. § 246 I StGB. Die Anwendung des § 246 StGB auf § 992 Alt. 2 BGB ist strittig. Im Fall hat F den Besitz am Kirschenkorb jedoch durch Fundunterschlagung erlangt.

Somit bezieht sich der deliktische Charakter bei der Unterschlagung des F gerade auf die Erlangung des Besitzes, die Fundunterschlagung ist eine Straftat nach § 989 BGB.

F hat sich den Korb mit Kirschen, eine für ihn fremde bewegliche Sache, durch sein eigentümerähnliches Verhalten im Sinne des Strafrechts zugeeignet. F handelte vorsätzlich, rechtswidrig und schuldhaft und ist folglich einer Fundunterschlagung nach § 246 I StGB schuldig.

b) Haftung aus §§ 992, 823 I BGB und § 823 II BGB i.V.m. § 246 StGB

Die Voraussetzungen einer Haftung aus § 823 I BGB und § 823 II BGB i.V.m. § 246 StGB liegen vor. Zur Ersatzfähigkeit der entstandenen Schäden vgl. die obigen Ausführungen.

Für eine vorsätzliche sittenwidrige Schädigung gem. § 826 BGB sind allerdings keine Anhaltspunkte ersichtlich.

3. Schadensersatzansprüche aus §§ 823 ff. BGB <u>wegen Ergreifen des Korbes</u>

Die Inbesitznahme am Korb samt Inhalt stellt einen rechtswidrigen und schuldhaften Eingriff in das Eigentum der K dar. § 993 I HS. 2 BGB kann der Anwendung der §§ 823 ff. BGB nicht entgegenstehen, da im Zeitpunkt *dieser* Verletzungshandlung noch gar kein EBV bestand, sondern ein solches erst begründet wurde.

Es erscheint aber fraglich, ob eine Zurechnung der eingetretenen Schäden an *diese* Verletzungshandlung möglich ist (tatbestands*ausfüllende* Kausalität).

Denn den eigentlichen Schaden hat der F der K erst durch eine erneute Willensentschließung, nämlich den Verzehr der Kirschen sowie die Weggabe des leeren Korbes zugefügt. Sofern er den Besitz am gefüllten Korb aber gerade zum Zweck derartiger Handlungen ergriffen hat, spricht vieles dafür, die Zurechnung zu bejahen.

Daher ist eine Haftung aus § 823 I BGB auch unter diesem Gesichtspunkt zu bejahen.

Der Inhalt des Anspruchs ändert sich von der ursprünglich geschuldeten Herausgabe, § 249 I BGB, in einen Anspruch auf Entschädigung in Geld, § 251 I BGB.

hemmer-Methode: Mit guten Argumenten ist auch eine andere Ansicht vertretbar. Der hier vertretenen Auffassung lässt sich entgegenhalten, dass sie eine bloße Vorbereitungshandlung zum zentralen Anknüpfungspunkt der deliktischen Haftung macht.

Aufgrund der strafbaren Unterschlagung gem. § 246 I StGB ist ein Anspruch auch aus § 823 II BGB gegeben. § 246 I StGB stellt ein Schutzgesetz im Sinne dieser Vorschrift dar.

Für eine Haftung aus § 826 BGB fehlt es an einer sittenwidrigen Schadenszufügung.

Nicht jedes strafbare Verhalten ist zugleich als sittenwidrig anzusehen (a.A. vertretbar).

4. Nutzungsersatzanspruch, §§ 987 ff. BGB

K könnte außerdem einen Nutzungsersatzanspruch nach §§ 990 I S. 1, 987 I BGB geltend machen.

Nutzungen sind in § 100 BGB legaldefiniert. Der Verbrauch oder Verkauf der Muttersache ist keine Fruchtziehung und kein Vorteilsgebrauch der Sache, demnach auch keine Nutzung nach § 100 BGB. Denn Nutzungen setzen stets den Erhalt der Muttersache voraus.

Deshalb scheitert ein derartiger Anspruch.

5. Ansprüche aus Bereicherungsrecht, §§ 812 ff. BGB

Ferner kommen Ansprüche aus den §§ 812 ff. BGB in Betracht.

a) Anwendbarkeit des Bereicherungsrechts

Fraglich ist, ob die Sperrwirkung des § 993 I HS. 2 BGB eingreift und das Bereicherungsrecht verdrängt. Die Sperrwirkung des § 993 I HS. 2 BGB für das Bereicherungsrecht gilt ausweislich des Wortlautes und der Systematik der Vorschrift aber nur bei Nutzungen gem. §§ 987 ff. BGB. Der Verzehr der Kirschen stellt gerade keine Nutzung dar.

Ebenso finden sich in den §§ 987 ff. BGB keine Regelungen über die Erlösherausgabe im Falle der Veräußerung, so dass § 816 I BGB anwendbar ist. Hierbei handelt es sich gerade nicht um eine schadensersatzrechtliche Vorschrift, die mit den §§ 989 f. BGB in Konkurrenz treten könnte.

b) Verbrauch der Kirschen, §§ 812 I S. 1, Alt. 2, 818 II BGB

Wegen der verbrauchten Kirschen kommt ein Anspruch aus Eingriffskondiktion gem. §§ 812 I S. 1, Alt. 2, 818 II BGB in Betracht.

aa) Etwas erlangt

Erlangtes Etwas kann jedweder Vermögensvorteil sein. Der Verzehr von Kirschen stellt einen solchen Vorteil dar.

bb) Durch Eingriff auf Kosten des K

F hat dazu in die fremde Rechtsposition „Eigentum" und damit in einen Gegenstand eingriffen, der immer noch im Zuweisungsgehalt der K stand. Ein Eingriff auf Kosten der K ist damit zu bejahen.

cc) Ohne rechtlichen Grund

Ein Rechtsgrund ist nicht ersichtlich.

dd) Entreicherung, § 818 III BGB

Hinsichtlich der Kirschen hat sich F eigene Aufwendungen erspart, so dass der Vermögensvorteil auch nach dem Verzehr der Kirschen fortbesteht. Etwas anderes würde nur im Falle sog. Luxusaufwendungen gelten, wenn sich F also sonst keine Kirschen geleistet hätte. Hierfür ist F als Kondiktionsschuldner darlegungs- und beweispflichtig; da sich aus dem Sachverhalt nichts ergibt, kann von Luxusaufwendungen nicht ausgegangen werden.

F hat für die Kirschen Wertersatz gem. §§ 812 I S. 1, Alt. 2, 818 II BGB zu leisten.

c) Veräußerung des Weidenkorbes, § 816 I S. 1 BGB

Schließlich könnte K für den veräußerten Weidekorb Herausgabe des Verkaufserlöses verlangen können, § 816 I BGB.

aa) F Nichtberechtigter

F ist durch die Unterschlagung nicht Eigentümer geworden und war damit Nichtberechtigter.

bb) Veräußerung ist Verfügung

Die Veräußerung einer Sache ist die Übertragung eines Rechts und damit ein Paradebeispiel für eine Verfügung.

cc) Wirksamkeit der Verfügung gegenüber dem Berechtigten

Fraglich ist jedoch, ob die Verfügung der K gegenüber auch wirksam war. Wegen § 935 I S. 1 BGB ist die Verfügung unwirksam (**siehe dazu den Exkurs oben zum Besitzverlust der K**).

K kann jedoch auf ihren Schutz aus § 935 I S. 1 BGB verzichten und die Verfügung des F genehmigen, § 185 II S. 1, Alt. 1 BGB. Die Genehmigung wird konkludent durch das Herausgabeverlangen bzgl. des Erlöses erklärt, § 816 I BGB.

Dies hat nach h.M. jedoch nicht zur Folge, dass F als zur Weitergabe des Korbes berechtigt angesehen werden kann: Der Anspruch aus §§ 989, 990 BGB sowie die deliktischen Ansprüche sollen durch die Genehmigung nicht entfallen (a.A. entgegen der h.M. vertretbar).

6. Ansprüche aus GoA und aus § 1007 BGB

a) Sowohl die Inbesitznahme als auch Verzehr und Verkauf stellten ein fremdes Geschäft des F dar. Dieses hat in Kenntnis der Fremdheit als eigenes geführt, so dass jeweils eine angemaßte Eigengeschäftsführung i.S.v. § 687 II BGB gegeben ist.

Der Verzehr der Kirschen sowie die Weitergabe des Korbes führen gem. §§ 687 II, 678 BGB zum Schadensersatz. §§ 687 II, 681 S. 2, 667 BGB geben einen Anspruch auf Herausgabe der 50 €.

b) Im Zeitpunkt der Besitzergreifung bestand gegen F sowohl ein Anspruch aus § 1007 I BGB (Bösgläubigkeit) als auch aus § 1007 II BGB (Abhandenkommen), so dass auch § 1007 III S. 2 BGB in den Anwendungsbereich der §§ 987 ff. BGB führt.

hemmer-Methode: GoA und § 1007 BGB übersehen? Für den Richter wäre das nicht schlimm, da sich die Ansprüche ohnehin schon aus anderen Normen ergeben.
Im Examen dienen aber gerade solche „exotischen“ Anspruchsgrundlagen der Notendifferenzierung!

7. Ergebnis

K kann von F Ersatz für Kirschen und Korb verlangen.

K kann ferner Herausgabe des Verkaufserlöses in Höhe von 50 € verlangen.

IV. Zusammenfassung

Sound: Die Sperrwirkung des § 993 I HS. 2 BGB bezieht sich nur auf Ansprüche, die auf Nutzungsersatz (§§ 987 ff. BGB), Schadensersatz (§§ 989 f. BGB) oder Verwendungsersatz (§§ 994 ff. BGB) gerichtet sind. Der Anspruch auf Veräußerungserlös gem. § 816 I BGB fällt ebenso wenig unter diese Sperrwirkung wie nicht-schadensersatzrechtliche Ansprüche wegen des Verbrauchs der Sache.

hemmer-Methode: § 993 I HS. 2 BGB bezieht sich nach seinem Wortlaut zwar nur auf Nutzungs- und Schadensersatz. Dennoch müssen auch die Vorschriften über Verwendungsersatz, §§ 994 ff. BGB, nach Sinn und Zweck der privilegierenden EBV-Vorschriften abschließend sein. Der BGH geht bei seinem engen Verwendungsbegriff sogar so weit, die §§ 994 ff. BGB als abschließend zu betrachten, wenn gar keine Verwendung im engeren Sinn vorliegt.

V. Zur Vertiefung

- Hemmer/Wüst, SachenR I, Rn. 350 ff.
- Hemmer/Wüst, Basics Zivilrecht II, Rn. 333 f.
- Hemmer/Wüst, SachenR I, Karten 61, 64

Fall 21: Verwendungsersatz, §§ 994 ff. BGB

Sachverhalt:

Dem Sänger E der Rockgruppe „Die Mediziner“ wird zu seinem 20-jährigen Bühnenjubiläum als Auszeichnung „Das goldene Mikrofon“ verliehen. Es handelt sich hierbei um ein handelsübliches Mikrofon, das jedoch aufwendig vergoldet wurde. Dennoch kann es wie ein gewöhnliches Mikrofon benutzt werden. Das Gerät kommt durch einen Diebstahl des D abhanden, der es an B verkauft. B gibt es nach Aufforderung durch E zwar an diesen heraus, möchte nun aber seinerseits Verwendungsersatz dafür, dass er das Mikrofon, das nicht mehr funktionierte, reparieren, einen besseren Tonabnahmekopf einbauen, und einen anderen, gleichwertigen Goldlack auftragen ließ.

Frage: *Kann B Verwendungsersatz verlangen, wenn er im Zeitpunkt der Verwendungen nicht wusste, dass man das Goldene Mikrofon den „Medizinern“ gestohlen hat?*

Abwandlung:

Bestehen Ansprüche, wenn er Kenntnis hatte?

I. Einordnung

Nicht nur der Eigentümer hat gegen den Besitzer Ansprüche aus §§ 987 ff. BGB, gerichtet auf Nutzungen und Schadensersatz. Auch der Besitzer hat gegen den Eigentümer Ansprüche, und zwar wegen Verwendungen, §§ 994 ff. BGB. Verwendungen sind im BGB nicht legaldefiniert. Man unterscheidet den **weiten Verwendungsbegriff der Literatur** und den **engen Verwendungsbegriff des BGH**. Nach dem weiten Verwendungsbegriff müssen willentliche Vermögensaufwendungen, die zumindest auch der Sache zugutekommen sollen, vorliegen. Der enge Verwendungsbegriff fordert zusätzlich, dass die Sache als solche erhalten bleibt, d.h. nicht grundlegend verändert wird. Klassisches Beispiel ist hier der Hausbau auf fremdem Grund. Dies sei ein so schwerer Eingriff, dass nach dem engen Verwendungsbegriff eine „Verwendung“ am Grundstück verneint werden muss.

Liegen Verwendungen vor, dann typisiert die Systematik der §§ 994 ff. BGB, und wägt ab: Die Verwendung kann eine **notwendige Verwendung nach § 994 BGB** sein. Diese wird der Eigentümer grundsätzlich ersetzen müssen. Die Verwendung kann aber auch nur eine bloße **nützliche Verwendung** sein, **§ 996 BGB**, oder gar eine gesetzlich nicht aufgeführte **Luxusverwendung**.

Hier nimmt das Interesse an einer Verpflichtung des Eigentümers zum Ersatz stark ab. Bei einer Luxusverwendung gibt es nie Verwendungsersatz, sondern allenfalls das **Wegnahmerecht** des **§ 997 BGB**.

Ist eine Verwendung zu bejahen, und die Verwendung eingeordnet, ist schließlich auch bei Verwendungen danach zu differenzieren, ob der Besitzer redlich und unverklagt ist, oder nicht.

Die §§ 994 ff. BGB behandeln den unredlichen, verklagten Besitzer jeweils schlechter als den redlichen, unverklagten Besitzer.

Die §§ 994 ff. BGB werden in der Regel in der Klausur nicht im Rahmen eines Anspruches auf Verwendungsersatz begegnen (zur Fälligkeit vgl. § 1001 BGB!), sondern wird bei § 1000 S. 1 BGB inzident zu prüfen sein.

II. Gliederung

Anspruch auf Verwendungsersatz

1. Notwendige Verwendung, § 994 BGB

a) Vindikationslage (+)

b) Verwendung
Def.: Willentliche Vermögensaufwendung auf eine Sache, die der Sache zugutekommt (weiter Verwendungsbegriff), ohne die Sache grundlegend zu verändern (enger Verwendungsbegriff des BGH).

Hier nach engem und weitem Verwendungsbegriff (+), da die Reparatur, der bessere Tonabnahmekopf und der andere Goldlack der Sache zugutekamen und sie nicht grundlegend veränderten.

c) Notwendige Verwendung
Notwendig, wenn objektiv zur Erhaltung der Sache erforderlich

Hier Reparatur des Mikrofons (+)
neuer Tonabnahmekopf und anderer Goldlack (-)

d) B redlich und unverklagt, § 994 I BGB, oder unredlich/verklagt, § 994 II BGB
Anwendung des § 990 I BGB, hier Gutgläubigkeit analog § 932 II BGB

e) Fälligkeit mit Herausgabe des Mikrofons gem. § 1001 S. 1, Alt. 1 BGB (+)

2. Nützliche Verwendungen, § 996 BGB

a) Vindikationslage (+)

b) Verwendung

c) Nützliche Verwendung, § 996 BGB
Nützlich, wenn nicht notwendig, aber Wert der Sache objektiv erhöhend oder deren Gebrauchsfähigkeit steigernd

Hier neuer Tonabnahmekopf (+)
anderer Goldlack (-)

d) B redlich und unverklagt, § 996 BGB;
Fälligkeit gem. § 1001 BGB (+)

3. Sonstige Ansprüche

a) Mangels Fremdgeschäftsführungsbewusstseins GoA (-), § 687 I BGB

b) §§ 994 ff. BGB abschließend, §§ 812 ff. BGB unanwendbar

c) § 1007 II BGB führt über § 1007 III S. 2 BGB ebenfalls in die §§ 994 ff. BGB.

4. Ergebnis
B kann Verwendungsersatz für die Reparatur und den besseren Tonabnahmekopf verlangen, nicht aber für die Luxusverwendung des anderen Goldlacks

Abwandlung

Anspruch auf Verwendungsersatz

1. Notwendige Verwendungen, § 994 BGB

a) Vindikationslage und notwendige Verwendung, § 994 BGB (+)

b) B unredlich, § 994 II BGB
Rf. des § 994 II BGB: Anwendung der GoA-Vorschriften, §§ 677 ff. BGB

c) Bzgl. Reparatur §§ 683 S. 1, 670 BGB bzgl. Tonabnehmer nicht notwendig,
bzgl. Goldlack kein Ersatzanspruch

2. Nützliche Verwendungen, § 996 BGB
Wegen Bösgläubigkeit des B unanwendbar

3. Sonstige Ansprüche

a) Nochmalige (isolierte) Anwendung der GoA-Vorschriften wegen Verweisung des § 994 II BGB unnötig

b) §§ 812 ff. BGB neben §§ 994 ff. BGB ausgeschlossen

c) § 1007 I und II BGB (+), daher über § 1007 III S. 2 BGB wiederum §§ 994 ff. BGB anwendbar.

4. Ergebnis
Ersatz für Reparatur, nicht für Tonabnehmer und Goldlack.

III. Lösung

Anspruch auf Verwendungsersatz

Zu prüfen ist, ob B Verwendungsersatz verlangen kann, wenn er im Verwendungszeitpunkt nicht wusste, dass das Mikrofon gestohlen war.

1. Notwendige Verwendungen, § 994 BGB

In Betracht kommt zunächst ein Verwendungsersatzanspruch gem. § 994 I S. 1 BGB. Dieser setzt voraus, dass eine Vindikationslage im Zeitpunkt der Verwendung gegeben war, eine notwendige Verwendung vorliegt, und dass B redlich und unverklagt war (vgl. § 994 II BGB).

a) Vindikationslage

Die Vindikationslage nach §§ 985 f. BGB erfordert, dass E Eigentümer, B Besitzer der Sache ohne Recht zum Besitz gem. § 986 BGB ist.

E ist Eigentümer des Mikrofons und B dessen unberechtigter Besitzer. Insbesondere konnte E sein Eigentum wegen § 935 I S. 1 BGB nicht durch gutgläubigen Erwerb nach den §§ 932 ff. BGB verlieren.

Somit bestand an dem Mikrofon zwischen E und B eine Vindikationslage.

b) Verwendung

Fraglich ist zunächst das Vorliegen einer Verwendung i.S.d. §§ 994 ff. BGB.

Hierunter versteht man willentliche Vermögensaufwendungen, die der Sache zugutekommen sollen (weiter Verwendungsbegriff), ohne die Sache grundlegend zu verändern (so einschränkend der enge Verwendungsbegriff des BGH).

Die Reparatur des Mikrofons, der bessere Tonabnahmekopf und der andere Goldlack fallen unter solche willentliche Vermögensaufwendungen, die der Sache zugutekommen, ohne sie grundlegend in ihrem Wesen zu verändern. Dies gilt auch für das Auftragen des anderen Goldlacks; ob hierdurch eine Wertsteigerung eingetreten ist oder nicht, ist keine Frage des Verwendungsbegriffes, sondern eine solche des § 996 BGB.

Deshalb liegen sowohl nach dem weiten, als auch dem engen Verwendungsbegriff Verwendungen vor.

c) Notwendige Verwendung, § 994 I BGB

Diese Verwendungen müssten nach § 994 I S. 1 BGB notwendige sein. Notwendig sind Verwendungen dann, wenn sie objektiv zur Erhaltung oder ordnungsgemäßen Bewirtschaftung der Sache erforderlich sind. Besonders bei einer Reparatur, die der Eigentümer vernünftigerweise selbst hätte vornehmen müssen, wird man eine notwendige Verwendung stets bejahen.

Hier hat B die Funktionstüchtigkeit des goldenen Mikrofons dadurch wieder hergestellt, dass er es hat reparieren lassen. Diese Verwendung war bei vernünftiger wirtschaftlicher Betrachtungsweise erforderlich, um das Gerät bestimmungsgemäß zu nutzen. Also ist die Reparatur als notwendige Verwendung anzusehen.

Anders wäre dies, wenn das Mikro nur ein reines „Vitrinenstück" sein sollte.

Dabei ist nicht auf den subjektiven Willen des Eigentümers abzustellen. Selbst wenn er das Mikrofon nie mehr hätte nutzen wollen, würde sich an der Notwendigkeit der Verwendung nichts ändern. Denn erst i.R.v. § 994 II BGB findet i.R.d. GoA-Vorschriften eine Berücksichtigung der Willensrichtung des Eigentümers statt.

Der verbesserte Tonabnahmekopf ist zur Erhaltung des Mikros jedoch nicht notwendig, ebenso der neue Goldlack.

Anhaltspunkte dafür, dass es sich bei der Reparatur um gewöhnliche Erhaltungskosten, etwa eine Reparatur wegen gewöhnlichen Verschleißes i.S.d. § 994 I S. 2 BGB handelte, sind nicht ersichtlich.

d) B redlich und unverklagt, § 994 I BGB, oder unredlich/verklagt, § 994 II BGB

Auch die Verwendungsersatzansprüche der §§ 994 ff. BGB differenzieren danach, ob der Besitzer redlich und unverklagt war oder nicht. So erfordert § 994 I S. 1 BGB im Umkehrschluss zu § 994 II BGB, dass zum Zeitpunkt der Verwendung weder Rechtshängigkeit noch die in § 990 BGB bestimmte Haftung des Besitzers eingetreten sein darf.

Deshalb ist zu fragen, ob B bösgläubig nach § 990 I S. 1 BGB war. B war bei dem Erwerb des Besitzes des goldenen Mikros nicht in gutem Glauben an sein Besitzrecht, wenn ihm analog § 932 II BGB bekannt oder infolge grober Fahrlässigkeit unbekannt war, dass er kein Besitzrecht hatte. B wusste nichts von dem Diebstahl und hatte damit keine positive Kenntnis. Da auch für eine grobe Fahrlässigkeit die Anhaltspunkte fehlen, war B nicht bösgläubig i.S.d. § 990 BGB.

e) Mit der Herausgabe des Mikrofons ist der Verwendungsersatzanspruch des B gegen E gem. § 1001 S. 1, Alt. 1 BGB fällig geworden Nach a.A. entsteht der Anspruch erst dann, zuvor existiert ein gesetzlich aufschiebend bedingter Anspruch.

Im Ergebnis kann B somit Ersatz für die notwendige Verwendung der Reparatur des Mikros gem. § 994 I S. 1 BGB verlangen.

2. Nützliche Verwendungen, § 996 BGB

Fraglich ist, ob der neue Tonabnahmekopf oder der neue Goldlack anderweitig ersatzfähig sind.

B könnte einen Verwendungsersatzanspruch wegen nützlicher Verwendungen nach § 996 BGB haben.

a) Vindikationslage

Eine Vindikationslage im Zeitpunkt dieser Veränderungen lag vor, s. oben.

b) Verwendung

Ebenso liegen nach weitem und engem Verwendungsbegriff Verwendungen auf die Sache vor.

c) Nützliche Verwendung

Fraglich ist jedoch, ob es sich um nützliche Verwendungen handelt, § 996 BGB. Die Verwendung ist dann nützlich, wenn sie nicht schon eine notwendige Verwendung ist, aber den Wert der Sache objektiv erhöht.

Der neue, verbesserte Tonabnahmekopf erhöht den Wert des Mikrofons. Auf den subjektiven Willen des E kommt es wiederum nicht an. Zwar könnten ihm auf diese Weise auch nicht erwünschte Wertsteigerungen aufgezwungen werden, jedoch ist zu beachten, dass er selbst eine Zerstörung durch den redlichen, unverklagten Besitzer ersatzlos hinzunehmen hätte. Daher ist eine rein objektive Betrachtung geboten (a.A. vertretbar; wie hier z.B. *Medicus*).

Also ist von einer nützlichen Verwendung auszugehen, § 996 BGB.

Keine nützliche Verwendung stellt allerdings das Auftragen des anderen, aber gleichwertigen Goldlacks dar. Hierdurch wurde der Wert des Mikrofons nicht gesteigert, so dass nur eine nicht nach den §§ 994 ff. BGB ersatzfähige Luxusverwendung vorliegt.

Für eine solche kommt allenfalls das Wegnahmerecht des § 997 BGB in Betracht.

d) B redlich und unverklagt

Auch § 996 BGB unterscheidet danach, ob der Besitzer im Zeitpunkt der Verwendung redlich und unverklagt, oder unredlich bzw. verklagt war.

B war im Zeitpunkt der Verwendungen redlich und unverklagt. Die Fälligkeit gem. § 1001 S. 1, Alt. 1 BGB ist eingetreten. Also kann B für den neuen Tonkopf Verwendungsersatz gem. § 996 BGB verlangen.

3. Sonstige Ansprüche

a) Da B davon ausging, das Mikrofon befände sich in seinem Eigentum, führte er irrtümlich ein eigenes Geschäft. Mangels Fremdgeschäftsführungsbewusstseins liegt gem. § 687 I BGB keine GoA vor.

hemmer-Methode: Unterscheiden Sie: Wer von der Fremdheit des Geschäfts nichts weiß, wem also das Fremdgeschäftsführungsbewusstsein fehlt, der haftet gem. § 687 I BGB nicht nach den §§ 677 ff. BGB. Wer dieses Bewusstsein allerdings hat und dennoch das Geschäft als eigenes führt, ist nach § 687 II BGB zu behandeln, sog. angemaßte Eigengeschäftsführung. Bei dieser fehlt der Fremdgeschäftsführungswille, nicht aber das stets erforderliche Fremdgeschäftsführungsbewusstsein.

b) Die §§ 994 ff. BGB sind hinsichtlich aller Verwendungen abschließend, so dass die §§ 812 ff. BGB nicht zur Anwendung kommen.

c) E hatte gegen B auch einen Herausgabeanspruch nach § 1007 II BGB aufgrund des vorherigen Abhandenkommens der Sache. § 1007 III S. 2 BGB führt ebenfalls zur Anwendbarkeit der §§ 994 ff. BGB.

4. Ergebnis

B kann Verwendungsersatz für die Reparatur und den besseren Tonabnahmekopf verlangen, nicht aber für die Luxusverwendung des anderen Goldlacks.

IV. Lösung Abwandlung

Anspruch auf Verwendungsersatz

Zu klären ist, ob B Verwendungsersatz verlangen kann, wenn er im Verwendungszeitpunkt wusste, dass das Mikrofon gestohlen war.

1. Notwendige Verwendungen, § 994 BGB

Die Reparatur könnte als notwendige Verwendung gem. § 994 BGB ersatzfähig sein. Ein solcher Anspruch ist nach § 1001 S. 1, Alt. 1 BGB in jedem Fall bereits fällig geworden.

a) Vindikationslage und notwendige Verwendung, § 994 BGB

Eine Vindikationslage im Zeitpunkt der Reparatur besteht. Die Reparatur ist auch eine notwendige Verwendung, s. oben.

b) B redlich und unverklagt, § 994 I BGB, oder unredlich/verklagt, § 994 II BGB

Ist B redlich und unverklagt, findet § 994 I BGB Anwendung, nach Eintritt der Rechtshängigkeit oder der in § 990 BGB bestimmten Haftung ist dagegen § 994 II BGB einschlägig. B wusste von dem Diebstahl und hatte damit Kenntnis, dass ihm kein Recht zum Besitz des Diebesgutes zukommen konnte. Deshalb war B bei Besitzerwerb bösgläubig, § 990 I S. 1 BGB.

Folglich ist § 994 II BGB anzuwenden. Nach § 994 II BGB kann B nur nach den Vorschriften über die GoA, §§ 677 ff. BGB, Verwendungsersatz verlangen.

Es handelt sich grundsätzlich um eine **Rechtsgrundverweisung** auf die §§ 677 ff. BGB, so dass deren Voraussetzungen zu prüfen sind; die Verwendung auf eine fremde Sache stellt dabei freilich stets die Führung eines objektiv fremden Geschäftes dar i.S.v. § 677 BGB.

Auch ist diese Geschäftsführung stets „ohne Auftrag", da eine – wie auch immer geartete – „Beauftragung" im weitesten Sinne bereits ein Recht zum Besitz nach § 986 BGB begründen würde.

Nicht erforderlich ist allerdings der **Fremdgeschäftsführungswille** als sonst notwendige Voraussetzung der §§ 677-686 BGB. Denn einen solchen wird der bösgläubige/verklagte Besitzer kaum jemals haben. Da somit die §§ 677 ff. BGB mit Ausnahme des Fremdgeschäftsführungswillens zu prüfen sind, kann man auch von einer **partiellen Rechtsgrund-/Rechtsfolgenverweisung** in § 994 BGB sprechen.

hemmer-Methode: Da der Fremdgeschäftsführungswille bei der Verweisung des § 994 II BGB auf die §§ 677 ff. BGB nicht geprüft wird, ist eine Anwendung von § 687 BGB in diesem Zusammenhang ausgeschlossen!

Bei der Reparatur ist mangels entgegenstehender Anhaltspunkte davon auszugehen, dass diese zumindest dem mutmaßlichen Willen des Eigentümers E entsprach, so dass B diesbezüglich seine Aufwendungen nach §§ 683 S. 1, 670 BGB ersetzt bekommt.

Für den Austausch des Tonabnehmers und den Goldlack kommt es darauf nicht an, da es sich insoweit nicht um notwendige Verwendungen handelt.

Also kann B von E Ersatz für seine Aufwendungen bzgl. der Reparatur verlangen.

2. Nützliche Verwendungen, § 996 BGB

Aufgrund der Bösgläubigkeit des B liegt ein Fall des § 990 BGB vor, so dass § 996 BGB schon nach seinem Wortlaut unanwendbar ist.

3. Sonstige Ansprüche

a) Da schon § 994 II BGB in das Recht der GoA verweist, bedarf es einer weiteren isolierten Anwendung der §§ 677 ff. BGB nicht.

b) §§ 812 ff. BGB sind im Geltungsbereich der §§ 994 ff. BGB ausgeschlossen.

c) E hatte gegen B auch einen Herausgabeanspruch nach § 1007 I BGB sowie nach § 1007 II BGB, so dass § 1007 III S. 2 BGB ebenfalls in den Anwendungsbereich der §§ 994 ff. BGB führt.

4. Ergebnis

B kann von E Ersatz für seine Reparaturaufwendungen sowie Ersatz verlangen. Bzgl. der durch den Austausch des Tonabnehmers eingetretenen Wertsteigerung am Mikrofon und bzgl. des Goldlackes besteht kein Ersatzanspruch.

IV. Zusammenfassung

Sound: Eine Verwendung definiert man als willentliche Vermögensaufwendung, die der Sache zugutekommen soll (weiter Verwendungsbegriff), ohne dass die Sache grundlegend in ihrem Wesen verändert wird (enger Verwendungsbegriff). Die §§ 994 ff. BGB unterscheiden sowohl zwischen notwendigen, nützlichen und Luxusverwendungen, als auch zwischen dem redlichen, unverklagten und dem unredlichen oder verklagten Besitzer.

V. Zur Vertiefung

- Hemmer/Wüst, SachenR I, Rn. 392 ff.
- Hemmer/Wüst, Basics Zivilrecht II, Rn. 371 ff.
- Hemmer/Wüst, SachenR I, Karten 66 f.

Fall 22: Enger und weiter Verwendungsbegriff, „absolute“ Sperrwirkung der §§ 994 ff. BGB

Sachverhalt:

Der unerkannt geschäftsunfähige E verkauft und übereignet sein Grundstück im Wert von 200.000 € in Frankfurt a.M. an B. Dieser baut eine hübsche Villa, die Baukosten betragen 400.000 €. Das Grundstück hat schließlich durch den Hausbau einen Gesamtwert (mit Haus) von 700.000 €. E verlangt nun von B die Herausgabe des Grundstücks, B verweigert dies und möchte Verwendungsersatz.

Frage: *Kann E von B Herausgabe des Grundstücks nach § 985 BGB fordern?*

I. Einordnung

Man unterscheidet den **weiten Verwendungsbegriff der Literatur** und den engen Verwendungsbegriff des BGH. Nach dem weiten Verwendungsbegriff ist jede freiwillige Vermögensaufwendung, die der Sache zugutekommt, eine Verwendung. Es können somit die §§ 994 ff. BGB angewendet werden.

Der **enge Verwendungsbegriff** des BGH fordert dagegen zusätzlich, dass die Sache in ihrem Wesen erhalten bleiben muss. Ist der Eingriff in die Sache so schwer, dass diese in ihrem Wesen verändert wird, soll demnach keine Verwendung vorliegen. Daher finden die §§ 994 ff. BGB keine Anwendung.

Fraglich ist dann aber, ob wenigstens über **Bereicherungsrecht** ein Ausgleich erfolgen kann. Der BGH lehnt trotz Nichtvorliegens einer Verwendung die Anwendung des Bereicherungsrechts ab. Der Besitzer geht also völlig leer aus.

Diese Meinung wird von der Literatur scharf angegriffen und kann zu extrem harten, unbilligen Ergebnissen führen, wie der folgende Fall zeigt.

II. Gliederung

Anspruch auf Herausgabe nach § 985 BGB

1. **Vindikationslage**
   Wegen § 946 BGB ist E Eigentümer von Grundstück und Gebäude
   Übereignung und Kaufvertrag nach § 105 I BGB unwirksam
   B unberechtigter Besitzer ist
2. **Zurückbehaltungsrecht aus § 1000 S. 1 BGB**

a) Ersatzfähige Verwendung
   Keine notwendige Verwendung, aber wg. Gutgläubigkeit des B kommt § 996 BGB in Betracht

aa) **Literaturansicht: § 996 BGB**
   Weiter Verwendungsbegriff umfasst auch Hausbau als Verwendung auf Grundstück.

bb) **BGH-Ansicht: keine Verwendung**
   Enger Verwendungsbegriff des BGH
   Kritik: Eigentümer hätte sogar die Zerstörung der Sache zu dulden

3. **Zurückbehaltungsrecht aus § 273 BGB**
   Fälliger Gegenanspruch des B gegen E

Nach Literatur unproblematisch (-), da Verwendung i.S.d. §§ 994 ff. BGB.
Aber auch nach BGH kein Gegenanspruch aus §§ 951, 812 ff. wg. „absoluter Sperrwirkung" der §§ 994 ff. BGB.

4. **Ergebnis**
Herausgabe nur Zug um Zug gegen Zahlung von 400.000 €

III. Lösung

Anspruch auf Herausgabe nach § 985 BGB

1. Vindikationslage

Voraussetzung eines derartigen Anspruchs ist das Eigentum des E und der unberechtigte Besitz des B.

E war zu Beginn des Geschehens Eigentümer und hat trotz der Übereignung sein Eigentum nicht verloren, da seine hierauf gerichtete Willenserklärung infolge seiner Geschäftsunfähigkeit nach § 105 I BGB unwirksam war. Ebenfalls hiernach unwirksam ist der geschlossene Kaufvertrag, so dass der Besitzer B zu keinem Zeitpunkt ein Recht zum Besitz hatte. Da E mit dem Bau des Gebäudes nach den §§ 946, 93 BGB Eigentum an diesem erworben hat, erstreckt sich der Herausgabeanspruch auf das Grundstück *samt Gebäude*.

Damit liegen die Voraussetzungen eines Anspruches aus § 985 BGB vor.

hemmer-Methode: Je näher Sie dem Examen rücken, desto kürzer dürfen Sie sich an unproblematischen Stellen fassen und in geeigneter Weise auch den Urteilsstil einsetzen. Machen Sie Ihren Korrektor nicht mit übertriebener Ausbreitung von Banalitäten wahnsinnig.
Übrigens: § 985 BGB ist selbstverständlich auch auf Grundstücke anwendbar, er gilt für *alle* Sachen. Anders § 1007 BGB, der nur auf bewegliche Sachen anzuwenden ist (Wortlaut!).

2. Zurückbehaltungsrecht aus § 1000 S. 1 BGB

Dem B könnte gegen den Herausgabeanspruch aus § 985 BGB das Zurückbehaltungsrecht des § 1000 S. 1 BGB zustehen.

Durch seine Weigerung, ohne Ersatz seiner Verwendungen das Grundstück an E nicht herausgeben zu wollen, hat er ein solches Zurückbehaltungsrecht geltend gemacht.

a) Ersatzfähige Verwendungen

§ 1000 S. 1 BGB setzt das Vorliegen ersatzfähiger Verwendungen voraus. Das Zurückbehaltungsrecht ist dabei von der Fälligkeit eines Verwendungs*ersatzanspruches* i.S.v. § 1001 BGB unabhängig. Sonst würde ja das allgemeine Zurückbehaltungsrecht des § 273 BGB, das gerade einen fälligen Gegenanspruch des Schuldners voraussetzt, genügen.

aa) Nach Literaturansicht § 996 BGB

Bei dem Hausbau handelt es sich keinesfalls um eine *notwendige* Verwendung auf das Grundstück i.S.d. § 994 BGB. Da jedoch eine dauerhafte Wertsteigerung eingetreten ist, kommt zumindest § 996 BGB in Betracht.

B hat das Haus gebaut, als er gutgläubig und unverklagt war, so dass eine Anwendung von § 996 BGB nahe liegt.

Fraglich ist aber, ob es sich bei dem Bau eines Hauses überhaupt begrifflich um eine Verwendung auf das unbebaute Grundstück handelt.

Nach vorherrschender Auffassung in der Literatur ist unter „Verwendung" jedes willentliche Vermögensopfer, also jede Aufwendung, zu verstehen, die einer Sache zugutekommt. Unter diesen sog. weiten Verwendungsbegriff fällt auch der Bau eines Gebäudes als Verwendung auf das bebaute Grundstück.

Nach dieser Ansicht ersatzfähig wären die Aufwendungen des B bzgl. des Baus, also 400.000 €. Nicht zu ersetzen ist die darüber hinaus eingetretene Wertsteigerung des Grundstücks. Diese beträgt hier 100.000 € - Denn bei den §§ 994 ff. BGB geht es um den Schutz des Besitzers, nicht um einen bereicherungsrechtsähnlichen Wertausgleich.

bb) Nach BGH-Ansicht keine Verwendung

Der BGH vertritt demgegenüber einen engen Verwendungsbegriff: Die Aufwendung müsse der Sache zugutekommen und dürfe zudem nicht zu einer grundlegenden Veränderung der Sache führen.

Dies sei im Falle eines Hausbaus auf fremden Grund zu bejahen, so dass es sich nicht um eine Verwendung auf das Grundstück handele.

Das maßgebliche Argument hierfür scheint auf der Hand zu liegen: Bei besonders kostenintensiven Verwendungen soll der Eigentümer vor übermäßigen Ersatzforderungen geschützt werden.

Dem ist allerdings Folgendes entgegen zu halten: Ein Verwendungs*ersatzanspruch* entsteht nur, wenn der Eigentümer die Sache wiedererlangt oder die Verwendung genehmigt, § 1001 S. 1 BGB. Zunächst verschaffen Verwendungen dem Besitzer nur ein *Abwehrrecht* gegen den Herausgabeanspruch des Eigentümers. Will oder kann er die Verwendungen nicht ersetzen, erhält er die Sache nicht zurück.

Besonders hohe Verwendungen führen dann also dazu, dass der Eigentümer die Sache letztlich (wirtschaftlich) verliert. Das Gesetz lässt es aber sogar zu, dass der gutgläubige, unverklagte Besitzer die Sache *zerstört*, ohne dass der Eigentümer hierfür Ersatz verlangen könnte. Dann ist es aber doch nicht unbillig, dass der gutgläubige, unverklagte Besitzer hohe Verwendungen tätigt, ohne deren Ersatz der Eigentümer die Sache nicht zurückerhält. Diese Gefährdung des Eigentums durch den redlichen unverklagten Besitzer ist dem EBV immanent.

Deshalb ist die BGH-Rechtsprechung zum engen Verwendungsersatz beim Hausbau auf fremdem Grundstück abzulehnen.

Damit sind Verwendungen in Höhe von 400.000 € ersatzfähig, § 996 BGB. Bis zu deren Ersatz durch E steht B das Zurückbehaltungsrecht nach § 1000 S. 1 BGB zu.

hemmer-Methode: Dies freilich nur im Ersten Staatsexamen. Im Zweiten Staatsexamen müssen Sie insbesondere bei einer Urteilsklausur der BGH-Linie folgen.

3. Zurückbehaltungsrecht aus § 273 BGB

Ferner könnte auch ein Zurückbehaltungsrecht nach § 273 I BGB bestehen. Ein solches setzt einen wirksamen und fälligen Gegenanspruch des B gegen E voraus.

a) Abschließender Charakter der §§ 994 ff. BGB

Da es sich vorliegend um Verwendungen i.S.d. §§ 994 ff. BGB handelt, kommen anderweitige Ersatzansprüche aufgrund des abschließenden Charakters der Vorschriften nicht in Betracht. Dies gilt auch für Ersatzansprüche aus §§ 951, 812 ff. BGB.

b) Nach BGH „absolute“ Sperrwirkung

Überraschend ist, dass der BGH, obwohl nach seiner Ansicht ja keine Verwendung i.S.d. §§ 994 ff. BGB vorliegt, dennoch insbesondere einen Anspruch aus §§ 951, 812 ff. BGB ablehnen will. Die §§ 994 ff. BGB sollen eine „absolute“ Sperrwirkung gegenüber derartigen Aufwendungen entfalten. Hintergrund ist wiederum der Schutz des Eigentümers. Dabei verliert die Rechtsprechung aus den Augen, dass der Eigentümer, schützt man ihn in dieser Weise, als „Geschenk des Himmels“ ersatzlos ein Gebäude erhält. Warum dies recht und billig sein soll, bleibt im Verborgenen.

Sollte dem Eigentümer die Bebauung nicht recht sein, so ließe sich diese Problematik zudem besser mit den Grundsätzen der aufgedrängten Bereicherung lösen.

Damit bestehen auch nach Auffassung des BGH keine Ersatzansprüche außerhalb des EBV, so dass ein Zurückbehaltungsrecht nach § 273 BGB nicht gegeben ist.

hemmer-Methode: Eine dritte Ansicht folgt zwar dem BGH hinsichtlich des engen Verwendungsbegriffes, lässt dann aber eine Anwendung der §§ 951, 812 ff. BGB zu.
Arg.: die Sperrwirkung kann nicht weiter reichen als der Anwendungsbereich des EBV.
Diese Ansicht überzeugt aber deshalb nicht, weil dann der bösgläubige „Verwender“ über die §§ 812 ff. BGB Ersatz verlangen könnte, obwohl dies über § 996 BGB nicht möglich wäre.

IV. Zusammenfassung

Sound: Der weite Verwendungsbegriff sucht eine gerechte Lastenverteilung über die §§ 994 ff. BGB. Verneint man mit dem engen Verwendungsbegriff das Vorliegen einer Verwendung, ist die Sperrwirkung der EBV-Regeln fraglich.
Aus Wertungsgesichtspunkten wird man - entgegen der BGH-Rechtsprechung - auch bei Bejahen des engen Verwendungsbegriffs zumindest bei einem schutzwürdigen redlichen und unverklagten Besitzer bereicherungsrechtliche Ansprüche zulassen müssen.

hemmer-Methode: Taucht ein Hausbau während einer Vindikationslage in Klausur oder Examen auf, erwartet jeder Korrektor, dass Sie den Klassiker erkennen und die Verwendungsproblematik ansprechen. Die Lösung ist dabei zweitrangig, wenn Sie gute Argumente in beide Richtungen liefern. Achten Sie aber auch darauf, ob der Besitzer wirklich redlich und unverklagt ist. Ansonsten gibt es nach keiner Ansicht Verwendungsersatz, § 996 BGB, die Entscheidung über Verwendungen kann dann dahingestellt bleiben!
Anders liegt der Fall aber dann, wenn das Gebäude in Erwartung späteren Erwerbs errichtet wird, und eine tatsächliche Einigung über den der Errichtung zugrunde liegenden Zweck zustande gekommen ist. Hier bejaht der BGH dann einen Anspruch aus § 812 I S. 2 Alt. 2 BGB, Life&Law 2013, 883 ff.

V. Zur Vertiefung

- Hemmer/Wüst, SachenR I, Rn. 393
- Hemmer/Wüst, Basics Zivilrecht II, Rn. 372
- Hemmer/Wüst, SachenR I, Karte 66

Fall 23: Lasten, § 995 BGB; Ersatz von Verwendungen bei Rechtsvorgängern, § 999 BGB

Sachverhalt:

Der verarmte Adlige A ist Eigentümer eines Grundstücks, das mit einem mittelalterlichen Schloss bebaut ist. A veräußert und übergibt das Grundstück an B, Kaufvertrag und Veräußerung sind jedoch nichtig. B zahlt der Gemeinde die Grundsteuer auf drei Jahre im Voraus. Dann wird B aufgrund übernatürlicher Erscheinungen unerkannt geisteskrank und veräußert und übergibt das Schloss an C. Da der Blitz im Schloss einschlägt, lässt C die zerstörte Zinne restaurieren. Als A Herausgabe des Grundstücks verlangt, möchte C gerne die Grundsteuer und die Restauration erstattet haben.

Frage: *Kann C Verwendungsersatz vom verarmten A fordern? Welche Vorgehensweise ist C dabei zu raten?*

I. Einordnung

§ 995 S. 1 BGB zählt die **Lasten der Sache** zu den notwendigen Verwendungen, § 994 BGB. Ebenso wie die **gewöhnlichen Erhaltungskosten**, § 994 I S. 2 BGB, sind auch die Lasten nach § 995 S. 2 BGB nur eingeschränkt zu ersetzen.

Hat der Besitzer einen Vorbesitzer, kann er als dessen **Rechtsnachfolger** die Verwendungsersatzansprüche des Vorbesitzers für sich verlangen, § 999 I BGB. Hat der neue Eigentümer umgekehrt einen verwendungsersatzpflichtigen Voreigentümer, so muss der neue Eigentümer dem Besitzer auch dessen Verwendungsersatzansprüche gegen den alten Eigentümer abgelten, § 999 II BGB.

Die Verwendungsersatzansprüche führen zu einem **Zurückbehaltungsrecht des Besitzers**, § 1000 S. 1 BGB.

Auf der anderen Seite kann der Besitzer seinen Verwendungsersatzanspruch nur dann geltend machen, wenn der Eigentümer die Sache wiedererlangt, § 1001 S. 1 BGB, oder die Verwendungen genehmigt. Gibt der Besitzer die Sache aber heraus, ist er ungesichert, und sein Verwendungsersatzanspruch erlischt innerhalb eines Monats, wenn der Besitzer bis dahin nicht gerichtliche Geltendmachung oder die Verwendungsgenehmigung des Eigentümers erfolgt ist, § 1002 I BGB.

Bei Zweifeln über die Solvenz oder Zahlungsbereitschaft des Eigentümers sollte der Besitzer deshalb vom Zurückbehaltungsrecht des § 1000 S. 1 BGB Gebrauch machen und dem Eigentümer eine angemessene Frist nach § 1003 I S. 1 BGB setzen, die Verwendungen zu genehmigen. Nach Ablauf der Frist kann dann der Besitzer nach § 1003 I S. 2, II BGB Befriedigung aus der Sache nach den Vorschriften über den Pfandverkauf suchen.

II. Gliederung

Anspruch auf Verwendungsersatz

1. **Verwendungsersatzanspruch für die Grundsteuer, § 994 I S. 1 BGB i.V.m. § 999 I BGB**

a) Vindikationslage zwischen E und B
E ist Eigentümer, kein Eigentumsverlust an B oder C, beide Übereignungen unwirksam
B war Besitzer, § 854 I BGB, ohne ein Recht zum Besitz, § 986 BGB, da KV unwirksam

b) Verwendung (+)
Willentliche Vermögensopfer auf eine Sache, die ihr zugutekommt (ohne sie grundlegend zu verändern, BGH)

c) Notwendige Verwendung, § 994 I S. 1 BGB

aa) Nach § 995 S. 1 BGB auch Lasten

bb) Ausschluss nach § 995 S. 2 BGB?

(1) Lasten auf Stammwert der Sache (-)

(2) Verbleiben B Nutzungen, § 993 I BGB? Rechtsgrundloser Erwerb gleich unentgeltlichem Erwerb, B hat Nutzungen nach § 988 BGB analog herauszugeben

d) B redlicher und unverklagter Besitzer

e) Verwendungsersatzanspruch erloschen, § 1002 I BGB? Keine Rückgabe an A

f) C Verwender?

aa) Tatsächlich B Verwender

bb) Ersatz für Verwendungen des Rechtsvorgängers, § 999 I BGB
Verwendung des Vorbesitzers B und Rechtsnachfolge (+)
C kann im selben Umfang Ersatz verlangen, wie B es könnte.

2. **Verwendungsersatzanspruch für die Restauration der Zinne, § 994 I S. 1 BGB**

a) Vindikationslage, notwendige Verwendung, redlicher und unverklagter Besitzer

b) Ausschluss nach § 994 I S. 2 BGB

aa) Gewöhnliche Erhaltungskosten
Blitzschlag (-)

bb) Nutzungsverbleib
Wegen rechtsgrundlosem Erwerb, § 988 BGB analog, (-)

3. **Geltendmachung des Verwendungsersatzanspruchs, §§ 1000 ff. BGB**

a) Unmittelbare Geltendmachung des Verwendungsersatzanspruchs, §§ 1001 S. 1, 1002 I BGB

b) Geltendmachung des Zurückbehaltungsrechts, § 1000 S. 1 BGB, zu Sicherungszwecken

c) Angemessene Fristsetzung, § 1003 I S. 1 BGB
Nach fruchtlosem Fristablauf: Befriedigungsrecht des Besitzers aus Grundstück, §§ 1003 I S. 2 BGB, 864 ff. ZPO.

4. **Ergebnis**
C kann Verwendungsersatz für die Grundsteuer und die Zinnenrestauration verlangen, §§ 994 I S. 1, 995 S. 1, 999 I BGB. Dabei sollte C nach §§ 1000 S. 1, 1003 I BGB vorgehen.

III. Lösung

Anspruch auf Verwendungsersatz

Fraglich ist zunächst, ob und in welcher Weise C Verwendungsersatz von A verlangen kann.

1. Verwendungsersatzanspruch für die Grundsteuer, § 994 I S. 1 i.V.m. § 999 BGB

Die Grundsteuer könnte nach § 994 I S. 1 BGB ersatzfähig sein. Allerdings hat C eine derartige Aufwendung selbst nicht getätigt. Jedoch könnte zu seinen Gunsten § 999 I BGB anwendbar sein. Dies setzt zunächst voraus, dass B als Rechtsvorgänger des C einen Verwendungsersatzanspruch gegen A hatte.

a) Vindikationslage zwischen A und B

Dazu müsste eine Vindikationslage im Zeitpunkt der Steuerentrichtung vorgelegen haben. A müsste Eigentümer, B Besitzer des Grundstücks ohne Recht zum Besitz gewesen sein, § 986 BGB. B war unmittelbarer Eigenbesitzer des Grundstücks, §§ 854 I, 872 BGB. Der Kaufvertrag ist nichtig, womit kein Recht zum Besitz nach § 986 I S. 1, Alt. 1 BGB bestand. Fraglich ist, ob A Eigentümer war. Er könnte sein Eigentum gem. §§ 873 I, 925 I BGB an B verloren haben. Die Übereignung war jedoch nichtig. Deshalb ist B nur Bucheigentümer geworden, A Eigentümer geblieben. Im Zeitpunkt der Entrichtung der Grundsteuer bestand somit eine Vindikationslage zwischen A und B.

hemmer-Methode: Verfehlt wäre es, nun zu prüfen, ob A sein Eigentum evtl. an C verloren hat. Denn die Veräußerung B ⇨ C vollzog sich *nach* Entrichtung der Grundsteuer; für die §§ 994 ff. BGB muss aber immer auf den Zeitpunkt der Vornahme der Verwendung abgestellt werden!

b) Verwendung

Bei der Grundsteuer müsste es sich weiter um eine Verwendung auf das Grundstück handeln.

Eine Verwendung definiert man als freiwillige Vermögensaufwendung, die der Sache selbst zugutekommen soll (weiter Verwendungsbegriff), ohne die Sache grundlegend in ihrem Wesen zu verändern (enger Verwendungsbegriff). Die Entrichtung der Grundsteuer ist, wenn sie denn erfolgt, eine freiwillige Vermögensaufwendung auf das Grundstück, ohne es zu verändern, mithin nach beiden Definitionen eine Verwendung. Ob eine gesetzliche Zahlungsverpflichtung besteht, ändert nichts an der „Freiwilligkeit“ der Zahlung. Als unfreiwillig wäre nur eine Befriedigung im Wege der Steuervollstreckung anzusehen.

c) Notwendige Verwendung, § 994 I S. 1 BGB

aa) Nach § 995 S. 1 BGB auch Lasten

Nach § 995 S. 1 BGB zählen zu den notwendigen Verwendungen nach § 994 I S. 1 BGB auch die Aufwendungen, die der Besitzer zur Bestreitung von Lasten der Sache macht. Hierzu zählen auch öffentliche Lasten wie die Grundsteuer.

bb) Ausschluss nach § 995 S. 2 BGB

Der Ersatz der Last könnte jedoch nach § 995 S. 2 BGB eingeschränkt sein.

(1) Außerordentliche Lasten auf Stammwert der Sache

Die Einschränkung des § 995 S. 2 BGB lässt den Ersatz für außerordentliche Lasten auf den Stammwert der Sache unberührt. Als Lasten auf den Stammwert können solche Leistungen angesehen werden, die typischerweise nicht aus den Erträgen des Grundstücks bestritten werden. Jedenfalls aber fehlt es an der Außerordentlichkeit der Last: Eine solche fehlt stets bei laufenden Leistungen. Die Grundsteuer ist vierteljährlich zu entrichten (§ 28 I GrundStG) und stellt damit eine laufende Leistung dar. Dies gilt auch dann, wenn – wie hier – ein größerer Betrag für längere Zeit im Voraus entrichtet wird.

Damit handelt es sich nicht um eine außerordentliche Last auf den Stammwert der Sache, die unabhängig von § 995 S. 2 BGB ersatzfähig wäre.

(2) Verbleiben B die Nutzungen

B müssten die Nutzungen verbleiben.

Der rechtsgrundlose Erwerb des B ist jedoch wie ein unentgeltlicher Erwerb zu behandeln, B hat die Nutzungen deswegen nach § 988 BGB analog herauszugeben.

Denn anderenfalls würde er bei Wirksamkeit der Veräußerung nach §§ 812, 818 I BGB alle Nutzungen herauszugeben haben, bei Unwirksamkeit von Veräußerung und Kaufvertrag aber nicht zum Nutzungsersatz verpflichtet sein. Diesen Wertungswiderspruch löst die Rechtsprechung durch analoge Anwendung von § 988 BGB beim rechtsgrundlosen Erwerb.

§ 995 S. 2 BGB findet daher keine Anwendung.

hemmer-Methode: Auch nach der abweichenden Literaturauffassung zum rechtsgrundlosen Erwerb müsste B die Nutzungen nach den §§ 812 ff. BGB herausgeben, so dass sich insoweit keine unterschiedlichen Folgen ergeben, vgl. Fall 16.

d) B redlicher und unverklagter Besitzer

Für eine grob fahrlässige Unkenntnis oder eine positive Kenntnis des B, dass sein Besitzrecht nicht bestehe, finden sich keine Anhaltspunkte. B ist deshalb redlich, §§ 990 I, 932 II BGB analog, sowie unverklagt. Dies führt zur Anwendung von § 994 I BGB über § 995 BGB.

e) Erlöschen des Verwendungsersatzanspruchs, § 1002 I BGB?

Der Verwendungsersatzanspruch ist jedoch gem. § 1002 I BGB erloschen, wenn ein Monat nach der Herausgabe der Sache durch den Besitzer an den Eigentümer vergangen ist.

B hat das Grundstück jedoch nicht an A herausgegeben, sondern an C weiter veräußert. Daher kann der Verwendungsersatzanspruch nicht nach § 1002 I BGB erloschen sein.

f) C Verwender

Fraglich ist schließlich, ob C Inhaber des Verwendungsersatzanspruchs ist. Grundsätzlich ist nur der Verwender selbst anspruchsberechtigt, für eine Ermächtigung oder eine Forderungsabtretung ist nicht ersichtlich. C müsste demnach Verwender sein.

aa) Tatsächlich B Verwender

Die Verwendung, die Grundsteuer auf drei Jahre im Voraus zu zahlen, ist jedoch von B getätigt worden, der damit tatsächlicher Verwender war.

bb) Ersatz für Verwendungen des Rechtsvorgängers, § 999 I BGB

C könnte jedoch nach der Vorschrift des § 999 I BGB berechtigt sein, für die Verwendungen des B Ersatz zu verlangen.

Eine Rechtsnachfolge im Besitz durch C von B ist zu bejahen, da B dem C willentlich den Besitz verschafft hat. Dies genügt zur Annahme des § 999 I BGB.

Rechtsfolge: C kann im selben Umfang Ersatz verlangen, wie B es konnte.

B hatte einen Verwendungsersatzanspruch für die Grundsteuer. Dieser Anspruch ist auf C gem. § 999 I BGB übergegangen.

2. Verwendungsersatzanspruch für die Restauration der Zinne, § 994 I S. 1 BGB

Zu prüfen ist schließlich noch, ob C auch für die Restauration der Zinne Verwendungsersatz verlangen kann. In Betracht kommt ein Anspruch aus § 994 I S. 1 BGB.

a) Aufgrund der Unwirksamkeit von Übereignung und Kaufvertrag gem. § 105 I BGB lag im Zeitpunkt dieser Verwendung eine Vindikationslage unproblematisch vor.

b) Die Reparatur der Zinne ist objektiv unter vernünftigen wirtschaftlichen Gesichtspunkten zur Erhaltung des Schlosses erforderlich und damit eine notwendige Verwendung, § 994 BGB.

C ist zudem ein redlicher und unverklagter Besitzer, § 994 I BGB.

c) Ausschluss nach § 994 I S. 2 BGB

Der Verwendungsersatz könnte trotzdem über § 994 I S. 2 BGB ausgeschlossen sein. Dies ist für die Zeit der Fall, in der gewöhnliche Erhaltungskosten vorliegen, und C die Nutzungen verbleiben.

aa) Gewöhnliche Erhaltungskosten

Gewöhnliche Erhaltungskosten sind solche Aufwendungen, die in der Sache selbst begründet liegen und mit denen vernünftigerweise gerechnet werden muss. Ein Blitzschlag in das Gemäuer ist dagegen ein plötzliches, unvorhersehbares Ereignis, das von außen kommt und seine Ursache nicht in dem Schloss selbst hat. Somit zählt die Reparatur einer durch Blitzschlag zerstörten Zinne nicht zu den gewöhnlichen Erhaltungskosten.

bb) Nutzungsverbleib

Weiterhin ist wegen rechtsgrundlosem Erwerb des C § 988 BGB analog anzuwenden, so dass C auch nicht die Nutzungen verbleiben.

Die Voraussetzungen des § 994 I S. 2 BGB sind folglich nicht erfüllt.

3. Geltendmachung des Verwendungsersatzanspruchs, §§ 1000 ff. BGB

Zu prüfen ist schließlich noch, welche Vorgehensweise dem C zur zweckdienlichen Geltendmachung seiner Verwendungsersatzansprüche zu raten ist.

a) Unmittelbare Geltendmachung des Verwendungsersatzanspruchs, §§ 1001 S. 1 BGB, 1002 I BGB

C kann nach § 1001 BGB seine Verwendungsersatzansprüche nur geltend machen, wenn der Eigentümer die Sache wiedererlangt oder die Verwendungen genehmigt. Eine Genehmigung des A liegt bisher nicht vor.

C könnte also das Schlossgrundstück an A zurückgeben und Verwendungsersatz verlangen. Dann verliert C aber sein Sicherungsmittel in Form des Schlossgrundstücks. Zudem erlöschen seine Verwendungsersatzansprüche sechs Monate nach der Herausgabe des Grundstücks, § 1002 I, Alt. 2 BGB, wenn C diese nicht vorher gerichtlich geltend macht oder A genehmigt.

Diese Vorgehensweise erscheint deshalb angesichts der Verarmung des A sehr riskant.

b) Geltendmachung des Zurückbehaltungsrechts, § 1000 S. 1 BGB

Die Verwendungsersatzansprüche geben dem Verwender ein Zurückbehaltungsrecht, § 1000 S. 1 BGB. C sollte dieses „Druckmittel", das A zur Zahlung der Verwendungen bewegen soll, deshalb zweckmäßigerweise ausüben.

c) Angemessene Fristsetzung, § 1003 I S. 1 BGB

Zudem sollte C den A gem. § 1003 I S. 1 BGB mit angemessener Fristsetzung zu einer Erklärung auffordern, ob er die Verwendungen genehmigt. Nach fruchtlosem Fristablauf besteht ein Befriedigungsrecht des Besitzers C aus dem Schlossgrundstück, § 1003 I S. 2 BGB i.V.m. §§ 864 ff. ZPO.

4. Ergebnis

C kann Verwendungsersatz für die Grundsteuer und die Zinnenrestauration verlangen, §§ 994 I S. 1, 995 S. 1, 999 I BGB. Dabei sollte C nach §§ 1000 S. 1, 1003 I BGB vorgehen.

IV. Zusammenfassung

Sound: Aufwendungen zur Bestreitung von Lasten einer Sache gelten als notwendige Verwendungen, §§ 995 S. 1, 994 BGB. Sowohl für Lastenaufwendungen, als auch für gewöhnliche Erhaltungskosten sind Verwendungsersatzansprüche über die §§ 994 I S. 2, 995 S. 2 BGB eingeschränkt.

§ 999 I BGB gibt dem späteren Besitzer und Rechtsnachfolger das Recht, Verwendungsersatzansprüche des Vorbesitzers einzufordern. § 999 II BGB macht den späteren Eigentümer für Verwendungen haftbar, die vor seinem Eigentumserwerb gemacht worden sind.

Ein Verwendungsersatzanspruch gibt ein Zurückbehaltungsrecht nach § 1000 S. 1 BGB. Der Verwendungsersatzanspruch kann bei fehlender Genehmigung aber nur geltend gemacht werden, wenn der Eigentümer die Sache wiedererlangt. Zweckmäßig ist daher die Aufforderung nach § 1003 I S. 1 BGB, sowie die eventuelle Verwertung gem. § 1003 I S. 2 BGB.

hemmer-Methode: Der Besitzer mit Verwendungsersatzanspruch hat in den §§ 1000-1003 BGB eine Vielzahl unterschiedlicher Vorgehensweisen zur Auswahl. So kann er die Sache dem Eigentümer unter Vorbehalt des Anspruchs anbieten, § 1001 S. 3 BGB. Auch hier verliert der Besitzer jedoch sein Sicherungsmittel, die Genehmigung des Eigentümers allein schützt nicht vor dem Insolvenzrisiko des Eigentümers. Das Zurückbehaltungsrecht nach § 1000 S. 1 BGB gibt dem Besitzer angemessene Sicherheit, §§ 273 II, III, 274 I BGB. Deshalb sollte der Besitzer die Sache nicht vorschnell aus der Hand geben.

V. Zur Vertiefung

- Hemmer/Wüst, SachenR I, Rn. 394 f., 404, 409 ff.,
- Hemmer/Wüst, Basics Zivilrecht II, Rn. 378, 388 f.
- Hemmer/Wüst, SachenR I, Karten 66 f.

Fall 24: §§ 994 ff. und rechtmäßiger Besitzer im Verwendungszeitpunkt bei Drei-Personen-Verhältnis

Sachverhalt:

V hat K einen Mercedes - McLaren unter Eigentumsvorbehalt verkauft. Der klamme K hat den vollen Kaufpreis von 400.000 € noch nicht bezahlt. Infolge eines Verkehrsunfalls wird der Auspuff des Autos zerkratzt. Deshalb bringt K den Pkw zwecks Reparatur in die Werkstatt des Werkunternehmers W, wozu K nach dem Kaufvertrag mit V berechtigt war. W nimmt die Arbeiten sofort vor. K zahlt weder an W noch an V, so dass V nun wirksam vom Kaufvertrag zurücktritt und von W Herausgabe fordert.

Frage: *Hat W ein Zurückbehaltungsrecht?*

I. Einordnung

Im **Zwei-Personen-Verhältnis** muss im Zeitpunkt der Verwendungshandlung eine Vindikationslage nach den §§ 985 f. BGB vorliegen. Auch ist der Zeitpunkt der Verwendungen maßgeblich für die Redlichkeit und Unverklagtheit des Besitzers.

Fraglich ist jedoch, ob die Verwendungsersatzansprüche der §§ 994 ff. BGB auch auf einen Besitzer Anwendung finden, der **im Zeitpunkt der Verwendungen ein Recht zum Besitz** hatte (keine Vindikationslage, § 986 BGB), aber dann *nach* den Verwendungen mit ex-nunc-Wirkung eine Vindikationslage eingetreten ist. Es liegt die Figur des „Nicht-mehr-berechtigten" Besitzers vor. Bei einem Zwei-Personen-Rechtsverhältnis (Eigentümer und Besitzer) ist einzig der Zustand im Verwendungszeitpunkt maßgeblich.

In **Drei-Personen-Verhältnissen** wie dem vorliegenden will die Rechtsprechung sich allerdings vom allgemeinen Grundsatz, dass im Zeitpunkt der *Verwendung* die Vindikationslage gegeben sein müsse, aus reinen Wertungsgründen abkehren.

II. Gliederung

Zurückbehaltungsrecht des W aus § 1000 S. 1 BGB

1. **Verwendungsersatzanspruch** des W, § 994 I S. 1 BGB

a) **Vindikationslage**

aa) V Eigentümer (+)
EV vereinbart und Kaufpreiszahlung nicht erfolgt, §§ 929, 158 I BGB

bb) W Besitzer (+)

cc) Recht zum Besitz, § 986 BGB

(1) **Eigenes Besitzrecht, § 986 I S. 1, Alt. 1 BGB**

- Werkunternehmerpfandrecht gem. § 647 BGB (-), keine Sache des Bestellers K; § 185 BGB analog (-)

- Gutgläubiger Erwerb des Werkunternehmerpfandrechts (-)
- Werkunternehmerpfandrecht am Anwartschaftsrecht des K bestand im Zeitpunkt der Reparatur; späteres Wegfallen des Anwartschaftsrechts unbeachtlich

(2) **Abgeleitetes Besitzrecht, § 986 I S. 1, Alt. 2 BGB**

Abgeleitetes Besitzrecht von K

K hatte zunächst Recht zum Besitz aus Kaufvertrag, § 986 I S. 1, Alt. 1 BGB
Aber wirksamer Rücktritt vom Kaufvertrag
⇨ Rücktrittswirkung nur ex-nunc
Im Zeitpunkt der Verwendungshandlung RzB des W

b) Dennoch Anwendung des § 994 I S. 1 BGB
Vindikationslage im Zeitpunkt des Herausgabeverlangens soll genügen, **BGH**

c) **W als Verwender**
Nicht wirtschaftliche Zurechnung maßgeblich, sondern tatsächliche Tragung von Aufwendungen

d) Notwendige Verwendung, § 994 I S. 1 BGB

e) Gewöhnliche Erhaltungskosten, § 994 I S. 2 BGB

f) W redlich und unverklagt

2. **Keine Besitzerlangung durch vorsätzlich begangene unerlaubte Handlung**, § 1000 S. 2 BGB

3. **Ergebnis**
W kann ein Zurückbehaltungsrecht aus § 1000 S. 1 BGB geltend machen, bis ihm Verwendungsersatz geleistet wird.

III. Lösung

Zurückbehaltungsrecht des W, § 1000 S. 1 BGB

Zu prüfen ist, ob W ein Zurückbehaltungsrecht zusteht. Ein solches könnte sich aus § 1000 S. 1 BGB ergeben.

hemmer-Methode: In einer Examensklausur würde sicher nach dem Herausgabeanspruch des V aus § 985 BGB gefragt. Die erste große Hürde ist die Prüfung, ob W ein gesetzliches (§ 647 BGB) oder rechtsgeschäftliches Pfandrecht und damit ein Recht zum Besitz i.S.v. § 986 BGB erworben hat. Hierzu sollten Sie sich Fall 23 noch einmal anschauen.

Das Zurückbehaltungsrecht aus § 1000 S. 1 BGB erfordert, dass W einen Verwendungsersatzanspruch hat.

1. Verwendungsersatzanspruch des W, § 994 I S. 1 BGB

Zu klären ist deshalb, ob W einen Verwendungsersatzanspruch gem. § 994 I S. 1 BGB geltend machen kann. Dazu müsste zunächst eine Vindikationslage im Verwendungszeitpunkt bestanden haben.

a) Vindikationslage

Die Vindikationslage nach §§ 985 f. BGB setzt voraus, dass V Eigentümer, W Besitzer des Pkw war, ohne dass W gegenüber V ein Recht zum Besitz gehabt hat, § 986 BGB.

aa) V Eigentümer

V war Eigentümer des Pkw. Mangels eingetretener Bedingung vollständiger Kaufpreiszahlung ist die durch Eigentumsvorbehalt bedingte Übereignung des Autos an K nicht wirksam geworden. V war somit im Verwendungszeitpunkt Eigentümer.

bb) W Besitzer

W hatte als Werkunternehmer unmittelbaren Fremdbesitz am Pkw, § 854 I BGB.

cc) Recht zum Besitz, § 986 BGB

Fraglich ist, ob W ein Recht zum Besitz hatte, § 986 BGB.

(aa) Eigenes Recht zum Besitz des W, § 986 I S. 1, Alt. 1 BGB

Dem W könnte ein Werkunternehmerpfandrecht gem. § 647 BGB und damit ein eigenes Besitzrecht des W nach § 986 I S. 1, Alt. 1 BGB zustehen. Der Pkw war jedoch keine Sache des Bestellers K, sondern des V. Deshalb findet § 647 BGB keine Anwendung. V war nicht Besteller, insbesondere wurde er auch nicht von K im Wege der Stellvertretung aus dem mit W geschlossenen Werkvertrag berechtigt und verpflichtet, es fehlte am Handeln in fremdem Namen durch K (§ 164 I BGB).

Auch eine Verfügungsermächtigung des V an K gem. § 185 BGB analog kommt mangels eines *rechtsgeschäftlichen* Vorgangs nicht in Betracht und wurde zudem von V auch nicht erteilt.

Der gutgläubige Erwerb des Werkunternehmerpfandrechts nach § 1207 BGB direkt oder §§ 1257, 1207 BGB wird abgelehnt, vgl. § 1257 BGB. Das Werkunternehmerpfadrecht ist ein gesetzliches Pfandrecht, ein gutgläubiger Rechtserwerb ist nur bei Rechtsgeschäften möglich. Auch verweist § 1257 BGB auf die Vorschriften über Faustpfandrecht für ein bereits *entstandenes* gesetzliches Pfandrecht. Hier soll aber gerade ein gesetzliches Pfandrecht *entstehen*. Die Vorschriften über Entstehung des Faustpfandrechts können damit nicht auf das gesetzliche Pfandrecht angewendet werden. W hat deshalb kein Werkunternehmerpfandrecht am Pkw selbst erworben, § 647 BGB. Eine rechtsgeschäftliche Pfandrechtsbestellung wurde zwischen K und W nicht vereinbart.

Ein Werkunternehmerpfandrecht könnte aber an dem Anwartschaftsrecht des K entstanden sein. Ein Pfandrecht am Anwartschaftsrecht ist unproblematisch möglich, da das Anwartschaftsrecht als „wesensgleiches Minus" zum Vollrecht Eigentum mit diesem gleich zu behandeln ist. § 647 BGB erfasst daher nicht nur „Sachen" des Bestellers, sondern auch „Anwartschaftsrechte des Bestellers" (h.M.). Ein solches Pfandrecht am Anwartschaftsrecht berechtigt ebenso zum Besitz wie ein Pfandrecht an der Sache selbst (str.). Dieses Pfandrecht stand dem W *im Zeitpunkt der Verwendung* zu.

hemmer-Methode: Nach h.M. gewährt das Anwartschaftsrecht selbst gegenüber dem Eigentümer kein Recht zum Besitz. Demgegenüber hat der Inhaber eines Pfandrechts gegenüber dem Eigentümer unstreitig ein Recht zum Besitz, was sich aus § 1253 BGB ableiten lässt.

Ob dann ein Pfandrecht am Anwartschaftsrecht ein Recht zum Besitz darstellt, kann man auch anders sehen als in der hier vertretenen Lösung. Denn das Pfandrecht am Anwartschaftsrecht gewährt kein Verwertungsrecht an der Sache. Erst mit Bedingungseintritt erstarkt es an der Sache selbst und kann als Recht zum Besitz fungieren. Wie man diese Frage beantwortet, ist vorliegend jedoch nicht fallentscheidend, weil sich das Problem ohnehin bzgl. des RzB aus dem Kaufvertrag stellt (siehe sogleich).

Durch den Rücktritt des V konnte die Bedingung der Übereignung, nämlich die Zahlung des Kaufpreises durch K und V wegen Erlöschens der Verbindlichkeit aus § 433 II BGB nicht mehr eintreten, so dass das Anwartschaftsrecht des K und damit auch das Pfandrecht des W hieran erloschen sind. Der Rücktritt erfolgte aber erst *nach* Ausführung der Arbeiten, so dass im Zeitpunkt der Verwendung das Pfandrecht am Anwartschaftsrecht noch bestand. Damit hatte W noch ein Recht zum Besitz, eine Vindikationslage bestand nicht.

hemmer-Methode: Die Problematik des Werkunternehmerpfandrechts am Anwartschaftsrecht des Vorbehaltskäufers wird – auch in Lehrbüchern – oft übersehen. Um keine Punkte zu verschenken, sollten Sie daher noch das abgeleitete Besitzrecht des W prüfen. Sie sollen ja ohnehin stets ein umfassendes Gutachten unter Behandlung aller relevanten Rechtsfragen erstellen.

(bb) Abgeleitetes Besitzrecht von K, § 986 I S. 1, Alt. 2 BGB

W könnte zudem auch ein von K abgeleitetes Besitzrecht haben.

(1) Besitzrecht des K ggü. V aus dem Kaufvertrag

K selbst, von dem das Besitzrecht abgeleitet werden soll, müsste ein Besitzrecht gegenüber Eigentümer V haben.

Dieses Besitzrecht ergab sich aus dem Kaufvertrag. Ferner war K gegenüber V auch zur Weitergabe an den W berechtigt.

(2) Wirksamer Rücktritt vom Kaufvertrag, § 323 I BGB

Der Kaufvertrag und damit das Recht zum Besitz des K könnten jedoch durch den wirksamen Rücktritt des V beseitigt worden sein. Der Rücktritt führt zum Erlöschen der noch nicht erfüllten Leistungspflichten. Ohne ausdrückliche Regelung gehen hiervon die §§ 346 ff. BGB als selbstverständlich aus. Laut Sachverhalt ist vom wirksamen Rücktritt auszugehen.

Der Rücktritt wirkt jedoch nur ex-nunc, nicht wie die Anfechtung nach § 142 I BGB ex tunc. Das bedeutet, dass das Recht zum Besitz nur für die Zukunft „vernichtet“ wurde. Auf die Vergangenheit wirkt sich der Rücktritt dagegen nicht aus.

Daher hatte K im Zeitpunkt der Verwendungshandlung ein Recht zum Besitz gegenüber V. W hat dieses Besitzrecht von K abgeleitet, § 986 I S. 1, Alt. 2 BGB. Damit bestand wegen § 986 BGB keine Vindikationslage.

b) Dennoch Anwendung des § 994 I S. 1 BGB

Fraglich ist jedoch, ob dieses Ergebnis haltbar ist. Die Vindikationslage lag zwar im Zeitpunkt der Verwendung nicht vor, ist aber später (durch den Rücktritt, s.o.) eingetreten.
W befindet sich immer noch im Besitz der Sache und ist nun „Nicht-mehr-berechtigter" Besitzer.

Der BGH hat im vorliegenden Fall eine Anwendung der §§ 994 ff. BGB trotz Nichtbestehens einer Vindikationslage im Zeitpunkt der Verwendungshandlung bejaht. Ausreichend sei, dass eine Verwendungshandlung im Zeitpunkt *des Herausgabeverlangens* gegeben sei.

Hierfür spricht, dass bei einer Verneinung der §§ 994 ff. BGB der ursprünglich berechtigte und nun **nicht-mehr-berechtigte Besitzer** schlechter stünde als ein von Anfang an unberechtigter Besitzer, auf den die §§ 994 ff. BGB unproblematisch anzuwenden wären. Dagegen ist freilich anzuführen, dass ein früher berechtigter Besitzer in aller Regel Ansprüche aus dem das Besitzrecht begründenden Schuldverhältnis hat. So auch hier: W kann sich ja an seinen Vertragspartner K wenden. Dass dieser möglicherweise nicht zahlen kann, ist das allgemeine Risiko des W.

Auf der anderen Seite führt eine solche Argumentation dazu, dass dem W keinerlei Sicherheiten verbleiben, da er auch kein Pfandrecht erhalten hat. Für den V würde sich eine ersatzlose Verwendung an dem herauszugebenden Pkw als „Geschenk des Himmels" darstellen.

Daher ist trotz aller dogmatischen Bedenken der BGH-Auffassung aus Wertungsgründen zu folgen. Die §§ 994 ff. BGB finden Anwendung.

hemmer-Methode: A.A. zwar vertretbar; es besteht jedoch einhellige Auffassung, dass dem Werkunternehmer *irgendwie* zu helfen ist.
Andere Ansichten bejahen daher schon die Möglichkeit einer Verfügungsermächtigung analog § 185 BGB.

c) W als Verwender?

Zu prüfen ist des Weiteren, ob W Verwender nach § 994 I S. 1 BGB ist.

Die eigentliche Steuerung des Verwendungsvorgangs lag bei Besteller K, W erfüllte nur seine Werkunternehmerpflicht aus § 631 BGB.

Allerdings sollen die §§ 994 ff. BGB dem Besitzer, der die Aufwendungen auf die Sache tatsächlich getragen hat, insbesondere über § 1000 S. 1 BGB ein Abwehrrecht gegen den Herausgabeanspruch verschaffen. Wer wirtschaftlicher Veranlasser der Verwendung ist, spielt dabei keine Rolle. Maßgeblich ist nur, wer das tatsächliche Vermögensopfer getragen hat. Dies war W, so dass er i.S.v. §§ 994 ff. BGB als Verwender anzusehen ist.

d) Notwendige Verwendung, § 994 I S. 1 BGB

Die Reparatur des Auspuffs könnte eine notwendige Verwendung sein. Eine Verwendung liegt in jeder willentlichen Vermögensaufwendung, die der Sache zugutekommen soll (weiter Verwendungsbegriff), ohne sie grundlegend in ihrem Wesen zu verändern (enger Verwendungsbegriff). Demnach liegt nach beiden Verwendungsbegriffen eine Verwendung vor.

Die Reparatur des Auspuffs dient objektiv der Erhaltung und ordnungsgemäßen Bewirtschaftung des Pkw.

Auch der Eigentümer hätte diese Reparatur sinnvollerweise vornehmen lassen. Mithin ist die Verwendung auch notwendig gewesen.

e) Gewöhnliche Erhaltungskosten, § 994 I S. 2 BGB

Ein Verkehrsunfall ist ein plötzliches Ereignis im Straßenverkehr, so dass die Reparatur nicht zu den gewöhnlichen Erhaltungskosten wie Wartung etc. zählt.

f) W redlich und unverklagt

W war im Verwendungszeitpunkt redlicher und unverklagter Besitzer.

Deswegen ist ein Verwendungsersatzanspruch des W aus § 994 I S. 1 BGB zu bejahen, so dass dem W das Zurückbehaltungsrecht des § 1000 S. 1 BGB zusteht.

2. Keine Besitzerlangung durch vorsätzlich begangene unerlaubte Handlung, § 1000 S. 2 BGB

W hat den Besitz durch Werkvertrag, nicht durch vorsätzlich begangene unerlaubte Handlung gem. § 1000 S. 2 BGB erhalten.

Also hat W ein Zurückbehaltungsrecht aus § 1000 S. 1 BGB gegenüber dem V.

IV. Zusammenfassung

Sound: Im Dreiecksverhältnis hat der Besitzer auch dann Verwendungsersatzansprüche, wenn im Zeitpunkt der Verwendungen noch keine Vindikationslage besteht, diese aber später (im Zeitpunkt des Herausgabeverlangens) eintritt. Der rechtmäßige Besitzer darf nicht schlechter stehen als der von Anfang an unberechtigte Besitzer. Der Verwendungsersatzanspruch richtet sich nach den §§ 994 ff. BGB. Ausreichend ist, dass die Vindikationslage im Zeitpunkt des *Herausgabeverlangens* besteht.
Beachten Sie, dass die Figur des nicht-mehr-berechtigten Besitzers nach BGH ausschließlich in Drei-Personen-Verhältnissen gilt, um unbillige Ergebnisse zu vermeiden. In der Literatur ist diese Billigkeitsrechtsprechung weitgehend auf Ablehnung gestoßen.

hemmer-Methode: Hier schließt sich der Kreis zu Fall 23. Im vorliegenden Fall hat der Werkunternehmer einen Verwendungsersatzanspruch nach § 994 I S. 1 BGB und deswegen ein Zurückbehaltungsrecht aus § 1000 S. 1 BGB. Ein Werkunternehmerpfandrecht am Anwartschaftsrecht des K ist auch hier entstanden, aber durch den Rücktritt des V zusammen mit dem Anwartschaftsrecht wieder erloschen.

V. Zur Vertiefung

- Hemmer/Wüst, SachenR I Rn. 325 ff., 400
- Hemmer/Wüst, Basics Zivilrecht II, Rn. 320, 379
- Hemmer/Wüst, SachenR I, Karte 66
- Nach Ansicht des BGH gibt es für den Schutz des nicht mehr berechtigten Besitzers jedoch eine Einschränkung. Wenn zwischen ihm und dem mittelbaren Besitzer eine vertragliche Vereinbarung hinsichtlich des Verwendungsersatzes getroffen wurde, nach der es keinen Ersatz geben soll, besteht kein Anspruch gegen den Eigentümer. Arg.: Er soll gegenüber dem Eigentümer nicht besser stehen als gegenüber dem Vertragspartner, BGH, Life&Law 2015, 14 ff.

Fall 25: Das Zurückbehaltungsrecht, § 1000 S. 1 BGB

Sachverhalt (Fortsetzung zu Fall 24):

V hat K einen Pkw unter Eigentumsvorbehalt verkauft. K hat den vollen Kaufpreis noch nicht bezahlt. Infolge eines Verkehrsunfalls wird der Silberlack des Autos zerkratzt. Deshalb bringt K den Pkw in die Lackiererwerkstatt des W, der die Arbeiten sofort vornimmt. K bezahlt weder W, noch V, der daraufhin wirksam vom Kaufvertrag zurücktritt und das Auto von W herausverlangt.

W hat den McLaren-Mercedes an V zurückgegeben, ohne seine Werklohnforderung erhalten zu haben. Einige Monate später erhält W das Auto von V erneut zur Reparatur. Die Rechnung hierfür zahlt V eine Woche später. W verweigert allerdings die Herausgabe des Mercedes, bis ihm auch die erste Reparatur bezahlt wird. Später stellt sich heraus, dass V bei der Hingabe zur Reparatur „vorübergehend geschäftsunfähig" war.

Frage: *Hat W ein Zurückbehaltungsrecht?*

I. Einordnung

§ 1000 S. 1 BGB gibt dem Besitzer, der Verwendungen nach den §§ 994 ff. BGB auf die Sache gemacht hat, ein **Zurückbehaltungsrecht** gegenüber dem Herausgabeverlangen des Eigentümers. Wird die Sache erst herausgegeben, erlischt das Recht aus § 1000 S. 1 BGB.

Nach Rückgabe der Sache erlischt zudem auch der Verwendungsersatzanspruch, bei beweglichen Sachen mit dem Ablauf eines Monats, bei einem Grundstück mit dem Ablauf von sechs Monaten nach der Herausgabe, § 1002 I BGB. Um dies abzuwenden, muss der Besitzer vor Ablauf der Frist die Genehmigung des Eigentümers eingeholt, oder aber Klage eingereicht haben, § 1002 I a.E. BGB. Ist der Verwendungsersatzanspruch erloschen, kann es für diesen erloschenen Anspruch kein Zurückbehaltungsrecht aus § 1000 S. 1 BGB mehr geben.

Neben § 1000 S. 1 BGB findet gegenüber dem Anspruch aus § 985 BGB auch der allgemein gegen alle Ansprüche denkbare § 273 BGB Anwendung. Die Wirkung des Zurückbehaltungsrechts nach § 274 BGB ist analog auf das ZBR nach § 1000 BGB anwendbar.

II. Gliederung

Zurückbehaltungsrecht des W

1. Wegen Anspruchs aus <u>erneuter</u> Reparatur

a) § 273 I BGB (-), da etwaiger Anspruch wegen Erfüllung erloschen, § 362 I BGB

b) Ebenso § 1000 S. 1 BGB (-), da Verwendungen schon ersetzt.

2. Wegen Anspruchs aus <u>früherer</u> Reparatur

a) § 1000 S. 1 BGB

aa) ZBR entstanden (+)

bb) ZBR erloschen?

(1) Natur des § 1000 S. 1 BGB
Enger Zusammenhang mit dem *jeweiligen* § 985 BGB-Anspruch
Nach Herausgabe (-).

(2) § 1002 BGB
Ablauf eines Monats ab Rückgabe (+)

b) § 273 I BGB

aa) Anwendbarkeit neben § 1000 S. 1 BGB

bb) Wg. § 1002 S. 1 BGB fehlt fälliger Gegenanspruch

3. Ergebnis
W hat weder ein ZBR aus § 1000 S. 1 BGB noch aus § 273 I BGB.

III. Lösung

Zurückbehaltungsrecht des W

Fraglich ist, ob W ein Zurückbehaltungsrecht gegen den Herausgabeanspruch des V zusteht. Dabei beruht der Herausgabeanspruch auf § 985 BGB: V ist Eigentümer, W Besitzer. Da der geschlossene Werkvertrag nach § 105 II BGB unwirksam ist, kommt ein Besitzrecht des W nicht in Betracht. Ein solches kann sich auch nicht aus § 647 BGB ergeben, da hierzu ein wirksamer Anspruch des Werkunternehmers aus dem Werkvertrag bestehen müsste.

1. Wegen erneuter Reparatur

a) § 273 I BGB

§ 273 I BGB setzt das Bestehen eines fälligen und wirksamen Gegenanspruches des W gegen V voraus und findet auch gegenüber dem Herausgabeanspruch nach § 985 BGB Anwendung.

Da diesmal der Werkvertrag mit V geschlossen wurde, kommt als Gegenanspruch die vertragliche Werklohnforderung gem. § 631 BGB oder auch ein Anspruch aus den §§ 994 ff. BGB in Betracht.

Für die zweite Reparatur hat W jedoch seine Aufwendungen ersetzt bekommen, so dass ein etwaiger Anspruch jedenfalls durch Erfüllung gem. § 362 BGB erloschen ist.

Somit hat W keinen fälligen Anspruch gegen V. Ein Zurückbehaltungsrecht aus § 273 I BGB scheidet insoweit aus.

b) § 1000 S. 1 BGB

§ 1000 S. 1 BGB wegen der zweiten Reparatur kommt nicht in Betracht, da etwaige Verwendungsersatzansprüche des W durch Erfüllung gem. § 362 I BGB erloschen sind. V hat diese Werklohnforderung bezahlt.

Folglich können sich aus der erneuten Reparatur des McLaren Mercedes keinerlei Zurückbehaltungsrechte ergeben.

2. Wegen früherer Reparatur

W könnte jedoch wegen des ausstehenden Werklohnanspruchs aus der früheren Reparatur ein ZBR haben.

a) § 1000 S. 1 BGB

aa) ZBR entstanden

Das ZBR gem. § 1000 S. 1 BGB ist entstanden. Es handelt sich um nach § 994 I BGB ersatzfähige Verwendungen. Insoweit wird auf die Ausführungen zum Fall 24 verwiesen.

bb) ZBR erloschen

Das Zurückbehaltungsrecht des W könnte jedoch zwischenzeitlich erloschen sein.

(1) Natur des § 1000 S. 1 BGB

Das ZBR nach § 1000 S. 1 BGB gibt ein obligatorisches Leistungsverweigerungsrecht gegen den Anspruch auf Herausgabe gem. § 985 BGB. Sobald die Herausgabe der Sache aber stattgefunden hat, ist das ZBR aus § 1000 S. 1 BGB erloschen. Es kann auch nicht dadurch wieder aufleben, dass die Sache später wieder in den Besitz des Verwenders gelangt, selbst wenn sein Verwendungsersatzanspruch noch besteht. Aus dem systematischen Zusammenhang der §§ 994 ff. BGB ergibt sich, dass § 1000 S. 1 BGB ein Zurückbehaltungsrecht nur gegen denselben Vindikationsanspruch ergibt, der auch zu Verwendungen i.S.d. §§ 994 ff. BGB geführt hat. Dies war nur der vorherige Herausgabeanspruch, nicht aber der jetzige.

W hat den Mercedes an V gem. § 985 BGB zurückgegeben. Damit ist sein ZBR gem. § 1000 S. 1 BGB endgültig erloschen. Daran ändert auch nichts, dass W erneut in den Besitz des Mercedes gelangt ist.

(2) § 1002 BGB

Zudem ist der Verwendungsersatzanspruch des W gem. § 1002 I BGB mit Ablauf eines Monats ab Rückgabe erloschen.

§ 1000 S. 1 BGB, der einen Verwendungsanspruch voraussetzt, kann auch keine Anwendung mehr finden.

b) § 273 I BGB

aa) Anwendbarkeit neben § 1000 S. 1 BGB

§ 273 BGB ist ein universales Zurückbehaltungsrecht gegen alle Arten von Ansprüchen. § 1000 BGB ist dagegen ein Zurückbehaltungsrecht speziell gegen den § 985 BGB. Somit sind §§ 273, 1000 BGB nebeneinander anwendbar.

bb) Dasselbe Rechtsverhältnis und fälliger Anspruch

§ 273 I BGB setzt dasselbe rechtliche Verhältnis (Konnexität) und einen fälligen Anspruch des W voraus. W hat aber keinen fälligen Anspruch gegen V wegen Verwendungen mehr (§ 1002 I BGB). Daher braucht nicht mehr entschieden werden, ob der „alte" Verwendungsersatzanspruch und der „neue" § 985 BGB-Anspruch demselben rechtlichen Verhältnis entstammen.

3. Ergebnis

W hat weder ein Zurückbehaltungsrecht aus § 1000 S. 1 BGB, noch aus § 273 I, II BGB.

IV. Zusammenfassung

Sound: § 1000 S. 1 BGB gibt ein Zurückbehaltungsrecht gegenüber dem Anspruch aus § 985 BGB. Hat der Besitzer die Sache einmal herausgegeben, ist das Zurückbehaltungsrecht nach § 1000 S. 1 BGB erloschen. Es lebt auch dadurch nicht wieder auf, dass die Sache später wieder in den Besitz des Verwenders gelangt.

hemmer-Methode: Die Schaffung des speziellen § 1000 BGB neben § 273 BGB war deshalb notwendig, weil § 273 BGB einen fälligen Anspruch des Schuldners voraussetzt. Fällig wird der Anspruch des Verwenders jedoch (außer bei Genehmigung des Eigentümers) erst dann, wenn der Eigentümer die Sache wiedererlangt, § 1001 S. 1 BGB. Nach der Herausgabe würde aber ein Zurückbehaltungsrecht keinen Sinn mehr machen, so dass Bedarf für die Schaffung von § 1000 S. 1 BGB bestand.

V. Zur Vertiefung

- Hemmer/Wüst, SachenR I, Rn. 409 ff.
- Hemmer/Wüst, Basics Zivilrecht II, Rn. 389
- Hemmer/Wüst, SachenR I, Karte 67

Kapitel V: Beseitigungs- und Unterlassungsansprüche

Fall 26: Der Beseitigungs- und Unterlassungsanspruch, § 1004 BGB

Sachverhalt:

Nach einem leichten Erdbeben bricht ein Teil der Staumauer eines Stausees ab, die vom Betreiber und Eigentümer F nicht erdbebensicher gebaut ist. Daraufhin verwandelt sich das Grundstück, das dem im Tal wohnenden E zu ½ gehört, selbst in einen kleinen Stausee, der Keller des Hauses wird überflutet, die Bäume im Garten von den Wassermassen entwurzelt.

Frage: *Welche Ansprüche kann E aus § 1004 BGB geltend machen?*

I. Einordnung

Wird das Eigentum in anderer Weise als durch Entziehung oder Vorenthaltung des Besitzes beeinträchtigt, hat der Eigentümer gegen den Störer einen **Beseitigungsanspruch aus § 1004 I S. 1 BGB** für die Gegenwart. Sind in der Zukunft (evtl. weitere) Beeinträchtigungen zu besorgen, hat der Eigentümer einen **Unterlassungsanspruch** gegen den Störer gem. § 1004 I S. 2 BGB. Der Beseitigungs- und Unterlassungsanspruch ist jedoch ausgeschlossen, wenn der Eigentümer zur Duldung verpflichtet ist, § 1004 II BGB.

Wie der Wortlaut des § 1004 I BGB verrät, soll § 1004 BGB die Eigentumsansprüche der §§ 985 ff. BGB ergänzen, wenn sonstige Störungen des Eigentums vorliegen. § 1004 BGB ist damit neben den meisten Anspruchsgrundlagen dinglicher und schuldrechtlicher Art anwendbar. Oft wird auf § 1004 BGB verwiesen. Die §§ 1004 bis 1007 BGB haben jedoch keine Vindikationslage zur Voraussetzung.

Der Anspruch aus § 1004 BGB erfordert zudem nicht einmal Verschulden des Störers. § 1004 BGB führt als solcher zu keinem Anspruch auf Schadensersatz. Dies ist konsequent, denn das deutsche Recht verlangt für Schadensersatzansprüche regelmäßig Verschulden des Schädigers.

II. Gliederung

Ansprüche des E aus § 1004 BGB

1. Beseitigungsanspruch, § 1004 I S. 1 BGB

a) Eigentum des Anspruchstellers

aa) Bei Miteigentum: § 1011 BGB

bb) Bewegliches und unbewegliches Eigentum geschützt

b) Eigentumsbeeinträchtigung

aa) Def.: jede Einwirkung auf die dem Eigentum innewohnende Herrschaftsmacht des Eigentümers aus § 903 BGB

bb) Auch Naturgewalten als Auslöser umfasst (richtigerweise Frage des Störers)

c) Anspruchsgegner ist Störer
Def.: Derjenige, auf dessen Willen der beeinträchtigende Zustand zurückgeht und von dessen Willen die Beseitigung abhängt.

aa) **Handlungsstörer**:
Verursacht durch sein Verhalten die Eigentumsbeeinträchtigung.

bb) **Zustandsstörer:**
Übt die Herrschaft über eine gefahrbringende Sache aus, durch welche die Störung verursacht wird.

Hier: Beeinträchtigung durch Naturgewalten grds. kein Störer vorhanden, da kein Wille zur Beeinträchtigung

Anders aber bei Mitverursachung (+)
⇨ Betreiber und Eigentümer F ist Zustandsstörer

d) Keine Duldungspflicht, § 1004 II BGB

e) Rechtsfolgen
Kein Schadensersatz, nur Beseitigung der Beeinträchtigung, also Abpumpen des Wassers aus Keller und vom Grundstück

2. **Unterlassungsanspruch, § 1004 I S. 2 BGB**

a) Voraussetzungen wie 1.

b) **Wiederholungsgefahr**: objektive, auf Tatsachen gegründete, ernstliche Besorgnis weiterer, nicht zu duldender Störungen
⇨ Wird nach einer vorangegangenen Beeinträchtigung i.d.R. vermutet

3. **Ergebnis**:
§ 1004 I S. 1 BGB auf Abpumpen des Wassers aus Keller und vom Grundstück
§ 1004 I S. 2 BGB, wenn Staudammbetreiber erneut nicht erdbebensichere Staumauer errichten will

III. Lösung

Ansprüche des E aus § 1004 BGB

Fraglich ist, welche Ansprüche E aus § 1004 BGB geltend machen kann.

1. Beseitigungsanspruch, § 1004 I S. 1 BGB

§ 1004 I S. 1 BGB gibt einen Beseitigungsanspruch, wenn das Eigentum in anderer Weise als durch Entziehung oder Vorenthaltung des Besitzes beeinträchtigt wird.

a) Eigentum des Anspruchstellers

Der Anspruchsteller muss Eigentümer der Sache sein.

aa) Bei Miteigentum: § 1011 BGB

Bei Miteigentum kann jeder Miteigentümer den Anspruch aus § 1004 BGB für die ganze Sache geltend machen, § 1011 BGB.

E ist Miteigentümer eines Grundstücks zu ½ und damit anspruchsberechtigt gem. §§ 1004 I S. 1, 1011 BGB.

hemmer-Methode: Einer der wenigen Fällen, in denen die Art der Gläubigermehrheit einmal gesetzlich vorgeschrieben ist. Ansonsten stellt sich häufig die Abgrenzung von Gesamt- (§ 428 BGB) und Mitgläubigerschaft (§ 432 BGB).

bb) Bewegliches und unbewegliches Eigentum geschützt

Die §§ 985 bis 1007 BGB stehen unter dem Titel „Ansprüche aus dem Eigentum". § 1004 BGB erfasst damit sowohl bewegliche als auch unbewegliche Sachen. In der Praxis sind Grundstücke sogar der Hauptanwendungsfall des § 1004 BGB.

b) Eigentumsbeeinträchtigung

E müsste in seinem Eigentum beeinträchtigt sein, § 1004 I S. 1 BGB.

aa) Definition

Eine Eigentumsbeeinträchtigung ist im BGB nicht legaldefiniert. Man versteht hierunter jede Einwirkung auf die dem Eigentum innewohnende Herrschaftsmacht des Eigentümers aus § 903 BGB. Einwirkungen können aus tatsächlichen Einwirkungen und rechtlichen Beeinträchtigungen des Eigentums bestehen.

Hier hat das Wasser aus dem Stausee das Grundstück und den Keller des E überflutet. Hierin liegt eine tatsächliche Einwirkung auf sein Eigentum. Hierdurch wird auch das Nutzungsrecht des E verhindert, was den Grad der Eigentumsbeeinträchtigung noch zusätzlich verstärkt.

bb) Auch Naturgewalten als Auslöser

Fraglich ist jedoch, ob auch Naturgewalten wie ein Erdbeben als (Mit)Auslöser für die Eigentumsbeeinträchtigung in Frage kommen.

Dagegen könnte sprechen, dass diese nicht voraussehbar und vermeidbar sind, so dass eine Haftung unbillig wäre. Allerdings ist zu berücksichtigen, dass der Begriff der Eigentumsbeeinträchtigung gerade nicht auf eine etwaige Voraussehbarkeit oder Vermeidbarkeit abstellt. Vor allem ist § 1004 BGB ein verschuldensunabhängiger Anspruch, so dass Kategorien der Voraussehbarkeit / Vermeidbarkeit als typische Fahrlässigkeitskriterien keine entscheidende Rolle spielen dürfen.

Fraglich ist bei Naturgewalten allerdings, ob ein beseitigungspflichtiger Störer vorhanden ist. Dies ist aber keine Frage der Eigentumsbeeinträchtigung.

c) Anspruchsgegner ist Störer

§ 1004 I S. 1 BGB setzt einen Störer als Anspruchsgegner voraus.

Störer ist derjenige, auf dessen Willen der beeinträchtigende Zustand zurückgeht und von dessen Willen die Beseitigung abhängt. Störer ist damit derjenige, dem die Beeinträchtigung zugerechnet werden kann. Hierbei kommt es allerdings nicht auf ein Verschulden an.

Zu unterscheiden sind Handlungsstörer und Zustandsstörer.

Ein Handlungsstörer verursacht durch sein Verhalten die Eigentumsbeeinträchtigung. Der Zustandsstörer übt die Herrschaft über eine gefahrbringende Sache aus, durch welche die Störung verursacht wird, wenn die Beseitigung der Störung vom Willen des Störers abhängt.

Beruht die Beeinträchtigung ausschließlich auf Naturgewalten, so wird mangels Willens des Störers keine Zustandshaftung aus § 1004 BGB begründet.

Anders ist dies aber dann, wenn der Eigentümer des Grundstücks, von dem aus die Naturkräfte wirken, diese durch eine Handlung mitverursacht oder ermöglicht hat und der so geschaffene Zustand eine Gefahrenquelle gebildet hat.

Bei reinen Naturgewalten wie dem Erdbeben liegt kein Wille des Staudammbetreibers vor, so dass dieser auch kein (Zustands)Störer ist. Hier war die Staudammmauer jedoch nicht erdbebensicher gebaut.

Darin muss keinesfalls ein Verschulden des Staudammbesitzers begründet sein. Es reicht aus, dass er eine konkrete Gefahrenquelle geschaffen hat (Gefährdungshaftung) und damit einen beeinträchtigenden Zustand, den er beseitigen kann, durch seine Willensbetätigung herbeigeführt hat. Somit ist F als Zustandsstörer anzusehen.

hemmer-Methode: Diese dogmatisch schwer nachzuvollziehenden „Verrenkungen“ spiegeln die fehlende einheitliche Linie der Rechtsprechung wieder. Letztlich werden durch die Möglichkeit zum Erkennen und Beseitigen der Gefahrenquelle doch wieder Verschuldenselemente in die verschuldensunabhängige Haftung des § 1004 BGB aufgenommen. In der Klausur ist vieles vertretbar. Da die Probleme oft auch bei der Rechtsfolge des § 1004 BGB liegen, ist es meist ratsam, die Störereigenschaft zu bejahen um sich für die weitere Prüfung keine Probleme abzuschneiden. Dem Korrektor werden eine Definition von Handlungs- und Zustandsstörer sowie eine ansprechende Argumentation in jedem Fall genügen.

d) Keine Duldungspflicht, § 1004 II BGB

Der Anspruch aus § 1004 BGB ist ausgeschlossen, wenn der Eigentümer zur Duldung verpflichtet ist, § 1004 II BGB. Die Duldungspflichten können sich aus Privatrecht (Rechtsgeschäft, Gesetz), öffentlichem Recht (z.B. § 14 BImSchG), aufgrund eines VA oder aus überwiegendem öffentlichem Interesse ergeben. Hier ist keine solche Duldungspflicht des E ersichtlich, sich das Grundstück und den Keller mit Wasser überfluten zu lassen.

e) Rechtsfolgen

§ 1004 BGB erfordert kein Verschulden und gibt deswegen auch keinerlei Schadensersatzansprüche. Es ist also nicht nach §§ 249 ff. BGB der Zustand herzustellen, der hypothetisch bestehen würde, wenn das schädigende Ereignis nicht eingetreten wäre. Der Eigentümer kann nach § 1004 I S. 1 BGB nur *Beseitigung der Beeinträchtigung* verlangen.

E kann deswegen Abpumpen des Wassers aus Keller und vom Grundstück verlangen. Der Garten bleibt aber in dem Zustand, der angerichtet wurde, insbesondere die entwurzelten Bäume sind nach § 1004 I S. 1 BGB nicht zu ersetzen oder wieder einzupflanzen.

Denkbar wäre auch, dass E von F die (oftmals sehr kostspielige) Trockenlegung der Mauern seines Hauses verlangen kann. Denn hierbei handelt es sich ja physikalisch um die *Beseitigung* des in die Mauern gelangten Wassers. Allerdings wird mit der Verkehrsanschauung eher von einer durch Wassereinwirkung beschädigten Mauer als von einer Mauer, in der sich Wasser befindet, auszugehen sein.

Eine Trockenlegung würde zu nahe an einen Schadensersatz i.S.d. §§ 249 ff. BGB führen, der von § 1004 BGB aber gerade nicht ermöglicht werden soll.

hemmer-Methode: Die Rechtsfolge ist dogmatisch klar: „Kein Schadensersatz, nur Beseitigung der Störung", aber praktisch schwer zu handhaben. Der BGH sieht hierin ein „ungelöstes Problem" (NJW 1996, 845), was freilich in der Klausur eine Vielzahl von Entscheidungsmöglichkeiten hervorruft.

2. Unterlassungsanspruch, § 1004 I S. 2 BGB

Zu klären ist schließlich noch, ob E auch einen Unterlassungsanspruch für die Zukunft gem. § 1004 I S. 2 BGB geltend machen kann.

Die Voraussetzungen des § 1004 I S. 1 BGB liegen insoweit vor, s. oben.

Der Unterlassungsanspruch erfordert jedoch auch, dass weitere Beeinträchtigungen zu besorgen sind.

Es muss also **Wiederholungsgefahr** bestehen. Dies ist dann zu bejahen, wenn die objektive, auf Tatsachen gegründete, ernstliche Besorgnis weiterer, nicht zu duldender Störungen besteht. Beweispflichtig ist hierfür der Eigentümer. Allerdings wird die Wiederholungsgefahr nach einer vorangegangenen Beeinträchtigung regelmäßig vermutet und muss dann vom Störer widerlegt werden.

Hier ist das Eigentum des E durch den nicht erdbebensicheren Staudamm bereits einmal beeinträchtigt worden.

E kann deshalb auf Unterlassung klagen, wenn der Staudammbetreiber F erneut eine nicht erdbebenfeste Staumauer errichtet, § 1004 I S. 2 BGB.

3. Ergebnis

E kann Abpumpen des Wassers aus Keller und vom Grundstück gem. § 1004 I BGB verlangen. Will der Staudammbetreiber erneut eine nicht erdbebensichere Staumauer errichten, kann E auf Unterlassung klagen, § 1004 I S. 2 BGB.

IV. Zusammenfassung

Sound: § 1004 I S. 1 BGB gibt dem Eigentümer einen Beseitigungsanspruch, § 1004 I S. 2 BGB einen Unterlassungsanspruch gegen einen Störer, der das Eigentum in anderer Weise als durch Entziehung oder Vorenthaltung des Besitzes beeinträchtigt. Ein Verschulden des Störers ist nicht erforderlich, dafür gewährt § 1004 BGB aber auch keinen Schadensersatz.

hemmer-Methode: § 1004 BGB bietet für eine Vielzahl unterschiedlicher Lebenssachverhalte Beseitigungs- und Unterlassungsansprüche. Unterschätzen Sie diesen Paragrafen, der etwas versteckt hinter den wichtigen EBV-Regeln steht, nicht! Arbeiten Sie dazu am besten in Hemmer/Wüst, SachenR I die Randnummern 412 ff. nach.

V. Zur Vertiefung

- Hemmer/Wüst, SachenR I, Rn. 412 ff.
- Zum Inhalt des Anspruchs aus § 1004 I BGB in Abgrenzung zu § 823 I BGB vergleichen Sie unbedingt Life&Law 2005, 444 ff.
- Zu dem Anspruch aus § 1004 I BGB im Hinblick auf Persönlichkeitsrechtsverletzungen durch die „Google-Suchmaschine" vgl. BGH, Life&Law 2013, 575 ff.
- Zum Unterlassungsanspruch bei häuslichem Trompetenspiel in der Nachbarschaft vgl. Life&Law 2019, 89 ff.

Kapitel VI: Rechtsgeschäftlicher Eigentumserwerb an beweglichen Sachen, §§ 929 ff. BGB

Fall 27: Die dingliche Einigung (1)

Sachverhalt:

K schließt im Computerladen des V einen Kaufvertrag über einen Rechner ab und einigt sich mit diesem über den Eigentumsübergang. Als V den Computer eine Woche später zu K bringt, meint dieser, er werde den Kaufpreis dann innerhalb der nächsten zwei Wochen überweisen. Daraufhin sagt ihm V, dass er das Eigentum lieber bis zur Kaufpreiszahlung behalten wolle. Den Computer lässt er bei K. Dieser meint, er sei dann wohl doch Eigentümer des Rechners.

Frage: *Zu Recht?*

I. Einordnung

Der rechtsgeschäftliche Eigentumserwerb an beweglichen Sachen erfolgt gem. §§ 929 ff. BGB. Voraussetzung für den Eigentumsübergang ist zunächst die Einigung als dinglicher Vertrag. Weiterhin erforderlich ist eine Übergabe gem. § 929 S. 1 BGB, die grds. Realakt ist. Statt dieser Übergabe können aber auch die Übergabesurrogate der § 930 BGB und § 931 BGB gewählt werden.

Schließlich muss der Veräußerer zur Eigentumsübertragung berechtigt sein. Ist dies nicht der Fall, muss der Erwerb vom Nichtberechtigten geprüft werden.

Die **dingliche Einigung** kommt durch zwei übereinstimmende Willenserklärungen von Veräußerer und Erwerber hinsichtlich des Eigentumsübergangs zustande. Die Regelungen des allgemeinen Teils des BGB, §§ 104–185 BGB sind daher grds. anwendbar.

§ 929 S. 1 BGB fordert, dass sich Veräußerer und Erwerber noch im Zeitpunkt der Übergabe einig sind. Die h.M. geht daher davon aus, dass die Einigung bis zur Übergabe nicht bindend ist.

II. Gliederung

Eigentum des K

Übereignung gem. § 929 S. 1 BGB

1. Einigung
   a) **Unbedingte Einigung**
   Zunächst dinglicher Vertrag zwischen V und K geschlossen
   (P) Widerruflichkeit der Einigung
   h.M: (+)
   Wortlaut und Systematik
   Widerruf durch V konkludent erklärt
   b) **Bedingte Einigung**
   § 158 I BGB aufschiebende Bedingung
   (P) Annahme des K
2. Übergabe
3. Berechtigung des Veräußerers
4. **Ergebnis**
   Vor Bedingungseintritt kein Eigentum des K

III. Lösung

Eigentum des K

Fraglich ist, ob K Eigentümer des Computers geworden ist.

Übereignung gem. § 929 S. 1 BGB

Er könnte das Eigentum von V gem. § 929 S. 1 BGB erworben haben. Hierfür müssten sich V und K über den Eigentumsübergang geeinigt haben, die Sache müsste übergeben worden sein und V müsste zur Übertragung berechtigt gewesen sein.

1. Dingliche Einigung

a) Unbedingte Einigung

Zwischen V und K müsste der dingliche Vertrag zustande gekommen sein. Nach Sachverhalt einigten sich beide im Laden des V über den Eigentumsübergang, § 929 S. 1 BGB.

Fraglich ist aber, ob diese Einigung noch im Zeitpunkt der Übergabe des Computers Bestand hatte.

Nach e.A. ist eine einmal erfolgte Einigung bindend und nicht mehr widerrufbar. Wenn die Einigung dann ohne Rechtsgrund erfolgt ist, kommt nur noch die Kondiktion gem. § 812 I S. 1, Alt. 1 BGB in Betracht.

Die h.M. geht aber davon aus, dass die dingliche Einigung keine Bindungswirkung entfaltet und damit jederzeit widerrufen werden kann. Im Gegensatz zum Schuldvertrag werden keine Rechte und Pflichten begründet. Angeführt wird, dass gem. § 873 II BGB bei der Übereignung unbeweglicher Sachen die Beteiligten nur an die Einigung gebunden sind, wenn die dort genannten Voraussetzungen erfüllt sind. Sonst ist also die Einigung bezüglich unbeweglicher Sachen widerruflich. Daneben kann noch § 956 I S. 2 BGB zur Aneignungsgestattung herangezogen werden. Zwischen beweglichen und unbeweglichen Sachen ist keine Differenzierung zu machen.

Hieraus ergibt sich nach der h.M. ein allgemeiner Grundsatz, dass die dingliche Einigung nicht bindend ist. Auch der Wortlaut des § 929 S. 1 BGB „übergibt und beide einig sind" stützt diese Ansicht. Somit ist die zunächst zwischen V und K erfolgte Einigung nicht bindend.

Bei der Übergabe des Computers war V nicht mehr bereit, die Sache unbedingt zu übereignen.

Er erklärte dem K, er wolle das Eigentum bis zur Kaufpreiszahlung behalten.

Somit wurde die ursprüngliche Einigungserklärung konkludent widerrufen. Es lag zum Zeitpunkt der Übergabe keine unbedingte Einigung mehr vor.

b) Bedingte Einigung

Es könnte aber eine bedingte Einigung erfolgt sein. Die dingliche Einigung kann nach den Regelungen der §§ 158-163 BGB auch bedingt oder befristet erklärt werden.

Im vorliegenden Fall kommt eine aufschiebend bedingte Einigung in Betracht, § 158 I BGB. V erklärte, er wolle so lange Eigentümer bleiben, bis der Kaufpreis von K bezahlt worden ist. Hiermit ist ein Angebot auf bedingte Übereignung gegeben.

K müsste dieses Angebot aber angenommen haben. Aus dem Sachverhalt ist dies nicht ohne weiteres ersichtlich. K hat nicht ausdrücklich erklärt, dass er diese bedingte Übereignung akzeptiert. Stellt man auf die Interessen des K ab, so kommt bei Ablehnung überhaupt keine Einigung zustande, das Eigentum kann nicht übergehen.

Nimmt er die bedingte Einigungserklärung an, erwirbt er zunächst ein Anwartschaftsrecht, das bei Bedingungseintritt zum Vollrecht erstarkt.

Für den Erwerber K ist es somit günstiger, wenigstens das Anwartschaftsrecht zu erhalten. (Vgl. zum Anwartschaftsrecht Fälle 43 f.): Die Einigung ist somit bedingt zustande gekommen.

2. Übergabe

Weiterhin ist die Übergabe der Sache gem. § 929 S. 1 BGB notwendig. V hat seinen unmittelbaren Besitz vollständig aufgegeben, als er den Rechner bei K gelassen hat. K hat auf Veranlassung des V unmittelbaren Besitz erlangt. Die Übergabe ist erfolgt.

3. Berechtigung

V war als Eigentümer auch zur Übereignung berechtigt. Für eine Verfügungsbeschränkung sind keine Anhaltspunkte ersichtlich.

4. Ergebnis

Zwischen K und V liegt eine bedingte Einigung vor, §§ 929 S. 1, 158 I BGB. Vor Bedingungseintritt hat K somit nicht Eigentum erworben.

IV. Zusammenfassung

Sound: Die Einigung gem. § 929 S. 1 BGB ist ein dinglicher Vertrag. Die Regeln des Allgemeinen Teils des BGB sind anzuwenden. Die Einigung entfaltet keine Bindungswirkung, sondern kann bis zur Übergabe der Sache frei widerrufen werden.

V. Zur Vertiefung

- Hemmer/Wüst, SachenR II, Rn. 14 ff.

Fall 28: Die dingliche Einigung (2)

Sachverhalt:

A und der minderjährige B einigen sich über die Übereignung einer Vase des B. Diese Vase wollte B unbedingt loswerden, da er sie für eine billige Imitation hält. Bei den Preisverhandlungen verspricht sich B und fordert lediglich 10 € statt 110 €. In Wahrheit handelt es sich um eine antiquarische chinesische Vase, wovon A, nicht jedoch der minderjährige B wusste. Nachdem die Eltern des B von seinen Geschäften erfuhren, verweigerten sie jede Zustimmung und fordern die Vase zurück.

Frage: *Mit Erfolg?*

I. Einordnung

In täglichen Leben schließen wir so viele Rechtsgeschäfte ab, dass es uns – selbst Juristen – oft nicht mehr bewusst ist, dass es sich bei einem einfachen Kauf nicht nur um ein Rechtsgeschäft handelt.

Es liegen insgesamt drei Rechtsgeschäfte vor: Ein schuldrechtliches (causa) Verpflichtungsgeschäft (Kauf, § 433 BGB) und zwei sachenrechtliche Verfügungsgeschäfte (Übereignung der Sache und des Geldes).

In dieser Fallsammlung wird intensiv nur auf die sachenrechtliche Seite des Eigentumserwerbs eingegangen. Trotzdem wird es öfters erforderlich sein, auf andere Ihnen bereits bekannte Rechtsgebiete wie BGB-AT oder Schuldrecht zurückzugreifen. Das Sachenrecht lässt sich nicht abstrakt erlernen, sondern nur durch Verknüpfungen zu anderen Rechtsgebieten. Dies soll anhand des folgenden Falls verdeutlicht werden.

II. Gliederung

I. Anspruch des B (vertreten durch die Eltern) gegen A auf Herausgabe der Vase aus § 985 BGB

1. Eigentum des B

a) Eigentumsverlust durch Übereignung an A, § 929 BGB

Vor. der Übereignung

aa) dingliche Einigung

bb) Übergabe

cc) Berechtigung des Veräußerers

(P): wirksame dingliche Einigung

§§ 104 ff. BGB anwendbar

<u>Hier:</u> Übereignung der Vase nicht lediglich rechtlich vorteilhaft

⇨ Zustimmung der Eltern erforderlich, §§ 107, 108 BGB

⇨ Einigung nach verweigerter Genehmigung endgültig unwirksam

⇨ Eigentum des B (+)

<u>Außerdem:</u> **Nichtigkeit gem. § 142 I BGB**

- Anfechtbarkeit der dinglichen Einigung
- Anfechtbarkeit eines RG trotz anderweitiger Nichtigkeit (**Lehre von der Doppelnichtigkeit** im Zivilrecht)

- Anfechtungsgrund
  Lehre von der Fehleridentität:
  § 119 I, Alt. 2 BGB (-),
  da Versprecher nicht kausal für die Übereignung
  § 119 II BGB (+), da der Irrtum *unmittelbar* für die dingliche Einigung kausal

⇨ Aus diesem Grund dingliche Einigung ebenfalls unwirksam

⇨ Eigentumsverlust (-)

2. **Recht zum Besitz des A, § 986 BGB**
   (-) da KV zwischen A und B wegen §§ 107 ff., 142, 119 I Alt. 2, 119 II BGB unwirksam
3. **Ergebnis**
   Herausgabeanspruch aus § 985 BGB (+)

II. Anspruch des B (vertreten durch die Eltern) gegen A auf Herausgabe der Vase aus § 812 I S. 1, Alt. 1 BGB

1. **Erlangtes Etwas** (+) Besitz
   Eigentum wurde gerade nicht geleistet!!
2. **Durch Leistung des B** (+),
   insb. Geschäftsfähigkeit nicht erforderlich
3. **Ohne Rechtsgrund** (+)
   da kein wirksamer KV

III. Lösung

I. Anspruch des B gegen A auf Herausgabe der Vase aus § 985 BGB

B könnte gegen A einen Anspruch auf Herausgabe der Vase aus § 985 BGB haben. Bei der Geltendmachung wird er durch seine Eltern als gesetzliche Vertreter vertreten, § 1629 I S. 1, 2 BGB.

Die Voraussetzung dieses Anspruchs ist, dass er Eigentümer und A unberechtigter Besitzer der Vase ist.

1. Eigentum des B

Ursprünglich war B Eigentümer der Vase. Er könnte aber sein Eigentum im Wege rechtsgeschäftlicher Übereignung an A verloren haben.

Die Übereignung einer beweglicher Sache richtet sich nach §§ 929 ff. BGB und erfordert wirksame dingliche Einigung, Übergabe und Berechtigung des Veräußerers (sonst nur gutgläubiger Erwerb nach §§ 932 ff. BGB möglich).

Anmerkung. Unterscheiden Sie zwischen der Übertragung des Eigentums an beweglichen Sachen (§§ 929 ff. BGB), der Übertragung des Eigentums an unbeweglichen Sachen (§§ 873, 925 BGB) und der Übertragung anderer Rechte (meistens im Wege der Abtretung gem. §§ 398, 413 BGB).

a) Dingliche Einigung

Erste Voraussetzung für den Eigentumserwerb ist die dingliche Einigung.

Sie setzt zwei übereinstimmende Willenserklärungen voraus, die die Eigentumsübertragung zum Inhalt haben. Die Einigung ist ein dinglicher Vertrag, auf den die Regeln des BGB-AT anwendbar sind. Damit sind insbesondere die Vorschriften zum Schutz der Minderjährigen und die Anfechtungsregeln zu beachten.

aa) Minderjährigkeit des B

B war zum Zeitpunkt der Vornahme des Übereignungsgeschäfts minderjährig.

Damit war er gem. § 106 BGB beschränkt geschäftsfähig. Er konnte somit nur solche Rechtsgeschäfte selbst vornehmen, die für ihn rechtlich vorteilhaft (§ 107 BGB) oder zumindest neutral sind (teleologische Reduktion des § 107 BGB). Die Übertragung des Eigentums an der Vase war für B jedoch rechtlich nachteilhaft, da er dadurch sein Eigentum an der Vase aufgab.

Beachte: Die Übertragung des Eigentums durch B auf A ist abstrakt und unabhängig von der Übertragung des Geldes durch A auf B zu sehen! Das Geschäft kann wirtschaftlich noch so lukrativ sein, ohne Zustimmung des gesetzlichen Vertreters ist die Eigentumsübertragung unwirksam.

Damit bedurfte er zur Abgabe eines wirksamen Übereignungsangebotes der Zustimmung seiner gesetzlicher Vertreter, hier der Eltern, §§ 107, 108 BGB. Eine solche Zustimmung ist weder im Wege einer Einwilligung noch einer Genehmigung erfolgt.

Damit war seine auf die Eigentumsübertragung gerichtete Einigung zunächst schwebend, mit Verweigerung der Genehmigung endgültig unwirksam.

Anmerkung: Eine umfassende Wiederholung des BGB-AT und des Minderjährigenrechts ist an dieser Stelle nicht möglich und nicht Absicht dieser Fallsammlung.
Soweit Sie in diesem wichtigen Rechtsgebiet Lücken haben, verschaffen Sie sich unbedingt den Überblick anhand unserer Skripten BGB-AT I und II, sowie der Fallsammlung zum BGB-AT.

Damit ist mangels einer wirksamen Willenserklärung des B die dingliche Einigung unwirksam. B hat sein Eigentum an A nicht verloren.

bb) Nichtigkeit gem. § 142 I BGB

Darüber hinaus könnte die dingliche Einigung durch Anfechtung mit ex-tunc Wirkung nichtig sein, § 142 I BGB.

(1) Anfechtbarkeit dinglicher Rechtsgeschäfte

Wie bereits oben festgestellt, erfordert die dingliche Einigung zwei Willenserklärungen der Parteien. Diese Willenserklärungen unterliegen den Regelungen über die Anfechtbarkeit von Willenserklärungen.

(2) Anfechtung trotz anderweitiger Nichtigkeit

Fraglich ist aber, ob ein Rechtsgeschäft, das bereits aus einem anderen Grund nichtig ist (§§ 104 ff. BGB, 134, 138 BGB) angefochten werden kann. Dagegen spricht, dass die Anfechtung ins Leere gehen würde, da die begehrte Rechtsfolge, nämlich die Nichtigkeit des Rechtsgeschäfts bereits eingetreten ist.

Nach h.M. ist die Anfechtung in solcher Situation nicht ausgeschlossen (Lehre von der Doppelnichtigkeit im Zivilrecht). Das Rechtsgeschäft kann aus mehreren Gründen nichtig sein. Jeder Grund kann für sich getrennt geltend gemacht werden, so dass im Ergebnis eine mehrfache Nichtigkeit vorliegt.

Dies ist überzeugend. Denn ein Nichtigkeitsgrund kann auch wieder entfallen (z.B. Heilung eines Formmangels). Dann muss der weitere Nichtigkeitsgrund eingreifen können.

(3) Anfechtungsgrund

Als Anfechtungsgrund in Betrachtung kommt sowohl der Versprecher bei der Kaufpreisvereinbarung als auch der Irrtum über die Herkunft der Vase.

(a) Versprecher

Das Sich-Versprechen stellt einen Erklärungsirrtum nach § 119 I, Alt. 2 BGB dar.

Der Erklärende erklärt etwas, das er nicht erklären wollte. Das subjektiv Gewollte und das objektiv Erklärte fallen auseinander.

Fraglich ist aber, ob dieser Irrtum kausal für die Abgabe der Einigungserklärung war.

Der Irrtum über den Preis war sicherlich für den Abschluss des Kaufvertrages (Verpflichtungsgeschäft) von Bedeutung. Hätte der B seinen Versprecher bemerkt, so hätte er den Kaufpreis sofort berichtigt und jedenfalls die Vase nicht für 10 € verkauft.

Für die dingliche Einigung (Verfügungsebene) verhält es sich anders. Die Parteien sind sich einig, dass das Eigentum übergehen soll. Für die dingliche Einigung ist insoweit nur von Bedeutung, an wen und welche Sache übereignet werden soll. Dagegen ist die dingliche Einigung von der Frage des Kaufpreises unabhängig.

Damit ist der Erklärungsirrtum auf der Verpflichtungsebene nicht für das Verfügungsgeschäft kausal. § 119 I Alt. 2 BGB scheidet als Anfechtungsgrund des Verfügungsgeschäfts aus.

(b) Irrtum über die Herkunft der Vase

Der Irrtum über die Herkunft die Vase stellt einen beachtlichen Motivirrtum i.S.d. § 119 II BGB.

Dieser Irrtum war im Gegensatz zum Erklärungsirrtum nicht nur für den Abschluss des Kaufvertrages, sondern auch für die dingliche Einigung ausschlaggebend. B hatte die Vase nur deswegen verkauft und übereignet, weil er sie für eine billige Nachmachung hielt. Hätte er die wahre Herkunft der Vase erkannt, hätte er sie nicht übereignet.

Anmerkung: § 119 II BGB wäre abzulehnen, wenn sich aus dem Sachverhalt ergibt, dass man die Vase auch dann übereignet hätte, wenn man um die Herkunft gewusst hätte, man aber einen höheren Preis verlangt hätte. Dann kann gem. § 119 II BGB nur das Kausalgeschäft angefochten werden!

Damit war ein und derselbe Fehler kausal sowohl für das Verpflichtungs- als auch für das Verfügungsgeschäft (Lehre von der Fehleridentität).

(4) Anfechtungserklärung, § 143 I, II BGB

In der Verweigerung der Zustimmung und in der Herausgabeforderung der Eltern ist im Wege laiengünstiger Auslegung die Anfechtungserklärung zu sehen.

Sie ist auch an den richtigen Adressaten gerichtet, nämlich an Vertragspartner A.

Somit ist festzustellen, dass die dingliche Einigung als Voraussetzung für die Übereignung der Vase aus zwei Gründen unwirksam ist. Damit hat B nicht sein Eigentum an A verloren.

2. Recht zum Besitz, § 986 BGB

Der Anspruch aus § 985 BGB wäre aber dann ausgeschlossen, wenn dem A an der Vase ein Recht zum Besitz zustünde. Das Recht zum Besitz nach § 986 BGB stellt eine Einwendung dar, die den Anspruch ausschließen würde.

Ein Recht zum Besitz könnte sich aus dem zwischen A und B abgeschlossenen Kaufvertrag ergeben. Voraussetzung ist aber, dass dieser Kaufvertrag wirksam ist.

Das ist aber nicht der Fall, da der aufgrund der Minderjährigkeit zunächst schwebend unwirksame Kaufvertrag wegen der Verweigerung der Eltern sowie wegen der Anfechtung nach §§ 142 I, 119 I, Alt. 2, 119 II BGB unwirksam war.

A ist zur Herausgabe der Vase gem. § 985 BGB verpflichtet.

II. Anspruch des B (vertreten durch die Eltern) gegen A auf Herausgabe der Vase aus § 812 I S. 1, Alt. 1 BGB

1. Erlangtes Etwas

A müsste etwas erlangt haben. Erlangtes Etwas ist jeder vermögenswerte Vorteil wie Eigentum oder Besitz an einer Sache.

Eigentum wurde aber gerade nicht geleistet, da B Eigentümer geblieben ist. Geleistet wurde vielmehr nur Besitz. Dieser kann unproblematisch Gegenstand der Leistungskondiktion sein.

Anmerkung: Das ist für die Leistungskondiktion völlig unstreitig. Umstritten ist dagegen, ob eine Besitzkondiktion im Wege der Eingriffskondiktion (§ 812 I S. 1, Alt. 2 BGB) möglich ist. Dagegen spricht die Regelung des Besitzschutzes in den §§ 861 ff., 1007 BGB, die abschließend sein soll. Würde man die Eingriffskondiktion bei Besitz bejahen, wären §§ 861 ff., 1007 BGB überflüssig.
Damit ist nach überzeugender aber umstrittener Ansicht ein Eingriff in den tatsächlichen Besitz von § 812 I S. 1, Alt. 2 BGB nicht erfasst.
Besteht aber ein Recht zum Besitz, so ist ein Eingriff in dieses Recht kondiktionsauslösend, denn dieses bildet ein anerkennungswürdiges Zuordnungsrecht i.S.d. § 812 I S. 1, Alt. 2 BGB.

2. Durch Leistung

A hat Besitz durch Leistung des B erlangt, d.h., durch bewusste und zweckgerichtete Mehrung fremden Vermögens.

3. Ohne Rechtsgrund

Einen Rechtsgrund könnte ein wirksamer Kaufvertrag zwischen A und B darstellen. Der Kaufvertrag zwischen A und B ist aber unwirksam (s.o.). Ein anderer Rechtsgrund ist nicht ersichtlich.

4. Ergebnis

Damit ist auch ein Anspruch aus § 812 I S. 1, Alt. 1 BGB gegeben. Dieser ist auf die Herausgabe der Vase gerichtet.

IV. Zusammenfassung

Sound: Die dingliche Einigung ist ein Rechtsgeschäft, auf das die BGB-AT-Regeln Anwendung finden.

Neben Geschäftsfähigkeit und Willensmängeln sind auf die dingliche Einigung auch die Stellvertretungsregeln anwendbar, §§ 164 ff. BGB. Sowohl der Erwerber als auch der Veräußerer können sich bei der Einigung Boten oder Vertreter bedienen. Die Einigung wirkt dann unmittelbar für den Vertretenen.

hemmer-Methode: Um die Fälle im Sachenrecht gut zu lösen, ist es notwendig, die sachenrechtlichen Prinzipien zu kennen und zu verstehen. Von Bedeutung sind insbesondere: Abstraktions-, Absolutheits-, Publizitäts-, Bestimmtheits- und numerus clausus-Prinzip. Lesen Sie dazu Hemmer/Wüst, SachenR I, Rn. 23 ff. Hierzu nur in aller Kürze:

- **Abstraktionsprinzip**: Verfügung und Verpflichtung sind in ihrer Wirksamkeit voneinander unabhängig.
- **Absolutheitsprinzip**: Dingliche Rechte wirken gegenüber jedermann. Gegenbegriff im Schuldrecht: die „Relativität schuldrechtlicher Beziehungen“.
- **Publizitätsprinzip**: Wegen der Absolutheit dinglicher Rechte muss jedem Dritten erkennbar sein, dass sich eine dingliche Rechtsänderung vollzieht. Daher sieht das Gesetz bei der Rechtsübertragung notwendige Publizitätsakte wie z.B. die Übergabe bei den §§ 929 ff. BGB oder die Grundbucheintragung bei § 873 BGB vor.
- **Bestimmtheitsgrundsatz**: Dingliche Rechte können nur an bestimmten Sachen bestehen und übertragen werden. Allein anhand des Inhalts der Einigung muss ohne Zuhilfenahme anderer Umstände für jeden Dritten erkennbar sein, an welchen Sachen ein dingliches Recht besteht bzw. sich eine dingliche Rechtsänderung vollziehen soll.
- **Numerus clausus**: Dingliche Rechte sind abschließend normiert. Das bedeutet einen Typenzwang. Wer Rechtsverhältnisse dinglich regeln will, muss sich der im Sachenrecht zugelassenen Typen mit dem dort vorgesehenen Inhalt bedienen.

V. Zur Vertiefung

- Hemmer/Wüst, SachenR I, Rn. 6 ff., 15 ff.
- Hemmer/Wüst, Basics Zivilrecht II, Rn. 161

Zur Anfechtung nichtiger Rechtsgeschäfte

- Hemmer/Wüst, BGB-AT III, Rn. 309

Zur Besitzkondiktion

- Hemmer/Wüst, SachenR I, Rn. 256 f.

Fall 29: Die dingliche Einigung (3) „Bonifatius-Fall“ (gekürzte Version)

Sachverhalt:

Priester P gab seine Wertpapiere kurz vor seinem Tod dem X. Dieser sollte die Wertpapiere dem Bischof B für den Bonifatiusverein bringen, dessen Vorstandsmitglied B ist. X übergibt B die Wertpapiere einige Tage nach dem Tod des P. Als die Alleinerbin E des P davon hört, verlangt sie Herausgabe.

Frage: *Kann E vom B-Verein Herausgabe nach § 985 BGB verlangen?*

I. Einordnung

§ 929 BGB erfordert, dass der Veräußerer und der Erwerber darüber einig sind, dass das Eigentum übergehen soll, sog. dingliche Einigung, dinglicher Vertrag.

Auf den dinglichen Vertrag sind, wie bereits gezeigt, die Vorschriften des Allgemeinen Teils des BGB anzuwenden. Der dingliche Vertrag besteht also aus Angebot und Annahme, §§ 145 ff. BGB. Es können somit Vertreter auf beiden Seiten auftreten, die die Willenserklärungen abgeben bzw. empfangen. Bei dem Realakt der Übergabe kann eine Stellvertretung wie bei Willenserklärungen nach §§ 164 ff. BGB grds. nicht stattfinden.

Im Übrigen gelten für Angebot und Annahme die Regeln über Willenserklärungen. Ist die Willenserklärung noch nicht gem. § 130 I S. 1 BGB zugegangen, stellt sich die Frage, was beim Tod des Antragenden geschieht. Gem. § 130 II BGB hat dies keinen Einfluss auf die Wirksamkeit der Willenserklärung.

II. Gliederung

Anspruch der E gegen den B-Verein auf Herausgabe der Wertpapiere gem. § 985 BGB

E Eigentümerin?

1. § 1922 I BGB

2. Eigentum des P beim Erbfall
Verlust des Eigentums gem. § 929 S. 1 BGB vor dem Erbfall

a) Übertragung auf X
Einigung (-)

b) Übertragung auf den B-Verein

aa) Einigung (-), X nicht Vertreter des B gem. § 164 I BGB

bb) Übergabe noch (-), X nicht Besitzdiener des B

⇨ P Eigentümer geblieben,
⇨ E gem. § 1922 I BGB Eigentümerin

3. Verlust des Eigentums der E durch Übergabe der Papiere, § 929 S. 1 BGB

a) Dingliche Einigung

aa) Angebot des P, § 130 BGB

bb) Annahme des B-Vereins durch Organ B, §§ 153, 151 S. 1 BGB

cc) Widerruf der dinglichen Einigung

(1) Bis zur Übergabe möglich, Umkehrschluss aus §§ 873 II, 956 I S. 2 BGB

(2) Übergabe bereits stattgefunden, zu diesem Zeitpunkt bestand die Einigkeit fort

b) **Übergabe** (+)
Ergebnis E hat Eigentum an B-Verein verloren, kein Anspruch aus § 985 BGB

III. Lösung

Anspruch der E gegen den B-Verein auf Herausgabe der Wertpapiere gem. § 985 BGB

Zu klären ist, ob E gegen den B-Verein einen Anspruch auf Herausgabe der Wertpapiere gem. § 985 BGB hat. Voraussetzung ist das Vorliegen einer Vindikationslage.

E müsste Eigentümerin und der B-Verein unberechtigter Besitzer der Wertpapiere sein.

Fraglich ist deshalb zunächst, ob E Eigentümerin der Wertpapiere geworden ist.

1. § 1922 I BGB

E könnte im Wege der Gesamtrechtsnachfolge gem. § 1922 I BGB Eigentümerin geworden sein. Mit dem Tode des P ging dessen gesamtes Vermögen auf die Alleinerbin E über. E ist also Eigentümerin geworden, wenn P im Todeszeitpunkt noch Eigentümer der Wertpapiere gewesen wäre.

2. P Eigentümer?

Verlust des Eigentums gem. § 929 S. 1 BGB

P könnte sein Eigentum jedoch schon **zu Lebzeiten** gem. § 929 S. 1 BGB verloren haben.

a) Übertragung auf X

Fraglich ist, ob P die Wertpapiere an X veräußert hat.

P war Eigentümer der Wertpapiere und hat sie dem X auch übergeben.

Im Rahmen der dinglichen Einigung war die Willenserklärung des P jedoch nicht darauf gerichtet, dass X Eigentum erwarb, der das Eigentum dann seinerseits dem B-Verein übertragen sollte. Vielmehr wollte P, dass der B-Verein direkt das Eigentum von P erwerben sollte.

X ist deshalb nicht Eigentümer geworden.

b) Übertragung auf den B-Verein

Weiterhin könnte P das Eigentum an den Wertpapieren auf den B-Verein übertragen haben.

aa) Einigung

Dazu müssten sich P und B wirksam über den Eigentumsübergang geeignet haben. Bischof B ist Organ des B-Vereins gem. §§ 26 II, 30 BGB, hat jedoch zu Lebzeiten des P dessen Angebot nicht angenommen.

X könnte jedoch als Vertreter des Bischofs B nach § 164 I S. 1 BGB für den Bischof und damit den B-Verein die Annahme erklärt haben. X hatte jedoch weder Vertretungsmacht, noch gab er eine Willenserklärung für den B ab. X war also lediglich Erklärungsbote des P, nicht Vertreter des B gem. § 164 I S. 1 BGB.

bb) Übergabe

Auch eine Übergabe von P an den B erscheint fraglich. X hätte dazu Besitzdiener des B nach § 855 BGB sein müssen. Dazu hätte X die tatsächliche Gewalt über die Wertpapiere für den B in einem ähnlichen Verhältnis ausüben müssen wie ein Angestellter des B, so dass er den Weisungen des B bezüglich der Wertpapiere Folge zu leisten hätte. X ist jedoch lediglich Erklärungsbote und Überbringer der Wertpapiere. Die Konstruktion der Übergabe von P an B über Besitzdienerschaft des X scheitert damit.

P ist somit Eigentümer geblieben, E ist gem. § 1922 I BGB Gesamtrechtsnachfolgerin und damit Eigentümerin geworden.

3. Verlust des Eigentums der E durch Übergabe der Papiere, § 929 S. 1 BGB

Die E könnte jedoch das Eigentum nach § 929 S. 1 BGB verloren haben, als X die Wertpapiere übergab und dem Bischof B das Angebot des B überbrachte.

a) Dingliche Einigung

Dazu müsste eine dingliche Einigung nach § 929 S. 1 BGB zwischen B und P zustande gekommen sein.

aa) Angebot des P, § 130 BGB

P übergab die Papiere dem X und trug ihm auf, die Wertpapiere dem Bischof B für den Bonifatiusverein zu bringen. Darin liegt das konkludent erklärte Angebot des P, dem B-Verein das Eigentum an den Papieren zu übertragen.

Die Abgabe der Willenserklärung erfolgte in Abwesenheit des Erklärungsempfängers B, so dass die Willenserklärung des P nach § 130 I S. 1 BGB wirksam wurde, als X sie ihm übermittelte.

Der Wirksamkeit der Willenserklärung des P könnte jedoch entgegenstehen, dass P vor Zugang der Willenserklärung verstarb. § 130 II BGB bestimmt jedoch, dass der Tod des P auf die Wirksamkeit seiner abgegebenen Willenserklärung keinen Einfluss hat.

Also liegt ein wirksames Angebot des P, gerichtet auf Abschluss des dinglichen Vertrages gem. § 929 S. 1 BGB, vor.

Die Willenserklärung könnte jedoch schon durch E vor oder während des Zugangs der Willenserklärung widerrufen worden sein, § 130 I S. 2 BGB. E ist Gesamtrechtsnachfolgerin des P gem. § 1922 I BGB und damit zum Widerruf berechtigt, wie P es gewesen wäre. Der Widerruf der E erfolgte jedoch erst nach Zugang der Willenserklärung des P bei Bischof B. Damit scheidet ein Widerruf der Willenserklärung gem. § 130 I S. 2 BGB aus.

bb) Annahme des B-Vereins durch Organ B, §§ 153, 151 S. 1 BGB

Der B-Verein müsste das Angebot des P jedoch auch angenommen haben. Bischof B nahm die Papiere entgegen und erklärte damit konkludent die Annahme des Angebots des P. B handelte dabei als Organ des B-Vereins gem. §§ 26 II, 30, 164 I S. 2 BGB. Die Annahme des Angebots müsste grundsätzlich auch dem Antragenden gegenüber erklärt werden. Diese Erklärung könnte jedoch gem. § 151 S. 1 BGB entbehrlich sein.

Hier ist durch Auslegung der Willenserklärung des P, §§ 133, 157 BGB, zu ermitteln, dass P auf den Zugang der Annahmeerklärung seitens des B verzichtet hat.

Somit liegt eine wirksame dingliche Einigung gem. § 929 S. 1 BGB zwischen B und P vor.

cc) Widerruf der dinglichen Einigung

E könnte die einmal nach § 929 S. 1 BGB erklärte dingliche Einigung aber widerrufen haben.

(1) Fraglich ist, ob der dingliche Vertrag in § 929 S. 1 BGB, wenn er erst einmal geschlossen wurde, noch widerrufen werden kann. Ein systematischer Vergleich mit der dinglichen Einigung bei Rechten am Grundstück, § 873 II BGB, zeigt, dass auch diese Einigung grundsätzlich frei widerruflich ist, wenn nicht ein besonderer Vertrauenstatbestand durch Notar oder Grundbuchamt vorliegt. Ein weiterer Vergleich mit § 956 I S. 2 BGB legt nahe, dass der Erwerber zumindest schon im Besitz der Sache sein muss, um die Widerruflichkeit der dinglichen Einigung auszuschließen.

Aus diesem systematischen Vergleich kann man ableiten, dass die dingliche Einigung in § 929 S. 1 BGB so lange frei widerruflich ist, bis die Sache dem Erwerber übergeben worden ist. Die dingliche Einigung müsste somit im Zeitpunkt der Übergabe nicht mehr vorgelegen haben, damit E Eigentümerin geblieben ist.

Für eine einmal erklärte dingliche Einigung besteht jedoch die Vermutung, dass sie fortdauert. E hat im Zeitpunkt der Übergabe der Wertpapiere mangels Kenntnis keinen Willen zum Widerruf gehabt, sie hat keinen Widerruf erklärt.

(2) Zum Zeitpunkt der Übergabe bestand demnach die dingliche Einigung fort.

Nach der Übergabe ist die Übereignung nach § 929 S. 1 BGB wirksam vollzogen; ein Widerruf der dinglichen Einigung scheidet aus.

Damit lag eine wirksame dingliche Einigung zwischen P und dem B-Verein, vertreten durch B, vor.

b) Übergabe

Weiterhin setzt § 929 S. 1 BGB voraus, dass der Eigentümer die Sache dem Erwerber übergibt. Hierunter ist jeglicher Besitzerwerb des Erwerbers auf Veranlassung des Veräußerers unter Aufgabe jedweden Besitzrestes seitens des Veräußerers zu verstehen.

Dabei ist die Einschaltung von Geheißpersonen auf beiden Seiten unproblematisch möglich. Eine Übergabe i.S.d. § 929 S. 1 BGB liegt demnach vor, wenn der Veräußerer P die Sache zwar nicht selbst übergibt, er jedoch den Besitzer als Geheißperson veranlasst, dies zu tun. Dies hat P dadurch getan, dass er den X veranlasste, die Wertpapiere an B zu übergeben. B ist Organ des B-Vereins. Als Organ des Vereins, der seinen Besitz nur durch seine Organe ausüben kann, verschafft B dem Verein den unmittelbaren Besitz an den Papieren (sog. Organbesitz).

Die Wertpapiere sind dem B-Verein folglich auch übergeben worden.

c) Ergebnis

E hat das Eigentum an den Wertpapieren gem. § 929 S. 1 BGB an den B-Verein verloren, somit besteht für E kein Anspruch auf Herausgabe aus § 985 BGB.

IV. Zusammenfassung

Sound: Die dingliche Einigung in § 929 S. 1 BGB ist bis zur Übergabe frei widerruflich. Im Zeitpunkt der Übergabe muss die dingliche Einigung dann noch fortbestehen.

Bei Einschaltung einer dritten Person zur Übermittlung kann diese Vertreter und Besitzdiener sein, oder nur Erklärungsbote und Geheißperson.

hemmer-Methode: Der „Bonifatius-Fall" ist ein Klassiker, den schon das Reichsgericht beurteilen musste. Damals bejahten die Richter übrigens einen Bereicherungsanspruch der E, § 812 I S. 1, Alt. 1 BGB. In unserem Hauptkurs lernen Sie diesen Fall unter allen rechtlichen Gesichtspunkten kennen. Der eigentliche – hier nicht relevante – Knackpunkt des Falles ist nämlich, ob im Innenverhältnis zwischen E und dem B-Verein ein Rechtsgrund besteht: § 2301 BGB könnte einem wirksamen Schenkungsvertrag entgegenstehen.

V. Zur Vertiefung

- Hemmer/Wüst, SachenR II, Rn. 27 ff.
- Hemmer/Wüst, Basics Zivilrecht II, Rn. 170 f.
- Hemmer/Wüst, SachenR I, Karte 24
- Zusammenfassend zum Geheißerwerb vgl. Tyroller, Life&Law 2012, 522 ff.

Fall 30: Die Übergabe, § 929 S. 1 BGB

Sachverhalt:

Schuhfabrikant U ist in finanziellen Nöten. Daher beschließt er, den gegen eine monatliche Gebühr von 1.500 € bei V eingelagerten Bestand an hochwertigem Leder an seinen Konkurrenten B zu verkaufen. Mit diesem wird er schnell einig; es wird vereinbart, dass das Leder – das bei V gesondert gekennzeichnet ist – weiterhin bei V verbleiben soll. Deshalb ruft U bei V an und teilt diesem mit, dass „neuer Eigentümer nun der B" sei. V ist einverstanden und schließt mit B einen Vertrag über die Einlagerung des Leders zu monatlich 1.500 €.

Aufgrund einer leicht fahrlässigen Unachtsamkeit des bei V angestellten – sonst immer zuverlässigen – A wird ein Teil des Leders zerstört (Schaden: 10.000 €).

Frage: *Hat B einen Anspruch auf Schadensersatz?*

I. Einordnung

Neben der Einigung erfordert die Grundform der Übereignung nach § 929 S. 1 BGB auch die Übergabe der Sache. Diese dient der **Wahrung des Publizitätsprinzips**.

Die Übergabe i.S.v. § 929 S. 1 BGB ist grundsätzlich ein **Realakt**, d.h. Geschäftsfähigkeit ist nicht Voraussetzung und Stellvertretung ist nicht möglich. Der Besitzerwerb erfolgt nach §§ 854 ff. BGB. Ausnahmsweise kann die Übergabe durch rechtsgeschäftliche Willenserklärung geschehen, § 854 II BGB. Bekanntestes Beispiel hierfür ist das „Holz im Wald".

Bei einer Übergabe nach § 929 S. 1 BGB muss der Besitz vom Veräußerer auf den Erwerber übertragen werden. D.h. auf Veräußererseite muss eine völlige Besitzaufgabe gegeben sein und der Erwerber muss Besitz auf Veranlassung des Veräußerers erworben haben.

Sowohl auf Erwerber-, als auch auf Veräußererseite können bei der Übergabe nach § 929 S. 1 BGB Hilfspersonen eingeschaltet werden.

In Frage kommen Besitzdiener, Geheißpersonen oder Besitzmittler.

II. Gliederung

I. Anspruch B gegen U wegen Unmöglichkeit der Übereignung, §§ 433 I S. 1, 280 I, III, 283 S. 1 BGB

1. Nachträgliche Unmöglichkeit

Unmöglichkeit (-), wenn U an B bereits übereignet und damit erfüllt hat: Übereignung gem. § 929 S. 1 BGB?

a) Grundsätze der Gattungsschuld stehen nicht entgegen, da U von Dritter Seite kein Leder zu beschaffen hat.

b) Übereignung nach § 929 S. 1 BGB?

aa) Einigung (+), Bestimmtheitsgrundsatz ist gewahrt

bb) Übergabe

(1) Verschaffung von Besitz: **B ist mittelbarer Besitzer des Leders geworden**;
mittelbarer Besitz ist für die Übergabe ausreichend!

(2) Auf Veranlassung des U (+)

(3) Vollständiger Besitzverlust bei U (+)

cc) Berechtigung des U (+)

⇨ Übereignung (+);
Unmöglichkeit (-) da vorherige Erfüllung

⇨ Anspruch (-)

II. Anspruch des B gegen V

1. Unmöglichkeit der Herausgabe, §§ 695, 280 I, III, 283 S. 1 BGB

a) Durch Zerstörung Teilunmöglichkeit

b) Vertretenmüssen des V wg. § 278 BGB

c) Schaden des B: (+), Eigentum zerstört

2. § 831 I BGB (-) wegen Exkulpation gem. § 831 I S. 2 BGB

III. Anspruch B gegen A

1. Vertragliche Ansprüche (-)

2. § 823 I BGB (+):
Innerbetrieblicher Schadensausgleich wirkt nicht zu Lasten Dritter

3. § 823 II BGB (-),
Kein verletztes Schutzgesetz

III. Lösung

I. Anspruch B gegen U

B könnte gegen U ein Anspruch auf Schadensersatz i.H.v. 10.000 € wegen Unmöglichkeit der kaufvertraglichen Übereignungspflicht des B aus §§ 433 I S. 1, 280 I, III, 283 S. 1 BGB zustehen.

1. Nachträgliche Unmöglichkeit

Die Primärleistungspflicht des U aus § 433 I S. 1 BGB ist durch Abschluss eines wirksamen Kaufvertrages entstanden.

Fraglich ist jedoch, ob sie durch die Zerstörung des Leders ganz oder teilweise unmöglich geworden ist i.S.d. § 275 I-III BGB.

a) Entgegenstehende Grundsätze der Gattungsschuld

Ist die geschuldete Leistung nur der Gattung nach bestimmt, so führt der Untergang einzelner Leistungsgegenstände grundsätzlich nicht zur Unmöglichkeit i.S.d. § 275 I BGB, da weiterhin erfüllungstaugliche Gegenstände vorhanden sind, der Leistungserfolg ist also noch erbringbar. Dem trägt der Gesetzgeber nach Streichung des § 279 BGB a.F. durch das in § 276 I BGB erwähnte Beschaffungsrisiko Rechnung.
Vorliegend war Gegenstand des Vertrages jedoch der gesamte bei V eingelagerte Bestand an Leder; *diese* Leistungspflicht ist infolge der Zerstörung eines Teils des Bestandes nicht mehr erbringbar.
Da nach der vertraglichen Vereinbarung nicht davon auszugehen ist, dass B im Falle einer Unmöglichkeit von dritter Seite gleichwertiges Leder zu beschaffen hätte, kommt ein Fall der Unmöglichkeit nach § 275 I BGB in Betracht; die Grundsätze der Gattungsschuld können dem nicht entgegenstehen.

hemmer-Methode: Unmöglichkeit ist die *Nichterbringbarkeit des Leistungserfolges durch eine Leistungshandlung des Schuldners.* Geschuldeter Leistungserfolg ist hier die Übereignung des gesamten bei V eingelagerten Lederbestands des B. Wenn ein Teil hiervon untergeht, kommt Unmöglichkeit nach § 275 I BGB in Betracht.

Etwas anderes würde gelten, wenn z.B. von 50 Paletten 10 geschuldet sind und 20 untergehen (begrenzte Vorratsschuld). Dann wäre aus den verbleibenden 30 Paletten eine Leistungserbringung noch möglich. Unmöglichkeit i.S.d. § 275 I BGB würde nur dann vorliegen, wenn sich die Schuld vorher auf die untergegangenen 20 Paletten beschränkt hätte, die Leistungsgefahr also auf den Gläubiger B übergegangen wäre (vor allem: Konkretisierung nach § 243 II BGB).

b) Keine Unmöglichkeit bei vorheriger Erfüllung

Jede Form der Unmöglichkeit setzt jedoch eine im maßgeblichen Zeitpunkt noch wirksam bestehende Leistungspflicht voraus. Hier könnte der Anspruch auf Übereignung aus § 433 I S. 1 BGB bereits infolge Erfüllung gem. § 362 I BGB erloschen sein. Dies wäre der Fall, wenn der geschuldete Leistungserfolg eingetreten wäre, wenn also U dem B die fraglichen Gegenstände übergeben und übereignet hätte. Es könnte eine Übereignung nach § 929 S. 1 BGB vorliegen.

aa) Dingliche Einigung

B und U müssten sich über den Übergang des Eigentums i.S.d. § 929 S. 1 BGB geeinigt haben; dies ist vorliegend geschehen.

Der Wirksamkeit der Einigung könnte jedoch der im Sachenrecht geltende **Bestimmtheitsgrundsatz** entgegenstehen:

Zum Schutze der Rechtssicherheit muss im Zeitpunkt der Übergabe klar sein, auf welche konkreten beweglichen Sachen sich die Einigung beziehen soll.

Hier sollte das Eigentum an dem gesamten bei V eingelagerten Lederbestand des B übergehen. Da die dem B gehörenden Lederstücke bei V gesondert gekennzeichnet sind, ist für einen objektiven Dritten klar, auf welche konkreten Sachen sich die Übereignung beziehen soll. Damit ist dem Bestimmtheitsgrundsatz ausreichend Rechnung getragen.

hemmer-Methode: Die einzelnen Lederstücke sind jeweils eigenständige Sachen i.S.d. § 90 BGB. Da es eine „Gattungsübereignung“ nicht gibt, muss daher für jede einzelne Sache der Erwerbstatbestand, hier § 929 S. 1 BGB, erfüllt sein. Dies setzt jedoch voraus, dass klar ist, welche konkreten Lederstücke überhaupt übereignet werden sollen, Bestimmtheitsgrundsatz. Freilich ist nicht zwingend, dass die Parteien in der Einigung die einzelnen Sachen ausdrücklich aufführen; die Bestimmtheit kann sich - so wie hier - durch Auslegung der Einigung nach §§ 133, 157 BGB ergeben.

bb) Übergabe

Problematisch ist jedoch, ob U dem B die Sachen auch i.S.d. § 929 S. 1 BGB übergeben hat. Dies setzt eine Besitzverschaffung beim Erwerber auf Veranlassung des Veräußerers voraus, wobei der Veräußerer jeglichen Besitzrest aufgeben muss.

hemmer-Methode:
„Übergabe“ =
1. **Erwerber wird Besitzer**
   (mittelbarer Besitz genügt, wenn Veräußerer jede Besitzposition aufgibt!!)
2. Auf Veranlassung des Veräußerers

3. Aufgabe jeglichen Besitzrestes beim Veräußerer (es sei denn, Erwerber wird unmittelbarer Besitzer; dann kann Veräußerer mittelbarer Besitzer sein, was für die Übergabe aber unschädlich ist – so beim Eigentumsvorbehalt, wo der Veräußerer aufgrund der Sicherungsabrede mittelbarer Besitzer ist)

(1) Besitzerwerb bei B

Voraussetzung ist zunächst der Erwerb von Besitz bei B.

B ist nicht unmittelbarer Besitzer der Lederstücke i.S.d. § 854 I BGB geworden; jedoch könnte er mittelbaren Besitz i.S.d. § 868 BGB erhalten haben. Mittelbarer Besitz ist für die Übergabe nach den §§ 929 ff. BGB ausreichend.

hemmer-Methode: Einer der häufigsten Klausurfehler ist es, unter „Übergabe" nur die Verschaffung unmittelbaren Besitzes verstehen zu wollen. NEIN! Mittelbarer Besitz genügt, wenn der Veräußerer jeden Besitzrest verliert! Die Erlangung unmittelbaren Besitzes ist nur erforderlich, wenn der Veräußerer mittelbaren Besitz zurückbehält (siehe hemmer-Methode oben zur Übergabe). Ein Fehler an dieser Stelle kostet den irrenden Prüfling in der Klausur regelmäßig „den Kopf".

Der zwischen B und V geschlossene Vertrag stellt eine (entgeltliche) Verwahrung i.S.d. §§ 688 ff. BGB dar. Diese ist aufgrund ausdrücklicher Nennung in § 868 BGB zur Annahme eines Besitzmittlungsverhältnisses ausreichend. V hatte den erforderlichen Fremdbesitzerwille für B; der zur Begründung mittelbaren Besitzes notwendige Herausgabeanspruch des B ergibt sich aus § 695 BGB.

Damit ist B mittelbarer Besitzer der zu übereignenden Lederstücke geworden.

(2) Auf Veranlassung des U

Dieser Besitzerwerb fand auch auf Veranlassung des U statt: Dieser hat V dazu veranlasst, mit B ein Besitzmittlungsverhältnis zu begründen.

(3) Vollständiger Besitzverlust bei U

Ferner müsste U jeglichen Besitzrest verloren haben.

U ist nicht unmittelbarer Besitzer. Jedoch hat er auch seinen zuvor bestehenden mittelbaren Besitz verloren:

Durch die Vereinbarung zwischen V und B wurde äußerlich klar erkennbar, dass V nun nicht mehr für U, sondern von nun an für B besitzen wolle. Damit hat V seinen Besitzmittlungswillen für U aufgegeben, U hat seinen mittelbaren Besitz verloren.

hemmer-Methode: Machen Sie sich also klar: Eine Übergabe nach § 929 S. 1 BGB kann auch dann gegeben sein, wenn sich die Sache bei der Übereignung keinen Millimeter vom Fleck bewegt!

cc) Berechtigung des U

U hat als Eigentümer und damit als Berechtigter verfügt.

2. Zwischenergebnis

Damit hat U an B wirksam übereignet und seine Verpflichtung aus § 433 I S. 1 BGB erfüllt. Damit konnte eine Unmöglichkeit durch die spätere teilweise Zerstörung nicht mehr eintreten.

Ein Anspruch aus §§ 433 I S. 1, 280 I, III, 283 S. 1 BGB scheidet daher aus. B hat gegen U keine Schadensersatzansprüche.

hemmer-Methode: Beachten Sie, dass § 433 I S. 1 BGB den Verkäufer nicht nur zur Übereignung, sondern auch zur Übergabe verpflichtet. Hinsichtlich dieser *schuldrechtlichen* Verpflichtung geht die h.M. davon aus, dass unter Übergabe nur die Verschaffung *unmittelbaren Besitzes* zu verstehen ist; jedoch können die Parteien eine abweichende Vereinbarung treffen.
Dies ist vorliegend geschehen: U war damit einverstanden, nur mittelbarer Besitzer zu werden. Es wurde also die Pflicht aus § 433 I S. 1 BGB vollständig erfüllt. Unterscheiden Sie diese Frage aber unbedingt von der i.R.d. §§ 929 ff. BGB erforderlichen Übergabe!

II. Anspruch des B gegen V

Jedoch kommen Schadensersatzansprüche gegen V in Betracht.

1. Unmöglichkeit der Herausgabe, §§ 695, 280 I, III, 283 S. 1 BGB

Aufgrund des Verwahrungsvertrages war V dem U zur Herausgabe nach § 695 BGB verpflichtet.

Diese Leistungspflicht ist infolge der Zerstörung eines Teils der Ware teilweise unmöglich geworden i.S.d. § 275 I BGB.

Diese Unmöglichkeit hat V auch i.S.d. §§ 276 ff. BGB zu vertreten: Er muss sich das Verschulden seines Angestellten A als Erfüllungsgehilfen nach § 278 BGB zurechnen lassen.

Damit liegen die Voraussetzungen für eine Haftung nach §§ 695, 280 I, III, 283 S. 1 BGB vor. V hat dem B den Schaden i.H.v. 10.000 € zu ersetzen.

2. § 831 I BGB

Zwar hat der Angestellte A als Verrichtungsgehilfe des V rechtswidrig eine unerlaubte Handlung durch Beschädigung des Eigentums des B nach § 823 I BGB begangen. Jedoch kann V die Vermutung seines Verschuldens widerlegen, sog. Exkulpation, § 831 I S. 2 BGB:

Er hat den Angestellten ordnungsgemäß ausgesucht und überwacht; da A bislang sorgfältig gearbeitet hat, bestand für V kein Anlass, besondere Sorgfalt bei der Überwachung zu beachten.

hemmer-Methode: § 831 I BGB ist ein eigenständiger Haftungstatbestand; es handelt sich um eine Haftung für das *eigene Verschulden* des Geschäftsherren. Dieses Verschulden wird gesetzlich vermutet, weshalb der Geschäftsherr zu seiner Entlastung vortragen und notfalls beweisen muss, warum ihn kein Verschulden trifft (§ 831 I S. 2 BGB). Es geht gerade *nicht* um die Zurechnung *fremden* Verschuldens!!!

III. Anspruch B gegen A

1. Vertraglicher Anspruch

Vertragliche Ansprüche scheiden aus, da zwischen B und A kein vertragliches Verhältnis besteht.

Auch entfaltet das zwischen A und V bestehende Arbeitsverhältnis ersichtlich keine Schutzwirkung zugunsten des B.

2. § 823 I BGB

A hat das Eigentum des V fahrlässig und damit schuldhaft beschädigt. Er ist zum Ersatz des hieraus entstandenen Schadens von 10.000 € nach § 823 I BGB verpflichtet.

Hieran ändert sich nichts aufgrund der arbeitsrechtlichen Grundsätze des innerbetrieblichen Schadensausgleiches. Diese wirken nur im Verhältnis Arbeitnehmer / Arbeitgeber, niemals jedoch zu Lasten Dritter.

IV. Ergebnis

Damit kann B von V und A Zahlung von 10.000 € Schadensersatz verlangen; da B die Summe nur einmal fordern kann, sind V und A als Gesamtschuldner i.S.d. §§ 421 ff. BGB anzusehen.

Hinweis:
Wichtig ist, dass Sie den sachenrechtlichen Teil des Falles und dessen Einbettung ins Unmöglichkeitsrecht verstanden haben. Übergabe ist eben nicht nur die Verschaffung unmittelbaren Besitzes.

Übrigens: Ein Fall des § 931 BGB (dazu noch später) lag nicht vor, da U dem B nicht seinen Herausgabeanspruch gegen V (wieder aus § 695 BGB) abgetreten hat; vielmehr hat B *neuen* mittelbaren Besitz erhalten. Es handelt sich um einen Fall des § 929 S. 1 BGB.

IV. Zusammenfassung

Sound: Bei der Übergabe gem. § 929 S. 1 BGB können Besitzmittler auf Erwerber- und Veräußererseite eingeschaltet werden. Es genügt für die Übergabe gem. § 929 S. 1 BGB, dass der Erwerber mittelbarer Besitzer wird. Voraussetzung hierfür ist ein Besitzmittlungsverhältnis i.S.v. § 868 BGB.

V. Zur Vertiefung

- Hemmer/Wüst, SachenR II, Rn. 29 ff.

Fall 31: Übereignung nach §§ 929 S. 1, 930 BGB

Sachverhalt:

Elektronikgroßhändler S vereinbart mit der B-Bank, dass diese das Eigentum an den Waren erhalten soll, die sich in der Lagerhalle 1 des S in den Regalreihen 1-20 befinden und befinden werden. S soll die übereigneten Gegenstände für die Bank verwahren. Zu diesem Zeitpunkt befanden sich 70 Handys der Marke Nuklear 0815 in diesen Regalen. Als später eine Lieferung Handy-Akkus hinzukommt, sortiert S diese in die Regale 12 und 15 ein. Wochen später stellt sich heraus, dass Lagerarbeiter L eines der Handys und einen der Akkus nach Hause – ohne Erlaubnis des S – mitgenommen hat. Die B-Bank verlangt von diesem Herausgabe. L erwidert, mit der B-Bank hätte er überhaupt nichts zu tun, vom Geschäft mit S habe er nichts gewusst.

Frage: *Hat die B-Bank gegen L einen Herausgabeanspruch aus § 985 BGB?*

I. Gliederung

Anspruch der B-Bank gegen L aus § 985 BGB

1. **Besitz des L** (+)
2. **Eigentum der B-Bank**

a) Übereignung nach § 929 S. 1 BGB: (-), da keine Übergabe: Veräußerer S ist Besitzer geblieben

b) Übereignung nach §§ 929 S. 1, 930 BGB:

aa) Einigung (+), vor allem hinreichende Bestimmtheit (+)

bb) Übergabesurrogat des § 930 BGB

⇨ Eigentum der Bank (+)

3. **Kein Besitzrecht des L** (+)
4. **Ergebnis**:
Die B-Bank kann von L Herausgabe an S verlangen, § 986 I S. 2 BGB analog

II. Lösung

Anspruch der B-Bank gegen L auf Herausgabe des Handys und Akkus aus § 985 BGB

1. Besitz des L

Der Herausgabeanspruch nach § 985 BGB setzt den Besitz des Anspruchsgegners voraus.

L ist unmittelbarer Besitzer von Handy und Akku, § 854 I BGB.

hemmer-Methode: Übt jemand i.R.e. sozialen Abhängigkeitsverhältnisses die Herrschaftsgewalt an einer Sache für einen anderen aus, so ist nur dieser andere (unmittelbarer) Besitzer, § 855 BGB; der Besitzdiener hat zwar Herrschaftsgewalt, jedoch keinen Besitz. Vorliegend hat L jedoch die Sachen nicht i.R. seines Abhängigkeitsverhältnisses als Arbeitnehmer an sich genommen; er ist Besitzer, nicht lediglich Besitzdiener.

2. Eigentum der B-Bank

Fraglich ist jedoch, ob die B-Bank Eigentum an den Sachen hat. Dies wäre der Fall, wenn eine wirksame Übereignung von S an die B-Bank stattgefunden hätte.

a) Übereignung nach § 929 S. 1 BGB

Es kommen Übereignungen jeweils nach § 929 S. 1 BGB in Betracht.

Für die Übereignung nach § 929 S. 1 BGB ist neben der Einigung auch die Übergabe der zu übereignenden Sache erforderlich. Die Übergabe liegt dann vor, wenn der Veräußerer jeglichen Besitzrest verliert und der Erwerber den (unmittelbaren oder mittelbaren) Besitz auf Veranlassung des Veräußerers erwirbt.

Unabhängig von der Frage einer wirksamen Einigung fehlt es jedenfalls am Vorliegen einer Übergabe i.S.d. § 929 S. 1 BGB: S blieb unmittelbarer Besitzer der Sachen; daher fehlt es an dem für eine Übergabe erforderlichen vollständigen Besitzverlust seitens des Veräußerers. Dass S später seinen Besitz durch das Verhalten des L verloren hat, ist unbeachtlich, da insoweit kein Zusammenhang mit dem Erwerbsvorgang bestand. Damit hat die B-Bank das Eigentum nicht im Wege der Übereignung nach § 929 S. 1 BGB erworben.

b) Übereignung nach §§ 929 S. 1, 930 BGB

Jedoch könnte eine wirksame Übereignung nach den §§ 929 S. 1, 930 BGB stattgefunden haben. § 930 BGB ersetzt nur die Übergabe i.S.d. § 929 S. 1 BGB, sog. Übergabesurrogat.

Im Übrigen bleibt es jedoch beim Erfordernis der Einigung, § 929 S. 1 BGB.

aa) Einigung

Fraglich ist zunächst, ob die Vereinbarung der Warenübereignung im Lager ausreichend bestimmt ist. Der **Bestimmtheitsgrundsatz** gehört zu den Grundprinzipien des Sachenrechts und besagt, dass dingliche Rechte immer nur an bestimmten einzelnen Sachen möglich sind. Dingliche Rechte müssen sich also auf konkrete Sachen beziehen. Der Bestimmtheitsgrundsatz ist gewahrt, wenn für einen objektiven Kenner der Vereinbarung klar ersichtlich ist, welche Sachen von der Übereignung erfasst sein sollen und welche nicht. Dies ist vorliegend der Fall: Übereignet werden sollte der aktuelle Bestand der Regale 1-20 sowie die Sachen, die nachträglich in diese Regale einsortiert werden. Damit war es für einen objektiven Dritten klar, welche konkreten Sachen von der Übereignung erfasst sein sollten.

Das Handy befand sich im Zeitpunkt der Vereinbarung in den fraglichen Regalreihen; der Akku wurde später dort einsortiert. Damit waren beide Gegenstände von der Einigung betroffen.

Hinsichtlich des Akkus ist zu beachten, dass eine **antizipierte** (vorweggenommene) **Einigung** unproblematisch möglich ist, selbst wenn sich die Sache im Zeitpunkt der Einigung noch gar nicht im Eigentum des Veräußerers befindet.

Damit liegen bezüglich beider Sachen wirksame Einigungen vor.

bb) Übergabesurrogat nach § 930 BGB

(1) S blieb (unmittelbarer) Besitzer der Sachen, § 930 BGB.

hemmer-Methode: Das Übergabesurrogat des § 930 BGB kann auch vorliegen, wenn der Veräußerer *mittelbarer* Besitzer der Sache bleibt: Dies geschieht durch Schaffung eines gestuften Besitzmittlungsverhältnisses, § 871 BGB: Der unmittelbare Besitzer vermittelt den Besitz weiterhin dem Veräußerer, der Veräußerer vermittelt diesen mittelbaren Besitz wiederum an den Erwerber.

(2) Die B-Bank müsste mittelbaren Besitz an beiden Sachen erhalten haben i.S.d. § 868 BGB. Den mittelbaren Besitz erhält sie durch Vereinbarung eines **Besitzmittlungsverhältnisses i.S.d. § 868 BGB** mit S, aufgrund dessen der S der B-Bank den Besitz mittelt.

S und die B-Bank haben hinsichtlich aller zu übereignenden Sachen ein **Verwahrungsverhältnis** i.S.d. §§ 688 ff. BGB vereinbart. Hierbei handelt es sich um ein konkretes Besitzmittlungsverhältnis i.S.d. § 868 BGB. Die Verwahrung regelt konkrete Rechte und Pflichten und gibt dem Erwerber einen Herausgabeanspruch. Dass hinsichtlich des Handy-Akkus das Besitzmittlungsverhältnis schon vereinbart wurde, bevor sich die Sache im Besitz des Veräußerers S befand, ist zulässig, insbesondere ist die erforderliche Bestimmtheit der Vereinbarung zu bejahen (s.o.). Es handelt sich um ein **sog. antizipiertes Besitzkonstitut**.

Teilweise wird aus Gründen der Rechtssicherheit im Falle des antizipierten Besitzkonstituts die Vornahme einer vereinbarten Ausführungshandlung durch den Veräußerer gefordert.

Hiergegen spricht, dass der Erwerb nach §§ 929 S. 1, 930 BGB schon nach dem gesetzgeberischen Willen ohne Vorgang stattfindet, der den Eigentumswechsel für Dritte erkennbar macht.

Lediglich aus Gründen der Bestimmtheit (s.o.) kann die Vereinbarung einer Ausführungshandlung erforderlich sein.

Dieser Streit kann hier jedoch unentschieden bleiben, da mit dem Einsortieren in die Regalreihen 1-20 eine Ausführungshandlung vereinbart und vorgenommen wurde.

hemmer-Methode: Anders ist dies bei der Schaffung eines Besitzmittlungsverhältnisses i.S.d. § 930 BGB durch Insichgeschäft: Hierbei vereinbart der Veräußerer als Vertreter des Erwerbers das Besitzmittlungsverhältnis mit sich selbst. Da eine Gestattung des Erwerbers vorliegt, verstößt dies nicht gegen § 181 BGB. In *diesem* Fall fordert die ganz h.M. eine nach außen hervortretende Handlung, die den Abschluss des Besitzmittlungsverhältnisses erkennbar macht (z.B. Aufkleben eines Etiketts: „veräußert an ..." o.ä.). Aus Gründen der Rechtssicherheit und -klarheit darf das Insichgeschäft kein „reines Kopfgeschäft" beim Veräußerer sein.

c) Zwischenergebnis

Die B-Bank hat das Eigentum an dem fraglichen Handy und dem Handy-Akku erworben.

3. Kein Besitzrecht des L

Der Herausgabeanspruch nach § 985 BGB ist nur gegeben, wenn L gegenüber der B-Bank kein Recht zum Besitz hat, § 986 BGB.

hemmer-Methode: Merken Sie sich also die Voraussetzungen des Anspruches aus § 985 BGB:
1. Besitz des Anspruchsgegners
2. Eigentum des Anspruchstellers
3. Kein Recht zum Besitz des Anspruchsgegners, § 986 BGB.

Ein eigenes Besitzrecht des L ist nicht ersichtlich. Jedoch kommt ein abgeleitetes Besitzrecht i.S.d. § 986 I S. 1, Alt. 2 BGB in Betracht (sog. derivatives Besitzrecht). Ein solches ist zu bejahen, wenn der Besitzer den Besitz von einem Dritten ableitet, der gegenüber dem Eigentümer ein Besitzrecht hat. Zwar ist aufgrund des geschlossenen Verwahrungsvertrages ein Besitzrecht des S zu bejahen; L hat seinen Besitz jedoch nicht von S abgeleitet, dies setzt eine einverständliche Besitzübertragung an L durch S voraus. Da L die Sachen eigenmächtig an sich genommen hat, ist ein abgeleitetes Besitzrecht gem. § 986 I S. 1, Alt. 2 BGB zu verneinen

Damit fehlt es an einem Besitzrecht des L.

4. Ergebnis

Damit kann die B-Bank von L Herausgabe des Handys und des Akkus verlangen. Jedoch kann in analoger Anwendung von § 986 I S. 2 BGB lediglich eine Herausgabe an S verlangt werden.

III. Zusammenfassung

Voraussetzungen des Eigentumserwerbs nach §§ 929 S. 1, 930 BGB

1. **Dingliche Einigung**
2. **Übergabesurrogat des § 930 BGB:**
   - Veräußerer bleibt Besitzer
   - Erwerber wird mittelbarer Besitzer

   ⇨ Hierzu: **Vereinbarung eines Besitzmittlungsverhältnisses, § 868 BGB**
3. **Berechtigung des Veräußerers:**
   - Eigentum oder
   - Ermächtigung nach § 185

IV. Zur Vertiefung

- Hemmer/Wüst, SachenR II, Rn. 41 ff.

Fall 32: Die Sicherungsübereignung, §§ 929 S. 1, 930 BGB (1)

Sachverhalt:

B schuldet A Geld und möchte ihm daher Sicherungseigentum verschaffen. B einigt sich mit A über den Eigentumsübergang an Waren in einem Lagerraum, und übereignet sie nach §§ 929 S. 1, 930 BGB an A.

Frage: *Ist diese Sicherungsübereignung wirksam, wenn*

1. *die Geldforderung des A nicht besteht?*

2. *nicht alle Waren im Lagerraum übereignet werden sollen?*

3. *die Sicherungsabrede nichtig ist?*

I. Einordnung

Im Gegensatz zum akzessorischen Pfandrecht (§ 1204 I BGB) ist die Sicherungsübereignung nicht vom Bestand einer Forderung abhängig. Besonders zu beachten ist bei dem Sicherungseigentum der sachenrechtliche **Bestimmtheitsgrundsatz**. Kann ein objektiver Dritter nicht erkennen, welche Sache jeweils übereignet werden sollte, ist die Übereignung fehlgeschlagen. Häufig wird die Sicherungsübereignung gem. **§§ 929 S. 1, 930 BGB** stattfinden. Möglich ist aber auch die Sicherungsübereignung unter einer auflösenden Bedingung gem. § 158 II BGB. Wird die Forderung befriedigt, fällt das Eigentum dann automatisch an den Sicherungsgeber zurück. Demgegenüber besteht bei der Übereignung nach §§ 929 S. 1, 930 BGB nur ein schuldrechtlicher Anspruch auf Rückübertragung gegen den Sicherungsnehmer.

Das Besitzmittlungsverhältnis nach §§ 930, 868 BGB liegt schon in der **Sicherungsabrede**. Ist diese nichtig, spricht einiges dafür, auch die Übereignung fehlschlagen zu lassen.

II. Gliederung

1. Ist die Sicherungsübereignung wirksam, wenn die Geldforderung des A nicht besteht?

a) **Akzessorietät der Sicherungsübereignung** (-)
Akzessorietät, nur wenn kraft Gesetzes zwingend (§§ 883 I, 1113, 1204 BGB), sonst nur bei rechtsgeschäftlicher Vereinbarung der Parteien

Hier: Keine gesetzlich angeordnete A., keine Parteivereinbarung ersichtlich

b) Lediglich **Anspruch aus Sicherungsvertrag auf Rückübereignung**, Sicherungsübereignung wirksam

c) **Ergebnis**:
Die Sicherungsübereignung ist wirksam,
A ist Eigentümer geworden

2. Ist die Sicherungsübereignung wirksam, wenn nicht alle Waren im Lagerraum übereignet werden sollen?

a) Wahrung des Bestimmtheitsgrundsatzes bei Einigung: übereignete Sache muss im Übereignungsvertrag durch äußere Merkmale so bestimmt bezeichnet sein, dass jeder Kenner des Vertrages sie zum Zeitpunkt der Übereignung unschwer von anderen unterscheiden kann.
Bei Sicherungsverträgen über Waren im Lager zwei Möglichkeiten:

b) **Raumsicherungsvertrag**
Alle Waren in einem bestimmten Raum werden übereignet, hier (-), da nicht alle im Lager befindlichen Waren übereignet werden sollten

c) **Markierungsvertrag**
Nur die markierten, im Lager befindlichen Waren sollen übereignet werden
Hier ebenfalls (-), keine entsprechende Vereinbarung im SichV

⇨ Wegen Verstoßes gg. Bestimmtheitsgrds. Sicherungsübereignung unwirksam

3. Ist die Sicherungsübereignung wirksam, wenn die Sicherungsabrede nichtig ist?

(P): Bei Wegfall der Abrede erhielte SN Eigentum, ohne treuhänderisch gebunden zu sein.

Unbilliges Ergebnis, da Eigentum nur im Sicherungsfall endgültig bei SN verbleiben soll

Korrekturmöglichkeiten:

a) Fehleridentität
Fehler der schuldrechtlichen Sicherungsabrede schlägt auf die dingliche Ebene durch und bewirkt gleichsam ihre Unwirksamkeit

b) Bei Übereignung nach §§ 929 S. 1, 930 BGB Besitzmittlungsverhältnis erforderlich

(1) § 930 BGB erfordert ein konkretes Besitzmittlungsverhältnis, § 868 BGB

(2) Sicherungsabrede bildet BMV
Bei nichtiger SicherungsA BMV zwar denkbar, aber nur bei Vorliegen eines Herausgabeanspruchs, sonst kein BMV

III. Lösung

1. Geldforderung des A besteht nicht

Fraglich ist, ob die Sicherungsübereignung wirksam ist, wenn die zu sichernde Forderung nicht besteht. Das könnte dann der Fall sein, wenn die Wirksamkeit der Sicherungsübereignung vom Bestand und Entwicklung der zu sichernden Forderung abhängig wäre (Akzessorietät).

a) Akzessorietät der Sicherungsübereignung

Akzessorietät greift im Sachenrecht dort ein, wo das Gesetz dies vorsieht (Vormerkung, Hypothek, Pfandrecht). Ist sie nicht gesetzlich vorgeschrieben, so ist das dingliche Recht nicht zwingend akzessorisch, eine Art der Ersatzakzessorietät kann aber durch Vereinbarung der Parteien herbeigeführt werden.

Es fehlen besondere gesetzliche Vorschriften, die eine Akzessorietät der Sicherungsübereignung bestimmen würden.

Die Sicherungsübereignung einer Sache ist eine völlig „normale“ Übereignung nach den §§ 929 ff. BGB.

Es besteht zwischen dem sachenrechtlichen Übereignungsakt und dem Bestehen einer Forderung keine unmittelbare dingliche Verbindung, im Gegenteil ist von einer strikten Trennung zwischen Sachenrecht und schuldrechtlichem Kausalgeschäft auszugehen (Abstraktionsprinzip).

Deshalb kann trotz des Fehlens einer Forderung auf schuldrechtlicher Seite doch eine wirksame (Sicherungs)Übereignung auf sachenrechtlicher Seite gem. §§ 929 ff. BGB vorliegen.

b) Daher ist die Sicherungsübereignung auch bei Unwirksamkeit der zu sichernden Forderung dinglich wirksam. Aus der (i.d.R. konkludent geschlossenen) schuldrechtlichen Sicherungsabrede wird sich freilich in aller Regel ein *schuldrechtlicher* Rückgewähranspruch in einem solchen Fall herleiten lassen.

B hat also lediglich einen Anspruch auf Rückübereignung aus dem Sicherungsvertrag. *Dieser* ist causa für die Übereignung, nicht die zu sichernde Forderung. Somit scheidet auch ein Bereicherungsanspruch gegen A aus § 812 I S. 1, Alt. 1 BGB aus (grober Fehler!).

2. Nicht alle Waren im Lagerraum sollen übereignet werden

Wenn nicht alle Waren im Lagerraum von der Übereignung erfasst werden sollen, könnte ein Verstoß gegen das sachenrechtliche Bestimmtheitsgebot vorliegen, der wiederum zur Unwirksamkeit der Übereignung führt.

a) Wahrung des Bestimmtheitsgrundsatzes bei Einigung

Der sachenrechtliche Bestimmtheitsgrundsatz ist dann gewahrt, wenn im Zeitpunkt der Übereignung für einen objektiven Dritten, der Kenntnis von dem Sicherungsvertrag hat, anhand äußerer Abgrenzungskriterien eindeutig erkennbar ist, welche Sachen von der Übereignung erfasst werden sollen und welche nicht. Der Bestimmtheitsgrundsatz ist ein allgemeiner sachenrechtlicher Grundsatz, wird aber vor allem bei der Sicherungsübereignung relevant. Hier wird häufig nach §§ 929 S. 1, 930 BGB übereignet, so dass die Sachen beim Veräußerer verbleiben. Oft werden künftige Sachen, die noch gar nicht beim Eigentümer sind, oder ein Warenlager mit wechselndem Bestand übereignet. Die Wahrung des Bestimmtheitsgrundsatzes ist vor allem dann problematisch, wenn nicht alle in einem Raum oder Lager befindlichen Waren übereignet werden sollen. In diesem Fällen erfordert der Bestimmtheitsgrundsatz, dass die zu übereignenden Waren von den nicht zu übereignenden Waren eindeutig zu unterscheiden sind. Hierfür stehen zwei Möglichkeiten zur Verfügung:

b) Raumsicherungsvertrag

Die Parteien können vereinbaren, dass alle Sachen, die sich in einem bestimmten Raum befinden, übereignet werden, sog. Raumsicherungsvertrag.

Im Fall haben sich A und B geeignet, dass Waren in einem Lagerraum übereignet werden, aber eben nicht alle. Deshalb liegt kein Raumsicherungsvertrag vor.

c) Markierungsvertrag

In Betracht kommt aber ein sog. Markierungsvertrag. In dieser Konstellation müssen die Waren, die übereignet werden, besonders gekennzeichnet werden. Nur so kann ein Dritter erkennen, was übereignet werden sollte, und was nicht. Markiert B die Waren, ist die Übereignung wirksam geworden, auch wenn die Markierungen später (nach der Übereignung) entfernt werden (nur Beweisproblem).

Vorliegend hat B die Waren nicht gekennzeichnet. Damit liegt ein Verstoß gegen den sachenrechtlichen Bestimmtheitsgrundsatz und somit auch keine wirksame Übereignung vor.

hemmer-Methode: Dies sind die gängigen, wenn auch nicht alle denkbaren Methoden der Übereignung von Waren aus einem Lagerbestand. Prüfen Sie, ob einem objektiven Dritten eindeutig der Gegenstand der Übereignung erkennbar ist oder nicht; anderenfalls wird der Korrektor Ihnen an den Rand schreiben, woraus sich denn im Gesetz etwa die Zulässigkeit eines „Markierungsvertrages“ o.ä. ergeben soll.

3. Nichtigkeit der Sicherungsabrede

Die Sicherungsabrede ist ein schuldrechtlicher Vertrag, der die Rechte und Pflichten von Sicherungsgeber und Sicherungsnehmer im Innenverhältnis festlegt. Sie stellt den Rechtsgrund für die spätere sachenrechtliche Übereignung nach den §§ 929 ff. BGB dar.

hemmer-Methode: Man unterscheidet zwei schuldrechtliche Verträge: Den Vertrag, aus dem die zu sichernde Forderung stammt, sowie den „Sicherungsvertrag“.

Fraglich ist, ob sich die schuldrechtliche Sicherungsabrede bei Nichtigkeit auch auf die Sicherungsübereignung durchschlagen kann.

Grundsätzlich gilt auch hier, wie bereits gezeigt, das Trennungs- und Abstraktionsprinzip von Schuld- und Sachenrecht. Es gibt jedoch die Möglichkeit der Fehleridentität, in der der Nichtigkeitsgrund schuldrechtlichen und sachenrechtlichen (§ 929 S. 1 BGB) Vertrag gleichermaßen berührt. Weiterhin gelten Besonderheiten bei einer Sicherungsübereignung nach §§ 929 S. 1, 930 BGB.

a) Fehleridentität

Fehleridentität bedeutet, dass ein und derselbe Fehler sowohl für die Unwirksamkeit der schuldrechtlichen causa als auch der dinglichen Einigung ursächlich ist.

Damit könnte u.U. der Grund für die Unwirksamkeit der schuldrechtlichen Sicherungsabrede auch auf die dingliche Ebene durchschlagen und so zur Nichtigkeit der dinglichen Einigung führen.

Allerdings muss im Einzelnen geprüft werden, ob der Fehler des schuldrechtlichen Geschäfts zugleich einen Fehler des dinglichen Geschäfts darstellt, wie etwa im Falle einer Anfechtung nach § 119 II BGB oder § 123 BGB gegeben. Dies muss keinesfalls immer der Fall sein! Fraglich ist daher, wie die Unwirksamkeit der Übereignung begründet werden kann in Fällen, in denen die Fehleridentität fehlt.

b) Übereignung nach §§ 929 S. 1, 930 BGB

(1) § 930 BGB erfordert ein konkretes Besitzmittlungsverhältnis, § 868 BGB

(2) Sicherungsabrede bildet BMV

Dieses Besitzmittlungsverhältnis ergibt sich aus dem schuldrechtlichen Sicherungsvertrag, der Sicherungsabrede. Diese ist aber in der vorliegenden Fallvariante unwirksam.

Zwar kann auch ein nur vermeintliches Besitzmittlungsverhältnis für eine Übereignung nach §§ 929 S. 1, 930 BGB genügen; erforderlich ist jedoch *stets* ein *tatsächlicher* (wenn auch nur potentieller) Herausgabeanspruch des Sicherungsnehmers gegen den Sicherungsgeber.

Bei einer Unwirksamkeit des Sicherungsvertrages fehlt es aber an einem solchen Herausgabeanspruch (auch § 812 I S. 1, Alt. 1 BGB ist nicht einschlägig, da der Sicherungsnehmer nichts an den Sicherungsgeber geleistet hat!).

Es liegt daher keine wirksame Sicherungsübereignung vor.

hemmer-Methode: Erfolgt die Sicherungsübereignung – was selten vorkommt – gem. § 929 S. 1 BGB, ist das Ergebnis ein anderes. Hier ist die Sicherungsabrede nicht Bestandteil des dinglichen Geschäfts. Die Übergabe wird gerade nicht ersetzt durch ein Besitzmittlungsverhältnis. Daher hat der Sicherungsnehmer hier Eigentum erlangt, welches er gem. § 812 I S. 1 Alt. 1 BGB zurückzugewähren hat.

IV. Zusammenfassung

Sound: Bei der Sicherungsübereignung sind drei verschiedene Rechtsgeschäfte auseinander zu halten:

- Das **schuldrechtliche Rechtsgeschäft** (z.B. Kauf, Darlehen), das eine zu sichernde Forderung begründet.
- Der **schuldrechtliche Sicherungsvertrag** („Sicherungsabrede“), der die causa für die nachfolgende Übereignung bildet.
- Schließlich die **Übertragung des Eigentums** selbst nach den §§ 929 ff. BGB. Bei Letzterer muss das sachenrechtliche Bestimmtheitsgebot gewahrt bleiben, z.B. durch einen Raum- oder Markierungsvertrag.

Grundsätzlich sind alle drei Rechtsgeschäfte unabhängig voneinander, besonders zwischen den beiden schuldrechtlichen Verträgen und der Übereignung besteht das Trennungs- und Abstraktionsprinzip. Eine nichtige Sicherungsabrede kann jedoch auch bei §§ 929 S. 1, 930, 868 BGB in die sachenrechtliche Übereignung wirken (Fehleridentität, kein Durchbrechen des Abstraktionsprinzips!).

hemmer-Methode: Alles kann hier nicht behandelt werden. Die Sicherungsübereignung ist sehr wichtig für Klausur, Examen und nicht zuletzt die Praxis! Lesen Sie daher unbedingt vertieft zur Sicherungsübereignung das Skript SachenR II, S. 103 ff., sowie das Skript Kreditsicherungsrecht. Machen Sie vor allem keine Fehler beim Trennungs- und Abstraktionsprinzip!

V. Zur Vertiefung

- Hemmer/Wüst, SachenR II, Rn. 231 ff.
- Hemmer/Wüst, Basics Zivilrecht II, Rn. 191 ff.
- Hemmer/Wüst, SachenR I, Karte 88 f.
- Zum Ganzen Hemmer/Wüst, Kreditsicherungsrecht
- Zur Frage, ob ein Sicherungseigentümer vom SG Nutzungsersatz verlangen kann, wenn das Sicherungsgut vermietet wird, vgl. Life&Law 2007, 507 ff.
- Zur Frage, ob der Käufer einer Sache, die er zur Sicherheit übereignet hat, Mängelrechte geltend machen kann, vgl. BGH, Life&Law 2010, 370 ff.

Fall 33: Die Sicherungsübereignung, §§ 929 S. 1, 930 BGB (2)

Sachverhalt:

A hat gegen B eine weitere offene Forderung. Daher soll dem A Sicherungseigentum verschafft werden. B einigt sich mit A über den Eigentumsübergang an Waren in einem Lagerraum, und übereignet sie nach §§ 929 S. 1, 930 BGB an A.

Frage: *Ist die Sicherungsübereignung wirksam, wenn A übersichert ist?*

Abwandlung:

Wie ist die Rechtslage, wenn die Waren das gesamte Vermögen des B ausmachen?

I. Einordnung

Ein bei der Sicherungsübereignung klassisches Problem stellt die Übersicherung dar.

Bei einer **Übersicherung** durch Übereignung **eines Warenlagers mit wechselndem Bestand** ohne Freigabeklausel kam früher eine Nichtigkeit der Sicherungsabrede in Betracht, § 307 I, II BGB bei AGBs, § 138 BGB bei Individualvereinbarungen. Nach der jüngsten Rechtsprechung des BGH kann sich aus § 242 BGB eine stillschweigende Freigabepflicht ergeben, so dass eine fehlende Freigabeklausel unschädlich ist.

Betrifft die Sicherungsübereignung **alle Sachen** des Sicherungsgebers, ist an einen Knebelungsvertrag zu denken, der zur Nichtigkeit des Sicherungsvertrags und der Übereignung selbst gem. § 138 I BGB führt.

II. Gliederung

Wirksamkeit der Sicherungsübereignung bei Übersicherung

Differenzierung zwischen anfänglicher und nachträglicher Übersicherung

a) Nichtigkeit wg. Übersicherung nach neuester Rspr. des BGH **nur** noch **bei anfänglicher Übersicherung** denkbar

⇨ Verstoß gegen § 307 I, II BGB bei AGBs, § 138 BGB bei Individualabreden

b) Nachträgliche Übersicherung:
Früher: Wirksamkeit nur, wenn eine dingliche Freigabeklausel vereinbart, sonst Unwirksamkeit

c) Neueste BGH-Rechtsprechung:
Auch bei fehlender Vereinbarung einer Freigabeklausel oder sogar bei derer Ausschluss ergibt sich aus § 242 BGB ein ermessensunabhängiger Freigabeanspruch des SiGebers

⇨ Unwirksamkeit bei nachträglicher Übersicherung nicht mehr denkbar!

Abwandlung

Wirksamkeit der Sicherungsübereignung, wenn gesamtes Vermögen betroffen

Nichtigkeit von Übereignung und Sicherungsvertrag bei Knebelverträgen,
§ 307 I, II BGB (AGBs),
§ 138 BGB (Individualabreden)

III. Lösung

Übersicherung

Die Sicherungsübereignung könnte dadurch nichtig sein, dass eine Übersicherung eingetreten ist, d. h. der Warenwert den Wert der Forderung bei weitem übersteigt und in keinem vernünftigen Verhältnis mehr dazu steht.

Es ist zwischen anfänglicher und nachträglicher Übersicherung zu unterscheiden.

Ist das Missverhältnis bereits von Anfang an gegeben, spricht man von anfänglicher Übersicherung. Entwickelt sich dieses Missverhältnis erst im Lauf der Zeit, spricht man von nachträglicher Übersicherung. Nachträgliche Übersicherung kann insbesondere dadurch entstehen, dass der Sicherungsgeber die Forderung in Raten abzahlt, der Sicherungsnehmer aber unverändert das Eigentum an allen übereigneten Waren behält. Dadurch entstehen Differenzen zwischen Wert der Forderung und Wert des Sicherungsgutes. Gleiches gilt bei sog. revolvierenden Globalsicherheiten, bei denen der Wert des Sicherungsgutes ständig schwankt (z.B.: Sicherungsübereignung eines Warenlagers mit wechselndem Bestand).

a) Anfängliche Übersicherung

Anfängliche Übersicherung kann zur Nichtigkeit führen, wenn bei Abschluss des Sicherungsvertrages der Wert des Sicherungsgutes den der Forderung um das Zweifache, jedenfalls aber um das Dreifache übersteigt (einzelfallabhängig, je nach Realisierbarkeit des Veräußerungserlöses). Dann ist sowohl die Übereignung als auch die kausale Sicherungsabrede unwirksam (Fehleridentität).

b) Nachträgliche Übersicherung

Früher nahm die Rechtsprechung bei nachträglicher Übersicherung ebenfalls einen Verstoß gegen § 307 I, II BGB an, wenn AGBs vorlagen. Bei Individualvereinbarungen galt § 138 BGB. Die Sicherungsübereignung war nichtig. Die nachträgliche Übersicherung war dann anzunehmen, wenn der Wert der realisierbaren Sicherheiten („Sicherungswert“) den Wert der zu sichernden Forderung um 110 % übersteigt. Bezogen auf den (stets höheren) Verkehrswert wurde die Grenze bei ca. 150 % angesetzt (Zuschlag wegen des Verwertungsrisikos).

(a) Möglichkeit einer Freigabeklausel

Bei wechselndem Lagerbestand konnte früher dieses Ergebnis *nur* durch dingliche Freigabeklauseln vermieden werden.

In diesen wurde festgelegt, dass der Sicherungsgeber nie mehr übereignet bekam, als er als Sicherheit benötigte.

Eine solche Freigabeklausel ist zwischen A und B jedoch nicht vereinbart worden.

(b) Neuere BGH-Rechtsprechung: § 242 BGB

Die neuere BGH-Rechtsprechung geht davon aus, dass im Wege der ergänzenden Vertragsauslegung nach §§ 133, 157, 242 BGB eine solche Klausel als stillschweigend vereinbart gilt. Der Sicherungsgeber hat bei solchen revolvierenden Sicherheiten im Fall der nachträglichen Übersicherung einen ermessensunabhängigen Freigabeanspruch. Das gilt auch dann, wenn der Sicherungsvertrag keine oder nur eine ermessensabhängige Freigaberegelung beinhaltet. Formularmäßige Regelungen, die den Freigabeanspruch des Sicherungsgebers einschränken oder ausschließen sind unwirksam, der Vertrag bleibt aber im Übrigen wirksam.

Die nachträgliche Übersicherung des A führt also nicht automatisch zu einer nichtigen Übereignung. Dieser ist Eigentümer geworden. Allerdings hat B aus dem Sicherungsvertrag einen Freigabeanspruch gegenüber A bezüglich der zu viel übereigneten Waren.

hemmer-Methode: Der BGH arbeitet dogmatisch unsauber. Denn wenn eine Freigabeklausel in der Abrede ausdrücklich ausgeschlossen wurde, soll dieser Ausschluss nach § 307 / § 138 BGB unwirksam sein und stattdessen per ergänzender Vertragsauslegung ein Freigabeanspruch als vereinbart gelten. Dies ist höchst fragwürdig und mit dem Verbot geltungserhaltender Reduktion kaum noch zu vereinbaren; hier wurde ganz klar dem Ergebnis Vorrang vor der zivilrechtlichen Dogmatik eingeräumt.

Lösung Abwandlung

Waren bilden gesamtes Vermögen

Die Nichtigkeit von Übereignung und Sicherungsvertrag ist bei Knebelverträgen nach § 307 I, II BGB (AGBs), § 138 BGB (Individualabreden) zu bejahen.

Ein solcher nichtiger Knebelvertrag liegt vor, wenn B keinerlei wirtschaftliche Bewegungsfreiheit mehr hat. Die Waren machten hier das gesamte Vermögen des B aus. Durch den Verlust des Eigentums am gesamten Warenlager ist B somit wirtschaftlich handlungsunfähig. Daher kann von einem Knebelungsvertrag ausgegangen werden. Dann ist sowohl die Übereignung als auch der Sicherungsvertrag nichtig.

IV. Zusammenfassung

Sound: Bei der nachträglichen Übersicherung nahm die Rspr. früher Nichtigkeit der Sicherungsübereignung an. Nach BGH liegt jetzt aber keine nichtige Übereignung mehr vor, sondern nur ein Freigabeanspruch des Sicherungsgebers.
Betrifft die Sicherungsübereignung das gesamte Vermögen, ist von einem nichtigen Knebelungsvertrag auszugehen.

V. Zur Vertiefung

- Hemmer/Wüst, SachenR II, Rn. 231 ff.
- Hemmer/Wüst, Basics Zivilrecht II, Rn. 191 ff.

Fall 34: Übereignung nach §§ 929 S. 1, 931 BGB; § 185 II BGB

Sachverhalt:

Der noch zu Hause wohnende 30-jährige Student A erwartet seine Eltern von einem mehrwöchigen Urlaubsaufenthalt in der Karibik zurück. Da er die ganze Zeit für eine Abschlussklausur „lernen" musste, kam er überhaupt nicht dazu, Haus und Garten in Ordnung zu halten. Wenigstens möchte er den Rasen mähen; da ihm dies mit dem mechanischen Rasenmäher des Vaters reichlich mühsam erscheint, leiht er sich von seinem Kommilitonen K dessen elektrischen Rasenmäher aus. Nach getaner Arbeit, stellt er diesen zunächst im elterlichen Geräteschuppen ab.

Der Dieb D bricht in der folgenden Nacht in den Geräteschuppen ein und entwendet den Rasenmäher. Als A dies erschrocken seinem Freund, Polizeianwärter P, mitteilt, meint dieser, er werde den Dieb schon auftreiben; dafür wolle er das Gerät dann aber auch behalten und sei schon jetzt zu einer Zahlung von 50 € bereit. Am besten wolle er gleich Eigentümer werden. A ist einverstanden, P zahlt die 50 €.

Wenige Wochen später gerät der sonst so friedfertige A in der Mensa in Streit mit Theologiestudent T, der dem A vor der Nase die letzte Schale Obstsalat weggeschnappt hat. Infolge einer Ohrfeige des T fällt A so unglücklich mit dem Kopf auf den Betonboden, dass er an einer Hirnblutung verstirbt. Im Nachlass des A findet sich ein Testament, wonach A den K zum Alleinerben eingesetzt hat; K nimmt erfreut die Erbschaft an.

P, der später den D als Täter des Diebstahls ermittelt und von ihm den Rasenmäher erhält, möchte wissen, ob er diesen jetzt an den K herausgeben muss.

Frage: *Besteht ein entsprechender Anspruch des K?*

I. Gliederung

1. Anspruch des K gegen P auf Herausgabe des Rasenmähers aus § 985 BGB

a) Besitz des P (+)

b) Eigentum des K?

aa) Dingliche Einigung zwischen A und P: (+)

bb) Übergabe i.S.d. § 929 S. 1 BGB: (-), da keine Besitzverschaffung durch A

cc) Übergabesurrogat des § 931 BGB:

(1) Herausgabeanspruch: Mangels Eigentum § 985 BGB (-); aber §§ 823 I, 249 I BGB wg. Eingriff in berechtigten Besitz; ebenso: § 861 BGB

(2) Abtretung: (+)

dd) Berechtigung: Zwar Eigentum (-), aber Fall des § 185 II S. 1 Alt. 3 BGB

⇨ Eigentumserwerb des P (+), Anspruch aus § 985 (-)

2. Anspruch des K gegen P aus §§ 869, 861 BGB: (-), da kein fehlerhafter Besitz des P

⇨ keine Herausgabeansprüche K gegen P!

II. Lösung

1. Anspruch des K gegen P auf Herausgabe aus § 985 BGB

Dem K könnte gegen P ein Herausgabeanspruch nach § 985 BGB zustehen. Dazu müsste K Eigentümer und P unberechtigter Besitzer des Rasenmähers sein.

a) Besitz des P

P ist unmittelbarer Besitzer des Rasenmähers, § 854 I BGB.

b) Eigentum des K?

Zu Beginn des Geschehens war K Eigentümer des Rasenmähers. Jedoch könnte er sein Eigentum infolge der Vereinbarung zwischen A und P verloren haben. Hierin könnte eine Übereignung i.S.d. §§ 929 ff. BGB gesehen werden.

hemmer-Methode: Häufig wird befürwortet, an dieser Stelle einen chronologischen Aufbau („Märchenstil": Es war einmal...) zu wählen. Achten Sie jedoch darauf, was Sie prüfen: das Eigentum des K. Da K zunächst unstreitig Eigentümer *war*, kann durchaus nun chronologisch geprüft werden, ob sich in der Folgezeit hieran etwas geändert hat
Wenn jedoch K den Rasenmäher von X, dieser wiederum von Y erworben hätte, wäre es verfehlt anzuführen: „Zunächst war Y Eigentümer ... X könnte von Y Eigentum erworben haben ...". Denn zu prüfen ist das Eigentum des *K*! Der richtige Aufbau würde daher wie folgt aussehen: „K war zu Beginn des Geschehens nicht Eigentümer. Er könnte jedoch von X Eigentum erworben haben ... Dazu müsste X Berechtigter gewesen sein; X könnte sein Eigentum von Y erworben haben ...". Ein streng chronologischer Aufbau ginge hierbei an der Falllösung vorbei! Doch nun wieder zurück zum Fall:

aa) Dingliche Einigung zwischen A und P

Nach dem durch Auslegung nach den §§ 133, 157 BGB ermittelten Willen von A und P sollte P sofort Eigentümer des Rasenmähers werden: P hat diesen Wunsch geäußert und A sich hiermit einverstanden erklärt. Es liegt daher eine dingliche Einigung bezüglich des Eigentumsübergangs i.S.d. § 929 S. 1 BGB vor.

bb) Übergabe i.S.d. § 929 S. 1 BGB

Fraglich ist jedoch, ob A dem P den Rasenmäher auch i.S.d. § 929 S. 1 BGB übergeben hat.

A hat dem P keinerlei Besitz verschafft. Damit scheidet eine Übergabe i.S.d. § 929 S. 1 BGB aus.

hemmer-Methode: Probleme kann der Begriff der Übergabe bereiten, wenn der Veräußerer mittelbarer Besitzer ist und dem Erwerber den Herausgabeanspruch aus dem Besitzmittlungsverhältnis abtritt. Hierdurch überträgt er ihm den mittelbaren Besitz, § 870 BGB. Dies bedeutet: Der Erwerber wird (mittelbarer) Besitzer, der Veräußerer veranlasst dies und verliert jeglichen mittelbaren Besitz. Es scheint sich um eine Übergabe i.S.v. § 929 S. 1 BGB zu handeln. Jedoch ist auch § 931 BGB dem Wortlaut nach einschlägig.

Die h.M. löst diesen Konflikt in der Weise, dass die Verschaffung des „alten" mittelbaren Besitzes im Wege des § 870 BGB für eine Übergabe i.S.v. § 929 S. 1 BGB nicht ausreicht, sondern *nur* unter § 931 BGB fällt. Eine Übergabe i.S.d. § 929 S. 1 BGB liegt aber vor, wenn der mittelbare Besitzer veranlasst, dass der Besitzmittler mit dem Erwerber ein Besitzmittlungsverhältnis begründet und damit „neuen" mittelbaren Besitz erwirbt.
Vorliegend war A nicht mittelbarer Besitzer, da der Dieb D nicht dem A den Besitz mitteln wollte; D war Eigen-, nicht Fremdbesitzer. Daher stellte sich das beschriebene Abgrenzungsproblem nicht.

cc) Übergabesurrogat i.S.d. § 931 BGB

Anstelle der Übergabe könnte jedoch das Übergabesurrogat des § 931 BGB vorliegen. Dazu müsste A einen Herausgabeanspruch gegen den damaligen Besitzer D an P abgetreten haben.

(1) Herausgabeanspruch des A gegen D

Hierzu müsste dem A überhaupt ein abtretbarer Herausgabeanspruch gegen D zugestanden haben.

Da A selbst nicht Eigentümer der Sache war, kommt ein Anspruch aus **§ 985 BGB** nicht in Betracht.

hemmer-Methode: § 985 BGB ist nach ganz h.M. kein abtretbarer Anspruch; er sei im Eigentum so fest verwurzelt, dass er von diesem nicht getrennt werden kann. Daher kann § 985 BGB nie einen Herausgabeanspruch i.S.d. § 931 BGB darstellen!

Denkbar ist jedoch ein Anspruch aus **§ 823 BGB**. Der Dieb hat durch die Wegnahme des Rasenmähers in den Besitz des A eingegriffen; infolge des mit dem Eigentümer K geschlossenen Leihvertrages i.S.d. §§ 598 ff. BGB war A zum Besitz berechtigt. Der berechtigte Besitz stellt ein sonstiges Recht i.S.v. § 823 I BGB dar, da er ebenso wie das Eigentum eine Nutzungs- und Ausschlussfunktion aufweist und damit eigentumsähnlich ist. D handelte auch rechtswidrig und schuldhaft. Nach § 249 I BGB hat D den ursprünglichen Zustand wieder herzustellen, sog. Naturalrestitution; da der Schaden im Besitzentzug zu sehen ist, ist die Naturalrestitution auf Rückgabe der Sache gerichtet.

Ebenfalls stand dem A aufgrund der Besitzentziehung durch D ein Herausgabeanspruch aus **§ 861 BGB** zu.

A hatte demnach gegen D abtretbare Herausgabeansprüche.

hemmer-Methode: Wenn (außer § 985 BGB) ein Herausgabeanspruch nicht existiert, so ist nach h.M. eine Übereignung durch *bloße Einigung* möglich.

(2) Abtretung

Da A und P allein durch ihre Vereinbarung den Eigentumserwerb seitens des P herbeiführen wollten und dies nur im Wege der Übereignung nach §§ 929 S. 1, 931 BGB möglich ist, muss ihrem Verhalten durch Auslegung nach den §§ 133, 157 BGB die Vereinbarung eines Abtretungsvertrages gem. § 398 BGB bezüglich des Herausgabeanspruches des A gegen D entnommen werden.

dd) Berechtigung

Fraglich ist jedoch die Berechtigung des A. Da A nicht Eigentümer des Rasenmähers war, könnte sich seine Berechtigung allenfalls aus § 185 BGB ergeben.

hemmer-Methode: § 185 BGB regelt Fälle, in denen eine Verfügung eines Nichtberechtigten ausnahmsweise wirksam ist. Dies hat *nichts* mit gutgläubigem Erwerb nach den §§ 932 ff. BGB zu tun! Unter dem Prüfungspunkt „Berechtigung" muss nach Verneinung des Eigentums des Veräußerers immer auch an § 185 BGB gedacht werden. Wer hier blind gleich auf die §§ 932 ff. BGB lossteuert, übersieht einen Schwerpunkt des Falles und verschenkt damit wertvolle Punkte.

Vorliegend kommt allein § 185 II S. 1 Alt. 3 BGB in Betracht. Dazu müsste A **von K** als Berechtigtem **beerbt worden sein**. A hat durch Testament den K als Alleinerben eingesetzt; da von der Wirksamkeit der letztwilligen Verfügung, insbesondere der Beachtung der Formvorschrift des § 2247 BGB, auszugehen ist, ist mit dem Erbfall K (Allein-) Erbe des A geworden. Die Annahme der Erbschaft war zur Erlangung der Erbenstellung nicht erforderlich; diese tritt kraft Gesetzes nach § 1922 BGB ein. Die Annahme der Erbschaft schließt lediglich die Erbschaftsausschlagung aus, § 1943 BGB.

Ohne dass der Wortlaut des § 185 II BGB darauf hindeutet, setzt die Alternative des § 185 II S. 1 Alt. 3 BGB zusätzlich die **zivilrechtliche Wirksamkeit des Kausalgeschäftes**, hier also des zugrundeliegenden Kaufvertrages, voraus.

Hat der Nichtberechtigte sich schuldrechtlich wirksam verpflichtet, so geht diese Verbindlichkeit auf seinen Erben über, § 1967 BGB. Im Falle des § 185 II S. 1, Alt. 3 BGB ist nun der Berechtigte als Erbe aufgrund dieser Nachlassverbindlichkeit zur Übereignung verpflichtet. Daher ordnet die Vorschrift an, dass die – damals unwirksame – Verfügung des Erblassers nun wirksam wird, da der Berechtigte nun ohnehin zu ihr verpflichtet ist. Es handelt sich also um eine reine Vereinfachungsregelung.

Diese hat jedoch keinen Sinn, wenn mangels wirksamen Kausalgeschäfts eine Verpflichtung des Nichtberechtigten und damit auch des Erben nicht besteht. Da vorliegend an der Wirksamkeit des zwischen A und P geschlossenen Kaufvertrages keine Zweifel bestehen, ist auch dieses Erfordernis gegeben.

hemmer-Methode: Der umgekehrte Fall: Beerbt der *Nichtberechtigte* den *Berechtigten*, so wird er nachträglich Berechtigter, er erwirbt aufgrund § 1922 BGB den fraglichen Gegenstand. Dann handelt es sich um einen Fall des § 185 II S. 1, Alt. 2 BGB („den Gegenstand erwirbt")!! Die Wirksamkeit des Kausalgeschäfts ist für *diese* Alternative völlig unbeachtlich!

Damit ist mit dem Erbfall die Übereignung nach § 185 II S. 1, Alt. 3 BGB ex nunc wirksam geworden.

hemmer-Methode: Hätte P den Rasenmäher von D erlangt, bevor es zum Tod des A kam, wäre P auch Eigentümer geworden, dann aber gem. § 934 Alt. 2 BGB.

Dieser Erwerb ist mit Besitzerlangung abgeschlossen, so dass es im Zeitpunkt des Todes gar keine Verfügung mehr gegeben hätte, in welche K hätte hineinwachsen können!

c) Zwischenergebnis

Also ist nicht K, sondern P unterdessen Eigentümer des Rasenmähers. K kann demnach von P nicht Herausgabe nach § 985 BGB verlangen.

2. Anspruch des K gegen P aus §§ 869, 861 BGB

Da dem A als unmittelbaren Besitzer der Besitz durch D entzogen wurde, konnte K von *D* nach §§ 869, 861 BGB Rückgabe an A verlangen. Zu prüfen ist jedoch vorliegend ein Anspruch gegen *P*.

Der Anspruch aus (§ 869 i.V.m.) § 861 BGB richtet sich gegen denjenigen, der gegenüber dem Anspruchsteller **fehlerhaft besitzt**. Dieser Begriff ist in § 858 II BGB definiert; D besaß nach § 858 II S. 1 BGB fehlerhaft. Da P von diesem den Besitz erhalten hat und P auch wusste, dass der Besitz des D durch verbotene Eigenmacht erlangt und damit fehlerhaft war, könnte P selbst nach § 858 II S. 2, Alt. 2 BGB besitzen. Dann wäre er einem Herausgabeanspruch des K nach §§ 869, 861 I BGB ausgesetzt.

Allerdings ist zu beachten, dass der in seinem Besitz beeinträchtigte A den Besitzerwerb des P gerade **gestattet** hat.

Zwar ist das Merkmal „ohne dessen Willen" anders als in § 858 I BGB nicht Tatbestandsmerkmal des § 858 II S. 2 BGB; dies ist jedoch auf ein Versehen des Gesetzgebers zurückzuführen, denn es wäre letztlich treuwidrig, würde der Besitzer einerseits den Besitzerwerb eines Dritten gestatten, die Sache aber später nach § 861 BGB herausverlangen („*venire contra factum proprium*"). Da es für die Fragen des Besitzschutzes allein auf den Willen des unmittelbaren, nicht des mittelbaren Besitzers ankommt, muss ein Anspruch aus §§ 869, 861 BGB mangels Fehlerhaftigkeit des Besitzes des P daher ausgeschlossen sein.

hemmer-Methode: Ebenfalls könnte angeführt werden: „volenti non fit iniuria", d.h.: „dem Zustimmenden geschieht kein Unrecht".
Sicher, die Ausnahme von § 858 II S. 2 BGB bei Gestattung des beeinträchtigten Besitzers steht auch im Palandt (§ 858, Rn. 9 a.E.); dies heißt noch lange nicht, dass Sie Derartiges auswendig wissen müssen! Vielmehr wird von Ihnen „nur" erwartet, das Problem zu sehen und ansprechend zu lösen. Da A mit dem Besitzerwerb des P einverstanden war, musste es stutzig machen, einen fehlerhaften Besitz des P anzunehmen.

3. Ergebnis

Es bestehen keine Herausgabeansprüche des K gegen P. P kann den Rasenmäher behalten.

III. Zusammenfassung

Voraussetzungen des Eigentumserwerbs nach §§ 929 S. 1, 931 BGB

1. Dingliche Einigung

2. Übergabesurrogat des § 931 BGB
- Veräußerer hat Herausgabeanspruch gg. Besitzer
- Abtretung des Herausgabeanspruchs an den Erwerber

3. Berechtigung des Veräußerers:
- Eigentum oder
- Ermächtigung nach § 185 BGB

IV. Zur Vertiefung

- Hemmer/Wüst, SachenR II, Rn. 51 ff.

Fall 35: Gutgläubiger Erwerb, §§ 932 ff. BGB, Gegenstand des guten Glaubens

Sachverhalt:

Jurastudent Justus hat von einem Bekannten, Referendar Robert, drei Bücher ausgeliehen (nämlich den „Medicus", den „Brox" und den „Knöringer"). Da sich R schon lange nicht mehr gemeldet hat, will J – stets in Geldnöten – die Bücher nun „an den Mann bringen". Am schwarzen Brett seiner Uni befestigt er daher einen Aushang: „Jura-Lehrbücher billig abzugeben" unter Angabe seiner Telefonnummer. Es melden sich einige Interessenten:

Adam benötigt einen „Medicus". Er holt das Buch gegen Zahlung von 10 € bei Justus ab.

Gegenüber Bertram erklärt Justus, er sei zwar nicht Eigentümer; vom Eigentümer Robert sei er jedoch ermächtigt worden, den „Brox" zu verkaufen. Daher übereignet er an Bertram im Namen des Robert das Buch und erhält hierfür wiederum 10 €, die er an Robert weiterzuleiten verspricht.

Den „Knöringer" hat Justus, nachdem er bemerkt hat, dass es sich um Literatur für Referendare handelt, an seinen Freund Marco verliehen mit der Bemerkung, Marco könne das Buch nach Gebrauch ruhig an Dritte verkaufen. Dementsprechend übereignet Marco im eigenen Namen das Buch an Cäsar, wobei er auf sein fehlendes Eigentum hinweist; der Eigentümer Justus habe ihn jedoch „zum Verkauf ermächtigt".

Frage: *Wer ist Eigentümer der drei Bücher?*

I. Gliederung

I. Eigentum am „Medicus"

1. **Übereignung J an A nach § 929 S. 1 BGB**: ( ), da Berechtigung des J (-)
2. Übereignung J an A nach **§§ 929 S. 1, 932 I S. 1 BGB**: (+)

II. Eigentum am „Brox"

1. **Übereignung J an B nach § 929 S. 1 BGB**: (-), da J nicht in eigenem Namen auftrat
2. **Übereignung R an B nach § 929 S. 1 BGB**: (-) mangels Vertretungsmacht des J, §§ 164 ff. BGB
3. **Übereignung J an B nach §§ 929 S. 1, 932 I S. 1 BGB**: (-), der gute Glaube an eine Vertretungsmacht des J wird von den §§ 932 ff. BGB nicht geschützt

III. Eigentum am „Knöringer

1. **Übereignung M an C nach § 929 S. 1 BGB**: (-), da Berechtigung fehlt; Ermächtigung des Berechtigten R liegt nicht vor.
2. **Übereignung M an C nach §§ 929 S. 1, 932 I S. 1 BGB**: Guter Glaube an das Eigentum des nach § 185 BGB zustimmenden Dritten (J) ist geschützt, (+)

⇨ **Ergebnis**: Eigentum des A am „Medicus"; Eigentum des R am „Brox"; Eigentum des C am „Knöringer"

II. Lösung

I. Eigentum am „Medicus“

R war Eigentümer des „Medicus“. Er könnte sein Eigentum jedoch an A verloren haben.

1. Übereignung J an A nach § 929 S. 1 BGB

Zwar haben sich J und A über den Eigentumsübergang geeinigt, auch liegt unproblematisch eine Übergabe i.S.d. § 929 S. 1 BGB vor.

Jedoch scheitert eine Übereignung nach dieser Vorschrift daran, dass J weder Eigentümer ist noch vom Berechtigten R nach § 185 I BGB zur Übereignung ermächtigt wurde.

hemmer-Methode: Achten Sie auf folgende Fallkonstellation: Ist die Übereignung eines Nichtberechtigten unwirksam (v.a. auch kein gutgl. Erwerb wg. § 935 BGB) und verlangt der Berechtigte vom Verfügenden den Erlös heraus, so besteht der Anspruch aus § 816 I S. 1 BGB eigentlich nicht, da dieser eine *wirksame* Verfügung voraussetzt. In dem Herausverlangen des Erlöses ist dann aber i.d.R. eine Genehmigung nach § 185 II S. 1, Alt. 1 BGB des Eigentümers zu sehen. Dies führt zur Wirksamkeit der Übereignung und damit auch zum Anspruch aus § 816 I S. 1 BGB!

2. Übereignung J an A nach §§ 929 S. 1, 932 I S. 1 BGB

Jedoch kommt ein gutgläubiger Erwerb vom Nichtberechtigten in Betracht, §§ 929 S. 1, 932 I S. 1 BGB.

Die Voraussetzungen des § 929 S. 1 BGB mit Ausnahme der Berechtigung des Veräußerers liegen vor; da Anhaltspunkte für eine Kenntnis oder eine grob fahrlässige Unkenntnis des A vom fehlenden Eigentum des J i.S.v. § 932 II BGB fehlen, ist von der Gutgläubigkeit des A auszugehen.

Der Erwerb scheitert auch nicht an § 935 BGB, da beim allein maßgeblichen *unmittelbaren Besitzer* J kein unfreiwilliger Besitzverlust im Sinne eines Abhandenkommens stattgefunden hat. J hat dem A willentlich Besitz verschafft.

Damit hat R sein Eigentum an A verloren.

II. Eigentum am „Brox“

1. Übereignung J an B nach § 929 S. 1 BGB

Eine Übereignung von J an B nach § 929 S. 1 BGB würde eine dingliche Einigung zwischen diesen Personen voraussetzen.

An einer solchen fehlt es aber: J handelte nicht in eigenem, sondern in fremdem Namen. Die dingliche Einigung ist ein Rechtsgeschäft, bei der die Regeln über die Stellvertretung, §§ 164 ff. BGB, Anwendung finden. Da J erkennbar im Namen des R auftrat, kommt eine Übereignung durch *ihn selbst* von vornherein nicht in Betracht.

hemmer-Methode: Wer sich bei einer Übereignung vertreten lässt, der übereignet *selbst*, es handelt sich *nicht* um eine Übereignung des Vertreters. Daher ist auch nur die Berechtigung des *Vertretenen*, nicht etwa die des Vertreters zu prüfen! Unterscheiden Sie unbedingt diesen Fall von der Ermächtigung nach § 185 I BGB, dazu unten.

2. Übereignung R an B nach § 929 S. 1 BGB

In Betracht kommt daher nur eine Übereignung des R an B nach § 929 S. 1 BGB.

Dies setzt eine dingliche Einigung zwischen R und B voraus. Zwar trat R nicht persönlich auf, jedoch könnte er durch J wirksam bei der dinglichen Einigung nach den §§ 164 ff. BGB vertreten worden sein. J hat eine eigene Willenserklärung, bezogen auf die dingliche Einigung i.S.d. § 929 S. 1 BGB, in fremdem Namen abgegeben.

Allerdings fehlt es an der Vertretungsmacht des J. Eine Vollmacht ist ihm durch R nie erteilt worden, für eine Rechtsscheinvollmacht fehlen ausreichende Anhaltspunkte.

3. Übereignung J an B nach §§ 929 S. 1, 932 I S. 1 BGB

Denkbar wäre eine Anwendung von § 932 I S. 1 BGB. Allerdings ist zu beachten, dass die §§ 932 ff. BGB allein den guten Glauben an das *Eigentum* des Veräußernden, nicht aber an die Vertretungsmacht eines für diesen handelnden Vertreters schützen. Durch die §§ 932 ff. BGB kann man sich lediglich über das fehlende Eigentum des Veräußerers hinwegsetzen, nicht aber über sonstige Merkmale des Erwerbstatbestandes nach § 929 S. 1 BGB.

Damit scheidet ein Erwerb hiernach aus; R ist Eigentümer des „Brox" geblieben.

hemmer-Methode: **„Sound"**: Der gute Glaube an die Vertretungsmacht wird von den §§ 932 ff. BGB nicht geschützt. Freilich kann aus *anderen* Gründen der gute Glaube an die Vertretungsmacht schutzwürdig sein, insbesondere bei den Ihnen aus dem BGB-AT bekannten Rechtsscheinsvollmachten, nämlich der Anscheins- und der Duldungsvollmacht.

III. Eigentum am „Knöringer"

1. Übereignung M an C nach § 929 S. 1 BGB

R könnte sein Eigentum durch Übereignung des M an C nach § 929 S. 1 BGB verloren haben.

M und C haben sich über den Eigentumsübergang dinglich geeinigt, wobei M in eigenem Namen handelte. M hat die Sache auch an C i.S.d. § 929 S. 1 BGB übergeben. Allerdings ist M nicht Eigentümer des „Knöringer" gewesen, fraglich ist also seine Berechtigung.

Auch ein Nicht-Eigentümer kann zur Veräußerung berechtigt sein. Dies ist insbesondere der Fall, wenn der Berechtigte in die Veräußerung i.S.d. § 185 I BGB eingewilligt hat, sog. Ermächtigung. Dies war aber vorliegend nicht der Fall: Eine solche Ermächtigung wurde lediglich von J, jedoch nicht vom Berechtigten R ausgesprochen. Es muss gerade eine Ermächtigung des *Berechtigten* vorliegen, damit § 185 I BGB zur Anwendung kommen kann.

Damit scheidet eine Übereignung des M an C nach § 929 S. 1 BGB aus.

hemmer-Methode: In den „§ 185 I-Fällen" übereignet der Ermächtigte *selbst*, er handelt in eigenem Namen, er selbst ist der Veräußerer. Anders bei der Stellvertretung: Der Vertreter schließt die dingliche Einigung zu Lasten des *Vertretenen*, also in fremdem Namen, der *Vertretene* ist der Veräußerer!

2. Übereignung M an C nach §§ 929 S. 1, 932 I S. 1 BGB

Fraglich ist, ob die Voraussetzungen eines gutgläubigen Erwerbes vorliegen.

a) Dem scheint entgegenzustehen, dass nur der gute Glaube an das Eigentum von den §§ 932 ff. BGB geschützt wird; ein guter Glaube an die *Verfügungsbefugnis*, etwa an eine Ermächtigung nach § 185 I BGB, wird nicht geschützt.

Allerdings geht es vorliegend gar nicht um einen Fall des guten Glaubens an die Verfügungsbefugnis. Denn eine Ermächtigung durch J liegt tatsächlich vor. Fraglich ist, ob der C in seinem guten Glauben daran, dass der ermächtigende J auch Eigentümer ist, nach den §§ 932 ff. BGB geschützt werden kann.

Dies wird von der ganz h.M. bejaht. Denn auch in diesem Fall geht es um den guten Glauben an das Eigentum. Der gute Glaube bezieht sich zwar nicht – wie sonst – auf das Eigentum des *Veräußernden* (= des M), sondern auf das Eigentum des *Ermächtigenden* (= des J). Dieser Unterschied spielt jedoch keine Rolle. Denn der gute Glaube an das Eigentum ist generell zu schützen.

hemmer-Methode: Die h.M. spricht in diesem Zusammenhang schlagwortartig vom Schutz des guten Glaubens an das Eigentum des zustimmenden Dritten. Mit „Zustimmung" ist die Ermächtigung i.S.d. § 185 I BGB gemeint. Dieser Fall des gutgläubigen Erwerbs ist den meisten Studenten nicht geläufig. Er wird z.T. auch in der Literatur nur beiläufig erwähnt, vgl. z.B. Palandt, § 932, Rn. 8.

b) Aufgrund der in § 932 II BGB angelegten Vermutung ist mangels entgegenstehender Angaben auch vom **guten Glauben** des C auszugehen.

c) Da der gutgläubige Erwerb stets an einen **Rechtsscheinstatbestand** geknüpft ist, muss ein solcher vorliegend gegeben sein. Rechtsscheinstatbestand beim Erwerb nach §§ 929 S. 1, 932 I S. 1 BGB ist die Übergabe i.S.d. § 929 S. 1 BGB.

Denn durch diese manifestiert sich die **Besitzverschaffungsmacht** des Veräußerers. An diese knüpft der Rechtsverkehr die Erwartung, dass der Übergebende auch Eigentümer der betreffenden Sache ist.

Für gewöhnlich muss hierauf nicht weiter eingegangen werden, da der Veräußerer stets als vermeintlicher Eigentümer dem Erwerber die Sache übergeben hat, anderenfalls lägen ja die Voraussetzungen des § 929 S. 1 BGB gar nicht vor. Da hier jedoch Veräußerer und vermeintlicher Eigentümer auseinander fallen, muss der Rechtsscheinstatbestand bei J als ermächtigendem Dritten begründet sein. Erforderlich ist also, dass C auch auf Veranlassung des J den Besitz der Sache erhält und J keinen Besitzrest zurückbehält. Dies ist vorliegend der Fall.

hemmer-Methode: Sofern also der Fall des guten Glaubens an das Eigentum des zustimmenden Dritten vorliegt, müssen die besonderen Rechtsscheinsvoraussetzungen der §§ 932 ff. BGB gerade in der Person des zustimmenden Dritten begründet sein; z.B. muss bei § 932 I S. 2 BGB der Erwerber den Besitz vom zustimmenden Dritten (also entgegen dem Wortlaut nicht vom Veräußerer) erhalten haben!

d) Schließlich ist dem unmittelbaren Besitzer die Sache auch **nicht** i.S.d. § 935 I BGB **abhandengekommen**. J hat freiwillig seinen unmittelbaren Besitz aufgegeben.

Somit hat C gutgläubig Eigentum am „Knöringer“ erworben.

IV. Ergebnis

A ist Eigentümer des „Medicus“, C Eigentümer des „Knöringer“ geworden. Am „Brox“ hat R sein Eigentum behalten.

Hinweis:
Bei der Fallgruppe des guten Glaubens an das Eigentum des zustimmenden Dritten muss freilich eine Ermächtigung des Dritten i.S.d. § 185 I BGB tatsächlich vorliegen. Denn der gute Glaube an die Verfügungsbefugnis ist gerade nicht schützenswert.
Ausnahmsweise ist jedoch der gute Glaube auch an die Verfügungsbefugnis geschützt, nämlich im Bereich des § 366 HGB. Wenn Kaufleute auftreten, ist daher Vorsicht geboten! Karsten Schmidt will § 366 HGB analog heranziehen, um beim Eigentumserwerb auch einen guten Glauben an die *Vertretungsmacht* zulassen zu können. Dies wird jedoch von der ganz h.M. abgelehnt, da nämlich hierdurch eine Vertretungsmacht nur für die Übereignung, nicht jedoch für das schuldrechtliche Kausalgeschäft geschaffen wird. Dann erhielte der Erwerber zwar Eigentum, aber er müsste es nach § 812 I S. 1, Alt. 1 BGB an den Vertretenen zurückübertragen; dies wäre sinnlos.

III. Zusammenfassung

Gegenstand des guten Glaubens bei §§ 932 ff. BGB

Anwendbarkeit (+):

Nur guter Glaube an das Eigentum

Auch: Guter Glaube an das Eigentum des zustimmenden Dritten

Anwendbarkeit (-):

Alle anderen Fälle, also:

- Guter Glaube an die Vertretungsmacht
- Guter Glaube an die Verfügungsbefugnis
- Guter Glaube an die Wirksamkeit der dinglichen Einigung o.ä.

IV. Zur Vertiefung

Zum Gegenstand des guten Glaubens

- Hemmer/Wüst, SachenR II, Rn. 71 ff.

Zum Gutglaubenserwerb nach §§ 929 S. 1, 932 I S. 1 BGB

- Hemmer/Wüst, SachenR II, Rn. 91 ff.

Zum Gutglaubenserwerb i.V.m. § 366 HGB

- BGH, Life&Law 2005, 583 ff.

Fall 36: Gutgläubiger Erwerb, §§ 929 S. 1, 932 I BGB bei Scheingeheißpersonen

Sachverhalt (nach BGH NJW 1974, 1132; „Hemdenfall“):

A ist Betreiber einer Hemdenfabrik. Da A in letzter Zeit wenig glückliche unternehmerische Entscheidungen getroffen hat und die wirtschaftliche Lage des Unternehmens zusehends prekärer wird, sieht auch Kaufmann V, der schon oft Verträge für A vermittelt hat, seine Existenz bedroht. Er beschließt daher, die Sanierung des Unternehmens selbst in die Hand zu nehmen.

Daher schließt V in eigenem Namen mit B einen Kaufvertrag über die Lieferung von Hemden; B könne die Hemden bei A abholen. Als B bei A erscheint, geht A davon aus, eine eigene Verbindlichkeit gegenüber B zu erfüllen, da er denkt, V habe in seinem (A's) Namen mit B einen Kaufvertrag geschlossen. A gibt B die Hemden mit.

***Frage:** Hat A Ansprüche gegen B?*

I. Gliederung

I. Anspruch des A gegen B auf Bezahlung des Kaufpreises gem. § 433 II BGB

1. (-), da zwischen A und B kein Kaufvertrag:
A hat den Vertrag persönlich nicht abgeschlossen

2. Vertretung des A durch V, §§ 164 ff BGB (-), V handelte in eigenem Namen, nicht als Vertreter des A!

II. Anspruch des A gegen B auf Herausgabe der Hemden aus § 985 BGB

1. Besitz des B: (+)

2. Eigentum des A?
(-), wenn wirksame Übereignung an B

a) **Übereignung A an B** nach § 929 S. 1 BGB: (-), B wollte sich nicht mit A dinglich einigen

b) **Übereignung V an B**

aa) § 929 S. 1 BGB:
Berechtigung des V fehlt

bb) §§ 929 S. 1, 932 I S. 1 BGB:
(P) Übergabe; zwar Geheißerwerb möglich, A hat sich Willen des V aber tatsächlich nicht untergeordnet;

Nach BGH dennoch (+), da Sichtweise des Erwerbers maßgeblich

Sonstige Vorauss. des gutgläubigen Erwerbs erfüllt, insb. guter Glaube des B an das Eigentum des V

⇨ Eigentumsverlust (+),
kein Herausgabeanspruch

III. § 861 BGB

(-), da freiwillige Besitzaufgabe

IV. § 1007 I, II

(-), da B = Eigentümer

V. § 812 I S. 1, Alt. 1 BGB

(-), da aus Sicht des Erwerbers keine Leistung des A

VI. § 812 I S. 1, Alt. 2 BGB

(-), da V an B die Hemden geleistet hat, „Vorrang der Leistungsbeziehung"

VII. §§ 823 I, 249 I BGB

(-), anderenfalls Aushebelung des gutgl. Erwerbs

Ergebnis:
Keine Ansprüche des A gegen B!

II. Lösung

I. Kaufpreisanspruch, § 433 II BGB

Zunächst kommt ein Anspruch des A gegen B auf Kaufpreiszahlung in Betracht, § 433 II BGB. Dies setzt allerdings einen wirksamen Kaufvertrag zwischen A und B voraus. Da A selbst gegenüber B nicht aufgetreten ist, könnte A allenfalls im Wege der Stellvertretung nach den §§ 164 ff. BGB durch V vertraglich verpflichtet und berechtigt worden sein.

Hierzu fehlt es an einem für B erkennbaren Auftreten des V in fremdem Namen (Offenkundigkeitsprinzip). Zwar braucht der Vertreter nicht ausdrücklich darauf hinzuweisen, dass er im fremden Namen handelt, es muss aber erkennbar sein, dass er für einen Dritten handelt, § 164 I S. 2 BGB. Das ist hier aber nicht der Fall. V hat vielmehr ausdrücklich in *eigenem* Namen gehandelt; damit lag eine Stellvertretung für A nicht vor.

Da es somit an einem Kaufvertrag zwischen A und B fehlte, kommt ein Kaufpreisanspruch aus § 433 II BGB nicht in Betracht.

hemmer-Methode: Hieran ändert auch § 177 BGB nichts: Die dort verankerte Genehmigungsmöglichkeit gilt *nur* für den Fall des Vertreters ohne Vertretungsmacht („falsus procurator").
Dazu muss aber überhaupt jemand als Vertreter, also in fremdem Namen, aufgetreten sein. Daran fehlt es hier!
Sound: § 177 BGB „heilt" die fehlende Vertretungsmacht, nicht aber die übrigen Voraussetzungen der Stellvertretung!

II. Herausgabeanspruch, § 985 BGB

Jedoch könnte ein Anspruch des A gegen B auf Herausgabe der Hemden aus § 985 BGB bestehen. Dann müsste A Eigentümer der Hemden sein und B Besitzer ohne ein Recht zum Besitz.

1. Besitz des B

B ist unmittelbarer Besitzer der Hemden, § 854 I BGB.

2. Eigentum des A

Ursprünglich war A Eigentümer der Hemden. Fraglich ist jedoch, ob sein Eigentum durch Übereignung an B verloren hat.

a) Übereignung A an B nach § 929 S. 1 BGB

Eine Übereignung nach § 929 S. 1 BGB setzt eine wirksame dingliche Einigung zwischen A und B, Übergabe der Hemden sowie Berechtigung des A zur Übereignung.

aa) Dingliche Einigung

Dingliche Einigung ist ein Vertrag, dessen Inhalt auf Übergang des Eigentums gerichtet ist.

Er setzt, wie jeder Vertrag, zwei übereinstimmende Willenserklärungen voraus.

Vorliegend ist bereits zweifelhaft, ob A eine entsprechende Willenserklärung überhaupt abgegeben hat.

(1) Willenserklärung des A

Bei Auslegung seines Verhaltens nach dem objektiven Empfängerhorizont (§§ 133, 157 BGB), also aus der objektivierten Sichtweise des B, sollte bei der Aushändigung der Hemden an B keine Übereignung des *A* an B stattfinden. B durfte und musste dieses Verhalten allein so verstehen, dass A lediglich auf Weisung des V die Hemden aushändigen, nicht aber selbst an B übereignen wollte. Damit fehlt es schon an einer entsprechenden **Willenserklärung des A.**

(2) Willenserklärung des B

Auch eine auf eine dingliche Einigung mit A gerichtete **Willenserklärung des B** liegt nicht vor.

Zwar lässt sich vertreten, dass aus der maßgeblichen objektiven Sichtweise *des A* der B beim Abholen konkludent auch die dingliche Einigung mit A erklären wollte. Jedoch fehlt es auf subjektiver Seite des B schon am erforderlichen Erklärungsbewusstsein:

B wollte tatsächlich überhaupt nichts rechtlich Relevantes erklären, sondern die Ware schlicht abholen. Auch wenn man mit der herrschenden Erklärungstheorie ein *potentielles Erklärungsbewusstsein* des B genügen lassen will, so ist auch ein solches nicht gegeben: Voraussetzung hierfür ist nämlich eine Erklärungsfahrlässigkeit des Erklärenden dergestalt, dass er damit rechnen musste, sein Verhalten werde vom Empfänger als Willenserklärung verstanden. Dies ist aber seitens des B zu verneinen.

bb) Zwischenergebnis

Damit fehlt es aus mehreren Gründen an einer dinglichen Einigung zwischen A und B.

hemmer-Methode: Ein Problemkreis, der bei Besprechungen des klassischen „Hemdenfalles" üblicherweise völlig übergangen wird. Auch in der Klausur sollte man sich an dieser Stelle kurz fassen, da es jedenfalls an einer entsprechenden Willenserklärung des A fehlt. Keinesfalls darf der Theorienstreit zum potentiellen Erklärungsbewusstsein (Willenstheorie contra Erklärungstheorie) zu weit ausgebreitet werden! Sofern Ihnen dieser Problemkreis „fremd" erscheint, wiederholen Sie unbedingt diesen BGB-AT Klassiker!

b) Übereignung V an B

Jedoch könnte V die Hemden wirksam an B übereignet haben.

aa) § 929 S. 1 BGB

Für eine Übereignung nach § 929 S. 1 BGB fehlt es bereits an der **Berechtigung** des V. Dieser war weder Eigentümer der Hemden noch vom Eigentümer zur Übereignung nach § 185 I BGB ermächtigt worden.

hemmer-Methode: Dies ist streng genommen eine Durchbrechung des Gutachtenstils, der jedoch zulässig ist: Eigentlich wäre zunächst das Vorliegen von dinglicher Einigung, Übergabe und *erst dann* die Berechtigung zu prüfen.

Da diese jedoch ersichtlich fehlt, darf sie durchaus „nach vorne gezogen“ werden.
Denn insbesondere die Frage der Übergabe ist noch beim gutgläubigen Erwerb ausführlich zu diskutieren! Ziehen sie durchschlagende Argumente daher nur dann nach vorne, wenn Sie hierdurch keine Probleme übergehen.

bb) §§ 929 S. 1, 932 I S. 1 BGB

Es könnten jedoch ein gutgläubiger Erwerb vom Nichtberechtigten nach den §§ 929 S. 1, 932 I S. 1 BGB stattgefunden haben.

(1) Die erforderliche **dingliche Einigung** zwischen V und B hat stattgefunden; insbesondere trat V hierbei in *eigenem* Namen auf.

(2) Fraglich ist jedoch das Vorliegen einer **Übergabe** des V an B i.S.d. § 929 S. 1 BGB.

Hierunter ist jeglicher Besitzerwerb des Erwerbers auf Veranlassung des Veräußerers unter Aufgabe jedweden Besitzrestes seitens des Veräußerers zu verstehen.

Dabei ist die Einschaltung von Hilfspersonen auf beiden Seiten unproblematisch möglich, darunter auch sog. **Geheißpersonen**. Geheißpersonen sind Personen, die in keiner besitzrechtlichen Beziehung zum Veräußerer oder Erwerber stehen, also weder Besitzmittler noch Besitzdiener sind. Eine Übergabe i.S.d. § 929 S. 1 BGB liegt auch dann vor, wenn der Veräußerer die Sache zwar nicht selbst übergibt, er jedoch den Besitzer als Geheißperson veranlasst, dies zu tun. Dies hat V letztlich getan: Er veranlasste den A, die Hemden an B zu übergeben.

hemmer-Methode: Die Einschaltung von Geheißpersonen auf *Erwerberseite* muss vom oben definierten Übergabebegriff abweichen: Der Erwerber sagt dem Veräußerer, dass nicht er, sondern ein Dritter (= Geheißperson) Besitzer der Sache werden solle, der Veräußerer also an diesen liefern soll. Auch dies stellt nach h.M. eine Übergabe dar.

Das Erfordernis der Übergabe trägt dem Publizitätsgrundsatz im Sachenrecht Rechnung. Publizitätsträger ist dabei der Besitz; obwohl dieser beim Geheißerwerb auf Veräußererseite i.d.R. fehlt, handelt es sich dennoch um eine Übergabe, da bei dem Geheißerwerb eine **Besitzverschaffungsmacht** des Veräußerers zum Ausdruck kommt. Problematisch ist vorliegend, dass dem V eine solche eigentlich nicht zustand: Er konnte die Besitzverschaffung nur dadurch veranlassen, dass er einen Irrtum des A ausnutzte. Die Möglichkeit, A anzuweisen, an B zu übergeben, hatte V tatsächlich nicht.

Nach einer **Literaturansicht** wird deshalb in vorliegender Fallkonstellation die Annahme einer **Übergabe verneint**. Die Geheißperson müsse sich tatsächlich dem Willen des Veräußerers unterordnen, ein bloßer Anschein dieser Unterordnung genüge nicht. Denn diese Willensunterordnung entspricht der tatsächlichen Besitzverschaffungsmacht des Veräußerers und stellt damit beim Geheißerwerb den maßgeblichen Rechtsscheinstatbestand dar. Der gute Glaube ist jedoch nur *auf Grundlage* eines tatsächlich bestehenden Rechtsscheinstatbestandes geschützt, nicht aber der gute Glaube *an das Bestehen* des Rechtsscheinstatbestandes.

Ebenso ist bei §§ 172 I, 173 BGB nur der gute Glaube *aufgrund einer echten Vollmachtsurkunde*, nicht aber das gutgläubige Vertrauen *auf die Echtheit der Urkunde selbst* geschützt.

Dies ist ein allgemeiner Grundsatz jeglicher Rechtsscheinshaftung.

hemmer-Methode: Eine sehr gute, dogmatische Begründung, die Sie in der Klausur durchaus vertreten können; insbesondere mit *Medicus* (BR, Rn. 564) befänden Sie sich in bester Gesellschaft. Dem BGH schwebte freilich nicht so sehr die Dogmatik, sondern das Ergebnis vor Augen, vgl. im Folgenden.

Anderer Ansicht ist jedoch die **Rechtsprechung**. Hiernach ist auf die objektive Sichtweise des Empfängers abzustellen, maßgeblich ist also, ob B davon ausgehen musste und durfte, dass sich A dem Willen des V gebeugt hat, dass also ein echter Geheißfall vorlag.

Hierfür spricht der Verkehrsschutz: B konnte überhaupt nicht wissen, dass seitens des A ein Irrtum vorlag; es entspricht den Grundprinzipien der Rechtsgeschäftslehre, dass nicht der subjektive Wille des Erklärenden, sondern die objektive Verständnismöglichkeit des Erklärungsempfängers maßgeblich ist, vgl. die §§ 119 ff. BGB. Es würde den Grundsätzen der Rechtsscheinshaftung widersprechen, wenn die Frage, ob ein Rechtsschein vorliegt, allein von Umständen abhinge, die überhaupt nicht nach außen dringen.

Da V auch jeglichen Besitzrest aufgegeben hat, lag eine Übergabe des V an B vor.

hemmer-Methode: Ein echter „Klassiker", bei dem Sie die ausgetauschten Argumente nachvollziehen sollten. Prägen Sie sich die beiden unterschiedlichen Positionen ein: Rechtsscheinstatbestand muss wirklich existieren, wirkliche Willensunterwerfung nötig (Literatur) CONTRA objektiver Rechtsschein der Willensunterwerfung genügt wg. Verkehrsschutz (BGH). Eine vernünftige Argumentation wird von Ihnen an dieser Stelle durchaus erwartet; *wofür* Sie sich entscheiden, ist jedoch nachrangig.

(3) B war mangels entgegenstehender Anhaltspunkte auch **gutgläubig**, § 932 II BGB.

(4) Ein **Abhandenkommen** i.S.d. § 935 I BGB seitens des A als unmittelbarem Besitzer liegt nicht vor, da dieser seinen Besitz freiwillig aufgegeben hat. Maßgeblich ist sein tatsächlicher Besitzaufgabewille; dass dieser auf einem Irrtum beruht oder gar auf einer Täuschung durch V, ist nicht beachtlich.

hemmer-Methode: Selbst eine durch *Drohung* erwirkte Besitzaufgabe stellt nach h.M. kein Abhandenkommen dar. Erst wenn die Drohung so stark ist, dass sie der Anwendung körperlicher Gewalt („vis absoluta") gleichkommt, kann ein Abhandenkommen angenommen werden; z.B.: Der Täter hält dem Opfer ein Messer an die Kehle, woraufhin das Opfer seine Geldbörse herausgibt ⇨ Abhandenkommen (+).
Dabei erscheint es durchaus vertretbar, die gleichen Abgrenzungskriterien wie bei der Unterscheidung Raub (§ 249 StGB) / räuberische Erpressung (§§ 253, 255 StGB) anzuwenden!

Damit hat B von V als Nichtberechtigtem gutgläubig nach den §§ 929 S. 1, 932 I S. 1 BGB Eigentum erworben.

3. Zwischenergebnis

Da A nicht mehr Eigentümer der Hemden ist, kann er von V also nicht Herausgabe nach § 985 BGB verlangen.

III. Anspruch des A gegen B auf Herausgabe der Hemden aus § 861 BGB

Ein Anspruch des A gegen B aus § 861 BGB würde voraussetzen, dass B gegen A verbotene Eigenmacht i.S.d. § 858 I BGB verübt hätte. Dies ist jedoch abzulehnen, da A seinen Besitz an B freiwillig aufgab; es gilt das zu § 935 BGB Gesagte entsprechend.

IV. Anspruch des A gegen B aus § 1007 I, II BGB

Ansprüche aus § 1007 I BGB oder § 1007 II BGB scheiden schon deshalb aus, weil B Eigentümer geworden ist. Als solcher steht ihm ein Besitzrecht zu, das nach § 1007 III S. 2 BGB i.V.m. § 986 I S. 1 BGB zum Ausschluss der Ansprüche aus § 1007 I, II BGB führt.

V. Anspruch des A gegen B aus § 812 I S. 1, Alt. 1 BGB

Ein Anspruch aus Leistungskondiktion nach § 812 I S. 1, Alt. 1 BGB auf Rückübertragung des Eigentums an A setzt eine **Leistung des A** an B voraus. Dabei ist Leistung die bewusste und zweckgerichtete Mehrung fremden Vermögens; Leistungszweck muss hierbei die Erfüllung einer eigenen Verbindlichkeit des A gegenüber B sein.

Zwar wollte A aus seiner Sicht eine Verbindlichkeit gegenüber B erfüllen; er nahm an, aufgrund eines durch V als Stellvertreter geschlossenen Kaufvertrages hierzu verpflichtet zu sein, § 433 I S. 1 BGB.

Allerdings ist nach ganz h.M. zur Ermittlung des Vorliegens einer Leistung entsprechend §§ 133, 157 BGB auf die **objektive Sichtweise des Empfängers** abzustellen. B musste und durfte annehmen, dass A keine eigene Verbindlichkeit erfüllen, sondern nur als „verlängerter Arm" des V handeln wolle. Damit fehlt es an einer Leistung des A an B, so dass kein Anspruch des A aus § 812 I S. 1, Alt. 1 BGB bestehen kann.

VI. Anspruch des A gegen B aus § 812 I S. 1, Alt. 2 BGB

Daher kommt die allgemeine Nichtleistungskondiktion aus § 812 I S. 1, Alt. 2 BGB in Betracht.

Diese ist nach dem Grundsatz vom „**Vorrang der Leistungsbeziehung**" jedoch ausgeschlossen, wenn der Anspruchsgegner denselben Gegenstand (von irgendwem) durch Leistung erhalten hat. Hierdurch soll sichergestellt werden, dass eine Rückabwicklung nur in den jeweiligen Leistungsbeziehungen stattfindet. Da eine Leistung des Eigentums durch V an B vorliegt, kommt eine Nichtleistungskondiktion des A gegenüber B nicht in Betracht.

VII. Anspruch des A gegen B aus §§ 823 I, 249 I BGB

Schließlich kann auch ein Anspruch auf Rückübereignung nicht nach §§ 823 I, 249 I BGB bestehen. Selbst wenn ein Verschulden anzunehmen wäre, würde ein solcher Anspruch die Grundsätze des gutgläubigen Erwerbs aushebeln.

VIII. Gesamtergebnis

A hat keine Ansprüche gegen B.

III. Zusammenfassung

Sound: Bei der Übergabe i.S.v. § 929 S. 1 BGB ist die Einschaltung von Geheißpersonen als Hilfspersonen möglich. Probleme ergeben sich, wenn nur eine Scheingeheißperson vorliegt, die sich nicht tatsächlich dem Willen des Veräußerers unterordnet. Nach Ansicht des BGH ist jedoch nur auf die objektive Sicht des Empfängers abzustellen.

hemmer-Methode: Haben Sie nur § 985 BGB geprüft? Genau das ist das Kalkül des Klausurerstellers. Er erkennt auf den ersten Blick, wer nur § 985 BGB prüft und wer auch „exotischere" Anspruchsgrundlagen in Betracht zieht; dies ermöglicht ihm eine leichte Notendifferenzierung. Verschaffen Sie sich daher unbedingt einen Überblick, welche Anspruchsgrundlagen ebenfalls auf Rückgabe der Sache gerichtet sind.
In einer umfangreicheren Klausur wird auch nach Ansprüchen des A gegen V gefragt sein. Neben einem Anspruch aus § 280 I BGB wegen Pflichtverletzung bzgl. eines Vertragsverhältnisses müssen Sie unbedingt an GoA (§ 687 II BGB i.V.m. § 678 BGB auf Schadensersatz, i.V.m. §§ 681 S. 2, 667 BGB auf Erlösherausgabe), EBV (§§ 989, 990 BGB) und § 816 I S. 1 BGB denken. Wieder gilt: Wer nur § 816 I S. 1 BGB prüft, verschenkt ohne Not wichtige Punkte.

V. Zur Vertiefung

Zum Scheingeheißerwerb

- Hemmer/Wüst, SachenR II, Rn. 93 f.
- Zum gutgläubigen Erwerb beim Handeln „unter fremden Namen" vgl. BGH, Life&Law 2013, 557 ff.

Fall 37: Gutgläubiger Erwerb nach §§ 929 S. 1, 930, 933 BGB und §§ 929 S. 1, 931, 934 BGB „Fräsmaschinenfall“

Sachverhalt:

V verkauft dem K einen Rasenmäher unter Eigentumsvorbehalt und übergibt ihn K. Dieser zahlt den Kaufpreis nicht. Stattdessen übereignet er den Rasenmäher zur Sicherung einer Darlehensforderung an die C-Bank, ohne die Berechtigung des V offen zu legen; K bleibt abredegemäß im Besitz der Sache. C übereignet den Rasenmäher nun „unter Abtretung des Herausgabeanspruches“ an D.

Frage: *Wie ist die Eigentumslage?*

I. Einordnung

Bei den §§ 932 ff. BGB ist unbedingt darauf zu achten, dass die Vorschriften besitzrechtlich teilweise mehr fordern als im Fall des Erwerbs vom Berechtigten nach den §§ 929 ff. BGB. So ist bei § 934 BGB (als Parallelnorm zu § 931 BGB) ganz entscheidend, ob der Veräußerer mittelbarer Besitzer war oder nicht. Aber keine Angst: Es steht alles im Gesetz; es ist lediglich ein aufmerksames Lesen der Vorschriften erforderlich.

Die obige Konstellation wurde vom BGH als **sog. Fräsmaschinenfall** entschieden. Klausurersteller werden sich hüten, den Fall auch noch tatsächlich mit einer Fräsmaschine zu stellen. Eher kommt es vor, dass in einer Klausur klassische Begriffe wie „Fräsmaschine“, „Bonifatius-Verein“, „Milupa“ etc. auftauchen, ohne dass der Fall etwas mit dem zugehörigen Klassiker zu tun hätte. Dies ist eine einfach zu umgehende Falle. Prüfen Sie einfach den Fall und lassen Sie sich nicht von einem ungenauen Wissen im Stile von „da wurde mal was entschieden“ beeindrucken. Für die Falllösung reicht stets der Ihnen vorliegende Sachverhalt!

II. Gliederung

Wie ist die Eigentumslage?

1. Zunächst Eigentum des V

2. Übereignung V an K, §§ 929 S. 1, 158 I BGB
(-), da bedingte Übereignung und Bedingung nicht eingetreten.

3. Übereignung K an C, §§ 929 S. 1, 930, 933 BGB

a) Dingliche Einigung (+)

b) Übergabe: Mangels Besitzverlustes bei K (-)

c) Übergabesurrogat des § 930 BGB (+)

d) Aber fehlende Berechtigung

e) Gutgl. Erwerb, §§ 929 S. 1, 930, 933 BGB? Übergabe fehlt, daher (-)

4. Übereignung C an D, §§ 929 S. 1, 931, 934 BGB

a) §§ 929 S. 1, 931 BGB mangels Berechtigung des C (-)

b) Gutgl. Erwerb nach §§ 929 S. 1, 931, 934 BGB

- Mittelbarer Besitz des C? Besitzmittlungsverhältnis zwischen K und C macht trotz Unwirksamkeit der Übereignung für die Übertragung des Anwartschaftsrechtes des K an C Sinn, kein Fall des § 139 BGB
- Mittelbarer **Nebenbesitz** des D reicht evtl. nicht, D aber mittelbarer *Allein*besitzer
- Ergebnis ist gerecht, da beim Erwerb des D der C jeden Besitz verloren hat

5. Ergebnis:
D ist Eigentümer des Rasenmähers.

III. Lösung

Eigentumslage am Rasenmäher

1. Zunächst Eigentum des V

V war zu Beginn des Geschehens Eigentümer des Rasenmähers.

hemmer-Methode: Ist abstrakt nach der Eigentumslage gefragt, bietet sich aus Gründen besserer Übersichtlichkeit der auch hier gewählte chronologische Aufbau an (sog. „Märchenaufbau"). Wäre nach dem Eigentum des D gefragt, müsste geprüft werden, ob D von C Eigentum erlangt hat. Dies setzt die Berechtigung des C voraus. C könnte Eigentum von K erlangt haben etc.; eine solche nicht zu vermeidende Schachtelprüfung dient den Korrektoren als wichtiger Gradmesser, um logisches Denken in der Prüfungssituation bewerten zu können! Schon für den Aufbau gibt es Punkte!

2. Übereignung V an K

Allerdings könnte V an K wirksam übereignet und damit sein Eigentum verloren haben. Die nach § 929 S. 1 BGB dabei stets erforderliche dingliche Einigung stand jedoch unter der aufschiebenden Bedingung vollständiger Kaufpreiszahlung durch K an V. Da diese Bedingung i.S.d. § 158 I BGB nicht eingetreten ist, fand eine Übereignung von V an K nicht in wirksamer Weise statt.

3. Übereignung K an C

K könnte jedoch wirksam an C übereignet haben.

a) Dingliche Einigung

K und C haben sich über den Eigentumsübergang dinglich geeinigt. Damit lag die von § 929 S. 1 BGB geforderte dingliche Einigung vor.

b) Übergabe

§ 929 S. 1 BGB fordert jedoch auch die Übergabe durch den Veräußerer an den Erwerber. Dies setzt einen Besitzerwerb des Erwerbers voraus, wobei mittelbarer Besitz genügt. K und V haben in Form der Sicherungsabrede eine Vereinbarung getroffen, die dem K das Recht zum unmittelbaren Besitz an der Sache einräumte. Durch dieses vereinbarte Besitzmittlungsverhältnis i.S.d. § 868 BGB wurde C mittelbarer Besitzer.

Jedoch ist für eine Übergabe i.S.d. §§ 929 ff. BGB auch der vollständige Besitzverlust beim Veräußerer erforderlich. Da K unmittelbarer Besitzer blieb, fehlt es an dieser Voraussetzung.

Damit lag eine Übergabe von K an C nicht vor.

hemmer-Methode: Ca. 60 % der Studenten sind der Ansicht, dass im Fall des § 930 BGB keine Übergabe vorliegt (das stimmt), also für die Übergabe der Erwerb mittelbaren Besitzes nicht ausreicht (das stimmt *nicht*!). FALSCH - mittelbarer Besitz reicht aus. Das Problem ist nur der vollständige Besitzverlust auf Veräußererseite und dieser ist bei einem Vorgehen nach § 930 BGB tatsächlich nicht gegeben.

c) Übergabesurrogat des § 930 BGB

Anstelle der Übergabe könnten jedoch die Voraussetzungen des § 930 BGB erfüllt sein. Hierdurch wird die Übergabe (sog. Übergabesurrogat), nicht aber die dingliche Einigung ersetzt. Es kommt daher ein Erwerb nach §§ 929 S. 1, 930 BGB in Betracht.

hemmer-Methode: Tasten Sie sich langsam an einen solchen Fall heran. Sicher, die Berechtigung des K fehlt. Wenn Sie aber zu weit vorgreifen, verlieren Sie evtl. wichtige Punkte, da Sie nicht alle relevanten Probleme diskutieren. Sie schlüpfen eben nicht in die Rolle eines Richters, der möglichst schnell zum Ziel kommen will!

K blieb (hier unmittelbarer) Besitzer, C wurde mittelbarer Besitzer (s.o.). Die Sicherungsabrede stellt ein ausreichendes „Rechtsverhältnis" i.S.d. § 930 BGB dar. Damit liegen die Voraussetzungen des § 930 BGB vor.

d) Berechtigung

Allerdings fehlte es an der erforderlichen Berechtigung des K. Dieser war mangels Bedingungseintritts weder Eigentümer noch nach § 185 BGB zur Übereignung ermächtigt. Daher scheitert eine Übereignung von K an C nach §§ 929 S. 1, 930 BGB.

e) Gutgläubiger Erwerb nach §§ 929 S. 1, 930, 933 BGB

C könnte jedoch von K nach den §§ 929 S. 1, 930, 933 BGB gutgläubig erworben haben. Über § 930 BGB hinaus fordert dabei jedoch § 933 BGB eine Übergabe des Veräußerers (K) an den Erwerber (C). Der Begriff der Übergabe entspricht dem des § 929 S. 1 BGB, so dass die mittelbare Besitzerlangung durch C zwar grundsätzlich ausreicht; es fehlte aber wiederum an einem vollständigen Besitzverlust bei K (s.o.), so dass eine Übergabe i.S.d. § 933 BGB nicht vorliegt.

Damit scheidet ein gutgläubiger Erwerb des K von C aus. Es fand daher keine wirksame Übereignung K an C statt.

4. Übereignung C an D

Jedoch könnte C an D wirksam übereignet haben. Dabei kommt nur eine Übereignung nach §§ 929 S. 1, 931 BGB in Betracht.

Tritt ein mittelbarer Besitzer seinen Herausgabeanspruch ab, so überträgt er zwar seinen mittelbaren Besitz (§ 870 BGB), ohne einen Besitzrest zurückzubehalten, so dass eigentlich die Voraussetzungen einer Übergabe gem. § 929 S. 1 BGB gegeben zu sein scheinen. Jedoch würde dann der Anwendungsbereich des § 931 BGB leer laufen.

a) §§ 929 S. 1, 931 BGB

Die Übereignung scheitert jedenfalls aber an der Berechtigung des Veräußernden C.

b) §§ 929 S. 1, 931, 934 BGB

In Betracht kommt ein gutgläubiger Erwerb des D von C. Dieser könnte sich nach den §§ 929 S. 1, 931, 934 BGB vollzogen haben.

aa) D und C haben sich dinglich geeinigt. Auch haben sie eine Abtretung (§ 398 BGB) des Herausgabeanspruchs des C gegen K vereinbart. Ob ein solcher Anspruch tatsächlich bestand, ist für § 931 BGB ohne Belang; auch die Abtretung eines nur vermeintlichen Herausgabeanspruches soll genügen.

bb) Im Rahmen des § 934 BGB kommt es aber darauf an, ob C mittelbarer Besitzer war. War dies nicht der Fall, müsste D die Sache noch von K erlangt haben (Wortlaut), was aber nicht geschehen ist.

Der mittelbare Besitz des C scheint aufgrund der getroffenen Sicherungsabrede mit K als ausreichendes Besitzmittlungsverhältnis (s.o.) vorgelegen zu haben. Allerdings ist zu beachten, dass eine Übereignung von K an C nicht wirksam stattgefunden hat und damit das vereinbarte Besitzmittlungsverhältnis nutzlos war. Denkbar wäre, über § 139 BGB die Unwirksamkeit der Übereignung auf den schuldrechtlichen Sicherungsvertrag durchschlagen zu lassen.

Hiergegen wird eingewendet, die Übereignung sei nicht „nichtig" i.S.v. § 139 BGB, sondern lediglich unwirksam. Ob solche sprachliche Feinheiten aber wirklich zur Lösung des Falles beitragen können, erscheint problematisch.

Ein anderes Argument ist, dass die Unwirksamkeit des dinglichen und des schuldrechtlichen Geschäftes grundsätzlich wegen des Abstraktionsprinzips nicht zusammenhängen und deshalb an die Voraussetzungen des § 139 BGB hohe Anforderungen zu stellen seien.

Am stärksten ist jedoch folgendes Argument: K war immerhin Inhaber eines Anwartschaftsrechts. Der Auslegung der Vereinbarungen von K und C lässt sich entnehmen, dass diese bei Kenntnis der Unwirksamkeit der Übereignung wenigstens einen Erwerb des Anwartschaftsrechts nach §§ 929 S. 1, 930 BGB analog gewollt hätten. Hierfür bedarf es aber eines Besitzmittlungsverhältnisses. Somit war das vereinbarte Besitzmittlungsverhältnis doch nicht nutzlos, C war mittelbarer Besitzer.

Damit lagen die Erwerbsvoraussetzungen seitens D nach dem Wortlaut von § 934 BGB vor.

cc) Hiergegen wird weiter eingewendet, aus den §§ 932 ff. BGB ergebe sich die ungeschriebene Voraussetzung des gutgläubigen Erwerbs, dass der Erwerber der Sache besitzrechtlich näher kommen müsse als der Eigentümer, der sein Eigentum verliert. V sei als Vorbehaltskäufer jedoch ebenfalls mittelbarer Besitzer der Sache, K sei sein Besitzmittler. Damit werde D neben V nur mittelbarer *Neben*besitzer, das reiche für § 934 BGB nicht aus.

So tiefsinnig diese Erwägung sein mag: Die Prämisse ist falsch. Denn mit der versuchten Veräußerung des K an C hat K in äußerlich erkennbarer Weise seinen Besitzmittlungswillen gegenüber V aufgegeben, V hat seinen mittelbaren Besitz verloren. D ist mittelbarer *Allein*besitzer geworden, einen mittelbaren Nebenbesitz gibt es nicht.

dd) Schließlich wird noch angeführt, dass es nicht einzusehen sei, warum der Erwerb des D wirksam, derjenige des C jedoch unwirksam sein soll. Beide werden doch mittelbare Besitzer.

Dies ist richtig; entscheidend ist aber, dass im Fall des Erwerbs des D der Veräußerer C seinen Besitz vollständig verloren hat, während beim Erwerb des C der K Besitzer blieb. Dieser Unterschied rechtfertigt die – vom Gesetz so vorgesehene – Folge, dass nur D gutgläubig erwerben konnte.

Damit hat D gutgläubig erworben.

5. Ergebnis

D ist Eigentümer des Rasenmähers.

hemmer-Methode: Die meisten Examenskandidaten kennen diesen Fall und stürzen sich sogleich auf die Problematik des mittelbaren Nebenbesitzes. Der Fall hat aber noch andere wichtige Facetten wie die Behandlung des § 139 BGB (ist C überhaupt mittelbarer Besitzer), die in der Klausur die entscheidenden Punkte einbringen werden. Versuchen Sie, sich von der Masse abzuheben!

IV. Zusammenfassung

Sound: § 934 BGB lässt die dingliche Einigung und die Abtretung des Herausgabeanspruches nur genügen, wenn der Veräußerer tatsächlich mittelbarer Besitzer ist.
Einen mittelbaren Nebenbesitz gibt es nicht.

hemmer-Methode: Nicht einfach, aber auch nicht wirklich schwer. Die Problematik in der Klausur besteht vor allem darin, die teilweise vertretenen abwegigen Auffassungen zu erwähnen und ansprechend „abzubügeln“. Bedenken Sie aber: Im Examen soll nicht der beste „Auswendiglerner“ ausgezeichnet werden. Die Klausuren sind bewusst darauf angelegt, nicht reine Klassiker abzuprüfen.

V. Zur Vertiefung

- Hemmer/Wüst, SachenR II, Rn. 107

Fall 38: Doppelt gutgläubiger Erwerb mit Erbschein, §§ 929 ff., 932 ff., 935, 2366 BGB

Sachverhalt:

S stirbt. Er hinterlässt eine Tochter T. S hat eine Geliebte G, die ein Testament fälscht, das sie als Alleinerbin ausweist. Unter Vorlage des gefälschten Testaments verschafft sich G beim Nachlassgericht einen Erbschein. Dann verkauft und veräußert G an K unter Vorlage des Erbscheins einen Porsche. S war zu Lebzeiten Eigentümer des Porsches.

Frage: *Hat K Eigentum am Porsche erworben?*

Abwandlung 1:
Hätte K Eigentum erworben, wenn G den Erbschein nicht vorgelegt hätte?

Abwandlung 2:
Hätte K Eigentum erworben, wenn S nicht Eigentümer gewesen wäre, sondern den Porsche von seinem Freund F geliehen hätte?

Abwandlung 3:
Hätte K Eigentum erworben, wenn S den Porsche gestohlen hätte?

I. Gliederung

Hat K Eigentum am Porsche erworben?

1. § 929 S. 1 BGB

a) Übergabe und dingliche Einigung (+)

b) Berechtigung der G?
T nach §§ 1922 I, 1924 I BGB Eigentümerin, §§ 1937, 2229 ff. BGB (-) wegen gefälschten Testaments
Daher mangels Berechtigung der G Übereignung nach § 929 S. 1 BGB (-)

2. §§ 929 S. 1, 932 I S. 1 BGB
G hat als Nichtberechtigte verfügt.
Aber: Abhandenkommen des fiktiven Erbenbesitzes gem. § 857 BGB bei T, wg. § 935 I S. 1 BGB gutgl. Erwerb (-)

3. §§ 929 S. 1, 2366 BGB
Erwerb vom Scheinerben wird beurteilt wie Erwerb vom wahren Erben
Daher §§ 929 S. 1, 2366 BGB (+)

⇨ **Ergebnis:**
K hat Eigentum am Porsche erworben

Abwandlung 1

Hätte K Eigentum erworben, wenn G den Erbschein nicht vorgelegt hätte?

§§ 929 S. 1, 2366 BGB (+)
Bloße Existenz eines Erbscheins auf den Namen der G reicht aus.
Parallele: Eintragung im Grundbuch gem. § 892 I S. 1 BGB.

⇨ **Ergebnis**:
K hätte auch Eigentum erworben, wenn G ihren Erbschein nicht vorgelegt hätte

Abwandlung 2

Hätte K Eigentum erworben, wenn S nicht Eigentümer gewesen wäre, sondern den Porsche von seinem Freund F geliehen hätte?

1. **§ 929 S. 1 BGB**
   Mangels Berechtigung (-);
   §§ 929 S. 1, 932 I S. 1 BGB wg.
   § 935 (-) BGB,
   Denn der wahren Erbin T als unmittelbarer Besitzerin ist fiktiver Erbenbesitz gem. § 857 BGB abhandengekommen.
2. **§§ 929 S. 1, 2366 BGB**
   Erbschein stellt den Erwerber so, als ob er vom wahren Erben erworben hätte, der wahre Erbe hätte hier nicht nach § 929 S. 1 BGB übereignen können, da S nicht Eigentümer des Pkw war (Eintritt in die Rechtsposition des S, § 1922 BGB, S war aber nur berechtigter Besitzer aufgrund des Leihvertrages mit F)
3. **§§ 929 S. 1, 932 I S. 1, 2366 BGB**
   Wegen §§ 2366, 932 BGB
   "doppelt gutgläubiger Erwerb"

⇨ **Ergebnis**:
K hätte auch Eigentum erworben, wenn S den Porsche nur geliehen hätte

Abwandlung 3

Hätte K Eigentum erworben, wenn S den Porsche gestohlen hätte?

§§ 929 S. 1, 932 I S. 1, II, 935 I S. 1, 2366 BGB

Porsche ist dem Bestohlenen abhandengekommen, § 935 I S. 1 BGB

⇨ **Ergebnis**:
K hätte kein Eigentum erworben, wenn S den Porsche gestohlen hätte

III. Lösung

Hat K Eigentum am Porsche erworben?

Zu untersuchen ist, ob K Eigentum am Porsche erworben hat. Ursprünglich war S Eigentümer. K könnte jedoch von G nach §§ 929 ff. BGB Eigentum erworben haben.

1. § 929 S. 1 BGB

G hat den Porsche an K veräußert, indem sie den Porsche an K übergab und beide darüber einig waren, dass das Eigentum übergehen soll. G müsste nach § 929 S. 1 BGB aber auch Eigentümerin des Porsches gewesen sein. Ursprünglicher Eigentümer war S. Mit dessen Tod ist seine Tochter T gem. §§ 1922 I, 1924 I BGB Gesamtrechtsnachfolgerin und damit Eigentümerin des Porsches geworden. Daran ändern auch §§ 1937, 2229 ff. BGB nichts. G hatte ein Testament nur gefälscht.

Damit ist G nicht Eigentümerin des Porsches, so dass die Voraussetzungen nach § 929 S. 1 BGB nicht erfüllt sind.

2. §§ 929 S. 1, 932 I S. 1 BGB

In Betracht kommt ein Erwerb nach §§ 929 S. 1, 932 I S. 1 BGB. Allerdings rückte mit dem Erbfall die wahre Erbin T kraft Gesetzes gem. § 857 BGB in die besitzrechtliche Stellung des Erblassers S ein, wurde also fiktiv unmittelbare Besitzerin. Diesen Besitz hat ihr die G entzogen, so dass ein Abhandenkommen beim Berechtigten vorliegt. Dies schließt gem. § 935 I S. 1 BGB einen gutgläubigen Erwerb aus.

3. §§ 929 S. 1, 2366 BGB

K könnte jedoch nach §§ 929 S. 1, 2366 BGB Eigentum von G erworben haben. § 2366 BGB stellt den Erwerber so, als hätte er von dem wahren Erben – also der T – erworben; dies wäre ein Erwerb vom Berechtigten nach § 929 S. 1 BGB.

Voraussetzung nach § 2366 BGB ist, dass G in einem Erbschein als Erbe bezeichnet ist, und dass K durch Rechtsgeschäft einen Erbschaftsgegenstand von der Scheinerbin G erwarb. Weiterhin wird die Gutgläubigkeit des K in Bezug auf die Richtigkeit des Erbscheins vermutet, es sei denn, dass K die Unrichtigkeit kennt oder weiß, dass das Nachlassgericht die Rückgabe des Erbscheins wegen Unrichtigkeit verlangt hat, § 2366 a.E. BGB.

Nach dem Sachverhalt hat sich G einen (unrichtigen) Erbschein besorgt, der sie als Erbin benennt wird. K hat durch Rechtsgeschäft einen Erbschaftsgegenstand, den Porsche, von der Scheinerbin G erworben. Für eine Widerlegung der Gutgläubigkeit des K ergeben sich keine Anhaltspunkte.

Damit entfaltet sich nach § 2366 BGB der öffentliche Glaube des Erbscheins. Zu Gunsten des K gilt der Inhalt des Erbscheins als richtig, soweit die Vermutung nach § 2365 BGB reicht. § 2365 BGB bewirkt die Vermutung, dass G, die in dem Erbschein als Erbe bezeichnet ist, das Erbrecht auch zusteht. K wird so gestellt, als ob er von der wahren Erbin T erwerben würde.

Damit ist bei der Berechtigung i.R.d. § 929 S. 1 BGB auf die wahre Erbin T abzustellen, obwohl doch die G veräußert. T ist mit dem Erbfall gem. §§ 1922 I, 1924 I BGB Eigentümerin des Porsches geworden.

Somit hat K Eigentum von G gem. §§ 929 S. 1, 2366 BGB erworben.

hemmer-Methode: Der Erbschein muss i.R.d. Erwerbs nicht zwingend vorgelegt werden. Der Erwerber muss also den Erbschein nicht einsehen. Mitunter wird aber vertreten, § 2366 BGB setze zumindest das Bewusstsein des Erwerbers voraus, einen Erbschaftsgegenstand zu erwerben (so v.a. Palandt § 2366, Rn. 3). Argument: Glaubt der Erwerber lediglich an das Eigentum des Veräußerers, können auch nur die allgemeinen Gutglaubensvorschriften Anwendung finden. Dies läuft jedoch dem Prinzip eines *abstrakten* Gutglaubensschutzes nach § 2366 BGB zuwider. Im Ersten Staatsexamen müssen Sie dies nicht vertreten, zumal sich kaum gute Argumente für diese Palandt-Ansicht finden lassen.

IV. Lösung Abwandlung 1

Hätte K Eigentum erworben, wenn G den Erbschein nicht vorgelegt hätte?

Der öffentliche Glaube des Erbscheins gem. § 2366 BGB entfaltet sich, wenn ein Erbschein auf bestimmte Personen ausgestellt ist. Die bloße Existenz eines Erbscheins reicht aus. Eine Kenntnis des Erwerbers von der Existenz des Erbscheins ist ebenso wenig nötig wie das Wissen des Erwerbers, überhaupt einen Erbschaftsgegenstand zu erwerben.

Hier kann eine Parallele gezogen werden zu § 892 I S. 1 BGB: Ist jemand als Bucheigentümer im Grundbuch eingetragen, kann ein gutgläubiger Erwerb stattfinden, unabhängig davon, ob der Erwerber den Grundbucheintrag kennt oder nicht.

Somit hätte K auch Eigentum erworben, wenn G ihren Erbschein nicht vorgelegt hätte.

V. Lösung Abwandlung 2

Hätte K Eigentum erworben, wenn S nicht Eigentümer gewesen wäre, sondern den Porsche von seinem Freund F geliehen hätte?

Zu prüfen ist, ob K Eigentum erworben hätte, wenn S nicht Eigentümer gewesen wäre, sondern den Porsche von seinem Freund F geliehen hätte.

1. §§ 929 S. 1, 932 I S. 1 BGB

Ein Erwerb nach § 929 S. 1 BGB scheitert an der fehlenden Berechtigung der G. Aber auch ein gutgläubiger Erwerb nach den §§ 929 S. 1, 932 I S. 1 BGB muss wegen Abhandenkommens nach § 935 BGB abgelehnt werden: Durch den Erbfall wurde T fiktiv gem. § 857 BGB unmittelbare Besitzerin des geliehenen Gegenstandes, das Leihverhältnis zu F bestand fort. Dem Eigentümer F kam als mittelbarem Besitzer die Sache abhanden, da sie der T als (fiktive) unmittelbare Besitzerin abhandenkam. Dies ergibt sich aus § 935 I S. 2 BGB.

2. §§ 929 S. 1, 2366 BGB

§ 2366 BGB bewirkt, dass K so gestellt wird, als ob er vom wahren Erben selbst erworben hätte. Die wahre Erbin T ist jedoch auch nicht Eigentümerin des geliehenen Porsches und somit selbst Nichtberechtigte.

Deshalb konnte K nicht nach §§ 929 S. 1, 2366 BGB Eigentum erwerben.

3. §§ 929 S. 1, 932 I S. 1, 2366 BGB: „Doppelt gutgläubiger Erwerb“

Fraglich ist weiterhin, ob K von G Eigentum nach §§ 929 S. 1, 932 I S. 1, 2366 BGB erworben hat.

Übergabe und dinglicher Vertrag nach § 929 S. 1 BGB liegen vor. Nach §§ 2366 BGB wird K so gestellt, als ob er von der wahren Erbin T erwerben würde. Die wahre Erbin T ist jedoch, wie gezeigt, nicht Eigentümerin des geliehen Porsches.

Deshalb ist hier ein gutgläubiger Erwerb nach §§ 932 ff. BGB zu prüfen. Weil K bereits nach § 2366 BGB gutgläubig sein musste, was die Richtigkeit des Erbscheins angeht, spricht man von einem „doppelt gutgläubigen Erwerb“. § 2366 BGB hilft darüber hinweg, dass G nicht Erbin ist, und die §§ 932 ff. BGB helfen darüber hinweg, dass die wahre Erbin T nicht Eigentümerin des Porsches ist.

Im Sachverhalt finden sich keine Hinweise auf eine Bösgläubigkeit des K nach § 932 II BGB, so dass die gesetzliche Vermutung nach § 932 I S. 1 a.E. BGB nicht widerlegt wird.

Zu prüfen ist noch, ob dem Eigentümer der Porsche nach § 935 I S. 1 BGB abhandengekommen war. Ein Abhandenkommen liegt vor, wenn der Eigentümer den unmittelbaren Besitz ohne seinen Willen verliert. Eigentümer war Freund F, der seinen Porsche an S verliehen hatte. Folglich liegt auch kein Abhandenkommen nach § 935 I S. 1 BGB vor, da F dem S freiwillig den Besitz verschafft hat.

K hat somit gem. §§ 929 S. 1, 932 I S. 1, II, 935 I S. 1, 2366 BGB Eigentum von G erworben.

VI. Lösung Abwandlung 3

Hätte K Eigentum erworben, wenn S den Porsche gestohlen hätte?

Zu untersuchen ist schließlich noch, ob K auch dann Eigentum von G erworben hätte, wenn S den Porsche gestohlen hätte.

In Betracht kommt wiederum ein Eigentumserwerb des K gem. §§ 929 S. 1, 932 I S. 1, II, 935 I S. 1, 2366 BGB.

Fraglich ist dabei, ob dem Eigentümer F der Porsche nach § 935 I S. 1 BGB abhandengekommen ist. Der Porsche ist dann abhandengekommen, wenn F den unmittelbaren Besitz gegen oder ohne seinen Willen verloren hat. Bei einem Diebstahl ist dies zu bejahen. In § 935 I S. 1 BGB ist sogar als Beispiel für ein Abhandenkommen ausdrücklich aufgeführt, dass die Sache dem Eigentümer gestohlen worden ist.

Damit scheitert ein doppelt gutgläubiger Erwerb des K daran, dass der Porsche dem F nach § 935 I S. 1 BGB gestohlen und damit abhandengekommen war.

Hinweis:
Veräußert der wahre Erbe einen Gegenstand, der dem Erblasser nicht gehört hatte, ist ein Eigentumserwerb nach §§ 929 S. 1, 932 ff. BGB zu prüfen. § 2366 BGB ist hier fehl am Platz, selbst wenn ein richtiger Erbschein für den Erben oder ein unrichtiger Erbschein für einen Nichterben existiert. § 2366 BGB ist nur dann einschlägig, wenn bei einem unrichtigen Erbschein der Scheinerbe veräußert. Dann stellt § 2366 BGB den Erwerber so, als ob er vom wahren Erben erwerben würde.

VII. Zusammenfassung

Voraussetzungen des Eigentumserwerbs vom Scheinerben nach den §§ 929 ff., 2366 BGB

1. Dingliche Einigung

2. Übergabe (§ 929 S. 1 BGB) oder **Übergabesurrogate**:

- § 929 S. 2 BGB
- § 930 BGB
- § 931 BGB

3. Berechtigung des Veräußerers:

- Eigentum oder
- Ermächtigung nach § 185 oder
- **Unrichtiger Erbschein gem. § 2366 BGB und Berechtigung des wahren Erben**
  Sonst:
- **Doppelt gutgläubiger Erwerb nach §§ 932-934, 2366 BGB**, beim Eigentümer auf Abhandenkommen nach § 935 I S. 1 BGB achten.

VIII. Zur Vertiefung

- Hemmer/Wüst, SachenR II, Rn. 121 f.
- Hemmer/Wüst, Basics Zivilrecht II, Rn. 233
- Hemmer/Wüst, Erbrecht, Rn. 224 ff.
- Hemmer/Wüst, SachenR I, Karte 43

Fall 39: Übereignung durch Minderjährige; Rückerwerb des Nichtberechtigten

Sachverhalt:

Der 12-jährige Gustav fährt mit dem Mountainbike seines (ebenfalls 12-jährigen) Bruders Edgar durch die Würzburger Innenstadt. Das Mountainbike war ihm von seinem Bruder für diese Fahrt überlassen worden. Zufällig trifft er seinen 17-jährigen Freund Herbie an, der angesichts des High-Tech-Rades ersichtlich beeindruckt ist. Gegen Zahlung von 200 €, die Herbie zuvor aus der Geldbörse seines Vaters entnommen hat, übereignet Gustav diesem das Fahrrad.

Wochen später treffen sich beide wieder; der mittlerweile 18-jährige Herbie ist wütend, da die Bremsen des Mountainbikes nicht richtig funktionieren und nur durch erheblichen Aufwand zu reparieren wären. Er gibt Gustav daher das Fahrrad zurück und verlangt Rückzahlung der 200 €. Die Eltern beider Seiten verweigern jegliche Zustimmung.

Frage:

1. *Wer ist Eigentümer des Mountainbikes?*

2. *Kann Herbie von Gustav Rückzahlung der 200 € verlangen?*
Gustav hat die von Herbie erhaltenen vier 50 €-Scheine bei sich zuhause in seinem Aufklärungsbuch „Blumen und Bienen" versteckt.

I. Gliederung

I. Eigentum am Mountainbike

1. Ursprünglich Eigentum des E, aber evtl. Verlust an H durch **Übereignung G an H, §§ 929 S. 1, 932 I S. 1 BGB**

a) **Dingliche Einigung** hinsichtlich des Übergangs des Eigentums am Fahrrad zwischen G und H

aa) WE des H: (+), da **lediglich rechtlich vorteilhaft** (Eigentumserwerb)

bb) WE des G: **(P) des rechtlich neutralen Geschäfts**, nach h.M. keine Zustimmung des gesetzl. Vertreters nötig (Rechtsgedanke des § 165 BGB oder teleologische Reduktion des § 107 BGB)

b) **Übergabe** (+),
G hat jeglichen Besitzrest aufgegeben und H hat auf Veranlassung des G (unmittelbaren) Besitz erworben

c) **Berechtigung zur Veräußerung** (-),
G nicht Eigentümer des Fahrrades, keine Ermächtigung nach § 185 BGB

d) <u>Aber</u>: **§ 932 I S. 1 BGB**, Gutgläubigkeit des H bzgl. des Eigentums des G

e) **§ 935 I BGB** kein Abhandenkommen
Nach h.M. liegt bei beschränkter Geschäftsfähigkeit ein Abhandenkommen nur vor, wenn mangelnde Urteilsfähigkeit des Minderjährigen anzunehmen ist

f) **Zwischenergebnis**:
Eigentumserwerb des H (+)

2. **Rückerwerb des G von H**

a) Dingliche Einigung (+)

b) Übergabe (+)

c) Berechtigung des H:
(+), H ist (Voll-)Eigentümer

d) **Wertungskorrektur?** Nach Lit. (+), aber h.M. (-); E hat schuldrechtliche Ansprüche gegen G und benötigt keinen weiteren Schutz.

⇨ **G ist Eigentümer**

II. Rückzahlungsanspruch H gegen G

1. **§ 346 I BGB**
(-), da Kaufvertrag unwirksam

2. **§ 985 BGB**
(-), da H nicht Eigentümer des Geldes

3. **§ 812 I S. 1, Alt. 1 BGB**
(+), G hat durch Leistung des H ohne Rechtsgrund Eigentum und Besitz am Geld erlangt; dabei Eigentumserwerb wg. § 935 II BGB trotz Abhandenkommens (+)

II. Lösung

I. Eigentum am Mountainbike

Zunächst war E Eigentümer des Mountainbikes; er könnte sein Eigentum jedoch durch die folgenden Vorgänge verloren haben.

1. Übereignung G an H

Da G nicht Berechtigter war, kommt ein Eigentumserwerb des H nur nach den Regeln des gutgläubigen Erwerbs vom Nichtberechtigten nach §§ 929 S. 1, 932 I S. 1 BGB in Betracht.

a) Dingliche Einigung

Voraussetzung hierfür ist eine dingliche Einigung zwischen G und H i.S.d. § 929 S. 1 BGB. Deren Wirksamkeit könnte die beschränkte Geschäftsfähigkeit beider Seiten (§§ 2, 106 BGB) entgegenstehen.

aa) Die **Willenserklärung des H** ist wirksam, ohne dass es einer Mitwirkung seiner gesetzlichen Vertreter bedarf. Denn der Erwerb von Eigentum ist stets ein reiner rechtlicher Vorteil für den Erwerber; somit ist der Anwendungsbereich von §§ 107, 108 BGB gar nicht eröffnet.

bb) Fraglich ist, ob dies auch für die **Willenserklärung des G** gilt.

Grundsätzlich ist eine Willenserklärung, die auf Übereignung einer Sache gerichtet ist, für den Veräußerer rechtlich nachteilig, da er sein Eigentum verliert; es bedarf daher grundsätzlich der Zustimmung des gesetzlichen Vertreters nach §§ 107, 108 BGB, an der es vorliegend fehlt.

Allerdings ist zu beachten, dass der veräußernde **G nicht Eigentümer** des Mountainbikes war. Durch die Übereignung hat er weder einen rechtlichen Vor- noch Nachteil, es handelt sich um ein rechtlich neutrales Geschäft. Entgegen dem Wortlaut des § 107 BGB, der eigentlich nur bei rechtlich *vorteilhaften* Geschäften unanwendbar ist, ist nach überzeugender Auffassung auch bei rechtlich *neutralen* Geschäften eine Mitwirkung des gesetzlichen Vertreters entbehrlich.

Dies lässt sich auch § 165 BGB entnehmen: Ein beschränkt Geschäftsfähiger kann Vertreter sein, da die Stellvertretung für ihn weder Vor- noch Nachteile birgt.

Anderer Auffassung ist *Medicus* (BR, Rn. 540, 542): Beim gutgläubigen Erwerb dürfe der Erwerber nicht besser stehen, als wenn der gutgläubig angenommene Umstand tatsächlich zutreffen würde. Wäre G aber Eigentümer gewesen, hätte H von ihm wegen §§ 107, 108 BGB nicht wirksam erwerben können. Daher komme ein gutgläubiger Erwerb nicht in Betracht. Diese Auffassung übersieht jedoch, dass die Frage des Gutglaubenserwerbes nach den §§ 932 ff. BGB von der des Minderjährigenschutzes getrennt werden darf und muss. Es geht gerade nicht um ein – nicht schützenswertes – Vertrauen auf die Volljährigkeit des Veräußerers, sondern allein auf dessen Eigentum. Eines Minderjährigenschutzes bedarf es wegen der rechtlichen Neutralität nicht.

hemmer-Methode: Das „rechtlich neutrale Geschäft“ – Ein Klassiker, der bekannt sein muss! Sachenrechtler sind konservativ und lassen sich ungern zu einer Abweichung von ihrer gefestigten Überzeugung verleiten. Stellen Sie daher die Medicus-Auffassung dar, bleiben Sie jedoch bei der h.M.! Achten Sie aber darauf, nicht lediglich fremde Argumente wortwörtlich nachzubeten. Stellen Sie diese mit eigenen Worten dar. Auf diese Weise erkennt der Korrektor, dass Sie das Problem auch wirklich erfasst haben.

b) Übergabe, Gutgläubigkeit, kein Abhandenkommen

G hat H das Mountainbike unproblematisch übergeben, H war auch nicht bösgläubig i.S.d. § 932 II BGB. Da G die Sache freiwillig an H herausgab, kommt ein Abhandenkommen nach § 935 I BGB nicht in Betracht.

Maßgeblich ist nämlich allein die Willensrichtung des *unmittelbaren* Besitzers.

Auch ist das Mountainbike nicht dem Eigentümer E durch die Hingabe der Sache an G abhandengekommen.

Während bei Geschäftsunfähigen eine Weggabe immer als unfreiwillig anzusehen ist, stellt die h.M. bei beschränkt Geschäftsfähigen auf ihre Urteilsfähigkeit ab. Es ist mangels entgegenstehender Anhaltspunkte davon auszugehen, dass E die nötige Einsichtsfähigkeit hatte, um bewusst und freiwillig den unmittelbaren Besitz am Mountainbike durch Hingabe an G aufgeben zu können.

c) Zwischenergebnis

Damit hat G das Mountainbike wirksam an H übereignet.

hemmer-Methode: Dass dies letztlich zu Lasten eines anderen Minderjährigen, nämlich des wahren Eigentümers E geht, schadet nicht. Denn rechtliche Nachteile sind für Minderjährige nur in den Grenzen der gesetzlichen Vorschriften schädlich.

2. Rückerwerb des G von H

G könnte das Mountainbike jedoch von H wieder zurückerworben haben. In Betracht kommt wiederum ein Erwerb nach § 929 S. 1 BGB.

a) Dingliche Einigung

G und H wollten den geschlossenen Kaufvertrag rückgängig machen und im Zuge der Rückabwicklung auch dem G das Eigentum am Mountainbike zurückübertragen.

Die Auslegung ihres Verhaltens führt damit zu einer dinglichen Einigung über den Eigentumserwerb des G von H. Ob die *schuldrechtlichen* Voraussetzungen eines Rücktritts wegen Mangelhaftigkeit der Kaufsache vorlagen, §§ 437 Nr. 2, Alt. 1, 323, 346 ff. BGB, ist ohne Belang. Beide Willenserklärungen sind wirksam und scheitern nicht an §§ 107 ff. BGB. Für den 14-jährigen G handelt es sich um ein rechtlich vorteilhaftes Rechtsgeschäft, so dass es keiner Einwilligung der gesetzlichen Vertreter bedurfte, § 107 BGB.

H ist mittlerweile 18 und damit voll geschäftsfähig geworden, er durfte ohne jegliche Beschränkung über sein Eigentum verfügen.

hemmer-Methode: Wer an dieser Stelle die Wirksamkeit des Kaufvertrages und die schuldrechtliche Verpflichtung zur Rückübertragung des Eigentums prüft, verstößt gegen das Abstraktionsprinzip! Auch wenn dieses jedem Examenskandidaten bekannt ist, wird von Korrektoren immer wieder auch im Examen die Verletzung des Abstraktionsprinzips gerügt; dies geht häufig auf „unsaubere" Formulierungen der Kandidaten zurück, die der Korrektor dann missverstehen *will*. Passen Sie also genau auf und lassen Sie durch saubere Formulierungen keinen Zweifel darüber entstehen, dass Sie das Abstraktionsprinzip verstanden haben.

b) Übergabe

H hat G das Mountainbike i.S.d. § 929 S. 1 BGB übergeben.

c) Berechtigung

H war als Eigentümer zur Übereignung des Mountainbikes berechtigt; er hatte zuvor von G Eigentum erworben. Dass dieser Eigentumserwerb vom Nichtberechtigten stattgefunden hat, ist zunächst ohne Bedeutung; auch das vom Nichtberechtigten erworbene Eigentum ist *Voll*eigentum.

d) Wertungskorrektur

Somit scheinen die Voraussetzungen des § 929 S. 1 BGB für einen Eigentumserwerb des G vorzuliegen. Ein irgendwie gearteter böser Glaube des G kann beim Erwerb vom Berechtigten keine Rolle spielen.

Hiergegen wenden sich einige Stimmen in der Literatur. In bestimmten Fällen könne der vormals Nichtberechtigte nicht Eigentümer werden, vielmehr solle das **Eigentum unmittelbar an den früheren Eigentümer zurückfallen**.

Im vorliegenden Fall wäre also nicht G, sondern wieder E Eigentümer geworden. Dies soll der Fall sein, wenn eine „Hin- und Herübereignung" von vorne herein geplant war, wenn eine Rückabwicklung des Vertrages auf Grundlage gesetzlicher Vorschriften erfolgt oder wenn die Übereignung von vorne herein – z.B. bei der Sicherungsübereignung – nicht auf Dauer angelegt war. Die zweite Fallgruppe der Rückabwicklung auf gesetzlicher Grundlage wäre hier zumindest denkbar.

Allerdings ist das Ergebnis, E werde unmittelbar Eigentümer der Sache, dogmatisch nicht begründbar.

Teilweise wird vorgetragen, es liege seitens des G ein *Geschäft für den, den es angeht* vor.

Hiergegen ist jedoch einzuwenden, dass es sich bei dieser Konstruktion um eine Stellvertretung i.S.d. §§ 164 ff. BGB handelt, bei der lediglich auf das Erfordernis des offenkundigen Handelns in fremdem Namen verzichtet wird; ein Vertreterwille seitens des unmittelbar Handelnden bleibt aber erforderlich. G wollte jedoch nicht E vertreten, sondern selbst Eigentümer werden.

Schließlich widerspricht die Literaturmeinung auch dem gerade im Sachenrecht besonders wichtigen Erfordernis der Rechtssicherheit. Es ist für den Rechtsverkehr überhaupt nicht ersichtlich, dass bei Erfüllung der Voraussetzungen des § 929 S. 1 BGB nicht der eigentliche Erwerber, sondern ein Dritter (der frühere Eigentümer) Eigentum erwerben soll.

Es ist daher richtigerweise keine wertungsmäßige Korrektur vorzunehmen. Einer solchen bedarf es auch nicht, denn dass G Eigentum erwirbt, heißt noch lange nicht, dass er dieses schuldrechtlich auch behalten darf. Immerhin hat er schuldhaft durch die Veräußerung das Eigentum des E beeinträchtigt und sich damit nach § 823 I BGB schadensersatzpflichtig gemacht. Die nach § 249 I BGB geschuldete Naturalrestitution ist auf Wiederherstellung des ursprünglichen Zustands, mithin auf die Wiederverschaffung von Eigentum an E gerichtet. Damit kann E von G Übereignung verlangen; ein unmittelbarer *dinglicher* Erwerb des E ist mithin auch wertungsmäßig nicht geboten.

hemmer-Methode: Vielen Kandidaten wird das Problem des „Rückerwerbs durch den (vormals) Nichtberechtigten“ bekannt sein. Entscheidend ist, dass Sie Argumente pro und contra finden. *Wie* Sie sich dann entscheiden, ist absolut zweitrangig.

3. Zwischenergebnis

Also ist G Eigentümer des Mountainbikes.

II. Rückzahlungsanspruch des H gegen G

H könnte gegen G einen Anspruch auf Rückzahlung der 200 € haben.

1. § 346 I BGB

Ein Anspruch auf Rückzahlung könnte nach wirksamem Rücktritt des H vom Kaufvertrag aus § 346 I BGB bestehen.

Als Rücktrittsgrund kommt nur §§ 437 Nr. 2, Alt. 1, 323 BGB in Betracht; dies würde jedoch einen wirksamen Kaufvertrag voraussetzen. Da ein Kaufvertrag für beide Seiten Pflichten aus § 433 I S. 2 bzw. II BGB begründet, kann ein solcher nach den §§ 107, 108 BGB nicht ohne Mitwirkung des gesetzlichen Vertreters wirksam zustande kommen. Da die Eltern beider Seiten eine Genehmigung verweigert haben, ist der Kaufvertrag endgültig unwirksam. Damit scheidet ein solches Rücktrittsrecht aus; ein Anspruch aus § 346 I BGB besteht nicht.

2. § 985 BGB

Es könnte ein Anspruch auf Herausgabe der vier 50 €-Scheine nach § 985 BGB bestehen. Allerdings steht dieser Anspruch dem jeweiligen *Eigentümer* zu; da H nie Eigentümer der Geldscheine war, scheidet dieser Anspruch aus.

hemmer-Methode: Würde ein solcher Anspruch bestehen, müssten Sie darauf achten, dass bei Einfügung von Geldscheinen in eine Kasse oder einen Geldbeutel nach h.M. der Eigentümer der Kasse / des Geldbeutels wegen §§ 947 II, 948 BGB kraft Gesetzes Eigentümer des eingefügten Geldes wird. Dann scheidet § 985 BGB aus, der vormalige Eigentümer ist auf Ansprüche nach §§ 951, 812 ff. BGB verwiesen. Eine „Geldwertvindikation", also ein Anspruch aus § 985 BGB gerichtet auf die Summe statt der konkreten Scheine ist nicht möglich. Sie verstößt gegen den Bestimmtheitsgrundsatz des Sachenrechts und ist abzulehnen.

3. § 812 I S. 1, Alt. 1 BGB

Allerdings könnte ein Anspruch nach § 812 I S. 1, Alt. 1 BGB bestehen.

a) Etwas erlangt

G könnte neben dem Besitz auch Eigentum an den Geldscheinen erlangt haben. Eine dingliche Einigung und eine Übergabe i.S.d. § 929 S. 1 BGB liegen vor; da H jedoch Nichtberechtigter war, müssten die Voraussetzungen eines gutgläubigen Erwerbes gegeben sein.

G war mangels entgegenstehender Anhaltspunkte gutgläubig, § 932 II BGB.

Allerdings sind die Geldscheine dem Vater des H als Eigentümer i.S.d. § 935 I S. 1 BGB abhandengekommen; dies steht vorliegend einem gutgläubigen Erwerb jedoch nicht entgegen, da bei Geld gem. § 935 II BGB ein Abhandenkommen keine Rolle spielt. Hierdurch trägt der Rechtsfähigkeit dem Bedürfnis des Rechtsverkehrs an uneingeschränkter Verkehrsfähigkeit von Geldzeichen Rechnung.

Damit hat G Besitz und Eigentum an den vier 50 €-Scheinen erlangt.

b) Durch Leistung des H

Dies geschah durch bewusste und zweckgerichtete Vermögensmehrung, also durch Leistung des H.

c) Ohne Rechtsgrund

Da der Kaufvertrag zwischen G und H unwirksam ist, fehlte es an einem Rechtsgrund für die Leistung.

Also muss G an H nach § 818 I BGB das Erlangte herausgeben, d.h. ihm Eigentum und Besitz an den vier Geldscheinen zurückübertragen.

III. Zur Vertiefung

- Hemmer/Wüst, SachenR II, Rn. 100

Fall 40: Abhandenkommen, § 935 BGB (1)

Sachverhalt:

V übereignet an K einen Blumentopf.

Frage: *Ist der Blumentopf nach § 935 I S. 1 BGB abhandengekommen, wenn V*

1. *Besitzdiener des E,*
2. *minderjährig,*
3. *geschäftsunfähig,*
4. *durch Drohung bestimmt oder*
5. *durch Täuschung bestimmt war?*

I. Einordnung

Der Gutglaubenserwerb der Sache tritt nach § 935 I S. 1 BGB nicht ein, wenn die Sache dem Eigentümer gestohlen worden, verloren gegangen oder sonst abhandengekommen war. Der Diebstahl und der Verlust der Sache sind dabei nur bestimmte Unterfälle eines sonstigen Abhandenkommens der Sache. Fraglich ist, wie sich das **Abhandenkommen einer Sache gem. § 935 I BGB** definiert. Eine Sache ist dann abhanden gekommen, wenn der unmittelbare Besitzer seinen Besitz ohne (nicht notwendig gegen!) seinen Willen verloren hat. Je nachdem, ob man die Besitzaufgabe als reinen **Realakt** betrachtet, **oder** eine **geschäftsähnliche Handlung** annimmt, können sich für die Beurteilung des Abhandenkommens einer Sache unterschiedliche Lösungen ergeben.

II. Gliederung

(P) Abhandenkommen des Blumentopfs?

1. Weggabe durch Besitzdiener

a) V unmittelbarer Besitzer nach § 854 I BGB?

b) <u>Aber</u> gem. § 855 BGB nur E unmittelbarer Besitzer

c) E hat Besitz ohne seinen Willen verloren
Daher: Abhandenkommen § 935 I S. 1 BGB (+)

2. Minderjährigkeit

a) Besitzaufgabe: (P) Realakt oder geschäftsähnliche Handlung?

b) Eigene Willensbildung des V und Einsichtsfähigkeit in Bedeutung des Vorgangs entscheidend

3. Geschäftsfähigkeit

Eigene Willensbildung des V und Einsichtsfähigkeit in Bedeutung des Vorgangs? Bei Geschäftsunfähigkeit Vermutung, dass (-)

4. Drohung

Drohung als Hinderungsgrund für Besitzaufgabe mit Wille des V? Differenzierung nötig

5. Täuschung

Tatsächlicher Besitzaufgabewille maßgeblich, Anfechtung des dinglichen Vertrages nach § 123 I, Alt. 1 BGB möglich (Fehleridentität)

III. Lösung

Abhandenkommen des Blumentopfs?

1. Weggabe durch Besitzdiener

Die Sache ist abhandengekommen nach § 935 I S. 1 BGB, wenn der unmittelbare Besitzer seinen Besitz ohne seinen Willen verloren hat. V hat den Besitz am Blumentopf hier willentlich, mithin nicht ohne seinen Willen verloren. Fraglich ist aber, ob V unmittelbarer Besitzer war und ob es damit für das Abhandenkommen überhaupt auf seine Person ankommt.

a) V unmittelbarer Besitzer nach § 854 I BGB?

Der unmittelbare Besitz definiert sich nach der Erlangung der tatsächlichen Gewalt über die Sache, § 854 I BGB. V hatte die tatsächliche Verfügungsgewalt über den Blumentopf und war damit scheinbar unmittelbarer Besitzer.

b) § 855 BGB

Etwas anderes ergibt sich jedoch daraus, dass V nur Besitzdiener des Eigentümers E war. Nach § 855 BGB ist nur E Besitzer der Sache. Der Besitzdiener hat somit keinerlei Besitz an der Sache.

c) E hat Besitz ohne seinen Willen verloren

Unmittelbarer Besitzer ist damit E. E hat den unmittelbaren Besitz zwar nicht ausdrücklich gegen, aber jedenfalls ohne seinen Willen verloren.

Eine andere Ansicht stellt darauf ab, dass der Besitzdiener gerade gegen den Willen seines Besitzherren handeln müsse, oder dass ein bewusster Verstoß des Besitzdieners gegen den Willen des Besitzherren vorliegen muss, oder dass der Besitzdiener als solcher erkennbar war. Dies gibt der Wortlaut des Gesetzes in § 855 BGB und § 935 I S. 1 BGB jedoch nicht her.

Daher ist ein Abhandenkommen des Blumenkübels beim unmittelbar besitzenden Eigentümer E nach §§ 935 I S. 1, 855 BGB zu bejahen.

2. Minderjährigkeit

Zu klären ist, ob eine beschränkte Geschäftsfähigkeit des Veräußerers V zu einem Abhandenkommen der Sache nach § 935 I S. 1 BGB führt. Eine Sache ist dann abhanden gekommen, wenn der unmittelbare Besitzer seinen Besitz ohne seinen Willen verliert. Der unmittelbare Besitzer V hat den Besitz am Blumentopf aber *mit* seinem Willen verloren.

Fraglich ist aber, ob der Besitzaufgabewille dem V auch zurechenbar ist. Daran fehlt es, wenn der Besitzaufgabewille Geschäftsfähigkeit erfordert, §§ 104 ff. BGB.

a) Besitzaufgabe Realakt oder geschäftsähnliche Handlung

Entscheidend für diese Frage ist, ob die Besitzaufgabe als geschäftsähnliche Handlung oder als reiner Realakt betrachtet wird. Für die Annahme einer rechtsgeschäftlichen Handlung spricht der umfassende Schutzzweck der §§ 104 ff. BGB, z.B. im Minderjährigenrecht.

Auf der anderen Seite wird dieser Schutz zwangsläufig schon dadurch erreicht, dass jede Übereignung beweglicher Sachen nach den §§ 929 ff. BGB eine dingliche Einigung, also ein dingliches Rechtsgeschäft des Veräußerers und des Erwerbers erfordert. Hier spielen die §§ 104 ff. BGB ohnehin schon eine Rolle, so dass es auf die weitere Annahme eines rechtsgeschäftsähnliches Besitzaufgabewillens in § 935 I S. 1 BGB überhaupt nicht mehr ankommt.

Weiterhin ist der Vorgang der Übertragung des Besitzes schon äußerlich ein reiner Realakt. Deshalb fordert die h. M. neben der Übergabe **lediglich einen tatsächlichen Besitzaufgabewillen** des unmittelbaren Besitzers.

b) Eigene Willensbildung des V und Einsichtsfähigkeit in Bedeutung des Vorgangs

Dieser Besitzaufgabewille ist nicht rechtsgeschäftlicher Natur und kann daher auch Personen zukommen, die in der Geschäftsfähigkeit beschränkt sind. Allerdings muss der Besitzaufgabewille das Ergebnis einer eigenen Willensbildung des Veräußerers sein. Zudem muss dieser eine tatsächliche Einsichtsfähigkeit in die Bedeutung der Besitzaufgabe haben, § 828 III BGB analog. Ob diese Voraussetzungen vorliegen, ist im Einzelfall zu ermitteln.

Bei beschränkter Geschäftsfähigkeit durch Minderjährigkeit wird bei einem der Volljährigkeit nahen Minderjährigen ein anderes Ergebnis als etwa bei einem Zehnjährigen zu finden sein.

Im Ausgangsfall finden sich keine Anhaltspunkte im Sachverhalt, die eine fehlende Einsichtsfähigkeit oder eigene Willensbildung des V andeuten.

Deshalb ist davon auszugehen, dass der Blumentopf dem V nicht nach § 935 I S. 1 BGB abhandengekommen ist.

3. Geschäftsunfähigkeit

Zu untersuchen ist, ob V die Sache abhandengekommen ist, wenn V geschäftsunfähig war, § 104 BGB.

Zwar hat V als unmittelbarer Besitzer den Besitz an der Sache mit seinem Willen aufgegeben, doch ist erneut fraglich, ob der Besitzaufgabewille dem V auch zuzurechnen ist. Die Besitzaufgabe ist ein reiner Realakt, so dass der Besitzaufgabewille sich nicht nach rechtsgeschäftlichen Grundsätzen der §§ 104 ff. BGB richtet, mithin keine Geschäftsfähigkeit des V erforderlich ist.

Allerdings erfordert der Besitzaufgabewille eine eigene Willensbildung des V und Einsichtsfähigkeit in die Bedeutung des Vorgangs. Bei einem Geschäftsunfähigen, beispielsweise einem sechsjährigen Kind (§ 104 Nr. 1 BGB) oder einem Geisteskranken (§ 104 Nr. 2 BGB), wird in der Regel vermutet, dass die tatsächliche Einsichtsfähigkeit in die Bedeutung der Besitzaufgabe gefehlt hat.

Somit ist ein Abhandenkommen des Blumentopfes nach § 935 I S. 1 BGB bei Geschäftsunfähigkeit des V anzunehmen.

4. Drohung

Zu klären ist, ob ein Abhandenkommen der Sache nach § 935 I S. 1 BGB vorliegt, wenn V durch Drohung zur Besitzaufgabe bestimmt worden ist. Ein Abhandenkommen ist zu bejahen, wenn V seinen unmittelbaren Besitz ohne seinen Willen verloren hat.

Fraglich ist deshalb, ob V durch die Drohung den Besitz ohne seinen Willen verloren hat.

Dies ist der Fall, wenn die Drohung zu einer unwiderstehlichen Gewalt geführt hat. V dürfte keine andere Entschließungsmöglichkeit mehr gehabt haben.

Anders liegt der Fall, wenn der Veräußerer zwar durch die Drohung beeinflusst wurde, aber noch eine Wahlmöglichkeit hatte. Hier erfolgte die Besitzaufgabe auch noch „freiwillig" i.S.d. § 935 I S. 1 BGB.

Die Unterscheidung ähnelt der strafrechtlichen Differenzierung zwischen Raub und räuberischer Erpressung.

Im Ausgangsfall ist mangels Hinweisen auf unwiderstehliche Gewalt durch Drohung davon auszugehen, dass die Wegnahme noch vom Willen des V gedeckt war.

Ein Abhandenkommen bei V ist daher also abzulehnen.

5. Täuschung

Zu prüfen ist schließlich noch, ob V die Sache nach § 935 I S. 1 BGB abhandengekommen ist, wenn V zur Besitzaufgabe durch Täuschung bestimmt wurde. Ein Abhandenkommen bestimmt sich danach, ob der unmittelbare Besitzer seinen Besitz ohne seinen Willen verloren hat. Bei einer Täuschung hat V immer noch mit seinem Willen den Besitz aufgegeben.

Die Täuschung des Veräußerers kann zwar das Motiv des V zur Besitzaufgabe bestimmt haben.

Den allein maßgeblichen Handlungswillen des V zur freiwilligen Besitzaufgabe schließt die Täuschung jedoch gerade nicht aus.

Damit ist ein Abhandenkommen des Blumentopfs nach § 935 I S. 1 BGB zu verneinen, wenn V zur Besitzaufgabe durch Täuschung bestimmt worden ist.

IV. Zusammenfassung

Sound: Eine Sache ist nach § 935 I BGB abhandengekommen, wenn der unmittelbare Besitzer seinen Besitz ohne seinen Willen verloren hat. Die Besitzaufgabe ist ein Realakt. Daraus ergibt sich, dass kein rechtsgeschäftlicher, sondern nur ein tatsächlicher Wille zur Besitzaufgabe nötig ist.
Dieser tatsächliche Wille muss Ergebnis einer eigenen Willensbildung des Veräußerers sein. Zudem muss der Veräußerer Einsicht in die Bedeutung und Folgen seiner Besitzaufgabe haben.

Bei beschränkt Geschäftsfähigen und nicht Geschäftsfähigen ist die Einsicht im Einzelfall zu ermitteln, es besteht jedoch bei Geschäftsunfähigen eine Vermutung, dass die Einsicht fehlt.

Eine Täuschung führt nicht zu einem fehlerhaften Besitzaufgabewillen. Bei einer Drohung fehlt der Besitzaufgabewille nur dann, wenn die Drohung zu einem unmittelbaren Zwang führt, die dem Veräußerer keine Entschließungsfreiheit mehr lässt.

hemmer-Methode: Ein Klausurersteller für Zwischenprüfung oder Examen wird einen Sachenrechtsfall stets mit Minderjährigen, Geschäftsunfähigen, Irrtum, Drohung etc. „aufpeppen". Nur so kann eine breite Abdeckung des examensrelevanten Stoffs und rechtsübergreifendes Denken am „großen Fall" erfolgen und zu einer Punktedifferenzierung führen. Die angesprochenen Probleme müssen an den jeweils richtigen Stellen besprochen werden. Im Ausgangsfall wären die möglichen Willensmängel neben der Wirksamkeit eines schuldrechtlichen Vertrags, der Wirksamkeit der dinglichen Einigung in §§ 929 ff. BGB, einer Anfechtung beider Rechtsgeschäfte wegen Fehleridentität dann evtl. auch noch beim Abhandenkommen der Sache nach § 935 I BGB zu problematisieren gewesen.

V. Zur Vertiefung

- Hemmer/Wüst, SachenR II, Rn. 77 ff.
- Hemmer/Wüst, Basics Zivilrecht II, Rn. 210 ff.
- Hemmer/Wüst, SachenR I, Karte 36

Fall 41: Abhandenkommen, § 935 BGB (2)

Sachverhalt:

Postbote Edwin hat sich von seinen gesamten Ersparnissen eine Vespa geleistet, damit er schneller seinen Zustellungsverpflichtungen nachkommen kann. Alles funktioniert wunderbar, bis die Vespa ihren Geist aufgibt. Edwin bringt sie zur Reparatur zu Harry, der in seinem Geschäft hauptsächlich Motor- und Krafträder verkauft, aber auch kleinere Reparaturaufträge annimmt.

Harry muss für zwei Tage auf eine Geschäftsreise und weist deshalb seinen Angestellten Arno an, die Reparatur vorzunehmen. Kaum ist Harry abgereist, betritt Isidor die Geschäftsräume und findet sogleich Gefallen an der Vespa des Edwin. Arno verkauft sie an den nichtsahnenden Isidor, der die Vespa sogleich mitnimmt.

Abwandlung:

Harry ist bereits wieder zurückgekehrt, als Isidor in sein Geschäft kommt. Harry verkauft und übereignet die Vespa an Isidor; dabei weist Harry zwar darauf hin, die Maschine sei eigentlich nur zur Reparatur hier, jedoch schöpft Isidor keinen Verdacht. Dieb Detlef stiehlt die Vespa später von Isidor und verkauft und übergibt sie an den nichtsahnenden Gustav. Dabei legt Detlef den Kraftfahrzeugbrief vor, den er geschickt gefälscht hat, so dass er ihn als Eigentümer auswies.

Frage: *Wer ist jeweils Eigentümer der Vespa?*

I. Gliederung

Eigentumslage an der Vespa

Ursprünglicher Eigentümer E

Eigentumsverlust durch Übereignung A an I

1. **Übereignung A an I, § 929 S. 1 BGB**
   (-), da A äußerlich erkennbar für H handelte, damit eigene dingliche Einigung des A (-)
   Sog. unternehmensbezogenes Geschäft: es ist davon auszugehen, dass der Angestellte nicht in eigenem, sondern im Namen des Geschäftsinhabers auftritt, § 164 I S. 2 BGB
2. **Eigentumsverlust durch Übereignung H an I, § 929 S. 1 BGB**

a) Dingliche Einigung des H mit I

aa) H selbst bei der Einigung nicht anwesend

bb) Aber: Stellvertretung durch A, § 164 BGB, WE des Vertreters wirkt unmittelbar für und gegen Vertretenen

Vor. der Stellvertretung

(P): Vertretungsmacht des A nicht ausdrücklich erteilt,
Aber § 56 HGB. Der Angestellte im Laden gilt als zu Verkäufen (h.M.: auch zu Übereignungen) ermächtigt.
⇨ Vertretungsmacht über 56 HGB (+)

b) Übergabe, § 929 S. 1 BGB
I hat Besitz erworben, auf Veranlassung des H, nach h.M. genügt eine Übergabe durch den Vertreter mit Vertretungsmacht, da sich der Vertreter in diesem Fall dem Willen des Vertretenen unterordnet

c) Berechtigung

aa) H ist nicht Eigentümer

bb) Ermächtigung nach § 185 I BGB (-)

cc) Gutgläubiger Erwerb, § 932 I S. 1 BGB
Guter Glaube an das Eigentum des Veräußerers, § 932 I S. 1, II BGB
Positive Kenntnis und grob fahrlässige Unkenntnis schaden, nicht dagegen lediglich einfache Fahrlässigkeit

Hier: Mangels entgegenstehender Anhaltspunkte ist von der Gutgläubigkeit des I auszugehen,

(3) **Kein Abhandenkommen, § 935 BGB**
§ 935 I S. 2 BGB abzustellen auf unmittelbaren Besitzer H:
A ist besitzrechtlich Besitzdiener des H, H ist unmittelbarer Besitzer, maßgeblich ist unfreiwilliger Besitzverlust beim unmittelbaren Besitzer H
⇨ H wusste nichts von der Veräußerung an I, er hat den Besitz an der Vespa ohne seinen Willen verloren
⇨ Vor. § 935 I S. 2 BGB erfüllt

Aber: fiktive Ermächtigung nach § 56 HGB schließt ein Abhandenkommen aus.

3. **Ergebnis**
I hat das Eigentum an Vespa gutgläubig erworben.

Abwandlung

Eigentumslage an der Vespa

1. **Ursprünglich E Eigentümer**

2. **Eigentumsverlust** durch rechtsgeschäftl. **Übereignung H an I**, § 929 S. 1 BGB

a) Dingliche Einigung zwischen H und I (+)

b) Übergabe (+)

c) Berechtigung (-)
H weder Eigentümer noch zur Veräußerung berechtigt, § 185 I BGB

d) Gutgläubiger Erwerb, § 932 I S. 1 BGB

(P) Guter Glaube des I an das Eigentum des H zum Zeitpunkt der Vollendung des Rechtserwerbs (-), da H dem I offengelegt hat, dass die Vespa nur zur Reparatur bei H abgegeben und H somit kein Eigentümer ist

⇨ I war bösgläubig, kein Rechtserwerb des I

3. **Eigentumsverlust** durch rechtsgeschäftl. **Übereignung D an G**, § 929 S. 1 BGB

(P) Berechtigung,
D war nicht Eigentümer der Vespa,

⇨ gutgläubiger Erwerb, § 932 I S. 1, II BGB?
Vor: (+), da G gutgläubig ist

(P) Abhandenkommen, § 935 I BGB beim unmittelbaren Besitzer?

- **§ 935 I S. 2 BGB direkt** (-), weil I kein Besitzmittler des Eigentümers E, sondern Eigenbesitzer
- **§ 935 I S. 2 BGB analog**?
  Str.: h.M. (-), da Interessenlage nicht vergleichbar, keine planwidrige Regelungslücke
  ⇨ kein Abhandenkommen anzunehmen
  A.A.: § 935 I S. 2 BGB analog anwendbar, gutgläubiger Erwerb soll bei unfreiwilligem Besitzverlust ausgeschlossen werden

4. **Ergebnis**:
E hat Eigentum an G verloren

II. Lösung

1. Verlust des Eigentums des E an der Vespa durch Übereignung A an I

Ursprünglich war E Eigentümer der Vespa. Er könnte sein Eigentum jedoch an I verloren haben.

E könnte sein Eigentum an der Vespa durch rechtsgeschäftliche Übereignung des A an I verloren haben. Die wirksame Übereignung erfordert nach § 929 S. 1 BGB eine dingliche Einigung der Vertragsparteien, Übergabe und Berechtigung des Veräußerers.

a) Einigung zwischen A und I

Zu prüfen ist, ob sich A und I wirksam über den Eigentumsübergang geeinigt haben. Die dingliche Einigung ist ein Vertrag, in dem die Vertragsparteien Veräußerer und Erwerber übereinstimmend erklären, dass das Eigentum auf den Erwerber übergehen soll.

Fraglich ist jedoch, ob A die Vertragspartei der dinglichen Einigung war. Das könnte deswegen problematisch sein, weil A nur Angestellter im Laden des H war. Als Angestellter handelt er im Rahmen seiner Tätigkeit grundsätzlich im Namen des Ladeninhabers. Dann wäre er aber nicht die Vertragspartei des I bei Abschluss der dinglichen Einigung. Damit ist vorliegend zu prüfen, ob A im eigenen Namen handelte. Ob jemand im eigenen oder im fremden Namen auftritt, ist durch Auslegung seines Verhaltens nach dem objektiven Empfängerhorizont unter der Berücksichtigung der Verkehrssitte nach Treu und Glauben zu ermitteln, §§ 133, 157 BGB.

Dies zeigt auch § 164 I S. 2 BGB, wonach es für ein Handeln in fremdem Namen ausreicht, dass sich dieses nur *aus den Umständen* ergibt.

I hat mit A, einem Angestellten eines Motorrad- und Kraftradhändlers sich über den Eigentumsübergang an einer in den Verkaufsräumen befindlichen Vespa geeinigt. Auch wenn A nichts weiter erklärte, ist bei einem solchen **unternehmensbezogenen Geschäft** davon auszugehen, dass der Angestellte nicht in eigenem, sondern im Namen des Geschäftsinhabers auftritt; es handelt sich um einen Fall des § 164 I S. 2 BGB. Damit hat A im Namen des H, nicht in eigenem Namen gehandelt; eine Übereignung des A an I scheidet daher aus.

Eine dingliche Einigung kam nicht zwischen A und I zustande.

hemmer-Methode: Der Betriebsinhaber wird sogar dann berechtigt und verpflichtet, wenn der Kunde den angestellten Vertreter für den Betriebsinhaber hält. Denn der Kunde will erkennbar mit dem jeweiligen Betriebsinhaber kontrahieren. Irrt er sich über dessen Person, so kommt dennoch bei Auslegung *seiner* Erklärungen der Vertrag mit dem *wirklichen Betriebsinhaber* zustande.
Häufig wird das unternehmensbezogene Geschäft als Ausnahme vom Offenkundigkeitsprinzip der Stellvertretung angeführt; richtigerweise ergibt sich aber das Auftreten in fremdem Namen aus den Umständen gem. § 164 I S. 2 BGB, so dass keine Ausnahme vom Erfordernis der Offenkundigkeit angenommen werden muss.

2. Eigentumsverlust des E durch Übereignung H an I

Jedoch könnte H wirksam an I nach § 929 S. 1 BGB übereignet haben.

a) Dingliche Einigung

aa) Einigung durch H persönlich

Fraglich ist, ob sich H und I über den Eigentumsübergang der Vespa i.S.d. geeinigt haben, § 929 S. 1 BGB.

Problematisch ist, dass H bei der Einigung nicht anwesend war. Eine wirksame Einigung zwischen H und I könnte vorliegen, wenn A als Stellvertreter gehandelt hat. Denn die Willenserklärung eines Vertreters wird dem Vertretenem zugerechnet, sie wirkt unmittelbar ihm gegenüber, § 164 I S. 1 BGB.

bb) Stellvertretung durch A, §§ 164 ff. BGB

Zu prüfen ist somit, ob die Voraussetzungen der Stellvertretung vorliegen. Dies ist der Fall, wenn der Vertreter eine eigene Willenserklärung im fremden Namen mit Vertretungsmacht abgibt, § 164 BGB.

(1) Eigene Willenserklärung, im fremden Namen

Unproblematisch gab A eine eigene Willenserklärung ab, gerichtet auf Übergang des Eigentums an der Vespa an I. Er trat auch erkennbar im fremden Namen auf. Das ergibt sich gem. § 164 I S. 2 BGB aus den Umständen, sog unternehmensbezogenes Rechtsgeschäft (s.o.).

(2) Vertretungsmacht des A

Fraglich ist allerdings die Vertretungsmacht des A.

H hatte den A ausdrücklich zur *Reparatur* der Vespa angewiesen; eine Vollmacht zum *Verkauf* der Vespa hat er ihm nicht erteilt. Allerdings könnte sich eine Vertretungsmacht des A aus **§ 56 HGB** ergeben.

A ist im Laden des H angestellt; als solcher gilt er nach § 56 HGB als zum „Verkauf“ ermächtigt; dies schließt richtigerweise nicht nur das schuldrechtliche Kausalgeschäft, sondern auch das dingliche Vollzugsgeschäft in Form der Übereignung verkaufter Sachen ein.

Strittig ist, ob es sich bei § 56 HGB um eine besondere Rechtsscheinsvollmacht, eine (widerlegliche) Vermutung für eine erteilte Vollmacht oder gar um eine (unwiderlegliche) gesetzliche Fiktion handelt.
Weicht § 56 HGB von den tatsächlichen Verhältnissen ab, so kommt jedoch nach allen Ansichten ein Ausschluss der Vertretungsmacht nur bei Bösgläubigkeit des Vertragspartners analog §§ 932 II, 173 BGB in Betracht. Eine solche ist vorliegend nicht anzunehmen.

cc) Zwischenergebnis

Damit ist die Vertretungsmacht des A zu bejahen. Eine wirksame dingliche Einigung des H mit I liegt somit vor.

hemmer-Methode: *Rein* handelsrechtliche Klausuren gibt es kaum. Durchaus beliebt sind daher Vorschriften des HGB, die sich in „gewöhnliche“ Zivilrechtsklausuren einbauen lassen, insbesondere die handelsrechtlichen Vertretungsvorschriften der §§ 48 ff. HGB.

Hierzu sollten Sie sich bereits in den Anfangssemestern zumindest Grundkenntnisse aneignen.

b) Übergabe, § 929 S. 1 BGB

Eine Übergabe an I i.S.d. § 929 S. 1 BGB ist erfolgt. Grundsätzlich müsste diese zwar durch den H als Veräußerer veranlasst sein; dennoch lässt die ganz h.M. eine Übergabe durch den Vertreter mit Vertretungsmacht genügen, da sich der Vertreter in diesem Fall dem Willen des Vertretenen unterordnet. Dies muss bei Rechtsscheinsvollmachten in gleicher Weise wie im Falle einer echten Bevollmächtigung gelten.

hemmer-Methode: Die Übergabe i.S.d. § 929 S. 1 BGB ist – mit Ausnahme einer Besitzverschaffung nach § 854 II BGB – ein Realakt und damit keiner Stellvertretung zugänglich. Dass die h.M. eine Übergabe durch den Stellvertreter mit Vertretungsmacht genügen lässt, kann bei einer Bevollmächtigung damit begründet werden, dass der Stellvertreter bzgl. der Übergabe als Geheißperson des Vertretenen angesehen wird.
Diese Begründung passt allerdings nicht bei Rechtsscheinsvollmachten und gesetzlicher Vertretungsmacht, da es dort in aller Regel an einem entsprechenden Willen und damit an einem Geheiß des Vertretenen fehlt. Da das Problem – soweit ersichtlich – in der Literatur nicht diskutiert wird, sollten Sie sich der h.M. anschließen und keinen allzu großen Begründungsaufwand in der Klausur unternehmen. Denn der Korrektor wird die Übergabe durch den Vertreter mit Vertretungsmacht immer als völlig unproblematisch ansehen und hierzu keine Ausführungen hören wollen.

Bedenken Sie: Es geht um Punkte, nicht um wissenschaftliche Erkenntnisse!

c) Berechtigung

aa) Kein Eigentum des H, kein Ermächtigung

Allerdings fehlt es an einer Berechtigung des H. Dieser ist weder Eigentümer der Vespa noch ist eine Ermächtigung durch den Eigentümer E i.S.d. § 185 I BGB gegeben. Daher kommt ein Erwerb des I nur nach den §§ 932 ff. BGB in Betracht.

bb) Gutgläubiger Erwerb, § 932 I S. 1, II BGB

Erfolgt die Übereignung nach § 929 S. 1 BGB, so kann der Erwerber nur dann gutgläubig Eigentum erlangen, wenn die Voraussetzungen des § 932 I S. 1 BGB vorliegen. Erforderlich ist neben dem Tatbestand des § 929 S. 1 BGB, der bis auf die Berechtigung des Veräußernden erfüllt werden muss, dass der Erwerber in Bezug auf das Eigentum des Veräußerers bis zum Zeitpunkt der Rechtserwerbsvollendung gutgläubig ist. Der Maßstab der Gutgläubigkeit legt § 932 II BGB fest. So ist derjenige gutgläubig, der nicht weiß, dass die Sache nicht dem Veräußerer gehört und dessen Unkenntnis nicht auf grober Fahrlässigkeit beruht. Mit anderen Worten: dem Erwerber schadet nur positive Kenntnis und grob fahrlässige Unkenntnis der Nichtberechtigung des Veräußerers, denn nur dann ist er bösgläubig i.S.d. § 932 II BGB.

Das Gesetz selbst hat die *Gut*gläubigkeit zum Regelfall gemacht, liegen keine Anhaltspunkte für eine Bösgläubigkeit des Erwerbers vor, so ist von seiner Gutgläubigkeit auszugehen.

Vorliegend wusste I nichts von der Nichtberechtigung des H.

Es ist somit von seiner Gutgläubigkeit in Bezug auf das Eigentum des H an der Vespa auszugehen. Da auch bis auf die Berechtigung der Tatbestand des § 929 S. 1 BGB erfüllt ist, ist grds. vom gutgläubigen Erwerb des I auszugehen.

cc) Abhandenkommen, § 935 I BGB

Etwas anderes würde sich aber dann ergeben, wenn bezüglich der Vespa ein Abhandenkommen i.S.d. § 935 I BGB zu bejahen wäre. Das Abhandenkommen nach § 935 BGB schließt einen gutgläubigen Erwerb aus. Ein Abhandenkommen liegt dann vor, wenn der Eigentümer (Abs. I S. 1) oder – falls der Eigentümer mittelbarer Besitzer ist - der unmittelbare Besitzer (Abs. I S. 2) den Besitz an der Sache ohne (nicht notwendig gegen) seinen Willen verliert.

Vorliegend ist auf den unmittelbaren Besitzer abzustellen, da der Eigentümer E selbst lediglich mittelbaren Besitz an der Vespa hatte. Der unmittelbare Besitzer war hier der H. Er mittelte den Besitz dem E. Damit kommt es darauf an, ob H seinen unmittelbaren Besitz unfreiwillig verloren hat.

Das ist eigentlich der Fall, da A die Vespa ohne Wissen des H übergeben hat. Durch die Übergabe erwarb I unmittelbaren Eigenbesitz, er mittelte den Besitz weder dem E noch dem H. Damit liegt ein Abhandenkommen i.S.d. § 935 I BGB vor, das den gutgläubigen Erwerb verhindert.

Etwas anderes würde hier nur dann gelten, wenn nicht H, sondern A unmittelbarer Besitzer der Vespa gewesen wäre. Denn A hat den Besitz freiwillig an I weitergegeben. Die Besitzstellung des A ist jedoch zu verneinen.

A war als Angestellter des H an seine Weisungen gebunden. Er ist besitzrechtlich als Besitzdiener i.S.d. § 855 BGB anzusehen. Den unmittelbaren Besitz hat dann nicht der Besitzdiener sondern der Besitzherr, hier der H.

Gibt der Besitzdiener eine Sache ohne den Willen des Besitzherrn weg, so liegt ein Abhandenkommen vor.

Von dieser Grundregel wird aber eine Ausnahme gemacht. Handelt es sich bei dem Besitzdiener um einen Ladenangestellten i.S.d. § 56 HGB, so schließt die fiktive Ermächtigung ein Abhandenkommen aus. Insofern ist § 56 HGB als lex specialis gegenüber § 855 BGB anzusehen. Die Befugnis einer bestimmten Gruppe von Besitzdienern wird durch diese Vorschrift erweitert.

hemmer-Methode: Nur durch den Vorrang des § 56 HGB lassen sich Ungereimtheiten und Wertungswidersprüche vermeiden. Es kann nämlich nicht sein, dass § 56 HGB zugunsten des Geschäftsverkehrs die Vollmacht von Ladenangestellten fingiert und die dingliche Einigung damit wirksam macht, gleichzeitig aber ein Abhandenkommen i.S.d. § 935 BGB vorliegt.

3. Ergebnis

Damit liegt kein Abhandenkommen vor. Somit ist ein gutgläubiger Erwerb des I möglich. Demnach hat E sein Eigentum an der Vespa an I verloren.

III. Lösung Abwandlung

Ursprünglich war E Eigentümer der Vespa. Er könnte jedoch sein Eigentum an I verloren haben. Das wäre dann der Fall, wenn I die Vespa von H rechtsgeschäftlich erworben hätte.

1. Übereignung von H an I gem. § 929 S. 1 BGB

Diesmal war H bei den Vertragsverhandlungen mit I persönlich anwesend. Er selbst hat die dingliche Einigungserklärung abgegeben, einer Stellvertretung bedurfte es – anders als im Ausgangsfall – nicht. Auch ist die Übergabe bereits erfolgt. Es fehlt aber an der Berechtigung des H, da er weder Eigentümer noch zur Veräußerung berechtigt war.

Damit kommt nur ein gutgläubiger Erwerb des I in Betracht.

Fraglich ist aber, ob I zum maßgeblichen Zeitpunkt der Vollendung des Rechtserwerbs in Bezug auf das Eigentum des H an der Vespa gutgläubig war. Die Gutgläubigkeit wird nur durch positive Kenntnis und grob fahrlässige Unkenntnis ausgeschlossen, § 932 II BGB. Vorliegend hat H dem I offenbart, dass die Vespa ihm eigentlich nur zur Reparatur anvertraut wurde. Damit hat er zugleich sein mangelndes Eigentum offen gelegt. Aufgrund dieser Erklärung des H musste I wissen, dass H nicht Eigentümer der Vespa ist. Soweit er sich dieser Erkenntnis verschlossen hat, ändert das an seiner Bösgläubigkeit nichts. Er ist als bösgläubig i.S.d. § 932 II BGB anzusehen, mit der Folge, dass ein gutgläubiger Erwerb des I scheitert.

2. Eigentumsverlust des E durch Übereignung des D an G, §§ 929 S. 1, 932 I S. 1, II BGB

An der dinglichen Einigung zwischen D und G, sowie an der Übergabe der Vespa an G bestehen keine Zweifel. Allerdings war D nicht Eigentümer der Vespa. Damit konnte G nur gutgläubig von D erwerben, § 932 I S. 2, II BGB.

Unproblematisch ist hier die Gutgläubigkeit des G zu bejahen, da er von den Machenschaften des D nichts wusste. Er war völlig ahnungslos. Ihm kann kein Vorwurf der Fahrlässigkeit gemacht werden, da der Kfz-Brief nahezu perfekt gefälscht wurde.

b) Abhandenkommen, § 935 I BGB

Der gutgläubige Erwerb des G muss aber ausscheiden, wenn ein Abhandenkommen gem. § 935 I BGB vorliegt.

Da der Eigentümer keinen unmittelbaren Besitz zum Zeitpunkt des Rechtserwerbs des G an der Vespa hatte, kommt allenfalls § 935 I S. 2 BGB in Betracht, nämlich Verlust des unmittelbaren Besitzes beim Nichteigentümer I. § 935 I S. 2 BGB verlangt aber, dass der unmittelbare Besitzer den Besitz für den Eigentümer mittelt („…falls der Eigentümer nur mittelbarer Besitzer war…“).

I war hier aber kein Besitzmittler des E, da er aufgrund des vermeintlich wirksamen Vertrages die Vespa für sich und nicht für E besaß, so dass § 935 I S. 2 BGB nicht direkt anwendbar ist.

In Betracht kommt allerdings eine analoge Anwendung des § 935 I S. 2 BGB. Eine Analogie erfordert eine planwidrige Regelungslücke sowie eine vergleichbare Interessenlage.

Fraglich ist, ob diese Voraussetzungen hier erfüllt sind.

Nach der h.M. ist bereits keine planwidrige Regelungslücke gegeben, da der Gesetzgeber den Besitzmittler ausdrücklich im § 935 I S. 2 BGB erwähnt hat. Darüber hinaus ist die Interessenlage nicht vergleichbar, wenn die Sache bei einer Person abhandenkommt, die nicht Besitzmittler des Eigentümers ist. Die Gegenansicht stellt demgegenüber entscheidend darauf ab, dass es der Tendenz des Gesetzes entspreche, gutgläubiger Erwerb bei unfreiwilligem Verlust auszuschließen.

3. Ergebnis

Folgt man der h.M. so ist § 935 I BGB nicht anwendbar. Damit ist der gutgläubige Erwerb des G nicht ausgeschlossen, er hat wirksam Eigentum an der Vespa erworben. Dadurch hat E sein Eigentum verloren.

V. Zur Vertiefung

- Hemmer/Wüst, SachenR II, Rn. 67 ff., insbes. 71, 72, 83, 86
- Zu Anwendbarkeit des § 935 II BGB auf Goldmünzen, welche als Zahlungsmittel zugelassen sind, vgl. BGH, Life&Law 2013, 730 ff.

Fall 42: Erlöschen von Rechten Dritter, § 936 I BGB; Gutgläubig lastenfreier Erwerb

Sachverhalt:

V verkauft und übereignet seinen Goldhamster an K1. Schon bei Abschluss des Kaufvertrags weist V darauf hin, dass er sich das Eigentum bis zur vollständigen Zahlung des Kaufpreises vorbehalte. Auch bei der Übergabe des Hamsters weist V darauf hin.

Später verkauft V den Goldhamster an K2 und erzählt ihm, den Hamster dem K1 geliehen zu haben. V einigt sich mit K2 über den Eigentumsübergang und tritt den Anspruch auf Herausgabe des Hamsters gegen K1 an K2 ab.

Frage:

1. *Hat K2 Eigentum am Hamster erworben?*

2. *Hat K2 das Eigentum lastenfrei erworben?*

3. *Was passiert, wenn K1 den Kaufpreis jetzt zahlt?*

I. Gliederung

I. Eigentumserwerb des K2

1. Übereignung nach § 929 S. 1 BGB

a) Dingliche Einigung (+)

b) Berechtigung (+)

c) Übergabe der Sache (-), da K2 noch nicht den Besitz erworben hat

2. Übereignung nach § 929 S. 1, 931 BGB

Vorauss. des § 929 S. 1 BGB liegen bis auf die Übergabe vor,
Übergabe ersetzt durch ein Übergabekonstitut (+)
Daher: K2 hat Eigentum erworben.

II. Lastenfreier Erwerb des K2

1. Anwartschaftsrecht des K1, §§ 929 S. 1, 158 I BGB

a) Dingliche Einigung, aufschiebend bedingt nach § 158 I BGB gem. § 449 I BGB

b) Übergabe

c) Berechtigung: V ist immer noch Eigentümer und verfügungsbefugt, § 161 I S. 1 BGB

Damit: Anwartschaftsrecht des K1 entstanden

2. Erlöschen des Anwartschaftsrechts, §§ 161 III, 936 I BGB analog

a) § 936 I S. 1 BGB analog (+)

aa) Erwerb des Eigentums durch K2

bb) Veräußerte Sache ist mit Anwartschaftsrecht des K1 belastet, Anwartschaftsrecht ist nach §§ 161 III, 936 I S. 1 BGB das belastende Recht eines Dritten

b) § 936 I S. 3, Alt. 2 BGB analog

(-) V ist durch Vereinbarung des Eigentumsvorbehaltes im mittelbaren Besitz nach § 868 BGB

c) **§§ 936 II, 932 II BGB analog**
(-) K2 ist gutgläubig hinsichtlich des Nichtbestehens des Anwartschaftsrechts

d) **§ 935 BGB analog**
(-) K1 ist der unmittelbare Besitz nicht abhandengekommen

e) **§ 936 III BGB analog** (+)

aa) Fall des § 931 BGB

bb) Das Anwartschaftsrecht steht dem nach § 931 BGB dritten Besitzer K1 zu

3. **Ergebnis**
K2 hat das Eigentum belastet mit dem Anwartschaftsrecht des K1 erworben.

II. Lösung

I. Eigentumserwerb des K2

Zu untersuchen ist, ob K2 das Eigentum am Hamster erworben hat. Ursprünglich war V Eigentümer gem. §§ 90a S. 3, 903 BGB.

1. Eigentumserwerb des K2 durch Übereignung V an K2 nach § 929 S. 1 BGB

V könnte jedoch sein Eigentum gem. § 929 S. 1 BGB an K2 verloren haben. Voraussetzung nach § 929 S. 1 BGB ist, dass der Berechtigte die Sache dem Erwerber übergibt und beide darüber einig sind, dass das Eigentum übergehen soll.

a) Dingliche Einigung

§ 929 S. 1 BGB setzt voraus, dass Berechtigter und Erwerber darüber einig sind, dass das Eigentum übergehen soll.

Nach dem Sachverhalt einigte sich V mit K2 über den Eigentumsübergang. Daher ist der dingliche Vertrag nach § 929 S. 1 BGB zustande gekommen.

b) Berechtigung

Fraglich ist, ob V zum Zeitpunkt der Übereignung an K2 überhaupt noch Berechtigter war. Das ist dann der Fall, wenn er sein Eigentum bereits vor der Übereignung an K2 verloren hat.

V könnte sein ursprüngliches Eigentum nämlich an K1 verloren haben. Dazu müsste V den Hamster dem K1 nach § 929 S. 1 BGB übergeben haben und beide darüber einig gewesen sein, dass das Eigentum übergehen soll.

Nach dem Sachverhalt verkaufte und übereignete V den Goldhamster unter Eigentumsvorbehalt an K1. Daher ist davon auszugehen, dass V den Hamster an K1 übergeben hat und beide über den Einigungsübergang einig waren.

Zu klären ist jedoch, wie sich die Übereignung unter Eigentumsvorbehalt auswirkt.

Der Eigentumsvorbehalt bedeutet hier, dass sich der veräußernde Eigentümer das Eigentum bis zur vollständigen Zahlung des Kaufpreises vorbehält. Er bleibt also solange Eigentümer, bis der Erwerber die letzte Rate bezahlt hat. Nach der Zahlung der letzten Rate geht das Eigentum automatisch auf den Erwerber über. Es handelt sich dabei um eine aufschiebend bedingte Übereignung, §§ 929, 158 I BGB.

Im Fall hat K1 den Kaufpreis noch nicht bezahlt. V hat somit sein Eigentum noch nicht nach § 929 S. 1 BGB an K1 verloren und war zum Zeitpunkt der Übereignung an K2 noch Eigentümer des Hamsters und damit Berechtigter nach § 929 S. 1 BGB.

c) Übergabe der Sache

Um den Eigentumswechsel offenkundig zu machen, erfordert § 929 S. 1 BGB zur Wahrung des sachenrechtlichen Publizitätsprinzips die Übergabe der Sache. Eine Übergabe liegt vor, wenn der Besitz vom Veräußerer auf den Erwerber übertragen wird. Der Veräußerer muss sich dabei jeglichen Besitzrestes entäußern. Für den Erwerber dagegen reicht auch die Erlangung mittelbaren Besitzes aus. Nach dem Sachverhalt hat K2 jedoch keinerlei Besitz erlangt. Damit scheitert eine Übereignung nach § 929 S. 1 BGB an der fehlenden Übergabe des Goldhamsters.

hemmer-Methode: In der Regel sollen Sie sich an der Prüfungsreihenfolge: Einigung, Übergabe, Berechtigung halten. Anders jedoch, wenn Ihnen dadurch ein wichtiger Punkt entgeht. Hier scheitert die Übereignung nach § 929 S. 1 BGB bereits an der Übergabe, da K2 keinen Besitz erlangt. Auf die Berechtigung des V kommt es eigentlich nicht mehr an. Da Sie aber bei der Berechtigung des V den wichtigen Punkt des Eigentumsvorbehalts ansprechen sollen, ist es vorteilhaft, die Berechtigung in Ihrer Klausur vorzuziehen.

2. Eigentumserwerb des K2 durch Übereignung V an K2 nach §§ 929 S. 1, 931 BGB

Die Übereignung nach § 929 S. 1 BGB scheiterte an der Übergabe. Es könnte aber eine Übereignung mit Übergabesurrogaten vorliegen. V könnte den Goldhamster nämlich nach §§ 929 S. 1, 931 BGB an K2 übereignet haben.

Nachdem die Grundvoraussetzungen des § 929 S. 1 BGB bis auf die Übergabe vorliegen, kann nach § 931 BGB die Übergabe dadurch ersetzt werden, dass der Eigentümer dem Erwerber den Anspruch auf Herausgabe der Sache abtritt. V trat den Anspruch gegen K1 auf Herausgabe des Goldhamsters an K2 ab. Als Anspruch auf Herausgabe reicht der potentielle Rückgewähranspruch aus §§ 449 II, 323 ff., 346 I BGB aus.

hemmer-Methode: Beachten Sie bitte, dass die Abtretung des Herausgabeanspruches nach § 985 BGB als Übergabesurrogat nicht möglich ist, weil dieser Anspruch untrennbar mit dem Eigentum verbunden ist und nicht vom Stammrecht getrennt werden kann.
Es bleibt dabei: Beim Vorbehaltskauf ist der Vorbehaltsverkäufer mittelbarer Besitzer, der Vorbehaltskäufer Besitzmittler. Sofern der Käufer nicht zahlt, kann der Verkäufer nach § 323 I BGB zurücktreten und erhält gem. § 346 I BGB den Besitz an der Sache zurück. Dieser potentielle Rückgabeanspruch genügt, um das ungeschriebene Tatbestandsmerkmal „Herausgabeanspruch" des mittelbaren Besitzes zu begründen.

Deshalb ist K2 nach §§ 929 S. 1, 931 BGB Eigentümer des Goldhamsters geworden.

II. Lastenfreier Erwerb

K2 hat nun Eigentum erworben. Fraglich ist jedoch, ob das Eigentum des K2 immer noch mit dem Anwartschaftsrecht des K1 belastet ist. Falls ja, würde mit der vollständigen Kaufpreiszahlung durch K1 das Anwartschaftsrecht des K1 zum Volleigentum erstarken.

K2 hätte sein Eigentum nach § 161 I S. 1 BGB wieder verloren.

1. Anwartschaftsrecht des K1, §§ 929 S. 1, 158 I BGB

Zunächst zu klären ist, ob am Hamster überhaupt ein Anwartschaftsrecht des K1 entstanden war.

a) Aufschiebend bedingte Einigung

V hat bei der dinglichen Einigung erklärt, nur aufschiebend durch vollständige Kaufpreiszahlung bedingt nach § 158 I BGB übereignen zu wollen. Wegen dieser erneuten, ausdrücklichen Erklärung eines Eigentumsvorbehaltes bei der Übereignung bedarf es der gesetzlichen Auslegungsregel des § 449 I BGB nicht.

b) Übergabe

Eine Übergabe des Hamsters fand statt.

c) Berechtigung

V war Eigentümer und damit Berechtigter nach § 929 S. 1 BGB.

V hat den Goldhamster also unter Eigentumsvorbehalt nach §§ 929 S. 1, 158 I BGB an K1 übereignet, so dass ein Anwartschaftsrecht des K1 am Hamster entstanden ist.

2. Erlöschen des Anwartschaftsrechts, §§ 161 III, 936 I BGB analog

V hat unter einer aufschiebenden Bedingung über den Hamster verfügt, so dass die weitere Verfügung an K2 im Falle der Kaufpreiszahlung dem K1 gegenüber relativ unwirksam ist, § 161 I S. 1 BGB. Damit ist K1 nach § 161 I S. 1 BGB geschützt.

Allerdings finden nach § 161 III BGB die §§ 932 ff. BGB analoge Anwendung. Daher ist über § 936 BGB das Erlöschen des Anwartschaftsrechts möglich.

Das Anwartschaftsrecht des K1 könnte erloschen sein. Maßgebliche Norm für das Erlöschen von Rechten Dritter bei der rechtsgeschäftlichen Übereignung beweglicher Sachen nach §§ 929 ff. BGB ist § 936 I BGB.

Das Anwartschaftsrecht zählt nach § 161 III BGB zu solchen Rechten Dritter, die über § 161 III BGB in analoger Anwendung des § 936 BGB zum Erlöschen gebracht werden.

a) § 936 I S. 1 BGB analog

aa) Erwerb des Eigentums durch K2

§ 936 I S. 1 BGB setzt zunächst voraus, dass überhaupt Eigentumserwerb durch K2 stattfand. K2 hat, wie gezeigt, gem. §§ 929 S. 1, 931 BGB Eigentum von V erworben.

bb) Veräußerte Sache mit Recht eines Dritten belastet

Der veräußerte Goldhamster ist mit dem Anwartschaftsrecht des K1 belastet. Wie schon § 161 III BGB mit seiner Verweisung auch auf § 936 BGB zeigt, ist das Anwartschaftsrecht ein Recht eines Dritten, das die Sache belastet.

b) § 936 I S. 3, Alt. 2 BGB analog

Die Übereignung erfolgte nach §§ 929 S. 1, 931 BGB. Deshalb könnte § 936 I S. 3, Alt. 3 BGB einschlägig sein. Fraglich ist daher das Vorliegen mittelbaren Besitzes beim Veräußerer V.

Mittelbarer Besitz definiert sich nach § 868 BGB. Voraussetzung des mittelbaren Besitzes ist demnach, dass jemand eine Sache in einem ähnlichen Rechtsverhältnis wie bei den genannten Rechtsinhabern („Nießbraucher" etc.) besitzt, vermöge dessen er einem anderen gegenüber auf Zeit zum Besitz berechtigt ist.

Durch die Vereinbarung eines Eigentumsvorbehalts im Kaufvertrag besteht ein potentieller Herausgabeanspruch des V gegen K1 gem. §§ 449 II, 323 I, 346 I BGB. Damit ist K1 auf Zeit zum Besitz berechtigt, und zwar in einem ähnlichen Verhältnis wie die in § 868 BGB genannten Rechtsinhaber mit Besitzmittlungswillen. Bis zum Bedingungseintritt ist der Vorbehaltskäufer folglich unmittelbarer Fremdbesitzer, der dem Vorbehaltsverkäufer den Besitz mittelt.

Daher war der Hamster wegen des vereinbarten Eigentumsvorbehalts im mittelbaren Besitz des Veräußerers V. Die einschränkende Voraussetzung des § 936 I S. 3, Alt. 3 BGB ist daher gar nicht einschlägig.

hemmer-Methode: Die einschränkenden Voraussetzungen des § 936 I S. 3 BGB beruhen auf dem sachenrechtlichen Publizitätsgedanken. Sie entsprechen – und das macht die Sache einfacher – den besitzrechtlichen Anforderungen der §§ 932 ff. BGB: § 934 BGB lässt bei einer Übereignung nach §§ 929 S. 1, 931 BGB die bloße Abtretung nur genügen, wenn der Veräußerer mittelbarer Besitzer war, ansonsten bedarf es einer Besitzerlangung von dem besitzenden Dritten. Gleiches fordert § 936 I S. 3 BGB für den lastenfreien Erwerb im Falle einer Übereignung nach §§ 929 S. 1, 931 BGB.

c) Gutgläubigkeit

Nach § 936 II BGB erlischt das Recht nicht, wenn der Erwerber zu der nach Abs. 1 maßgebenden Zeit in Ansehung des Rechts nicht in gutem Glauben ist. Die maßgebende Zeit ist hier nach § 936 I S. 1 BGB der Zeitpunkt, in dem K2 Eigentum erwarb. K2 war das Anwartschaftsrecht des K1 nicht bekannt. Vielmehr ging K2 davon aus, dass der Hamster nur an K1 verliehen war. Deshalb ist die Unkenntnis des K2 über das Anwartschaftsrecht des K1 auch nicht grob fahrlässig. K2 ist damit hinsichtlich des Anwartschaftsrecht gutgläubig gem. §§ 936 II, 932 II BGB.

d) Kein Abhandenkommen

Ein gutgläubiger Erwerb durch K2 erfordert neben § 932 II BGB nach § 935 I BGB, dass die Sache dem Eigentümer nicht abhandengekommen war. Im Fall war Eigentümer V nur mittelbarer Besitzer, womit gem. § 935 I S. 2 BGB darauf abzustellen ist, ob dem Besitzer K1 die Sache abhandengekommen war. Dafür ist nichts ersichtlich. § 935 I BGB steht der Gutgläubigkeit des K2 nach §§ 936 II, 932 II BGB also nicht entgegen.

e) § 936 III BGB analog

Fraglich ist schließlich, ob § 936 III BGB das Erlöschen des Rechts nach § 936 I S. 1 BGB verhindern kann. Dazu müsste ein Fall des § 931 BGB vorliegen, und dem dritten Besitzer nach § 931 BGB das Recht zustehen.

aa) Fall des § 931 BGB

Die Übereignung erfolgte nach §§ 929 S. 1, 931 BGB.

bb) Recht steht K1 als drittem Besitzer zu

Dem K1, der nach § 931 BGB als Dritter im Besitz der Sache war, steht das Anwartschaftsrecht zu.

Die Voraussetzungen des § 936 III BGB sind somit erfüllt. Deshalb erlischt gem. § 936 III das Anwartschaftsrecht auch dem gutgläubigen K2 gegenüber nicht nach § 936 I S. 1 BGB.

K2 hat das Eigentum, mit dem Anwartschaftsrecht des K1 belastet, erworben.

3. Kaufpreiszahlung durch K1

Mit Kaufpreiszahlung des K1 an V tritt die vereinbarte aufschiebende Bedingung ein, die Übereignung V an K1 wird nun wirksam. Die Erwartung, bei Zahlung des Kaufpreises als Vorbehaltskäufer unmittelbar Eigentümer zu werden, entspricht dem Anwartschaftsrecht des Vorbehaltskäufers. Der Bedingungseintritt führt also nur dann zum Eigentumserwerb, wenn bei der Zahlung das Anwartschaftsrecht des K1 noch bestanden hat. Dies war nach obigen Feststellungen aber der Fall, so dass K1, sobald er an V zahlt, unmittelbar Eigentümer wird und K2 sein Eigentum verliert.

hemmer-Methode: Dieses Risiko aus Sicht des K2, bei Zahlung des Vorbehaltskäufers das bereits erworbene Eigentum wieder zu verlieren, ist letztlich die „Belastung" des Eigentums des K2 durch das Anwartschaftsrecht des K1. Hätte K2 gutgläubig lastenfrei erworben, würde die Zahlung durch K1 nichts mehr an dem Eigentumserwerb des K2 ändern.

Dies alles ließe sich auch ohne die Figur des Anwartschaftsrechts und allein anhand der §§ 161, 936 BGB erklären; die Zuhilfenahme des Anwartschaftsrechts macht die Begründung jedoch „plastischer" und wird auch von Rechtsprechung und Literatur bevorzugt. *Medicus* sagt allerdings zu Recht, dass das Anwartschaftsrecht nichts begründen kann, was es nach dem Gesetz nicht ohnehin schon gibt.

III. Zusammenfassung

Sound: Beweglichen Sachen können nach den Varianten der §§ 929 ff. BGB übereignet werden. Bei allen Varianten ist nach § 936 BGB ein Erlöschen von Rechten Dritter möglich. Bei der Prüfung des § 936 BGB gibt das Gesetz den Aufbau selbst vor. So ist nach § 936 I S. 1 BGB immer zunächst der Eigentumserwerb zu prüfen, evtl. die Tatbestände des § 936 I S. 2, 3 BGB, dann § 936 II, III BGB.

Voraussetzungen des Erlöschens von Rechten Dritter, § 936 BGB

1. **Eigentumserwerb, § 936 I S. 1 BGB**
   - nach § 929 S. 1 BGB oder
   - **nach §§ 932 ff., 935 BGB gutgläubig**
2. **Bei Eigentumserwerb nach §§ 929 S. 2 - 931 BGB:**
   - § 936 I S. 2 BGB oder
   - § 936 I S. 3 BGB prüfen
3. Veräußerte Sache muss wirksam **mit dem Recht eines Dritten belastet** sein
4. Keine Widerlegung des **guten Glaubens** hinsichtlich des Nichtbestehen des Rechts, §§ 936 II, 932 II BGB

5. **Kein Abhandenkommen** der Sache gegenüber d. berechtigten Dritten, § 935 BGB
6. **§ 936 III BGB**: Kein Erlöschen des Rechts des Dritten, wenn
   - Fall des § 931 BGB und
   - das Recht dem Dritten Besitzer zusteht

hemmer-Methode: Die acht Paragraphen der §§ 929, 930 – 932, 933 – 936 BGB sollten in ihrer Systematik für Aufbaufragen verstanden worden sein. Wie § 929 S. 1 BGB der Grundtatbestand für jeden Eigentumserwerb nach §§ 929 ff. BGB ist, so ist auch § 936 I S. 1 BGB der Grundtatbestand für das Erlöschen von Rechten Dritter. Die Varianten nach § 936 I S. 2, 3 BGB sprechen Sie nur an, wenn tatsächlich nach §§ 929 S. 2 – 931 BGB übereignet wurde.

IV. Zur Vertiefung

- Hemmer/Wüst, SachenR II, Rn. 113 ff., 136 ff.
- Hemmer/Wüst, Basics Zivilrecht II, Rn. 227 ff.
- Hemmer/Wüst, SchuldR BT I, Rn. 408 ff.
- Hemmer/Wüst, SachenR I, Karte 42

Kapitel VII: Das Anwartschaftsrecht

Fall 43: Nachträgliche Erweiterung des Eigentumsvorbehalts

Sachverhalt:

Im Januar verkauft und übereignet Veronika Völl (V) dem Kuno Kunze (K) einen Farbkopierer unter Eigentumsvorbehalt. K überträgt das Anwartschaftsrecht am Kopierer im März sicherungshalber an die B-Bank. Dann ändern V und K im Mai den Kaufvertrag dahingehend, dass der Eigentumsvorbehalt gelten soll, bis sämtliche gegenwärtigen und künftigen Forderungen der V gegen K erfüllt sind. K bezahlt kurz darauf die letzte Rate für den Kopierer, es sind aber noch andere Forderungen der V offen.

Frage: *Wer ist Eigentümer des Kopierers?*

I. Gliederung

Eigentum am Farbkopierer

1. V Eigentümerin
2. **Übereignung V-K** aufschiebend bedingt, §§ 929, 158 I BGB Eigentumsvorbehalt, kein Bedingungseintritt
3. Aber Anwartschaftsrecht des K
4. **Eigentumserwerb der B-Bank**

a) Übertragung des Anwartschaftsrecht K-B-Bank gem. §§ 929 S. 1, 930 BGB

b) Bedingungseintritt

(P) nachträgliche Erweiterung des EV

- E.A.: Immer möglich
- A.A.: Grds. unmöglich
- BGH, h.L.: Dem Grundgeschäft immanentes Risiko mit Auswirkungen auf das Anwartschaftsrecht Hier: nachträgliche Änderung (-)

  ⇨ Bedingungseintritt (+) Eigentum der B-Bank

II. Lösung

Eigentum am Farbkopierer

Fraglich ist, wer Eigentümer des Kopierers ist.

1. Ursprünglich war V Eigentümerin des Farbkopierers.

2. Eigentumserwerb des K

Sie könnte das Eigentum im Januar an K verloren haben. Die Übereignung erfolgte aber unter Eigentumsvorbehalt, d.h. war durch die vollständige Bezahlung des Kaufpreises aufschiebend bedingt, §§ 929 S. 1, 158 I BGB. Im Januar erfolgte durch den K aber nicht die komplette Kaufpreiszahlung.

3. Anwartschaftsrecht des K

K könnte aber zunächst ein Anwartschaftsrecht erworben haben.

Ein Anwartschaftsrecht liegt vor, wenn von einem mehrstufigen Entstehungstatbestand eines Rechts schon so viele Erfordernisse erfüllt sind, dass von einer gesicherten Rechtsposition des Erwerbers gesprochen werden kann, die der Veräußerer nicht mehr durch eine einseitige Erklärung zu zerstören vermag. Das Anwartschaftsrecht ist eine Vorstufe des Vollrechts und wird daher im Verhältnis zum Eigentum nicht als Aliud sondern als ein wesensgleiches Minus bezeichnet. Das Anwartschaftsrecht als Minus zum Volleigentum entsteht beim Eigentumsvorbehalt bei einer durch vollständige Kaufpreiszahlung bedingten Übereignung gem. §§ 929 S. 1, 158 I BGB.

Es ist die Kehrseite des Eigentumsvorbehalts. Der Erwerber hat vor Bedingungseintritt kein Eigentum, aber ein Anwartschaftsrecht an der Sache erworben. Der Eintritt der Bedingung (vollständige Kaufpreiszahlung) ist nicht mehr einseitig vom Verkäufer zu beeinflussen, sondern liegt allein in der Sphäre des Käufers. Die notwendige gesicherte Rechtsposition des Vorbehaltskäufers ergibt sich aus dem Schutz vor Zwischenverfügungen gem. § 161 I BGB.

a) Aufschiebend bedingte Einigung

V hat bei der dinglichen Einigung erklärt, nur aufschiebend durch vollständige Kaufpreiszahlung bedingt nach § 158 I BGB übereignen zu wollen. Wegen dieser erneuten, ausdrücklichen Erklärung eines Eigentumsvorbehaltes bei der Übereignung bedarf es der gesetzlichen Auslegungsregel des § 449 I BGB nicht.

b) Übergabe

Eine Übergabe des Kopierers fand statt.

c) Berechtigung

V war Eigentümerin und damit Berechtigte nach § 929 S. 1 BGB. V hat den Kopierer also unter Eigentumsvorbehalt nach §§ 929 S. 1, 158 I BGB an K übereignet, so dass ein Anwartschaftsrecht des K am Farbkopierer entstanden ist.

4. Eigentumserwerb der B

V könnte das Eigentum im Mai an die B-Bank verloren haben. Voraussetzung hierfür wäre zunächst, dass die B-Bank das Anwartschaftsrecht von K erworben hat.

Weiterhin müsste das Anwartschaftsrecht durch Bedingungseintritt zum Vollrecht erstarkt sein.

a) Übertragung des Anwartschaftsrechts

Die B-Bank könnte das Anwartschaftsrecht von K erworben haben.

Zu klären ist zunächst, nach welchen Vorschriften ein Anwartschaftsrecht zu übertragen ist.

In Betracht käme die Übertragung durch Abtretung, §§ 413, 398 BGB. Dies muss aber aus Gründen des Publizitätsprinzips abgelehnt werden.

Das Anwartschaftsrecht unterfällt vielmehr als wesensgleiches Minus des Vollrechts den Vorschriften über das Volleigentum und wird daher gem. §§ 929 ff. BGB analog übertragen. In Betracht kommt vorliegend ein Übertragung gem. §§ 929 S. 1, 930 BGB analog.

aa) K und die B-Bank einigten sich über den Übergang des Anwartschaftsrechts, die Einigung i.S.v. § 929 S. 1 BGB analog liegt vor.

bb) Eine Übergabe des Farbkopierers ist nicht erfolgt. Als Übergabesurrogat könnte hier ein Besitzmittlungsverhältnis vorliegen. Das Anwartschaftsrecht sollte sicherungshalber auf die B-Bank übertragen werden. Das Besitzmittlungsverhältnis i.S.v. § 868 BGB ist daher in der Sicherungsabrede zu sehen.

cc) Bezüglich der Übertragung des Anwartschaftsrechts war der K auch Berechtigter.

Das Anwartschaftsrecht wurde gem. §§ 929 S. 1, 930 BGB analog auf die B-Bank übertragen.

b) Bedingungseintritt

Die B-Bank kann nur dann Volleigentum erworben haben, wenn das Anwartschaftsrecht durch Bedingungseintritt zum Vollrecht erstarkt ist.

Dies könnte im Mai erfolgt sein, als K an die V die letzte Rate für den Farbkopierer gezahlt hat.

aa) Vorliegend könnte sich aber ein anderes Ergebnis dadurch ergeben, dass V und K zuvor eine Änderung ihrer Vereinbarungen vorgenommen haben.

Sie änderten die Einigung insoweit, als die Bedingung für den Eigentumsübergang ausgeweitet wurde. Der Eigentumsübergang sollte erst mit Tilgung aller Verbindlichkeiten aus der Geschäftsbeziehung erfolgen.

Diese Bedingung ist nicht eingetreten, da noch offene Forderungen der K gegen V bestanden.

Fraglich ist aber, ob eine solche Vereinbarung, die nachträglich den Eigentumsvorbehalt erweitert, überhaupt noch möglich ist. Es könnte hier die Tatsache entgegenstehen, dass Anwartschaftsrecht mittlerweile einem Dritten, hier der B-Bank, zusteht.

Zu klären ist also, wieweit der Anwartschaftsrechtsinhaber geschützt wird.

bb) Eine Ansicht in der Literatur vertrat die Meinung, dass die Gestaltungsfreiheit der Parteien des zugrunde liegenden Schuldverhältnisses nicht dadurch eingeschränkt wird, dass das Anwartschaftsrecht auf einen Dritten übertragen wurde. Dem Anwartschaftsrecht hafte eine Schwäche an, die es von anderen sicherungsweise übertragenen Rechten unterscheide. Es bleibe verknüpft mit dem zugrunde liegenden Rechtsgeschäft.

cc) Auf der anderen Seite wird ein weiter gehender Schutz des Anwartschaftsrechtsinhabers befürwortet. Mit der Anerkennung der Übertragbarkeit sei das Anwartschaftsrecht zum vollwertigen Gut des Rechtsverkehrs geworden. Der Vorbehaltskäufer habe nach der Übertragung mit diesem vollwertigen Gut somit nichts mehr zu tun. Der Erwerber des Anwartschaftsrechts ist dagegen abgesichert, dass seine Rechtsposition durch Veränderung des Grundgeschäfts ohne seine Beteiligung beeinflusst wird.

Eine Ausnahme soll aber dann gemacht werden, wenn der Vorbehaltsverkäufer bei der Änderung von der Übertragung keine Kenntnis hat.

dd) Der BGH und ein Großteil der Literatur vertreten eine differenzierte Lösung.

Das Anwartschaftsrecht kann als nicht völlig losgelöst vom Grundgeschäft betrachtet werden, da es nur bei Bezahlung des Restkaufpreises zum Vollrecht erstarken kann, §§ 929, 158 I BGB. Es ist also mit dem Kaufvertrag verknüpft und hat eine gewisse Schwäche.

Jedes dem schuldrechtlichen Vertrag immanente Risiko muss daher auch Auswirkungen auf das Anwartschaftsrecht haben.

Liegt aber eine Einwirkung vor, die sich nicht unmittelbar aus dem Grundgeschäft ergibt, ist die typischerweise anhaftende Schwäche als Sicherungsrecht nicht betroffen. Eine solche Änderung ist für den Anwartschaftsrechtsinhaber nicht vorhersehbar und willkürlich. Dem Vorbehaltskäufer kommt hierfür keine Rechtszuständigkeit mehr zu.

Im vorliegenden Fall wurde der Eigentumsvorbehalt auf alle weiteren Forderungen der K gegen V erweitert. Diese Ausdehnung ist keinesfalls als dem Kaufvertrag immanentes Risiko anzusehen, wie dies etwa eine Anfechtung oder ein Rücktritt wäre.

Aus diesem Grunde muss die Erweiterung im vorliegenden Fall abgelehnt werden.

Die ursprüngliche Bedingung ist maßgebend. Diese Bedingung ist mit der Zahlung der letzten Kaufpreisrate eingetreten.

Die B-Bank hat Eigentum erworben, §§ 929, 158 I BGB.

III. Zusammenfassung

Sound: Das Anwartschaftsrecht wird nach den Vorschriften über das Vollrecht übertragen, §§ 929 ff. BGB.

Eine Erweiterung des Eigentumsvorbehalts auf alle Forderungen einer Geschäftsbeziehung ist nach der Übertragung des Anwartschaftsrechts auf einen Dritten als eine willkürliche Änderung abzulehnen.

IV. Zur Vertiefung

Zum Anwartschaftsrecht

- Hemmer/Wüst, SachenR II, Rn. 127 ff.

Fall 44: Gutgläubiger Zweiterwerb am Anwartschaftsrecht

Sachverhalt:

V verkauft dem K unter Eigentumsvorbehalt ein Fahrrad; K verleiht dieses an seinen Freund F. F behauptet nun gegenüber M, er habe das Anwartschaftsrecht von K erhalten und veräußert dieses Anwartschaftsrecht an M.

Frage: *Wer wird Eigentümer, wenn K den Kaufpreis nun an V zahlt?*

Abwandlung:

Wie ist es, wenn die dingliche Einigung zwischen V und K unwirksam war?

I. Einordnung

Das Anwartschaftsrecht des Vorbehaltskäufers wird nach den **§§ 929 ff. BGB analog** wie das Eigentum selbst **übertragen**. Es stellt sich die Frage, ob einen gutgläubiger Erwerb eines Anwartschaftsrechts vom vermeintlichen Anwartschaftsberechtigten nach den §§ 932 ff. BGB analog zuzulassen ist, **sog. Zweiterwerb**. Davon abzugrenzen ist der Fall, dass das Anwartschaftsrecht gutgläubig vom Eigentümer erworben wird, **sog. Ersterwerb**. Dies ist unproblematisch nach §§ 932 ff. BGB direkt möglich.

Die Position des Anwartschaftsberechtigten ist die Folgende: Tritt die dem Anwartschaftsrecht zugrunde gelegte Bedingung (i.d.R. die vollständige Kaufpreiszahlung) ein, so erwirbt *er* das Eigentum. Das Anwartschaftsrecht besteht daher nur, wenn die Bedingung auch eintreten kann.

Besteht gar keine wirksame Kaufpreisforderung, kann es auch keine Erfüllung der Kaufpreisforderung geben, das Anwartschaftsrecht besteht nicht. Damit ist das Anwartschaftsrecht im Bestand von einer schuldrechtlichen Forderung abhängig, was zu verschiedenen Problemen führt.

II. Gliederung

Wer wird Eigentümer, wenn K den Kaufpreis an V zahlt?

1. Abhängigkeit des Eigentumserwerbs von der Inhaberschaft am Anwartschaftsrecht

Wem das AnwR bei Zahlung des Kaufpreises zusteht, der wird Eigentümer

2. **Übertragung von F an M**

Zweiterwerb des AnwR erfolgt nach §§ 929 ff. BGB analog

a) § 929 S. 1 BGB analog mangels Berechtigung des F (-)

b) **Gutgläubiger Zweiterwerb** nach §§ 929 S. 1, 932 I S. 1 BGB analog

aa) Analoge Anwendung der §§ 932 ff. BGB liegt nahe

bb) Kaufpreisforderung muss jedenfalls wirksam bestehen; hier der Fall

cc) H.M.: Gutgl. Zweiterwerb (+), wenn Anwartschaftsrecht *irgendwem* zusteht

dd) *Medicus/Flume*: Veräußerer zerstört den Rechtsschein seines Besitzes, gutgl. Zweiterwerb *niemals* möglich

3. Ergebnis
K hat sein Anwartschaftsrecht an M verloren. Wenn K den Kaufpreis zahlt, wird M Eigentümer.

Abwandlung

Gutgläubiger Zweiterwerb

Auch hier gutgläubiger Zweiterwerb möglich, obwohl das AnwR vorher nicht bestand.
Denn es geht nur um dessen dingliche Seite, nicht um die (auch hier bestehende) Kaufpreisforderung!

III. Lösung

Wer wird Eigentümer, wenn K den Kaufpreis an V zahlt?

1. Abhängigkeit des Eigentumserwerbs von der Inhaberschaft am Anwartschaftsrecht

V hat K die Sache übergeben. Die nach § 929 S. 1 BGB zum Eigentumserwerb zusätzlich erforderliche dingliche Einigung erfolgte jedoch aufschiebend bedingt gem. § 158 I BGB bis zur vollständigen Kaufpreiszahlung des K an V. Hierdurch erwirbt der K eine insbesondere durch § 161 I BGB gesicherte Rechtsposition, also ein Anwartschaftsrecht an der Sache. Diese Rechtsposition besteht darin, bei Bedingungseintritt auch tatsächlich Eigentümer zu werden.

K könnte das einmal erworbene Anwartschaftsrecht jedoch verloren haben. Eigentümer wird, wem im Zeitpunkt der Zahlung des K an V das hierauf gerichtete Anwartschaftsrecht zusteht.

2. Übertragung des Anwartschaftsrechts durch F an M

F könnte M das Anwartschaftsrecht übertragen haben. Diese Übertragung erfolgt beim Anwartschaftsrecht als „wesensgleiches Minus“ zum Vollrecht wie die Eigentumsübertragung selbst, also nach den §§ 929 ff. BGB analog. Die früher teilweise vertretene Auffassung einer Übertragung nach §§ 413, 398 BGB ist abzulehnen, da anderenfalls ohne Erfüllung irgendeines Rechtscheinstatbestands ein Eigentumserwerb bei Bedingungseintritt erfolgen könnte.

a) § 929 S. 1 BGB analog

Zwar haben F und M sich über die Übertragung des Anwartschaftsrechtes dinglich geeinigt und F hat M die Sache auch übergeben. Jedoch war F tatsächlich nicht Inhaber des Anwartschaftsrechts, so dass es an seiner Berechtigung für die Übertragung fehlte. Damit kommt ein Erwerb des M nach § 929 S. 1 BGB analog nicht in Betracht.

b) Gutgläubiger Zweiterwerb nach §§ 929 S. 1, 932 I S. 1 BGB analog

Jedoch könnte M von F das Anwartschaftsrecht gutgläubig erworben haben. Dies hätte zugleich den Verlust des Anwartschaftsrechtes bei K zur Folge.

aa) Da das Anwartschaftsrecht nach den §§ 929 ff. BGB analog übertragen werden kann, liegt eine analoge Anwendung auch der Gutglaubensvorschriften gem. §§ 932 ff. BGB nahe.

bb) Zu beachten ist dabei aber, dass ein Anwartschaftsrecht nur dann bestehen kann, wenn die ihm zugrunde gelegte Bedingung auch eintreten kann.

Ist das Anwartschaftsrecht wie hier von der Erfüllung einer Forderung abhängig, so muss diese tatsächlich erfüllbar sein, insbesondere wirksam Bestehen. Durch gutgläubigen Erwerb kann niemals eine Forderung zum Entstehen gebracht werden. Daher lehnt die einhellige Meinung in Literatur und Rechtsprechung den gutgläubigen Zweiterwerb des Anwartschaftsrechtes dann ab, wenn die fragliche Forderung gar nicht besteht. Hier war jedoch ein wirksamer Kaufvertrag zwischen V und K und damit eine wirksame Forderung des V gegen K aus § 433 II BGB entstanden, so dass sich dieses Problem vorliegend nicht stellt.

cc) Von der h.M. bejaht wird aus dem in bb) beschriebenen Grund deshalb ein gutgläubiger Zweiterwerb am Anwartschaftsrecht des Vorbehaltskäufers nur dann, wenn ein solches *irgendwem* zusteht, also tatsächlich besteht.

dd) Unter anderem von *Flume* und *Medicus* eingewandt wird hiergegen: Beim gutgläubigen Zweiterwerb spielt sich der Veräußerer nicht als Eigentümer, sondern nur als Anwartschaftsberechtigter auf; er gibt zu erkennen, nicht Eigentümer zu sein. Damit zerstöre er aber den Rechtsschein des Besitzes aus § 1006 BGB. Der Erwerber vom vermeintlichen Anwartschaftsberechtigten würde sich nur auf das „Gerede" des Veräußerers, nicht aber auf einen diesen legitimierenden Rechtscheinstatbestand verlassen.

ee) Im Ergebnis ist der h.M. zu folgen.

Da das Anwartschaftsrecht hinsichtlich der Übertragung wie das Vollrecht zu behandeln ist, müssen die §§ 932 ff. BGB analog anwendbar sein. Lediglich über einen schuldrechtlichen Mangel (s.o.: wenn die Kaufpreisforderung nicht besteht) kann der gutgläubige Erwerb nicht hinweghelfen.

Da die Voraussetzungen der §§ 929 S. 1, 932 BGB analog im Übrigen vorliegen, hat M das Anwartschaftsrecht daher gutgläubig erworben.

IV. Lösung Abwandlung

1. Kein Anwartschaftsrecht des K

Der wesentliche Unterschied zum Grundfall liegt nun darin, dass dem K gar kein Anwartschaftsrecht zusteht: Die hierzu erforderliche dingliche Einigung gem. § 929 S. 1 BGB war laut Sachverhalt unwirksam.

2. Gutgläubiger Erwerb des M

Stellt man sich auf den Standpunkt, dass ein gutgläubiger Zweiterwerb des Anwartschaftsrechts grundsätzlich möglich ist, so müsste man diesen im vorliegenden Fall bei M ebenfalls bejahen.

Denn die einzige unüberwindbare Hürde für den Gutglaubenserwerb ist der Bestand der betroffenen Kaufpreisforderung, da eine Forderung nicht gutgläubig erworben werden kann.

Dennoch wird mitunter vertreten, der gutgläubige Zweiterwerb sei nur dann möglich, wenn das Anwartschaftsrecht irgendwem zusteht, was vorliegend nicht der Fall ist.

Für eine solche Argumentation lassen sich jedoch keine sinnvollen Argumente finden. Auch beim Zweiterwerb einer Hypothek ist ein gutgläubiger Erwerb allein auf Grundlage von § 892 BGB möglich, wenn die Forderung, nicht aber die Hypothek im Übrigen besteht. Nur für die Forderung selbst müsste § 1138 BGB herangezogen werden, eine Vorschrift, die beim Anwartschaftsrecht des Vorbehaltskäufers freilich nicht existiert.

Wenn die Forderung also besteht, dann kann ein Anwartschaftsrecht im Wege gutgläubigen Zweiterwerbs auch „aus dem Nichts" entstehen, ohne dass es vorher einem anderen zustand.

Daher hat M auch in der Abwandlung ein Anwartschaftsrecht erworben. Mit Zahlung des K wird er Eigentümer.

hemmer-Methode: Noch einmal zur Erinnerung: Gutgläubiger Ersterwerb = Bestellung des Rechts durch den vermeintlichen Eigentümer; Gutgläubiger Zweiterwerb = Übertragung des Rechts vom vermeintlichen Rechtsinhaber.

V. Zusammenfassung

Sound: Der gutgläubige Zweiterwerb ist ein beliebtes Thema. Klassisch ist die Problematik beim Anwartschaftsrecht des Vorbehaltskäufers. Beim *Pfandrecht* ist ein gutgläubiger Zweiterwerb generell nicht möglich, weil es am notwendigen Übergang eines Rechtsscheinsträgers fehlt. Ebenso lehnt die h.M. einen gutgläubigen Zweiterwerb einer Vormerkung ab.

hemmer-Methode: Die Fälle dieses Kapitels sind von enormer Prüfungsrelevanz. Hier dürfen Sie sich keine Blöße geben. Versuchen Sie daher, die Fälle mit gewissem Zeitabstand zu wiederholen, indem Sie nach Lektüre des Sachverhalts eine Gliederung entwerfen, welche Sie sodann mit den Ausführungen in der Lösung abgleichen können. So merken Sie, ob Sie die Systematik des Gesetzes wirklich verstanden haben!

VI. Zur Vertiefung

- Hemmer/Wüst, SachenR II, Rn. 154 ff.

Kapitel VIII: Gesetzliche und vertragliche Pfandrechte

Fall 45: Gutgläubiger Erwerb vertraglicher Pfandrechte

Sachverhalt:

S schuldet G 5000 €. Zur Sicherung dieser Forderung bestellt S dem G ein Pfandrecht an seinem Schimmel-Klavier. S lässt dem G das Klavier ins Haus liefern. Zwei Wochen später tritt G seine Forderung in Höhe von 5000 € an Z ab.

Frage: *Hat Z ein Pfandrecht erworben, wenn S das Schimmel-Klavier nur geliehen hatte?*

Abwandlung 1:
Hat Z ein Pfandrecht erworben, wenn die Forderung nicht besteht?

Abwandlung 2:
Wie ist es, wenn die Forderung des G besteht, aber das Pfandrecht nicht wirksam bestellt wurde?

I. Einordnung

Ein Pfandrecht ist wie Hypothek (§§ 1113 ff. BGB) und Bürgschaft (§§ 765 ff. BGB) ein **akzessorisches Sicherungsmittel** zur Sicherung einer Forderung (vgl. § 1204 I BGB).

Je nach Entstehung gibt es an beweglichen Sachen und Forderungen drei Arten des Pfandrechts: Das **vertraglich entstandene** (Faust-)Pfandrecht nach §§ 1204 ff. BGB, **gesetzliche** Pfandrechte (z.B. Werkunternehmerpfandrecht, § 647 BGB, Vermieterpfandrecht, §§ 562 ff. BGB) und das durch Pfändung im Wege der **Zwangsvollstreckung** entstandene Pfändungspfandrecht der §§ 803 ff. ZPO.

Das vertragliche Faustpfandrecht nach § 1204 BGB, um das es hier geht, ist die „Mutter aller Pfandrechte“.

So bestimmt § 1257 BGB, dass die Vorschriften des vertraglichen Pfandrechts auf die gesetzlichen Pfandrechte entsprechende Anwendung finden (Beachten Sie auch die Fußnote im „Schönfelder“ innerhalb des § 1257 BGB, sie verweist auf die Fundstellen gesetzlicher Pfandrechte).

Das Pfändungspfandrecht verweist i.R.d. § 804 II ZPO ebenfalls auf das Faustpfandrecht.

Die Befriedigung des Pfandgläubigers erfolgt durch Verkauf (§ 1228 BGB), regelmäßig wird das Verfahren der öffentlichen Versteigerung nach § 1235 I BGB statt der Versteigerung durch den Gerichtsvollzieher gem. § 1233 II BGB gewählt.

II. Gliederung

I. Übergang des Pfandrechtes gem. §§ 1250 I S. 1, 401 I BGB (+), wenn Übertragung der Forderung, § 398 S. 1 BGB

II. Wirksame Entstehung des Pfandrechts

1. Bestellung vom Berechtigten, § 1205 I S. 1 BGB

a) Einigung, § 1205 I S. 1 BGB

b) Übergabe gem. § 1205 I S. 1 BGB

c) Bestand der zu sichernden Forderung, § 1204 I BGB

d) Berechtigung des S, § 1205 I S. 1 BGB

aa) S nicht Eigentümer

bb) Keine Ermächtigung, § 185 I BGB
⇨ Berechtigung (-);
⇨ Kein Pfandrecht nach § 1205 I S. 1 BGB

2. Gutgläubiger Erwerb vom Nichtberechtigten, §§ 1205 I S. 1, 1207 BGB

a) Voraussetzungen nach §§ 1205 I S. 1, 1204 I BGB (+)

b) Guter Glaube des G nach §§ 932 I S. 1, II BGB (+)

c) Kein Abhandenkommen des Flügels gem. § 935 I S. 1 BGB

3. Ergebnis
G hat Pfandrecht gutgläubig erworben und durch Abtretung der Forderung auf Z übertragen.

Abwandlung 1

I. Übertragung der Forderung nach § 398 BGB (-),
kein gutgläubiger Forderungserwerb

II. Auch Pfandrecht mangels Forderung nicht entstanden

III. Möglichkeit eines **gutgläubigen Zweiterwerbs eines forderungsentkleideten Pfandrechts**?
§§ 1204 ff. BGB kennen keine Regelung wie bei der Hypothek, § 1138 BGB

Abwandlung 2

I. Abtretung der Forderung an Z gem. § 398 S. 1 BGB (+)

II. Gutgläubiger Zweiterwerb eines Pfandrechts (-)

III. Lösung

I. Übergang des Pfandrechtes gem. § 1250 I S. 1 BGB

Z könnte ein vertragliches Faustpfandrecht nach §§ 1204 ff. BGB am Flügel erworben haben. Ein Ersterwerb von S steht mangels vertraglicher Beziehungen zwischen S und Z nicht im Raum. Vielmehr ist zu prüfen, ob Z von G im Wege des Zweiterwerbs ein Pfandrecht erworben hat.

Der Übergang eines Pfandrechts von G auf Z setzt gem. § 1250 I S. 1 BGB voraus, dass die zu sichernde Forderung auf den neuen Gläubiger übertragen wird. G müsste somit seine bestehende Forderung in Höhe von 5000 € wirksam an Z abgetreten haben, § 398 BGB. Dies ist nach dem Sachverhalt geschehen, indem G seine Forderung gem. § 398 S. 1 BGB durch Vertrag mit Z auf diesen übertragen hat. G ist damit Zedent, Z Zessionar und Inhaber der Forderung gegen S in Höhe von 5000 € geworden.

hemmer-Methode: Rechtsgeschäftlich übertragen wird also strenggenommen nur die gesicherte Forderung im Wege der Abtretung, § 398 BGB. Das diese Forderung sichernde Pfandrecht läuft gem. § 1250 I S. 1 BGB kraft Gesetzes mit.

II. Wirksame Entstehung des Pfandrechts

Nach der Übertragung der zu sichernden Forderung ist weiterhin zu fragen, ob dem G überhaupt ein Pfandrecht zur Sicherung der Forderung zustand. Falls nicht, wäre nur noch an den gutgläubigen Zweiterwerb eines Pfandrechts zu denken.

Ein wirksam entstandenes Pfandrecht zugunsten des G hat nach §§ 1204, 1205 I S. 1 BGB zur Voraussetzung, dass der Berechtigte die Sache dem Gläubiger übergibt und beide darüber einig sind, dass dem Gläubiger das Pfandrecht zustehen soll. Weiterhin kann das Pfandrecht nur eine Forderung absichern, die nach § 1204 BGB bereits besteht, oder deren Entstehungsgrund bereits angelegt ist, § 1204 II BGB.

1. Bestellung vom Berechtigten, § 1205 I S. 1 BGB

a) Einigung, § 1205 I S. 1 BGB

S und G waren sich darüber einig, dass dem G ein Pfandrecht am Schimmel-Klavier zustehen soll. Somit liegt ein wirksamer dinglicher Vertrag nach § 1205 I S. 1 BGB vor.

b) Übergabe gem. § 1205 I S. 1 BGB

Weiterhin hat S dem G den Flügel ins Haus liefern lassen.

Damit hat G unmittelbaren Besitz nach § 854 I BGB auf Veranlassung des S erhalten, während bei S kein Besitz mehr vorhanden ist. Mithin liegt eine Übergabe der Sache gem. § 1205 I S. 1 BGB vor.

hemmer-Methode: Der Begriff der Übergabe entspricht dem des § 929 S. 1 BGB! Auch bei § 1205 BGB gibt es Übergabesurrogate: § 1205 I S. 2 BGB entspricht § 929 S. 2 BGB; § 1205 II BGB ist mit § 931 BGB vergleichbar. Aber VORSICHT: Eine dem § 930 BGB vergleichbare Regelung gibt es bei der Pfandrechtsbestellung nicht!

c) Bestand der zu sichernden Forderung, § 1204 I BGB

Wegen der Akzessorietät des Pfandrechts kann dieses nur bei Wirksamkeit der zu sichernden Forderung bestehen, vgl. § 1204 I BGB („zur Sicherung einer Forderung").

G hatte gegen S eine Forderung in Höhe von 5000 €. Der Flügel wurde zur Sicherung dieser Forderung mit dem Pfandrecht belastet.

d) Berechtigung des S, § 1205 I S. 1 BGB

Schließlich müsste S noch Berechtigter bzgl. der Sache sein, § 1205 I S. 1 BGB.

aa) S nicht Eigentümer

S hatte sich den Flügel nur geliehen und war damit nicht Eigentümer.

bb) Keine Ermächtigung, § 185 I BGB

Von einer Ermächtigung des S nach § 185 I BGB durch den Eigentümer, das Schimmel-Klavier zu verpfänden, ist ebenfalls nicht auszugehen.

Infolge der fehlenden Berechtigung des S ist somit kein Pfandrecht des G nach § 1205 I S. 1 BGB entstanden.

hemmer-Methode: Sie sehen, es ist vieles mit der Übereignung beweglicher Sachen gem. §§ 929 ff. BGB vergleichbar. Auch bei der Pfandrechtsbestellung bedarf es der dinglichen Einigung, der Übergabe bzw. Übergabesurrogaten und der Berechtigung des Verpfänders!

2. Gutgläubiger Erwerb vom Nichtberechtigten, §§ 1205 I S. 1, 1207 BGB

G könnte aber gutgläubig ein Pfandrecht an der Sache erworben haben, §§ 1205 I S. 1, 1207 BGB.

a) Voraussetzungen nach §§ 1205 I S. 1, 1204 I BGB

Die Voraussetzungen der §§ 1205 I S. 1, 1204 I BGB liegen – bis auf die Berechtigung des S – vor (s.o.).

b) Guter Glaube des G nach §§ 1207, 932 I S. 1, II BGB

G müsste gem. § 1207 i.V.m. § 932 I S. 1, II BGB gutgläubig hinsichtlich des Eigentums des S gewesen sein. Im Sachverhalt finden sich keine Hinweise auf eine Bösgläubigkeit des G gem. § 932 II BGB. Damit ist von der Gutgläubigkeit des G auszugehen.

c) Kein Abhandenkommen

§ 1207 BGB verweist ausdrücklich auch auf die Vorschrift des § 935 BGB. Damit ist zu klären, ob das Schimmel-Klavier dem Eigentümer abhandengekommen ist, § 935 I S. 1 BGB. F bekam den Flügel jedoch geliehen, der Eigentümer (= Verleiher) hat den Besitz am Klavier folglich nicht ohne seinen Willen verloren. Also liegt kein Abhandenkommen nach § 935 I S. 1 BGB vor.

G hat das Pfandrecht am Flügel gutgläubig erworben und durch Abtretung der Forderung auf Z übertragen. Z hat ein Pfandrecht erworben und kann von G nach § 1251 I BGB Herausgabe des Klaviers verlangen.

IV. Lösung Abwandlung 1

Hat Z ein Pfandrecht erworben, wenn die Forderung nicht besteht?

I. Übertragung der Forderung nach § 398 BGB

Der Zweiterwerb des Pfandrechts setzt nach § 1250 I S. 1 BGB voraus, dass die zu sichernde Forderung übertragen wurde. Hier kann mangels Existenz einer Forderung auch keine Abtretung derselben nach § 398 BGB erfolgt sein. Einen gutgläubigen Forderungserwerb gibt es grundsätzlich nicht. Z ist damit nicht Inhaber einer Forderung von 5000 € gegen S geworden.

hemmer-Methode: Unterscheiden Sie: Unter *Erst*erwerb ist die erstmalige Bestellung des Pfandrechts, unter *Zweit*erwerb die Übertragung eines bereits bestehenden Pfandrechts zu verstehen.

Dementsprechend geht es beim gutgläubigen Ersterwerb um den Pfandrechtserwerb vom vermeintlichen *Eigentümer*, beim gutgläubigen Zweiterwerb um den Pfandrechtserwerb vom vermeintlichen *Pfandrechtsinhaber*.

II. Pfandrecht mangels Forderung nicht entstanden

Das streng akzessorische Pfandrecht (§ 1204 I BGB) konnte wegen Nichtbestehens der Forderung auch nicht bei G zur Entstehung gelangen.

III. Möglichkeit des gutgläubigen Zweiterwerbs eines forderungsentkleideten Pfandrechts

Damit steht nur noch die Frage im Raum, ob Z im guten Glauben an das Bestehen eines Pfandrechts bei G ein Pfandrecht gutgläubig erwerben konnte. Z hätte dann zwar keine Forderung gegen S, aber ein forderungsentkleidetes Pfandrecht am Klavier, was ihn zur Verwertung des Flügels berechtigen würde.
Eine derartige Durchbrechung der Akzessorietät müsste wie etwa bei der Hypothek gem. § 1138 Alt. 1 BGB ausdrücklich angeordnet sein; eine solche Regelung fehlt in den §§ 1204 ff. BGB. Der gutgläubige Zweiterwerb eines mangels Forderung nicht existenten Pfandrechts muss daher abgelehnt werden.

Z hat damit konsequenterweise weder die Geldforderung, noch gutgläubig ein Pfandrecht am Klavier erworben.

V. Lösung Abwandlung 2

Wie ist es, wenn die Forderung des G besteht, aber das Pfandrecht nicht wirksam bestellt wurde?

I. Abtretung der Forderung an Z gem. § 398 S. 1 BGB

G konnte die Forderung gegen S in Höhe von 5000 € wirksam an Z abtreten. Die Übertragung eines Pfandrechts scheitert damit nicht an der Akzessorietät, § 1204 BGB.

II. Gutgläubiger Zweiterwerb eines Pfandrechts

Ein Pfandrecht des G ist trotzdem nicht wirksam bestellt worden. Deshalb müsste Z auch hier das Pfandrecht gutgläubig im Wege des Zweiterwerbs von G erhalten, indem Z an ein Pfandrecht des G am Flügel glaubt.

Jeder gutgläubige Erwerb vom Nichtberechtigten setzt allerdings nicht nur die Legitimation des Verfügenden durch einen Rechtsschein, sondern auch den *Übergang* des Rechtsscheinsträgers auf den Erwerber voraus. Der Pfandrechtserwerb erfolgt durch bloße Abtretung ohne notwendigen Übergang des Besitzes als Rechtsscheinsträger. Daher lehnt die h.M. einen gutgläubigen Zweiterwerb des Pfandrechtes mit Recht ab.

Als weiteres Argument wird oftmals angeführt, der Erwerb des *Pfandrechtes* erfolge kraft Gesetzes (§ 1250 BGB), jeder Gutglaubenserwerb setze aber ein Rechtsgeschäft voraus.

Dem kann freilich entgegengehalten werden, dass die Forderungsabtretung ein Rechtsgeschäft ist; anderenfalls müsste ja auch der gutgläubige Zweiterwerb einer Hypothek (die auch nur kraft Gesetzes der abgetretenen Forderung folgt) ausgeschlossen sein.

Z hat damit zwar die Forderung, nicht aber gutgläubig ein Pfandrecht am Klavier des S erworben.

VI. Zusammenfassung

Sound: Ein gutgläubiger Ersterwerb des Pfandrechts vom vermeintlichen Eigentümer ist nach den §§ 1207 i.V.m. 932, 934, 935 BGB möglich.

Ein gutgläubiger Zweiterwerb des nicht existenten Pfandrechts ist stets ausgeschlossen. Es fehlt bei der formlos möglichen Abtretung der Forderung gem. § 398 S. 1 BGB der sachenrechtliche Publizitätsakt der Übergabe wie bei §§ 932 ff. BGB.

Im Falle einer nicht vorhandenen Forderung enthält zudem das Recht der §§ 1204 ff. BGB keine Regelung wie § 1138 BGB, die das Bestehen der Forderung fingieren würde.

hemmer-Methode: Die Bestellung des Faustpfandrechts nach §§ 1205 ff. BGB ist stark an die §§ 929 ff. BGB angelehnt. Weiterhin ist die strenge Akzessorietät gem. § 1204 BGB typisch für ein Sicherungsmittel. Alle diese akzessorischen Sicherungsmittel gehen dann mit über, wenn die zu sichernde Forderung übertragen wird, § 401 BGB (bzw. § 1250 I S. 1 BGB). Ein weiteres gemeinsames Problem, den gutgläubigen Erst- oder Zweiterwerb, finden Sie auch bei der Hypothek sowie bei der Vormerkung! Vermeiden Sie isoliertes Schubladendenken und lernen Sie lieber leichter, indem Sie die Zusammenhänge sehen und das Denkmuster des BGB erkennen!

VII. Zur Vertiefung

- Hemmer/Wüst, SachenR II, Rn. 198 - 214
- Hemmer/Wüst, Basics Zivilrecht II, Rn. 393 ff.
- Hemmer/Wüst, SachenR I, Karten 68, 70

Fall 46: Bestellung eines Pfandrechts an Rechten, §§ 1273 ff. BGB

Sachverhalt:

B schuldet A 200.000 € aus einem Darlehensvertrag. Zur Sicherheit bittet B seinen Cousin C, dem A folgende Rechte zu verpfänden:

1. *Eine Briefgrundschuld am Grundstück des G,*

2. *eine Buchhypothek am Grundstück des H,*

3. *einen Nießbrauch am Grundstück des N,*

4. *eine Kaufpreisforderung gegen K und*

5. *ein Anwartschaftsrecht an einer antiken Mars-Statue des V.*

C und A schließen daraufhin einen schriftlichen Vertrag, in dem C erklärt, seine genannten Rechte an A zu verpfänden. Bei Eintritt der Pfandreife hat A sein Geld immer noch nicht erhalten und möchte zur Verwertung der Pfandrechte schreiten.

Frage: *Zu Recht?*

I. Einordnung

Ein vertragliches Pfandrecht kann nicht nur an beweglichen Sachen nach §§ 1204 ff. BGB bestellt werden, sondern auch an Rechten gem. §§ 1273 ff. BGB. Auf das Pfandrecht an Rechten finden i.R.d. § 1273 II BGB die Vorschriften über das Pfandrecht an beweglichen Sachen entsprechende Anwendung. Das Gesetz unterscheidet hier zwischen Forderungen und sonstigen Rechten. Ist das verpfändete Recht eine Forderung, sind gem. § 1279 BGB die §§ 1280 bis 1290 BGB anzuwenden.

Die Bestellung des Pfandrechts an Rechten erfolgt nach § 1274 I S. 1 BGB nach den für die *Übertragung* des Rechts geltenden Vorschriften. Ein gutgläubiger Erwerb des Pfandrechts an Rechten richtet sich deshalb danach, ob das Recht selbst gutgläubig erworben werden kann.

Die Verpfändung des Rechts hat zur Folge, dass das verpfändete Recht nur mit Zustimmung des Pfandgläubigers durch Vereinbarung zwischen Schuldner und Gläubiger aufgehoben werden kann, § 1276 BGB. Der Pfandgläubiger könnte sonst ohne seinen Willen das Pfandrecht am Recht verlieren.

II. Gliederung

Verwertung der Pfandrechte?

Vor. Pfandrechte wirksam entstanden

1. Grundschuld am Grundstück des G

a) § 1291 i.V.m. §§ 1279 ff. BGB

b) Verpfändung der Grundschuld nach § 1274 I S. 1 i.V.m. §§ 1192 I, 1154 BGB

(1) Erteilung der Verpfändungserklärung in schriftlicher Form, § 126 BGB

(2) Übergabe des Grundschuldbriefs (-)

2. Buchhypothek am Grundstück des H

a) Verpfändung der gesicherten Forderung, § 1274 I S. 1 i.V.m. §§ 398, 1153 f. BGB
Eintragung im Grundbuch nach §§ 1154 III, 873 I BGB (-)

b) Pfandrecht erstreckt sich auch auf die Hypothek

3. Nießbrauch am Grundstück des N

a) Verpfändung des Nießbrauchrechts nach § 1274 BGB

b) Unübertragbarkeit des Nießbrauchrechts, § 1059 S. 1 BGB, deshalb keine wirksame Pfandrechtsbestellung gem. § 1274 II BGB

4. Kaufpreisforderung gegen K

a) Verpfändung nach §§ 1274, 398 BGB

b) Anzeige an Schuldner K nach § 1280 BGB fehlt

5. Anwartschaftsrecht an Mars-Statue

Verpfändung gem. **§ 1205 I S. 1 BGB**

a) Einigung

b) C als Anwartschaftsinhaber Berechtigter

c) Übergabe (-)

d) Mittelbarer Besitz des C und Benachrichtigung des V nach § 1205 II BGB (-)

6. **Ergebnis**:
A hat kein wirksames Pfandrecht erhalten und kann daher die Verwertung nicht betreiben.

III. Lösung

Verwertung der Pfandrechte

A könnte berechtigt sein, Befriedigung aus den Pfandrechten nach § 1228 I BGB bzw. § 1277 S. 1 BGB zu suchen. Voraussetzung ist, dass die Pfandrechte wirksam bestellt wurden.

1. Grundschuld am Grundstück des G

Eine Pfandrechtsbestellung an einer Grundschuld erfolgt durch Verpfändung der Grundschuld selbst, nicht einer eventuell bestehenden Forderung (keine Akzessorietät der Grundschuld, §§ 1191 I, 1192 I BGB).

a) § 1291 i.V.m. §§ 1279 ff. BGB

Nach § 1291 BGB gelten die Vorschriften über das Pfandrecht an einer Forderung, §§ 1280 bis 1290 BGB. Auch eine Forderung ist ein Recht gem. § 1273 I BGB, das nach § 1274 I S. 1 BGB verpfändet wird. Jedenfalls gilt § 1274 I S. 1 BGB, wonach die Verpfändung der Grundschuld sich nach der Art und Weise der Übertragung einer Grundschuld richtet.

hemmer-Methode: Leisten Sie sich nach Möglichkeit keine begrifflichen Schwächen: Die Bestellung von Pfandrechten nach §§ 1204 ff. BGB heißt „Verpfändung“, wogegen man im Bereich der Zwangsvollstreckung (§§ 803 ff. ZPO) von „Pfändung“ spricht!

b) Verpfändung der Grundschuld nach § 1274 I S. 1 i.V.m. §§ 1192 I, 1154 BGB

Die Verpfändung einer Grundschuld richtet sich nach § 1274 I S. 1 i.V.m. §§ 1192 I, 1154 I S. 1 BGB. Voraussetzung der Verpfändung ist also, dass C dem A in schriftlicher Form die Verpfändung des Grundpfandrechts erklärt und den Grundschuldbrief übergibt.

(1) Erteilung der Verpfändungserklärung in schriftlicher Form

Die schriftliche Form wurde durch den Vertrag zwischen C und A gewahrt. Jedenfalls hat C als Verpfänder seine Erklärung schriftlich erteilt; die Annahmeerklärung des A bedarf keiner besonderen Form (Wortlaut § 1154 BGB!)

(2) Übergabe des Grundschuldbriefs (-)

Die nach § 1154 I S. 1 BGB bei einer Briefgrundschuld erforderliche Übergabe des Grundschuldbriefs von C an A ist jedoch nicht erfolgt.
Die Grundschuld ist deshalb nicht wirksam verpfändet worden.

2. Buchhypothek am Grundstück des H

a) Verpfändung der gesicherten Forderung, § 1274 I S. 1 i.V.m. §§ 398, 1153 f. BGB

Die Verpfändung der Buchhypothek richtet sich nach der Übertragung derselben, § 1274 I S. 1 BGB. Eine Hypothek ist jedoch selbst nicht übertragbar, vielmehr muss die gesicherte Forderung abgetreten werden, die Hypothek läuft dann kraft Gesetzes mit (vgl. § 1153 BGB).

Daher muss sich auch die Verpfändung zunächst auf die hypothekarisch gesicherte Forderung beziehen; das Pfandrecht erstreckt sich dann kraft Gesetzes auf die Hypothek.

hemmer-Methode: Eigentlich ganz einfach: Erst schauen, wie das zu verpfändende Recht eigentlich übertragen wird. Genauso muss dann auch wg. § 1274 BGB die Verpfändung erfolgen; der Unterschied besteht lediglich darin, dass die Parteien Willenserklärungen nicht in Bezug auf eine Rechts*übertragung*, sondern nur auf eine *Pfandrechts*bestellung abgeben. Im Übrigen läuft alles parallel!

Die Übertragung und damit wg. § 1274 BGB auch die Pfandrechtsbestellung einer hypothekarisch gesicherten Forderung erfolgt in der Form des § 1154 BGB.

Da es sich vorliegend um eine Buchhypothek handelt (bei dieser wurde die Erteilung eines Hypothekenbriefes gem. § 1116 II BGB ausgeschlossen), richtet sich ein Übertragungsvorgang nach § 1154 III BGB.

Die danach erforderlich Grundbucheintragung (§ 873 BGB) hat aber nicht stattgefunden, so dass A kein wirksames Pfandrecht an der hypothekarisch gesicherten Forderung erwerben konnte. Auch an der Hypothek selbst ist demzufolge kein wirksames Pfandrecht entstanden.

hemmer-Methode: Zugegebenermaßen, hier befinden wir uns im Grundstücksrecht. Wer diesen Bereich noch nicht erarbeitet hat, sollte lediglich verstehen, was § 1274 BGB aussagt.

Zu den Feinheiten des Grundstücksrechts siehe dann die Fallsammlung Sachenrecht II.

3. Nießbrauch am Grundstück des N

a) Verpfändung des Nießbrauchrechts nach § 1274 BGB

Das Nießbrauchrecht wird nach § 1274 I S. 1 BGB nach den Vorschriften bestellt, die für die Übertragung des Nießbrauchrechts gelten.

b) Unübertragbarkeit des Nießbrauchrechts, § 1059 S. 1 BGB

Das Nießbrauchrecht ist jedoch nicht übertragbar, § 1059 S. 1 BGB. Damit kann nach § 1274 II BGB auch keine wirksame Pfandrechtsbestellung am Nießbrauchrecht des C erfolgt sein.

hemmer-Methode: § 1274 II BGB ist eigentlich überflüssig. Wenn es für die Pfandrechtsbestellung gem. § 1274 I S. 1 BGB auf die Vorschriften über die Rechtsübertragung ankommt und existieren solche mangels Übertragbarkeit des Rechts (z.B. wie hier § 1059 BGB) nicht, dann ist ein Pfandrecht eben nicht bestellbar. Da dies der Gesetzgeber in § 1274 II BGB klargestellt hat, sollte die Norm zitiert werden; eine echte Regelungswirkung entfaltet sie aber aus den beschriebenen Gründen nicht.

4. Kaufpreisforderung gegen K

a) Verpfändung nach §§ 1274, 398 BGB

Die Verpfändung einer Kaufpreisforderung erfolgt durch formlosen Verpfändungsvertrag gem. §§ 1274 I S. 1, 398 S. 1 BGB.

Hier haben C und A einen schriftlichen Vertrag über die Verpfändung der Kaufpreisforderung geschlossen.

b) Anzeige an Schuldner K nach § 1280 BGB

Die Verpfändung der Kaufpreisforderung könnte jedoch nach § 1280 BGB unwirksam sein. Voraussetzung ist, dass es sich um eine Forderung nach § 1279 BGB handelt, zu deren Übertragung der Abtretungsvertrag genügt, und der Gläubiger dem Schuldner die Verpfändung nicht angezeigt hat.

Die Kaufpreisforderung ist eine Forderung nach § 1279 BGB, zu deren Übertragung gem. § 398 S. 1 BGB der Abtretungsvertrag genügt. Gläubiger C hat den Schuldner K die Verpfändung der Forderung nicht angezeigt.

Somit ist die Verpfändung der Kaufpreisforderung gem. § 1280 BGB unwirksam.

hemmer-Methode: Für „Freaks“: Bei einer Verpfändung einer hypothekarisch gesicherten Forderung genügt niemals der bloße Abtretungsvertrag, es ist vielmehr entweder Briefübergabe (§ 1154 I BGB) oder Grundbucheintragung (§ 1154 III BGB) *zusätzlich* erforderlich. Daher ist in diesem Fall § 1280 BGB nicht anwendbar!
§ 1280 BGB ist übrigens ein Grund für die Unbeliebtheit der Verpfändung von Forderungen in der Praxis: Wer will schon einem Dritten zeigen, dass seine wirtschaftliche Lage die Verpfändung einer Forderung notwendig gemacht hat. In der Praxis wird stattdessen eher die Sicherungsabtretung gewählt.

5. Anwartschaftsrecht an Mars-Statue

A könnte schließlich ein wirksames Pfandrecht am Anwartschaftsrecht des C an der Mars-Statue erworben haben. Bei der Verpfändung eines Anwartschaftsrechts ist fraglich, ob die Bestellung sich nach dem Pfandrecht an Rechten, §§ 1273 ff. BGB, oder dem Pfandrecht an beweglichen Sachen gem. § 1205 I S. 1 BGB richtet. An und für sich ist das Anwartschaftsrecht ein Recht gem. § 1273 I BGB. Zu beachten ist jedoch, dass das Anwartschaftsrecht als wesensgleiches Minus zum Eigentumsrecht an beweglichen Sachen gem. §§ 929 ff. BGB behandelt wird. Die Bestellung des Pfandrechts am Anwartschaftsrecht erfolgt somit konsequenterweise nach den Vorschriften über das Pfandrecht an beweglichen Sachen, § 1205 BGB.

a) Einigung

C und A waren sich darüber einig, dass C dem A ein Pfandrecht an der Statue bestellt.

b) C als Anwartschaftsinhaber Berechtigter

C war Anwartschaftsinhaber und damit berechtigt, sein Anwartschaftsrecht zu verpfänden.

c) Übergabe

Fraglich ist, ob eine Übergabe der Statue stattfand. Mangels Sachverhaltsangaben ist nicht davon auszugehen, dass C jeglichen Besitz an der Statue aufgegeben hat; vielmehr hat C die Statue in seinem Besitz belassen. Eine Übergabe ist mithin abzulehnen.

d) Mittelbarer Besitz des C und Benachrichtigung des V nach § 1205 II BGB

Die Übergabe könnte jedoch nach § 1205 II BGB ersetzt worden sein. Dazu müsste sich die Statue im mittelbaren Besitz des Anwartschaftsberechtigten C befunden haben, und die Verpfändung des Anwartschaftsrechts dem Eigentümer V der Statue angezeigt haben. Beides ist hier nicht erfolgt.

hemmer-Methode: Die fehlende Möglichkeit, wie bei § 930 BGB die Sache im Besitz des Verpfänders zu belassen, ist einer der wesentlichen Gründe, warum in der Praxis keine Pfandrechte bestellt werden, sondern stattdessen das Institut der Sicherungsübereignung gewählt wird.

Damit scheidet auch ein Erwerb eines Pfandrechts am Anwartschaftsrecht des C aus.

6. Ergebnis

A hat kein wirksames Pfandrecht erhalten und kann somit nicht die Verwertung von Pfandrechten betreiben.

IV. Zusammenfassung

Sound: Die Bestellung eines Pfandrechts an Rechten erfolgt gem. § 1274 I S. 1 BGB nach den für die Übertragung des jeweiligen Rechts geltenden Vorschriften. Soweit das Recht nicht übertragbar ist, kann auch kein Pfandrecht an dem Recht bestellt werden, § 1274 II BGB.

Die Verpfändung einer Forderung, zu deren Übertragung der Abtretungsvertrag genügt (§ 398 S. 1 BGB), ist nach § 1280 BGB nur wirksam, wenn der Gläubiger sie dem Schuldner anzeigt.

hemmer-Methode: Mehr als die hier behandelten Pfandrechte an Rechten wird von ihnen auch im ersten Staatsexamen kaum erwartet werden. Lediglich der gutgläubige Erwerb eines Pfandrechts an einem nicht existenten Recht könnte noch interessant sein. Dazu müsste auch das Recht selbst übertragen werden können (§ 1274 I S. 1 BGB), also ein gutgläubiger Zweiterwerb möglich sein. Deshalb dürfte sich diese Problematik nur bei den Grundpfandrechten gem. § 892 BGB, besonders bei der Hypothek gem. § 1138 und § 1155 BGB stellen: Nach § 1138 BGB wird die Forderung fingiert, so dass der gutgläubige Zweiterwerb einer Hypothek nach h.M. möglich ist.

V. Zur Vertiefung

- Hemmer/Wüst, SachenR II, Rn. 226
- Hemmer/Wüst, Basics Zivilrecht II, Rn. 407 ff.
- Hemmer/Wüst, SachenR I, Karte 69

Fall 47: Gutgläubiger Erwerb gesetzlicher Pfandrechte

Sachverhalt:

V hat K einen Mercedes - McLaren unter Eigentumsvorbehalt verkauft. Der klamme K hat den vollen Kaufpreis von 400.000 € noch nicht bezahlt. Infolge eines Verkehrsunfalls wird der Silberlack des Autos zerkratzt. Deshalb bringt K das Kfz zwecks Neulackierung in die Lackiererwerkstatt des Werkunternehmers W.

Frage: *Hat W ein Werkunternehmerpfandrecht erworben?*

I. Einordnung

BGB und HGB kennen eine Vielzahl gesetzlicher Pfandrechte, vgl. nur den Verweis in der Fußnote zu § 1257 BGB im Schönfelder. Im folgenden Fall soll die Frage geklärt werden, ob es auch einen gutgläubigen Erwerb gesetzlicher Pfandrechte geben kann.

Bei vertraglichen Pfandrechten ist ein **gutgläubiger Erwerb** des Pfandrechts nach § 1207 BGB möglich. Bei Pfändung nach § 804 ZPO kann der Gerichtsvollzieher zwar schuldnerfremde Sachen, die sich im Gewahrsam des Schuldners befinden, pfänden. Aus dieser Pfändung kann sich zumindest die Verstrickung ergeben, das Pfändungspfandrecht entsteht nach h. M. jedoch nicht.

Bei gesetzlichen Pfandrechten ist jedenfalls ein gutgläubiger Erwerb besitzloser Pfandrechte (wie § 562 BGB) ausgeschlossen. Gerade der **gutgläubige Erwerb des Werkunternehmerpfandrechts** durch den besitzenden Werkunternehmer nach § 647 BGB ist aber Gegenstand eines „klassischen“ Streits.

II. Gliederung

I. Werkunternehmerpfandrecht nach § 647 BGB

1. Forderung aus Werkvertrag
2. Bewegliche Sache, zwecks Ausbesserung in Besitz des Werkunternehmers gelangt
3. **Sache des Bestellers?**

a) **K Eigentümer**
Wagen unter EV verkauft, §§ 929 S. 1, 158 I BGB, Kaufpreis nicht bezahlt, somit fehlender Bedingungseintritt des Eigentumsvorbehalts ⇨ K ist noch nicht Eigentümer geworden

b) **V als Besteller** (-),
Da kein Handeln in fremdem Namen; Verpflichtungsermächtigung ist nicht anzuerkennen

c) **Ermächtigung** nach § 185 I BGB (-)
Da keine Verfügung

4. **Ergebnis**
Keine Sache des Bestellers, deshalb kein Werkunternehmerpfandrecht nach § 647 BGB

II. Werkunternehmerpfandrecht am Anwartschaftsrecht des K

1. Voraussetzungen wie I., außer:

2. K Inhaber des Anwartschaftsrechts und damit Berechtigter
AnwR als wesensgleiches Minus zum Vollrecht ⇨ Pfandrecht am AnwR mögl.

3. Ergebnis
gesetzliches Werkunternehmerpfandrecht des W am Anwartschaftsrecht des K

III. Gutgläubiger Erwerb eines Werkunternehmerpfandrechts

1. Keine Gutglaubensvorschrift bei § 647 BGB

2. Gutglaubensvorschrift bei gesetzlichem Pfandrecht: § 366 III HGB Ausnahmeregel, auf BGB nicht übertragbar

3. Kein Gutglaubenserwerb bei besitzlosen Pfandrechten

a) Kein Rechtsgeschäft

b) Kein Rechtsscheinträger bei besitzlosen Rechten

4. § 1257 BGB i.V.m. § 1207 BGB
Verweisung gilt nur für bereits entstandenes Pfandrecht, nicht auf ein erst in Entstehung befindliches Pfandrecht anwendbar

a) Grammatikalische Auslegung

b) Genetische Auslegung

IV. Analoge Anwendung des § 1207 BGB

Vorschriften der §§ 994 ff., 1000 ff. BGB sachnäher

V. Ergebnis
W hat ein Werkunternehmerpfandrecht gem. § 647 BGB am Anwartschaftsrecht des K erworben. Evtl. Zurückbehaltungsrechte des W nach §§ 1000 ff., 994 ff. BGB.

III. Lösung

I. Werkunternehmerpfandrecht nach § 647 BGB am McLaren

W könnte am McLaren ein Werkunternehmerpfandrecht nach § 647 BGB erworben haben. Ein Werkunternehmerpfandrecht ist ein gesetzliches Pfandrecht, dass dem Werkunternehmer eine Sicherheit für die ihm zustehende Werklohnforderung bietet.

§ 647 BGB setzt voraus, dass ein Werkunternehmer gegen den Besteller eine Forderung aus dem Werkvertrag hat. Das Pfandrecht entsteht an der im Besitz des Werkunternehmers befindlichen Sache des Bestellers. Vorliegend ist somit zu prüfen, ob diese Voraussetzungen erfüllt sind.

1. Forderung aus Werkvertrag

K und W haben einen Vertrag geschlossen, der die Reparatur des Wagens, mithin einen geschuldeten Erfolg, gegen Entgelt beinhaltet. Damit liegt ein Werkvertrag vor, § 631 BGB.

W hat gegen K wegen der durchgeführten Reparatur eine Werklohnforderung aus Werkvertrag gem. § 631 I BGB.

2. Bewegliche Sache, zwecks Ausbesserung in Besitz des Werkunternehmers gelangt

Der McLaren ist weiter eine vom Werkunternehmer W ausgebesserte bewegliche Sache, die zum Zwecke der Ausbesserung in seinen Besitz gelangt ist.

3. Sache des Bestellers

§ 647 BGB setzt jedoch auch voraus, dass es sich um eine Sache des Bestellers handelt. Da K den Wagen zur Reparatur gebracht hat und diese in seinem wirtschaftlichen Interesse auf eigene Rechnung erfolgt, ist er jedenfalls Besteller i.S.v. § 647 BGB. Fraglich ist mithin, ob das Auto dem K gehört.

a) K Eigentümer

K hat den Wagen unter Eigentumsvorbehalt von V gekauft, §§ 929 S. 1, 158 I BGB. Damit wird er erst Eigentümer des Wagens, wenn die letzte Kaufpreisrate bezahlt wird. Bis dahin steht der Wagen weiterhin im Eigentum des V. K hat den Kaufpreis nicht bezahlt, somit hat er infolge fehlenden Bedingungseintritts des Eigentumsvorbehalts kein Eigentum am Auto.

b) V als Besteller

Besteller i.S.d. §§ 631 ff. BGB ist der Vertragspartner des Werkunternehmers; wäre V (und nicht K) als Besteller i.S.d. § 647 BGB anzusehen, würde es sich bei dem McLaren unproblematisch um eine Sache des Bestellers handeln.

V hat aber mit W keinen Werkvertrag geschlossen. K könnte ihn zwar vertreten haben. Hierfür fehlt jedoch die erforderliche Offenkundigkeit, vgl. § 164 I BGB: K ist nicht erkennbar in fremdem Namen aufgetreten.
Eine sog. Verpflichtungsermächtigung, die zu einer schuldrechtlichen Berechtigung bzw. Verpflichtung des Ermächtigenden ohne offenkundiges Handeln in fremdem Namen durch den Ermächtigten führen soll, ist als unzulässige Umgehung der §§ 164 ff. BGB abzulehnen; hierdurch würde der Vertragspartner nicht hinreichend geschützt.

Selbst wenn eine solche Verpflichtungsermächtigung möglich wäre, wäre eine solche von V nicht gewollt gewesen: V wollte nicht selbst Partner eines Werkvertrages werden.
Damit kann V nicht als Besteller angesehen werden.

c) Ermächtigung nach § 185 I BGB (-)

Eine ausdrückliche Ermächtigung des K durch V gem. § 185 I BGB zur Neulackierung ist zum einen nicht erfolgt, und wäre zum anderen unter rechtlichen Aspekten zweifelhaft. § 185 I BGB betrifft nur rechtsgeschäftliche Verfügungen. Der Abschluss eines Werkvertrages ist jedoch keine Verfügung, sondern ein schuldrechtliches Verpflichtungsgeschäft. Das Entstehen des Werkunternehmerpfandrechts schließlich ist keine rechtsgeschäftliche Verfügung, sondern entsteht *kraft Gesetzes*.
Eine konkludente Ermächtigung des K durch V, die zum Entstehen eines Pfandrechts nach §§ 647 BGB, 185 I BGB führt, ist also abzulehnen.

hemmer-Methode: An dieser Stelle werden in der Klausur wichtige Punkte vergeben! Der klassische Streit um den gutgläubigen Erwerb des Werkunternehmerpfandrechtes ist nahezu allen Examenskandidaten bekannt; viele stürzen sich daher gleich auf diese Problematik. Arbeiten Sie jedoch zunächst unbedingt obige Gesichtspunkte ab: V als Besteller, Sound: Verpflichtungsermächtigung; dingliche Ermächtigung des V an K nach § 185 BGB. In beiden Fällen zwei Argumente: (1) Es ist rechtlich nicht möglich und (2) es ist von den Beteiligten nicht gewollt.

4. Ergebnis

Der McLaren ist keine Sache des Bestellers, deshalb konnte kein Werkunternehmerpfandrecht an dem Wagen nach § 647 BGB entstehen.

II. Werkunternehmerpfandrecht am Anwartschaftsrecht des K

W könnte aber ein Werkunternehmerpfandrecht am Anwartschaftsrecht des K erworben haben. K ist durch die bis zur vollständigen Kaufpreiszahlung aufschiebend bedingte Übereignung gem. §§ 929 S. 1, 158 I BGB Anwartschaftsberechtigter. Auf das Anwartschaftsrecht als wesensgleichem Minus zum Volleigentum gelten die Vorschriften über das Eigentum entsprechend, so dass ein Pfandrecht am Anwartschaftsrecht möglich ist.

1. Voraussetzungen wie I.

Die Voraussetzungen des § 647 BGB sind erfüllt. Ein Unterschied zu I. ergibt sich insbesondere bei der Berechtigung des K.

2. K als Inhaber des Anwartschaftsrechts ist Berechtigter

Das Anwartschaftsrecht steht K zu; K ist damit Berechtigter des Anwartschaftsrechts an der Sache. Das Anwartschaftsrecht würde nur dann entfallen, wenn feststehen würde, dass der Bedingungseintritt endgültig nicht mehr eintreten wird. Das wäre zum Beispiel bei einem Erlöschen der Kaufpreisforderung (z.B. durch Rücktritt) anzunehmen. Denn das Anwartschaftsrecht erlischt, wenn es nicht mehr zum Vollrecht erstarken kann.

Dafür ist im Fall aber nichts ersichtlich, so dass das Werkunternehmerpfandrecht jedenfalls am Anwartschaftsrecht des K entstehen konnte.

3. Ergebnis

W hat ein gesetzliches Werkunternehmerpfandrecht am Anwartschaftsrecht des K nach § 647 BGB erworben.

Das Anwartschaftsrecht ist bisher auch nicht durch Einwirkungen des V oder K auf den Kaufvertrag erloschen. Sollte K oder W den Restkaufpreis an V entrichten, erstarkt das Anwartschaftsrecht zum Vollrecht Eigentum, so dass W dann ein Werkunternehmerpfandrecht am McLaren hätte.

hemmer-Methode: Wenn man so will, handelt es sich hierbei um eine sog. dingliche Surrogation: Das Pfandrecht besteht erst am Anwartschaftsrecht. Wenn dieses zum Vollrecht erstarkt, existiert ein Pfandrecht am Volleigentum. Dies kann – muss aber nicht – mit analoger Anwendung des § 1287 BGB begründet werden.

III. Gutgläubiger Erwerb eines Werkunternehmerpfandrechts

Fraglich ist noch, ob W gutgläubig ein Werkunternehmerpfandrecht am Auto nach § 647 BGB erwerben konnte.

1. Keine Gutglaubensvorschrift bei § 647 BGB

Systematisch gesehen gibt es zum Werkunternehmerpfandrecht weder in oder im Umfeld des § 647 BGB eine Gutglaubensvorschrift, wie es etwa bei § 366 III HGB der Fall wäre.

2. Gutglaubensvorschrift bei gesetzlichem Pfandrecht, § 366 III HGB

§ 366 III HGB bewirkt, dass auch bei einem gesetzlichen Pfandrecht (bei vertraglichem Pfandrecht: § 1207 BGB) ein Gutglaubenserwerb möglich ist. Allerdings bezieht sich § 366 III HGB nur auf bestimmte gesetzliche Pfandrechte des HGB, nicht des BGB. Sieht man § 366 III HGB als Sonderregelung des Handelsrechts (Art. 2 I EHGB), ist die Abwesenheit einer ähnlichen Vorschrift im BGB und die Nichtanwendbarkeit des handelsrechtlichen § 366 III BGB ein Argument gegen einen gutgläubigen Erwerb des Werkunternehmerpfandrechts.

3. Kein Gutglaubenserwerb bei besitzlosen Pfandrechten

a) Rechtsgeschäft

Der gutgläubige Erwerb ist möglich nur bei einem Rechtsgeschäft, das ein Verkehrsgeschäft ist.

hemmer-Methode: Ein Verkehrsgeschäft liegt dann vor, wenn auf der Erwerberseite zumindest eine Person steht, die nicht schon auf der Veräußererseite auftritt.

Gegen die Annahme des gutgläubigen Erwerbs bei gesetzlichen Pfandrechten spricht bereits die Tatsache, dass diese nicht durch Rechtsgeschäft, sondern kraft Gesetzes entstehen.

b) Kein Rechtsscheinsträger

Darüber hinaus ist der notwendige Bestandteil eines Gutglaubenserwerbs ein Rechtsscheinträger, denn dieser wahrt die Publizitätsfunktion des Sachenrechts (Besitz, Grundbuch).

Gegen die generelle Anerkennung eines gutgläubigen Erwerbs der gesetzlichen Pfandrechte des BGB spricht weiter, dass das BGB zahlreiche besitzlose Pfandrechte kennt, z.B. das Vermieterpfandrecht nach §§ 562 ff. BGB. Bei diesen besitzlosen Pfandrechten fehlt es an der für einen Gutglaubenserwerb stets erforderlichen Besitzverschaffung. Somit ist ein Gutglaubenserwerb bei besitzlosen Pfandrechten mangels eines Rechtsscheinträgers stets ausgeschlossen.

Das Werkunternehmerpfandrecht ist jedoch gerade ein gesetzliches Pfandrecht, bei dem der Erwerber den Besitz an der Sache stets erhält. Deshalb hilft die Differenzierung in besitzlose und besitzende Pfandrechte hier nicht weiter.

4. § 1257 BGB i.V.m. § 1207 BGB

Nachdem für die gesetzlichen Pfandrechte bis auf § 366 III HGB keine Gutglaubensregelung besteht, könnte sich der gutgläubige Erwerb nach den Vorschriften der vertraglichen Pfandrechte gem. §§ 1204 ff. BGB richten. Fraglich ist deshalb, ob W nach §§ 647, 1257 BGB i.V.m. § 1207 BGB gutgläubig ein Werkunternehmerpfandrecht am Mercedes erwerben konnte. § 1257 BGB erklärt für gesetzliche Pfandrechte die Vorschriften über rechtsgeschäftlich bestellte Pfandrechte entsprechend anwendbar.

a) Grammatikalische Auslegung

Allerdings fordert der Wortlaut des § 1257 BGB, dass dies nur für ein (bereits) entstandenes gesetzliches Pfandrecht gelte. Vorliegend geht es aber um die *Entstehung* des Pfandrechts im Wege des Gutglaubenserwerbs. Es handelt sich also um kein bereits entstandenes, sondern um ein in Entstehung befindliches Pfandrecht. Auf dieses sollen aber laut klaren Wortlauts des § 1257 BGB die §§ 1204 ff. BGB keine Anwendung finden.

Eine grammatikalische Auslegung des § 1257 BGB ergibt daher, dass die Vorschrift des § 1207 BGB zum gutgläubigen Erwerb eines Pfandrechts einem noch nicht entstandenen gesetzlichen Pfandrecht gerade nicht zur Entstehung verhelfen kann.

b) Genetische Auslegung

Nach den Dokumenten zur Entstehungsgeschichte des BGB wurde der Wortlaut des § 1257 BGB mit Bedacht gerade so gewählt, um einen gutgläubigen Erwerb gesetzlicher Pfandrechte auszuschließen.

Auch die genetische Auslegung des § 1257 BGB spricht deshalb dagegen, dass W ein gutgläubiges Werkunternehmerpfandrecht am Kfz erwerben konnte.

hemmer-Methode: Dieses Argument brauchen Sie mangels entsprechender Hilfsmittel im Examen natürlich nicht zu bringen. Die wesentlichen Argumente sind das Fehlen eines rechtsgeschäftlichen Vorgangs zum einen und die Wortlaut-Auslegung des § 1257 BGB zum anderen.

IV. Analoge Anwendung des § 1207 BGB

Zu denken ist an eine analoge Anwendung von § 1207 BGB. Dies wird angesichts der Schutzwürdigkeit des Werkunternehmers, der nach § 641 BGB vorzuleisten verpflichtet ist, vertreten. Es müsste jedoch eine planwidrige gesetzliche Regelungslücke mit vergleichbarer Interessenlage für eine Analogie zu § 1207 BGB gegeben sein. Die planwidrige Regelungslücke ist angesichts der genetischen Auslegung zweifelhaft. Wichtiger ist jedoch noch die Interessenlage: die §§ 1000 ff. BGB, 994 ff. BGB können dem Werkunternehmer als Verwender ein sachnäheres Zurückbehaltungsrecht als die künstliche Konstruktion eines gutgläubigen Werkunternehmerpfandrechts zur Hand geben. Bei einem Werkunternehmerpfandrecht könnte sich W auch wegen Luxusverwendungen am Wagen des V gütlich halten, was die sachnäheren §§ 994 ff. BGB gerade verhindern wollen.

Das Werkunternehmerpfandrecht gibt zudem ein Recht zum Besitz nach § 986 I S. 1 BGB und würde somit die §§ 994 ff. BGB ausschließen.

Eine analoge Anwendung des § 1207 BGB zum gutgläubigen Erwerb des Werkunternehmerpfandrechts ist damit abzulehnen.

V. Ergebnis

W hat ein Werkunternehmerpfandrecht gem. § 647 BGB am Anwartschaftsrecht des K erworben. Ein Werkunternehmerpfandrecht am McLaren des V ist nicht entstanden. Daneben kann W evtl. jedoch ein Zurückbehaltungsrecht nach §§ 1000 ff., 994 ff. BGB geltend machen.

IV. Zusammenfassung

Sound: Bei besitzlosen gesetzlichen Pfandrechten (z.B. Vermieterpfandrecht, §§ 562 ff. BGB, Verpächterpfandrecht, §§ 581 II, 562 ff. BGB, Pfandrecht des Herbergswirts gem. §§ 704, 562 I S. 2, 562 a bis d BGB) ist mangels Besitzverschaffung kein gutgläubiger Erwerb möglich.

Beim Werkunternehmerpfandrecht als besitzendem Pfandrecht ist ein gutgläubiger Erwerb mit den aufgezeigten Argumenten ebenfalls abzulehnen.

hemmer-Methode: Die Frage des gutgläubigen Erwerbs des Werkunternehmerpfandrechts ist ein absoluter Klassiker. Sie sollten dieses Problem erkennen und mit guten Argumenten in die eine oder andere Richtung zu lösen imstande sein. Auch war in der mündlichen Prüfung zum ersten Examen schon oft eine beliebte Frage, ob es einen gutgläubigen Erwerb gesetzlicher Pfandrechte, z.B. des Vermieterpfandrechts, gibt. Selbst im zweiten Staatsexamen sollte man sich stets vor Augen halten, dass die prozessuale Einkleidung zwar wichtig ist, die Mehrzahl der Punkte aber für eine ansprechende materielle Lösung gegeben werden.

V. Zur Vertiefung

- Hemmer/Wüst, SachenR II, Rn. 222 ff.
- Hemmer/Wüst, SchuldR BT I, Rn. 586 ff.
- Hemmer/Wüst, Basics Zivilrecht II, Rn. 398
- Hemmer/Wüst, SachenR I, Karte 75

Kapitel IX: Gesetzlicher Eigentumserwerb Verbindung, Vermischung, Verarbeitung, §§ 946 ff. BGB

Fall 48: Verbindung, § 947 BGB

Sachverhalt:

Produzent P liefert unter Eigentumsvorbehalt 1000 spezielle Computergehäuse für die Notebooks an die Computerfirma PC-AG. Die PC-AG baut ihre Notebook-Elektronik in die maßgeschneiderten Computergehäuse ein. P erhält den Kaufpreis aber nicht. Aufgrund ihres Umgangs mit Zulieferern und Käufern macht die PC-AG schlechte Geschäfte. So kommt es, dass das Insolvenzgericht wegen Zahlungsunfähigkeit auf Antrag des Vorstands der PC-AG das Insolvenzverfahren über das Vermögen der PC-AG eröffnet.

P ist entsetzt und fordert sofort „seine" Computergehäuse heraus.

***Frage:** Hat P einen Anspruch auf Herausgabe?*

I. Gliederung

Anspruch auf Herausgabe
§§ 985 BGB, 47 InsO

1. P war ursprünglich Eigentümer der Computergehäuse

2. Verlust des Eigentums durch rechtsgeschäftliche Übertragung, §§ 929 ff. BGB?

a) Übergabe

b) Berechtigung

c) Dingliche Einigung, aber unter Eigentumsvorbehalt

⇨ P hat sein Eigentum nicht verloren

3. Verlust des Eigentums durch Verbindung, § 947 BGB?

a) Anwendbarkeit des § 947 BGB trotz Eigentumsvorbehalts

b) § 947 I BGB: Verbindung zu wesentlichen Bestandteilen, §§ 93 ff. BGB

c) Rechtsfolge hier: § 947 II BGB (+)

4. konkludente Rückübereignung (-)

5. Ergebnis

P hat keinen Anspruch auf Herausgabe.

II. Lösung

Anspruch auf Herausgabe

P könnte nach § 47 S. 2 InsO im Wege der Aussonderung die Herausgabe der Computergehäuse nach den Vorschriften des BGB verlangen.

Voraussetzung der Aussonderung ist nach § 47 S. 1 InsO, dass P aufgrund eines dinglichen Rechts geltend machen kann, dass die Computergehäuse nicht zur Insolvenzmasse gehören.

hemmer-Methode: Nicht erschrecken, außerhalb der jeweiligen Wahlfachgruppe dürften InsO-Vorschriften im Examen „tabu" sein.

Wer hier nur den „schlichten“ § 985 BGB prüft, wird keine Punktabzüge bekommen.

Als dingliches Recht des P kommt ein Anspruch aus § 985 BGB in Betracht. § 985 BGB setzt eine Vindikationslage voraus. Demnach müsste P Eigentümer, die PC-AG Besitzer der Computergehäuse sein, und kein Recht zum Besitz gem. § 986 I S. 1 BGB haben.

Fraglich ist daher, ob P Eigentümer der Computergehäuse ist.

1. Ursprünglich: Eigentum des P

Ursprünglich war P Eigentümer.

2. Rechtsgeschäftliche Übertragung, §§ 929 ff. BGB

P könnte sein Eigentum nach § 929 S. 1 BGB an die PC-AG übertragen haben. § 929 S. 1 BGB setzt voraus, dass der Berechtigte die Sache dem Erwerber übergibt und beide darüber einig sind, dass das Eigentum übergehen soll.

a) Übergabe

P hat die Gehäuse an die PC-AG geliefert und übergeben.

b) Berechtigung

P war Eigentümer und damit Berechtigter nach § 929 S. 1 BGB.

c) Einigung, Eigentumsvorbehalt, §§ 929 S. 1, 158 I BGB

P lieferte unter Eigentumsvorbehalt.

Die dingliche Einigung über den Eigentumsübergang nach § 929 S. 1 BGB stand deshalb gem. § 158 I BGB unter der aufschiebenden Bedingung vollständiger Kaufpreiszahlung. Nach dem Sachverhalt hat die PC-AG den Kaufpreis nicht an P gezahlt.

Damit ist P mangels Bedingungseintritts Eigentümer geblieben.

3. Eigentumsverlust durch Verbindung, § 947 BGB

P könnte sein Eigentum auch durch gesetzlichen Eigentumserwerb der PC-AG verloren haben. In Betracht kommt § 947 I, II BGB.

a) Abbedingung von § 947 BGB

Zuerst ist zu prüfen, ob § 947 BGB Anwendung findet. § 947 BGB ordnet gesetzlichen, nicht rechtsgeschäftlichen Eigentumsübergang an. Rechtsgeschäftlich haben P und die PC-AG aber vereinbart, dass das Eigentum erst bei Kaufpreiszahlung übergehen soll. Damit könnte der gesetzliche Eigentumserwerb durch rechtsgeschäftliche Vereinbarung abbedungen worden sein.

§ 947 BGB hat jedoch den Sinn und Zweck, die Zerstörung wirtschaftlicher Werte zu verhindern. Daher ist **§ 947 BGB als zwingendes Recht ausgestaltet** und kann somit nicht rechtsgeschäftlich abbedungen werden. Weiterhin ist § 947 BGB die zwingende Konsequenz aus **§ 93 BGB**, wonach **wesentliche Bestandteile einer Sache nicht sonderrechtsfähig** sind. Auch deshalb kann die gesetzliche Anordnung des § 947 BGB nicht abbedungen werden.

Die Vereinbarung der Eigentumsübertragung unter Eigentumsvorbehalt, § 929 S. 1, 158 I BGB, steht der Anwendbarkeit des § 947 BGB damit nicht entgegen.

b) Voraussetzungen des § 947 I BGB

Nunmehr ist zu klären, ob die Voraussetzungen des § 947 BGB erfüllt sind.

§ 947 I setzt voraus, dass bewegliche Sachen miteinander dergestalt verbunden werden, dass sie wesentliche Bestandteile einer einheitlichen Sache werden.

aa) Verbindung mehrerer beweglicher Sachen

Die Computergehäuse und die Notebook-Elektronik sind bewegliche Sachen, die durch Einbau der Elektronik in die Gehäuse miteinander verbunden wurden.

bb) Wesentliche Bestandteile, § 93 BGB

Die Gehäuse und die Notebook-Elektronik müssten durch die Verbindung **wesentliche Bestandteile einer einheitlichen Sache** geworden sein. Ob wesentliche Bestandteile vorliegen, bestimmt sich nach der Legaldefinition des **§ 93 BGB**.

Demnach sind wesentliche Bestandteile einer Sache solche, die **voneinander nicht getrennt werden können, ohne dass der eine oder der andere zerstört oder in seinem Wesen verändert** wird.

Die Computergehäuse sind für die Verbindung mit der Notebook-Elektronik zugeschnitten. Nach einer Trennung könnten sie wirtschaftlich nicht mehr in der bisherigen Weise genutzt werden und würden dadurch in ihrem wirtschaftlichen Wert zerstört. Damit können die Gehäuse nicht von der Elektronik getrennt werden, ohne dass die Gehäuse in ihrem Wesen verändert werden.

Somit sind nach § 93 BGB die Gehäuse und die Elektronik wesentliche Bestandteile einer einheitlichen Sache geworden. Die Voraussetzungen des § 947 BGB sind erfüllt.

hemmer-Methode: Um die Interessen des Eigentumsvorbehaltsverkäufers zu wahren, besteht in der Rechtsprechung die Tendenz, die Eigenschaft als wesentlicher Bestandteil im Zweifel zu verneinen. Damit entfällt § 947 BGB, der Eigentumsvorbehaltsverkäufer verliert sein Eigentum nicht. Er hat allerdings auch die Möglichkeit, zusätzlich zum Eigentumsvorbehalt auch eine **„Verbindungsklausel"** mit dem Käufer zu vereinbaren. Diese Verbindungsklausel kann zwar § 947 BGB nicht abbedingen, der Käufer wird Eigentümer nach § 947 II BGB. Allerdings bewirkt die Verbindungsklausel eine antizipierte Rückübereignung der neuen Sache an den Verkäufer durch Rechtsgeschäft, **§§ 929 S. 1, 930 BGB**.

c) <u>Rechtsfolge:</u> Alleineigentumserwerb, wenn eine der Sachen als Hauptsache anzusehen ist, § 947 II BGB

Grundsätzlich entsteht Miteigentum gem. § 947 I BGB. Alleineigentum entsteht gem. § 947 II BGB ausnahmsweise dann, wenn eine der beiden verbundenen Sachen als die Hauptsache anzusehen ist.

Die Notebook-Elektronik könnte die Hauptsache der hergestellten Notebooks sein.

Fraglich ist daher, wann eine Sache unter den Begriff „Hauptsache“ nach § 947 II BGB subsumiert werden kann.

aa) Wertverhältnis der Einzelsachen

Die Rechtsprechung des RG und BGH stellt regelmäßig nicht auf das Wertverhältnis der Einzelsachen ab, um zu klären, ob eine der Sachen eine „Hauptsache“ nach § 947 II BGB ist.

bb) Verkehrsauffassung

Eine der Sachen ist dann als Hauptsache anzusehen, wenn nach der Verkehrsauffassung **eine der Sachen für das Wesen des Ganzen von entscheidender Bedeutung** ist.

Ein Indiz für die entscheidende Bedeutung der einen Sache für das Wesen des Ganzen ist, wenn die übrigen Sachen fehlen könnten, ohne dass das Wesen der ganzen Sache dadurch beeinträchtigt würde. Ein weiteres Indiz ist, wenn die eine Sache praktisch dem Ganzen den Namen gibt, so dass auch nach Abtrennung der anderen Sachen der Name der ganzen Sache erhalten bliebe.

Im Fall sind die Notebooks auch dann noch betriebsfähig, wenn die Gehäuse fehlen würden. Auch gibt die Computertechnik dem Ganzen den Namen.
Die Notebook-Bauteile sind daher für das Wesen des Ganzen von entscheidender Bedeutung. Folglich ist die Notebook-Elektronik nach der Verkehrsauffassung als Hauptsache anzusehen.

Alle Voraussetzungen nach § 947 II BGB sind somit erfüllt. Rechtsfolge des § 947 II BGB ist, dass P sein Eigentum durch gesetzlichen Eigentumserwerb der PC-AG verloren hat, § 947 II BGB.

Daher ist P nicht Eigentümer und hat keinen Anspruch auf Herausgabe der 1000 Computergehäuse im Wege der Aussonderung nach §§ 47 InsO, 985 BGB.

4. Konkludente Rückübereignung nach §§ 929 S. 1, 930 BGB

Die Interessen des P sind in vorliegender Konstellation ersichtlich nicht gewahrt: Durch die Verbindung ist sein Vorbehaltseigentum an den Gehäusen erloschen. Sachgerecht wäre in einem solchen Fall die Vereinbarung, dass P an der Gesamtsache Vorbehaltseigentum erlangen soll, dies kann durch eine Rückübereignung der Gesamtsache nach den **§§ 929 S. 1, 930 BGB geschehen mit der *auflösenden* Bedingung gem. § 158 II BGB,** dass die PC-AG den Kaufpreis für das Gehäuse zahlt. Dadurch würde wirtschaftlich dasselbe erreicht, als hätte P die *Gesamtsache* unter Eigentumsvorbehalt geliefert. Da es jedoch an einer entsprechenden Vereinbarung fehlt, kann eine solche nicht schlicht unterstellt werden. Eine Rückübereignung der Gesamtsache an P liegt nicht vor.

5. Ergebnis

Daher ist P nicht Eigentümer und hat keinen Anspruch auf Herausgabe der 1000 Computergehäuse im Wege der Aussonderung nach §§ 47 InsO, 985 BGB.

IV. Zusammenfassung

Sound: An wesentlichen Bestandteilen einer Sache kann nach § 93 BGB kein Sondereigentum bestehen. Deshalb ordnet der unabdingbare § 947 BGB an, dass bei der Verbindung zu wesentlichen Bestandteilen einer einheitlichen Sache Miteigentum an der Gesamtsache entsteht (gesetzlicher Eigentumserwerb).
Ist eine der Sachen nach der Verkehrsauffassung für das Wesen des Ganzen von entscheidender Bedeutung und damit Hauptsache, ordnet § 947 II BGB Alleineigentum an. In diesem Fall erlöschen nach § 949 S. 1 BGB die Rechte an den Sachen, die nicht Hauptsache sind.

Gem. § 951 I S. 1 BGB können der frühere Eigentümer und alle, die ihre Rechte an der Sache verloren haben, nach Bereicherungsrecht Vergütung in Geld fordern.

Die Verweisung in § 951 I S. 1 BGB auf das Bereicherungsrecht ist dabei Rechtsgrundverweisung, nicht Rechtsfolgenverweisung. Das bedeutet, dass die Voraussetzungen nach §§ 812 ff. BGB erfüllt sein müssen.

Voraussetzungen des gesetzlichen Eigentumserwerbs bei Verbindung nach § 947 II BGB

Voraussetzungen des § 947 I BGB

- Verbindung beweglicher Sachen
- **zu wesentlichen Bestandteilen (§ 93 BGB)**

Eine der Sachen ist als die Hauptsache anzusehen, § 947 II BGB, wenn sie nach der Verkehrsauffassung für das Wesen des Ganzen von entscheidender Bedeutung ist.

V. Zur Vertiefung

- Hemmer/Wüst, SachenR II, Rn. 267 ff., 279 f.
- Hemmer/Wüst, Basics Zivilrecht II, Rn. 240
- Hemmer/Wüst, SachenR I, Karte 48

Fall 49: Vermengung bei Geld, § 948 BGB

Sachverhalt:

Langfinger L stiehlt einen Geldbeutel mit einem 200 €-Schein. L geht zur B-Bank und zahlt den Schein am Kassenschalter auf sein Girokonto ein.

Hat die B-Bank Eigentum am Geldschein erworben?

Abwandlung:

Der sechzehnjährige M soll sich ein Mofa kaufen und erhält dafür von seinen Eltern einen 500 €-Schein. M träumt aber von einem schönen, schnittigen Sportwagen, den er sich bei Volljährigkeit leisten möchte. Um einen Anfang zu tun, zahlt M den 500 €-Schein daher am Kassenschalter seiner Bank ein, um Anteile eines Aktienfonds zu kaufen.

Frage: *Nach welchen Vorschriften können die Eltern des M Herausgabe der 500 € verlangen, wenn*

1. *unmittelbar nach der Einzahlung der Kassenschalter geschlossen wurde?*

2. *der Geschäftsbetrieb am Schalter weiterlief?*

I. Gliederung

Eigentum der B-Bank

1. Gesetzlicher Eigentumserwerb durch **Vermengung, § 948 I, Alt. 2 BGB**?
(-) wenn bereits rechtsgeschäftlicher Eigentumserwerb gem. §§ 929 ff. BGB möglich

2. Rechtsgeschäftlicher Erwerb der Bank gem. § 929 S. 1 BGB

a) Dingliche Einigung (+)

b) Übergabe (+)

c) Berechtigung (-), da L kein Eigentümer und Nichtberechtigter nach § 185 I BGB

⇨ rechtsgeschäftlicher Erwerb vom Berechtigten (-)

3. Rechtsgeschäftlicher gutgläubiger Erwerb der Bank gem. §§ 929 S. 1, 932 I S. 1, II, 935 I S. 1, II Alt. 1 BGB (+)
(P): Abhandenkommen, § 935 I S. 1 BGB

⇨ Gutgläubiger Erwerb an sich nicht möglich
Aber: § 935 II BGB, Abhandenkommen bei Geld unbeachtlich

⇨ gutgläubiger Erwerb möglich

4. Ergebnis
B-Bank hat rechtsgeschäftlich Eigentum erworben.

Abwandlung

I. Herausgabeanspruch bzgl. der 500 € wenn unmittelbar nach der Einzahlung der Kassenschalter geschlossen wurde

1. Herausgabeanspruch gem. §§ 985, 1626 I, 1629 I S. 1 BGB

a) Eltern gesetzliche Vertreter, §§ 1626 I, 1629 I S. 1 BGB

b) Vindikationslage nach § 985 BGB
M ursprünglich Eigentümer des 500 €-Scheins, §§ 929 S. 1, 107 BGB

aa) Verlust des Eigentums an die Bank, **rechtsgeschäftliche Übertragung** nach §§ 929 ff. BGB

(1) bedarf der Einwilligung nach §§ 107, 2 BGB

(2) Genehmigung nach §§ 108 I, 184 I BGB durch Herausgabeforderung konkludent verweigert

(3) Keine Ausnahme nach § 110 BGB

⇨ Kein Eigentumsverlust an die Bank gem. §§ 929 ff. BGB

bb) Verlust des Eigentums an die Bank,
gesetzlicher Eigentumserwerb gem. §§ 946 ff. BGB

(1) Vermengung nach § 948 I, Alt. 2 BGB

(2) Keine „Geldwertvindikation"

Daher: Entsprechende Anwendung des § 947 BGB:

Bank wurde Alleineigentümer nach § 947 II BGB oder Miteigentümer nach §§ 947 I, 741 ff., 1008 ff. BGB,
M hat sein Alleineigentum also verloren, kein Anspruch aus § 985 BGB gegen die Bank.

2. Bereicherungsanspruch nach §§ 951 I S. 1, 812, 1626 I, 1629 I S. 1 BGB
Vor.: Alleineigentumserwerb der Bank, §§ 948 I, 947 II BGB

„**Hauptsache**" nach § 947 II BGB die quantitativ überwiegenden 500 €-Scheine in der Bankkassette? Reicht ein quantitativer Unterschied für § 947 II BGB aus?

a) Zweck des § 947 II BGB (teleologische Auslegung) Zerstörung wirtschaftlicher Werte durch Trennung verhindern.

b) Aber: Praktikabilitätsgründe, bei Geschäftskasse mit schwankendem Bestand und weit überwiegendem Bestand des Kasseninhabers soll dieser Alleineigentümer nach § 947 II BGB sein.

c) Dennoch:

- Bei Alleineigentum der Bank Insolvenzrisiko des M:
- § 947 II BGB eher auf Sachen unterschiedlicher Qualität, nicht unterschiedlicher Quantität anwendbar

⇨ Die bereits in der Geldkassette vorhandenen 500 €-Scheine der Bank sind nicht als Hauptsache nach § 947 II BGB anzusehen

3. Auseinandersetzungsanspruch gem. **§§ 741, 749 I, 752 S. 1, 1626 I, 1629 I S. 1 BGB**

a) Gemeinschaft nach Bruchteilen an den 500 €-Scheinen in der Geldkassette, §§ 948 I, Alt. 2, 947 I BGB (+)

b) Ursprüngliche, durch die Vermischung entstandene Menge noch vorhanden?
Durch Kassenschalterschließung (+)

4. Ergebnis: Herausgabeanspruch nach §§ 741, 749 I, 752 S. 1, 1626 I, 1629 I S. 1 BGB

II. Herausgabeanspruch bzgl. der 500 € wenn der Geschäftsbetrieb am Schalter weiterlief

Lösung wie oben, nur:

Ursprüngliche, durch die Vermischung entstandene Menge noch vorhanden?

Durch weiterlaufenden Geschäftsbetrieb Kasse mit wechselndem Bestand.

Daher §§ 749, 752 BGB (-)

Lediglich Anspruch aus §§ 816 I S. 1, 1626 I, 1629 I S. 1 BGB auf Herausgabe des durch die Verfügung Erlangten.

II. Lösung

Eigentumserwerb der B-Bank

Die B-Bank könnte durch gesetzlichen Eigentumserwerb in Form der Vermengung nach § 948 I, Alt. 2 BGB Eigentum am 200 €-Schein erlangt haben.

Auf den gesetzlichen Eigentumserwerb der Bank käme es aber dann nicht mehr an, wenn bereits davor ein rechtsgeschäftlicher Eigentumsübergang stattgefunden hätte. Denn dann wäre die B-Bank bereits auf diese Weise Eigentümerin des Geldes geworden.

1. Rechtsgeschäftlicher Eigentumserwerb gem. § 929 S. 1 BGB

Zur Übertragung des Eigentums nach § 929 S. 1 BGB ist erforderlich, dass der Berechtigte die Sache dem Erwerber übergibt und beide darüber einig sind, dass das Eigentum übergehen soll.

a) Dingliche Einigung

Ein dinglicher Vertrag über den Eigentumsübergang zwischen L und B-Bank liegt vor. Zwar kann die B-Bank als juristische Person selbst nicht handeln.

Für sie handeln ihre rechtsgeschäftlich bestellten oder organschaftlichen Vertreter (Vorstand, Geschäftsführer).

Vorliegend ist davon auszugehen, dass der Kassenangestellte zur Vertretung der Bank jedenfalls in einfachen Geldangelegenheiten bevollmächtigt war, § 164 BGB.

b) Übergabe

L hat der B-Bank Besitz verschafft und selbst den Besitz vollständig aufgegeben. Der Angestellte am Kassenschalter ist insoweit als Besitzdiener der Bank anzusehen. Eine Übergabe des Geldscheins fand damit statt.

c) Berechtigung

Langfinger L hat den Geldschein gestohlen und ist folglich Nichtberechtigter. Von einer Genehmigung des Bestohlenen nach § 185 II S. 1, Alt. 1 BGB ist nicht auszugehen.

Somit scheitert ein Eigentumserwerb nach § 929 S. 1 BGB durch die B-Bank.

2. Gutgläubiger Erwerb, §§ 929 S. 1, 932 I S. 1 BGB

Jedoch könnte L wirksam an B nach §§ 929 S. 1, 932 I S. 1 BGB übereignet haben. Die Voraussetzungen des § 929 S. 1 BGB sind bis auf die Berechtigung erfüllt. Die Gutgläubigkeit der B-Bank nach § 932 II BGB wird nach § 932 I S. 1 BGB vermutet („es sei denn"). Es gibt keine Anhaltspunkte im Sachverhalt, die die gesetzliche Vermutung widerlegen.

Der 200 €-Schein ist dem Eigentümer jedoch gestohlen worden, § 935 I S. 1 BGB. Grundsätzlich verhindert ein Abhandenkommen nach § 935 I BGB einen gutgläubigen Erwerb.

Die Vorschrift des § 935 I BGB findet aber nach § 935 II, Alt. 1 BGB keine Anwendung auf Geld. § 935 II BGB schützt die Umlauffähigkeit des Geldes („Geld geht um die Welt") und den reibungslosen Ablauf des Geschäftsverkehrs.

Deshalb konnte die B-Bank bereits nach §§ 929 S. 1, 932 I S. 1 BGB gutgläubig Eigentum an dem 200 €-Schein erwerben.

Die B-Bank hat rechtsgeschäftlich das Eigentum am Geld erworben. Auf einen späteren gesetzlichen Eigentumserwerb kommt es demnach nicht an.

III. Lösung Abwandlung

I. Herausgabeanspruch bzgl. der 500 € wenn unmittelbar nach der Einzahlung der Kassenschalter geschlossen wurde

1. Herausgabeanspruch nach §§ 985, 1626 I, 1629 I S. 1 BGB

Zu prüfen ist, ob die Eltern des M Herausgabe der 500 € nach §§ 985, 1626 I, 1629 I S. 1 BGB verlangen können.

a) Eltern gesetzliche Vertreter, §§ 1626 I, 1629 I S. 1 BGB

M ist siebzehn Jahre alt und damit minderjährig, § 2 BGB. Nach § 1626 I, 1629 I S. 1 haben die Eltern die elterliche Sorge für das minderjährige Kind. Sie umfasst die Vermögenssorge nach § 1626 I S. 2 BGB und die Vertretung des Kindes, § 1629 I S. 1 BGB. Deshalb können die Eltern als gesetzliche Vertreter Rechte des Minderjährigen für diesen geltend machen.

hemmer-Methode: Die Eltern machen also einen fremden Anspruch (des M) in dessen Namen geltend. Es handelt sich also um einen Anspruch des *M* (nicht der Eltern!), den seine Eltern lediglich für ihn durchsetzen. Dementsprechend wäre im Prozess M der richtige Kläger, seine Eltern würden ihn wiederum nur vertreten (und nicht *selbst* als Partei auftreten!).

b) Vindikationslage nach § 985 BGB

M könnte gegen die Bank einen Anspruch auf Herausgabe des 500 €-Scheins nach § 985 BGB haben.

Voraussetzung ist das Bestehen einer Vindikationslage. M müsste Eigentümer und B Besitzerin ohne Recht zum Besitz nach § 986 I S. 1 BGB sein.

Fraglich ist deshalb, ob M Eigentümer des 500 €-Scheins ist.

M bekam den Geldschein von seinen Eltern nach §§ 929 S. 1, 107 BGB übereignet. Ursprünglicher Eigentümer des 500 €-Scheins ist damit M.

Er könnte das Eigentum jedoch wieder verloren haben, und zwar an die Bank.

aa) Rechtsgeschäftliche Übertragung des Geldscheines durch M an die B-Bank nach §§ 929 ff. BGB

Erforderlich ist ein wirksamer dinglicher Vertrag zwischen M und der B-Bank, Übergabe des Scheines und Berechtigung des M

(1) Einwilligung nach § 107, Alt. 2 BGB

Der dingliche Vertrag könnte jedoch schwebend unwirksam sein, §§ 106 ff. BGB.

Nach § 107 BGB bedarf der minderjährige M zu einer Willenserklärung, durch die er nicht lediglich einen rechtlichen Vorteil erlangt, der Einwilligung seines gesetzlichen Vertreters. Die Übereignung des 500 €-Scheins führt zum Eigentumsverlust des M und ist damit ein rechtlich nachteiliges Geschäft.

Eine Einwilligung (§ 183 S. 1 BGB) der Eltern als gesetzliche Vertreter (§§ 1626 I, 1629 I S. 1 BGB) nach § 107 BGB liegt nicht vor.

Damit ist die dingliche Einigung schwebend unwirksam.

(2) M hat einen dinglichen Vertrag nach § 929 S. 1 BGB ohne die erforderliche Einwilligung seiner Eltern geschlossen, § 108 BGB. Damit hängt die Wirksamkeit des Vertrages von der Genehmigung der Eltern ab, § 184 I BGB. Im Herausgabeverlangen der Eltern ist aber eine konkludente Erklärung enthalten, die Genehmigung zu verweigern, §§ 133, 157 BGB.

Damit ist der dingliche Vertrag nicht mehr schwebend, sondern endgültig unwirksam.

(3) Keine Ausnahme nach § 110 BGB

Dem könnte jedoch die Ausnahmeregelung nach § 110 BGB entgegenstehen.

§ 110 BGB macht die eigentlich erforderliche Zustimmung des gesetzlichen Vertreters im Anwendungsbereich der Norm entbehrlich.

§ 110 BGB setzt voraus, dass M die vertragsmäßige Leistung mit Mitteln bewirkt, die ihm zu diesem Zweck überlassen worden sind. M ist der Geldschein aber nicht zum Wertpapiersparen, sondern zum Mofa-Kauf überlassen worden. Eine Überlassung des Geldes zur freien Verfügung nach § 110 BGB scheidet somit ebenfalls aus.

Die Voraussetzungen des § 110 BGB sind also nicht erfüllt.

(4) Zwischenergebnis

M hat mangels wirksamer Einigung sein Eigentum an dem 500 €-Schein nicht durch rechtsgeschäftliche Übertragung gem. §§ 929 ff. BGB an die Bank verloren.

bb) Gesetzlicher Eigentumserwerb gem. §§ 946 ff. BGB

M könnte jedoch sein Eigentum dadurch verloren haben, dass die Bank aufgrund gesetzlichen Eigentumserwerbs das Eigentum am 500 €-Schein erlangt hat. In Betracht kommt eine Vermengung nach § 948 I, Alt. 2 BGB.

(1) Vermengung nach § 948 I, Alt. 2 BGB

Der 500 €-Schein als bewegliche Sache könnte nach § 948 I, Alt. 2 BGB mit den anderen 500 €-Scheinen in der Geldkassette der Bank untrennbar vermengt worden sein. In Ergänzung zur Vermischung, bei der Flüssigkeiten oder Gase miteinander verbunden werden, findet die Vermengung auf die Verbindung fester Stoffe Anwendung. Geldscheine können somit vermengt werden. Der 500 €-Schein des M ist in dem Vermögen der Bank nicht mehr unterscheidbar, § 948 I BGB.

Da die Voraussetzungen des § 948 I BGB erfüllt sind, findet § 947 BGB entsprechende Anwendung.

Die B-Bank wurde Alleineigentümer nach § 947 II BGB oder Miteigentümer nach §§ 947 I, 741 ff., 1008 ff. BGB. Damit hat M sein Alleineigentum verloren.

Somit besteht keine Vindikationslage und kein Anspruch aus § 985 BGB gegen die Bank.

(2) Keine „Geldwertvindikation“

Von *Westermann* vertreten wurde die „Geldwertvindikation“, die in Ausnahme zu dem bisher Gesagten bei Geldscheinen eine Herausgabe nach § 985 BGB zulässt. Sie stellt nämlich nicht auf das Vorhandensein der konkret identifizierbaren Geldscheine ab, sondern auf das wirtschaftliche Interesse des Eigentümer an dem Erhalt des wirtschaftlichen Wertes seines Vermögens, den die Geldscheine insoweit nur verkörpern. Diese Theorie hat sich nicht durchgesetzt. Sie lässt die grundsätzlichen Prinzipen des Sachenrechts außer Betracht: Es wird der sachenrechtliche Bestimmtheitsgrundsatz verletzt. Dieser erfordert gerade, dass Objekt sachenrechtlicher Beziehungen nur eine konkrete Sache sein kann. Es können nur konkrete Scheine herausverlangt werden. Das Herausgabeverlangen irgendwelcher Scheine, die nur denselben Wert haben, entspricht nicht dem Bestimmtheitsgrundsatz und kann kein Gegenstand der sachenrechtlichen Herausgabeansprüche sein. Darüber hinaus ist nicht recht einsichtig, warum Vertreter der Geldwertvindikation bei anderen vertretbaren Sachen keine derartige Ansicht vertreten; der Herausgabeanspruch auf Geld wird ohne ersichtlichen Grund gegenüber anderen Ansprüchen bevorzugt.

2. Bereicherungsanspruch nach §§ 951 I S. 1, 812 BGB

Die Eltern des M könnten für M weiterhin einen Bereicherungsanspruch gegen die Bank geltend machen, §§ 951 I S. 1, 812 BGB.

Voraussetzung ist der Alleineigentumserwerb der Bank, §§ 948 I, 947 II BGB.

Bei der Anwendung des § 947 I BGB hätte M dagegen einen Anspruch auf Auseinandersetzung der Bruchteilsgemeinschaft zwischen M und Bank an den 500 €-Scheinen.
Um gem. § 947 II BGB Alleineigentum der Bank an allen Scheinen zu begründen, müssten die 500 €-Scheine der Bank als „Hauptsache“ im Vergleich zum Geldschein des M anzusehen sein.

Eine Hauptsache liegt vor, wenn nach der Verkehrsauffassung eine der Sachen für das Wesen des Ganzen von entscheidender Bedeutung ist.

Ein Indiz für die entscheidende Bedeutung der einen Sache für das Wesen des Ganzen ist, wenn die übrigen Sachen fehlen könnten, ohne dass das Wesen der ganzen Sache dadurch beeinträchtigt würde. Ein weiteres Indiz ist, wenn die eine Sache praktisch dem Ganzen den Namen gibt, so dass auch nach Abtrennung der anderen Sachen der Name der ganzen Sache erhalten bliebe.

Allein demnach können die 500 €-Scheine keine Hauptsache sein.

a) Zweck des § 947 II BGB

Weiterhin spricht Folgendes gegen die Annahme einer Hauptsache:

§ 947 II BGB meint hauptsächlich die Verbindung zweier qualitativ unterschiedlicher Sachen nach § 947 I BGB, z.B. Autokarosserie und Motor. Bei der Vermengung und Vermischung nach § 948 BGB handelt es sich aber häufig um gleichartige Stoffe, die sich nur quantitativ unterschieden, z.B. zwei Sandhaufen.

Deshalb ist fraglich, ob § 947 II BGB bei quantitativen Unterschieden nach § 948 BGB Anwendung findet. § 947 II BGB bezweckt, die Zerstörung wirtschaftlicher Werte durch Trennung zu verhindern (teleologische Auslegung). Bei Vermengung gleichartiger Sachen, wie z.B. Geldscheinen, kann die Gesamtmenge ohne Beeinträchtigung ihres Wertes in einzelne Teilmengen aufspalten werden. Damit besteht keine Gefahr, dass ein wirtschaftlicher Wert durch Trennung zerstört wird. Die rein quantitativen Unterschiede zwischen den 500 €-Scheinen reichen deshalb für die Annahme einer „Hauptsache" nach § 947 II BGB nicht aus.

b) Praktikabilitätsgründe

Teilweise wird vorgebracht, bei Geschäftskassen mit schwankendem Bestand und weit überwiegendem Bestand des Kasseninhabers sollte dieser aus Praktikabilitätsgründen Alleineigentümer aller eingebrachten Geldscheine nach § 947 II BGB sein. Ansonsten könnte der Kasseninhaber durch die Miteigentumsanteile des Anderen nach § 947 I BGB nicht mehr über seinen Kassenbestand verfügen, das Geschäft wäre lahm gelegt. Die Bank könnte demnach mangels alleiniger Verfügungsmacht keinen ihrer 500 €-Scheine mehr am Schalter an ihre Kunden ausbezahlen.

Dieses Ergebnis verhindert die h. M. jedoch dadurch, dass sie dem Eigentümer der größeren Teilmenge nach § 947 I BGB ein Trennungsrecht einräumt. Damit entsteht keine Blockierung der Verfügungsmacht der Bank über ihre Geldscheine.

c) Bei Alleineigentum der Bank nach § 947 II BGB Insolvenzrisiko des M

Ausschlaggebend ist schließlich noch Folgendes:

Gibt man der Bank Alleineigentum nach § 947 II BGB, so hat M im Falle der Insolvenz weder ein Aussonderungsrecht nach § 47 InsO, noch ein Recht zur Auseinandersetzung der Gemeinschaft außerhalb des Insolvenzverfahrens nach §§ 84 InsO, 947 I, 741 ff. BGB.

hemmer-Methode: Eine solch ausführliche Darstellung der Probleme zu §§ 948, 947 II BGB wird von Ihnen im Examen oder gar in der Zwischenprüfung sicher nicht erwartet, wenn auch viele andere Probleme in der Klausur angeboten werden. Problembewusstsein, Argumentation und Auslegung wird jedoch immer honoriert!

Daher sind die bereits in der Geldkassette vorhandenen 500 €-Scheine der Bank nicht als Hauptsache nach § 947 II BGB anzusehen.

3. Auseinandersetzungsanspruch gem. §§ 741, 749 I, 752 S. 1 BGB

Die Eltern des M könnten für ihren Sohn einen Auseinandersetzungsanspruch gegen die Bank geltend machen, §§ 741, 749 I, 752 S. 1 BGB.

a) Gemeinschaft nach Bruchteilen an den 500 €-Scheinen in der Geldkassette, §§ 948 I, Alt. 2, 947 I BGB

Voraussetzung ist, dass zwischen der Bank und M überhaupt eine Bruchteilsgemeinschaft nach den §§ 741 ff. BGB besteht.

In Betracht kommt eine Bruchteilsgemeinschaft an allen 500 €-Scheinen in der Geldkassette über §§ 948 I Alt. 2, 947 I BGB. Bei einem rein quantitativen Unterschied wählt die h.M. aus den oben genannten Überlegungen heraus den Weg über § 947 I BGB. Daher besteht eine Bruchteilsgemeinschaft zwischen M und der Bank.

b) Ursprüngliche, durch die Vermischung entstandene Menge noch vorhanden?

Ein Auseinandersetzungsanspruch nach §§ 749 I, 752 S. 1 BGB kommt weiterhin nur dann in Betracht, wenn die ursprüngliche Menge, die durch die Vermengung entstand, noch vorhanden ist. Miteigentum ist nur an einer bestimmten, abgegrenzten Menge möglich.

Durch den Kassenschalterschluss ist die ursprüngliche Menge an 500 €-Scheinen noch vorhanden.

Damit: Die Eltern des M können von der Bank Zahlung von 500 € an M nach §§ 741, 749 I, 752 S. 1 BGB verlangen.

II. Herausgabeanspruch bzgl. der 500 € wenn der Geschäftsbetrieb am Schalter weiterlief

Der Einstieg in die Lösung ist wie oben vorzunehmen.

Problematisch ist bei der zweiten Teilfrage aber, ob die ursprüngliche, durch die Vermischung entstandene Menge noch vorhanden ist.

Durch den weiterlaufenden Geschäftsbetrieb der Bank liegt eine Kasse mit wechselndem Bestand vor.

In diesem Fall ist keine bestimmte, abgegrenzte Menge vorhanden, so dass ein Auseinandersetzungsanspruch aus einer Bruchteilsgemeinschaft nach §§ 749, 752 BGB ausscheidet.

Die Eltern des könnten aber für M einen Anspruch aus §§ 816 I S. 1, 1626 I, 1629 I S. 1 BGB auf Herausgabe des durch die Verfügung Erlangten gegen die Bank geltend machen. Dazu müsste die Bank bei ihrer Verfügung Nichtberechtigte gewesen sein. Die Bank war nur Miteigentümer des 500 €-Scheins und damit Nichtberechtigte nach § 816 I S. 1 BGB.

Deshalb steht M ein Anspruch auf Herausgabe des durch die Verfügung Erlangten, d.h. ein Anspruch auf Zahlung von 500 € gegen die Bank zu. Diesen Anspruch können die Eltern für M gegen die Bank geltend machen.

V. Zusammenfassung

§ 948 I, Alt. 2 BGB
Anwendung bei Vermengung von Geld

Anspruch aus § 951 BGB auf Wegnahme oder Bereicherungsanspruch, § 812 BGB, wenn

§§ 948 I Alt. 2, 947 II BGB

Anspruch aus §§ 741, 749 I, 752 S. 1 BGB auf Auseinandersetzung der Bruchteilsgemeinschaft, wenn

- §§ 948 I Alt. 2, 947 I BGB und
- ursprüngliche, durch Vermengung entstandene Menge noch bestimmt und abgrenzbar vorhanden

Nur noch Anspruch aus § 816 I S. 1 BGB, wenn

- ursprüngliche, durch Vermengung entstandene Menge nicht mehr vorhanden ist.

V. Zur Vertiefung

- Hemmer/Wüst, SachenR II, Rn. 270 ff.
- Hemmer/Wüst, Basics Zivilrecht II, Rn. 241 ff.
- Hemmer/Wüst, SachenR I, Karten 48 f.
- Juristisches Repetitorium Hemmer, Hauptkurs, BGB-AT Fall 12

Fall 50: Verarbeitung, § 950 BGB, Verwendungen und Zurückbehaltungsrechte

Sachverhalt:

G stiehlt dem Eigentümer E einen goldenen Würfel im Werte von 5000 € und veräußert ihn an den gutgläubigen Schmied S. S verarbeitet das Gold zu einem großen Ring, Wert 6000 €.

E verlangt von S Herausgabe des Rings.

S macht als Gegenrechte ein Zurückbehaltungsrecht und die Zahlung von 1000 € geltend.

I. Gliederung

A. Anspruch des E gegen S auf Herausgabe des Rings

I. Anspruch aus § 985 BGB

Vor.: Vindikationslage

1. E Eigentümer?

a) Erwerb des S nach §§ 929 S. 1, 185 II S. 1, Alt. 1 BGB (-)
E hat die Verfügung des G nicht genehmigt

b) Gutgläubiger Erwerb des S gem. §§ 929 S. 1, 932 I S. 1, II BGB (-) wegen § 935 I S. 1 BGB

c) Gesetzlicher Eigentumserwerb des S nach **§ 950 I S. 1 BGB**

(1) Herstellung einer neuen beweglichen Sache

(2) Durch Verarbeitung oder Umbildung

(3) Wert der Verarbeitung (Umbildung) nicht erheblich geringer als Wert des Stoffes

⇨ Wert der Verarbeitung = Wert der neuen Sache – Wert des Stoffes, hier (+)

⇨ kein Eigentumserwerb des S, E ist Eigentümer geblieben

2. S Besitzer

3. Kein Recht zum Besitz gem. § 986 I S. 1 BGB

a) Kein eigenes Recht zum Besitz (RzB), § 986 I S. 1 Alt. 1 BGB, obligatorische Rechte gelten nur ggü. den Vertragspartner

b) Kein abgeleitetes RzB, § 986 I S. 1, Alt. 2 BGB, da G ggü. E zum Besitz nicht berechtigt

c) ZbR gibt kein RzB,
ZbR Einrede und keine Einwendung,
Verurteilung Zug um Zug und keine Klageabweisung,
Teufelskreisargument

⇨ Anspruch aus § 985 BGB (+)

II. Anspruch aus § 861 I BGB

1. Ursprünglicher Besitz des E (+)

2. Besitzentzug (+)

3. Verbotene Eigenmacht des G ggü. dem unmittelbaren Besitzer E, § 858 I BGB (+), aber S als Nachfolger des G im Besitz hinsichtlich der verbotenen Eigenmacht des G beim Erwerb gutgläubig, § 858 II S. 2 BGB

⇨ Keine Geltendmachung der verbotenen Eigenmacht ggü. S

III. Anspruch aus § 1007 I, § 1007 II S. 1 BGB

Zwei getrennt zu prüfende Ansprüche

1. **§ 1007 I BGB** (-), da G bei Besitzerwerb gutgläubig (§ 932 BGB analog)
2. **§ 1007 II BGB**
   wegen Abhandenkommens (+).

B. Anspruch des S gegen E auf Zahlung von 1000 € und Zurückbehaltungsrecht

I. Verwendungsersatzanspruch aus §§ 994 ff. BGB und Zurückbehaltungsrecht aus § 1000 S. 1 BGB

1. Vindikationslage (+)
2. Def. Verwendungen

a) **Enger Verwendungsbegriff des BGH**
Danach ist Umbildung keine Verwendung

⇨ §§ 994 ff. BGB (-)
Folge nach BGH: **§§ 987 ff. BGB als abschließende Regelung**, Argument des § 993 I HS. 2 BGB

⇨ Rückgriff auf §§ 812 ff. BGB nicht möglich

⇨ kein Anspruch des S auf Verwendungsersatz

b) **H. L. weiter Verwendungsbegriff**
Umbildung: nützliche Verwendung, § 996 BGB

⇨ ZbR nach § 1000 BGB (+)
Bereicherungsanspruch aus **§ 812 BGB** und Zurückbehaltungsrecht aus **§ 273 I BGB**

c) **Teil der Lit**. enger Verwendungsbegriff des BGH (+)

⇨ Keine Verwendung i.S.d. §§ 994 ff. BGB
Aber anders als BGH keine Sperrwirkung des EBV für Ansprüche, die im EBV gar nicht geregelt sind

⇨ §§ 812 ff. BGB anwendbar

II. Lösung

A. Anspruch des E gegen S auf Herausgabe des Rings

Zu klären ist, ob E einen Anspruch gegen S auf Herausgabe des Goldrings hat.

I. Anspruch aus § 985 BGB: Vindikationslage

In Betracht kommt zunächst ein Anspruch aus § 985 BGB. Voraussetzung des § 985 BGB ist das Bestehen einer Vindikationslage. Die Vindikationslage ist gegeben, wenn E Eigentümer des Goldrings und S Besitzer ohne ein Besitzrecht wäre.

1. Eigentum des E am Goldring

E müsste Eigentümer des Rings sein. Ursprünglich war E Eigentümer des Goldes, aus dem der Ring besteht. E könnte sein Eigentum jedoch an S verloren haben.

a) Erwerb des S nach §§ 929 S. 1, 185 II S. 1, Alt. 1 BGB

S könnte das Eigentum am Gold durch die rechtsgeschäftliche Übereignung des G gem. § 929 S. 1 BGB erlangt haben. Von der wirksamen dinglichen Einigung und Übergabe ist auszugehen. Allerdings war G Nichtberechtigter bezüglich des Goldes und konnte darüber folglich nicht wirksam verfügen.

E könnte die Verfügung des G aber nach § 185 II S. 1, Alt. 1 BGB genehmigt haben und damit Herausgabe des von G durch die Verfügung Erlangten nach § 816 I S. 1 BGB verlangen.

Für eine Genehmigung des E zur Übertragung nach §§ 929 S. 1, 185 II S. 1, Alt. 1 BGB ist jedoch nichts ersichtlich.

Damit scheitert ein rechtsgeschäftlicher Erwerb nach § 929 S. 1, 185 II S. 1, Alt. 1 BGB.

hemmer-Methode: Vielleicht haben Sie schon einmal gehört, dass in einem Herausgabeverlangen eine konkludente Genehmigung i.S.d. § 185 II S. 1, Alt. 1 BGB gesehen werden kann. Dies hängt aber von den Gegebenheiten des Einzelfalles ab: E will von *S* Herausgabe. Eine Genehmigung der Übereignung G an S würde E lediglich in den Genuss eines Anspruches gegen *G* aus § 816 I S. 1 BGB bringen. Da E von *S* Herausgabe will, wäre eine Genehmigung für ihn nicht interessengerecht, so dass eine Auslegung als Genehmigung nicht in Betracht kommen kann.

b) Gutgläubiger Erwerb des S gem. §§ 929 S. 1, 932 I S. 1 BGB

S könnte aber im Wege des gutgläubigen Erwerbs das Eigentum an dem Gold erworben haben gem. § 929 S. 1, 932 I S. 1 BGB. Wie oben bereits festgestellt liegen die erforderliche Einigung und Übergabe des Goldes vor. Auch war der S mangels entgegenstehender Anhaltspunkte gutgläubig, § 932 II BGB. Allerdings ist das Gold dem E gestohlen worden. Ein solches Abhandenkommen verhindert den gutgläubigen Erwerb trotz der Gutgläubigkeit des S, § 935 I S. 1 BGB.

Damit ist ein rechtsgeschäftlicher Eigentumserwerb des S zu verneinen. E hat jedenfalls nicht im Wege des rechtsgeschäftlichen Erwerbs das Eigentum an dem Gold verloren.

c) Gesetzlicher Eigentumserwerb des S nach § 950 I S. 1 BGB

E könnte jedoch sein Eigentum durch Eigentumserwerb des S kraft Gesetzes verloren haben. In Betracht kommt hier § 950 I S. 1 BGB.

Gem. § 950 BGB wird derjenige neuer Eigentümer, der eine neue bewegliche Sache im Wege der Verarbeitung oder Umbildung eines fremden Stoffes herstellt, wenn der Wert der Verarbeitung nicht erheblich geringer ist als der Wert des Stoffes selbst. In diesem letztgenannten Ausnahmefall behält der Eigentümer des Ausgangsstoffes sein Eigentum. Dieses Eigentum setzt sich an der neuen Sache fort.

S müsste demnach durch Verarbeitung oder Umbildung des goldenen Würfels eine neue bewegliche Sache hergestellt haben. **Verarbeitung ist die bestimmungsgemäße Schaffung eines Produkts aus einem Rohstoff**.

Umbildung ist die Herstellung eines Produkts aus einem bereits bestehenden, anderen Produkt.

Hier hat S aus einem goldenen Würfel einen Ring geschmiedet. Damit kann eine Umbildung nach § 950 I S. 1 BGB bejaht werden.

Allerdings darf der Wert der Umbildung nicht erheblich geringer sein als der Wert des Stoffes.

Der **Wert der Umbildung** ist die <u>Differenz aus dem Wert der neuen Sache und dem Wert des Ausgangsstoffes</u>, hier also 1000 €. Der goldene Würfel selbst war 5000 € wert. Die Rechtsprechung nimmt einen geringeren Wert schon dann an, wenn der Wert der Umbildung zum Wert des Stoffes **60:100** beträgt. Hier ist das Verhältnis zwischen Wert der Umbildung (1000 €) und Wert des Ausgangsstoffes (5000 €) gar **20:100**.

Daher konnte S auch kein Eigentum nach § 950 I S. 1 BGB erwerben.

hemmer-Methode: Sind die Werte nicht so genau angegeben oder ist es nicht eindeutig feststellbar, ob der Wert der Verarbeitung erheblich geringer ist als der Wert des Ausgangsstoffes, so ist davon auszugehen, dass die **Verarbeitungskosten grundsätzlich höher** sind. Das kann man in der Klausur mangels entgegenstehender Anhaltspunkte umso mehr annehmen, als – jedenfalls in Deutschland – stets von **hohen Produktions- und Lohnkosten** auszugehen ist.

E ist Eigentümer des Goldringes.

2. S Besitzer

S ist Besitzer des Rings.

3. Kein Recht zum Besitz gem. § 986 I S. 1 BGB

Fraglich ist, ob S ein Recht zum Besitz an dem Ring zusteht. Das wäre dann der Fall, wenn er ein eigenes (§ 986 I S. 1, Alt. 1 BGB) oder ein von G abgeleitetes (§ 986 I S. 1, Alt. 2 BGB) Recht zum Besitz gegenüber E hätte. Ein eigenes Recht zum Besitz steht dem S gegenüber dem E nicht zu, da er in keiner Rechtsbeziehung zu E steht. Der Kaufvertrag als obligatorisches Recht wirkt nur inter partes, also nicht auch gegenüber Dritten (Relativität der Schuldverhältnisse). In Betracht kommt allenfalls ein von G abgeleitetes Recht zum Besitz, aufgrund des Kaufvertrages zwischen G und S. Allerdings war G, von dem S sein Recht zum Besitz ableiten möchte, selbst nicht zum Besitz berechtigt.

S hat gegenüber E folglich auch kein Recht zum Besitz nach § 986 I S. 1 BGB.

Auch können eventuell bestehende Zurückbehaltungsrechte des S gegenüber E kein Recht zum Besitz nach § 986 I S. 1 BGB ergeben. Das folgt bereits aus der Tatsache, dass es sich um zwei unterschiedliche Institute mit unterschiedlichen Rechtsfolgen handelt. Während das Recht zum Besitz eine Einwendung ist, ist ein Zurückbehaltungsrecht eine Einrede.

Die erste wirkt rechtsvernichtend und ist von Amts wegen zu beachten, die andere ist rechtshemmend, macht also den grundsätzlichen gegebenen Anspruch lediglich nicht durchsetzbar und ist im Prozess nur auf Einrede des Beklagten zu berücksichtigen.

Die Einwendung des Besitzrechts führt zur Klageabweisung, die Erhebung der Einrede des Zurückbehaltungsrechts lediglich zur Verurteilung Zug um Zug.

Der Anspruch aus § 985 BGB ist damit gegeben.

II. Anspruch aus § 861 I BGB

Es könnte weiterhin ein possessorischer Anspruch des E gegen S aus § 861 I BGB gegeben sein. E war unmittelbarer Besitzer des Goldes, er hat seinen Besitz verloren. Dies geschah gegen oder zumindest ohne den Willen des E, also durch verbotene Eigenmacht des G, § 858 I BGB. Die verbotene Eigenmacht muss grundsätzlich auch der Nachfolger im Besitz gegen sich gelten lassen. Jedoch gilt das dann nicht, wenn er im Hinblick auf diese Eigenmacht beim Besitzerwerb gutgläubig war, d.h. wenn er die Fehlerhaftigkeit des Besitzes beim Besitzerwerb nicht kannte, § 858 II S. 2 BGB.

S kannte die Fehlerhaftigkeit des Besitzes von G nicht. Deswegen scheitert ein Anspruch aus § 861 I BGB an § 858 II S. 2 BGB.

III. Anspruch aus § 1007 I, § 1007 II S. 1 BGB

Anmerkung: Machen Sie deutlich, dass Sie hier zwei getrennte Ansprüche prüfen, da § 1007 BGB zwei Anspruchsgrundlagen enthält.

Infolge der Gutgläubigkeit des S besteht auch kein Anspruch aus § 1007 I BGB.

Allerdings ist der goldene Würfel dem E gestohlen worden, so dass E einen Anspruch gem. § 1007 II S. 1 BGB gegen S hat.

B. Zurückbehaltungsrecht des S wegen der Umbildung

Zu klären ist auch, ob S dem Herausgabeanspruch das Zurückbehaltungsrecht des § 1000 BGB entgegensetzen kann.

I. Verwendungsersatzanspruch, §§ 994 ff. BGB und ZBR, § 1000 S. 1 BGB

S könnte ein Zurückbehaltungsrecht aus § 1000 S. 1 BGB zustehen. Dies setzt das Vorliegen ersatzfähiger Verwendungen nach den §§ 994 ff. BGB voraus.

Eine Vindikationslage nach §§ 985 f. BGB liegt vor.

Weitere Voraussetzung nach § 994 I S. 1 BGB ist das Vorliegen einer **Verwendung**.

Nach **der Rechtsprechung des BGH** definiert sich eine Verwendung danach, ob eine Maßnahme der Sache selbst zugutekommt, ohne die Sache grundlegend zu verändern („enger Verwendungsbegriff").

Eine Verwendung ist damit nur dann zu bejahen, wenn die Maßnahme darauf abzielt, die Sache in ihrem Bestand zu erhalten oder ihre Gebrauchsfähigkeit zu garantieren.

Werterhöhende Maßnahmen wie die Umbildung nach § 950 I S. 1 BGB sind damit keine Verwendung. Folglich wäre eine Verwendung nach §§ 994 ff. BGB abzulehnen.

Gleichzeitig sieht die Rechtsprechung die Vorschriften des Eigentümer-Besitzer-Verhältnisses nach §§ 987 ff. BGB als abschließende Regelung an, § 993 I HS. 2 BGB. Liegt also eine Vindikationslage vor und geben die Regeln der §§ 987 ff. BGB keinen Anspruch auf Ersatz von Verwendungen, so kommen keine anderweitigen Ersatzansprüche (insbesondere: Bereicherungsrecht) in Betracht. S ginge damit leer aus.

Dieses Ergebnis der BGH-Rechtsprechung wird als nicht interessengerecht erkannt und abgelehnt. S ist gutgläubig und hat seine Arbeitskraft und Zeit in die Umbildung investiert. Die Vorschriften des EBV differenzieren gerade danach, ob der Besitzer redlich und unverklagt besitzt, oder nicht. Ist der Besitzer redlich und unverklagt wie S, sollen die Vorschriften des EBV ihn gerade schützen.

Der enge Verwendungsbegriff des BGH lässt den gutgläubigen und unverklagten Besitzer aber gerade dann „im Regen stehen", wenn er tief greifende Veränderungen mit hohem wirtschaftlichen Einsatz und Risiko an der Sache vornimmt, z.B. **Hausbau auf fremdem Grundstück** oder eben Verarbeitung einer Sache nach § 950 BGB.

Gerade in einer solchen Situation ist der schutzwürdige Besitzer auf den Schutz der §§ 987 ff. BGB besonders angewiesen.

Der Eigentümer der Sache wäre zudem durch den Eingriff des Besitzers im Eigentum einer viel höherwertigen Sache, ohne dafür einen Cent bezahlen zu müssen („ein Geschenk des Himmels").

Dieses Ergebnis ist offensichtlich unbillig. Deshalb definiert die **h.L.** Verwendungen als willentliche Vermögensaufwendungen, die der Sache zugutekommen sollen **(weiter Verwendungsbegriff)**. Die Umbildung des goldenen Würfels nach § 950 I S. 1 BGB könnte demnach unter eine nützliche Verwendung gem. § 996 BGB subsumiert werden. Nützliche Verwendungen sind solche, die nicht notwendig nach § 994 I S. 1 BGB sind, doch den Wert der Sache noch im Zeitpunkt der Wiedererlangung durch den Eigentümer gesteigert haben, § 996 a.E. BGB. Dies ist hier aufgrund der wirtschaftlichen Wertsteigerung des umgebildeten Goldes um 1000 € der Fall.

Demnach hat S einen Verwendungsersatzanspruch für die Umbildung nach § 996 BGB. Unmittelbare Folge ist ein Zurückbehaltungsrecht des S aus § 1000 S. 1 BGB, bis er wegen der ihm zu ersetzenden Verwendung in Höhe von 1000 € befriedigt wird.

II. Bereicherungsanspruch aus § 812 BGB und Zurückbehaltungsrecht aus § 273 I BGB

Ein Teil der Literatur erkennt den engen Verwendungsbegriff des BGH an, lässt aber das **Bereicherungsrecht** der §§ 812 ff. BGB trotz Sperrwirkung des EBV zugunsten des Verwenders zur Anwendung kommen.

D.h. die Sperrwirkung greift nur ein, wenn tatsächlich Verwendungen i.S.d. engen Verwendungsbegriffs vorliegen. Folgt man dieser Ansicht, erhält S ein Zurückbehaltungsrecht aus § 273 I, II, Alt. 1 BGB.

Diese Lösung öffnet zwar den Anwendungsbereich des EBV, klammert die Sperrwirkung jedoch „ausnahmsweise" aus und wird hier deshalb als inkonsequent abgelehnt.

hemmer-Methode: Andere Ansicht vertretbar! Denn man könnte auch argumentieren, dass das EBV bezüglich der vorliegenden Umbildung angesichts des engen Verwendungsbegriffes gar nicht einschlägig wäre und deshalb auch keine Sperrwirkung entfalten könne. Jedenfalls im Ersten Staatsexamen dürfen Sie hier alles vertreten, wenn Sie nur nachvollziehbare Argumente anführen. Ein reines „Nachbeten" der BGH-Rechtsprechung wird Ihnen jedoch keinen Bonus bringen.

E hat gegen S einen Anspruch auf Herausgabe des goldenen Rings. S kann dem E jedoch das Zurückbehaltungsrecht des § 1000 S. 1 BGB entgegenhalten, bis dieser den Betrag der ersatzfähigen Verwendungen von 1000 € an E zahlt.

hemmer-Methode: Respekt, Sie haben dieses Buch durchgearbeitet. Wenn Sie (nahezu) alles nachvollziehen konnten, wird Ihnen im Bereich des Mobiliarsachenrechts kaum jemand noch etwas vormachen können. Sachenrecht ist eines der angenehmsten Gebiete, da die Lösungen streng an der gesetzlichen Systematik orientiert sind - anders als etwa im Schuldrecht, wo durch irgendwie geartete ergänzende Vertragsauslegung stets das gesamte gesetzliche Ergebnis „umgeworfen" werden kann.
Sachenrecht ist verlässlich und hat sich noch dazu seit über 100 Jahren in den wesentlichen Bereichen nicht geändert. Studenten, die das Sachenrecht nicht mögen, fehlt oft die Fähigkeit zum logischen Denken und systematischen Arbeiten. Dies ist aber gerade das Kernstück der Jurisprudenz!

III. Zur Vertiefung

- Hemmer/Wüst, SachenR I, Rn. 360 ff., 392 ff.
- Hemmer/Wüst, SachenR II, Rn. 273 ff.
- Hemmer/Wüst, Basics Zivilrecht II, Rn. 245 ff., 371 ff.
- Hemmer/Wüst, SachenR I, Karten 50, 66 f.
- Zu § 950 BGB: Das Besprechen von Tonbändern stellt keine Herstellung einer neuen Sache dar, sog. „Kohl-Protokolle", BGH, Life&Law 2016, 1 ff.

Die Zahlen beziehen sich auf die Nummern der Fälle.

A

B

D

E

W

Z

by hemmer

hemmer/wüst Verlag

Unser Lernsystem im Überblick

Die Kartensätze

■ Überblickskarteikarten - je 30,00 € / 19,90 €

Über Prüfungsschemata zum Wissen

Ihr Begleiter vom 1. Semester bis zum 2. Staatsexamen! In den Überblickskarteikarten sind die wichtigsten Problemfelder im Zivil-, Straf- und Öffentlichen Recht knapp, präzise und übersichtlich dargestellt. Sie erfassen effektiv auf einen Blick das Wesentliche. Die grafische Aufbereitung der Prüfungsschemata auf der Vorderseite schafft Überblick über den Prüfungsaufbau. Die Kommentierung mit der hemmer-Methode auf der Rückseite vermittelt deshalb das nötige Einordnungswissen für die Klausur und erwähnt die wichtigsten Definitionen.

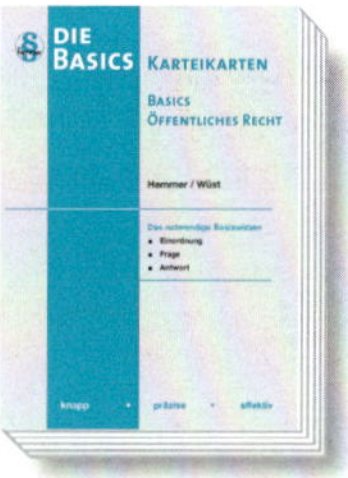

■ Basics Karteikarten - je 16,90 €

Das Pendant zu den Basics Skripten

Mit dem Frage- und Antwortsystem zum notwendigen Wissen. Die Vorderseite der Karteikarte ist unterteilt in Einordnung und Frage. Der Einordnungstext erklärt den Problemkreis und führt zur Frage hin. Die Frage trifft dann den Kern der prüfungsrelevanten Thematik. Auf der Rückseite schafft der Antworttext Wissen.

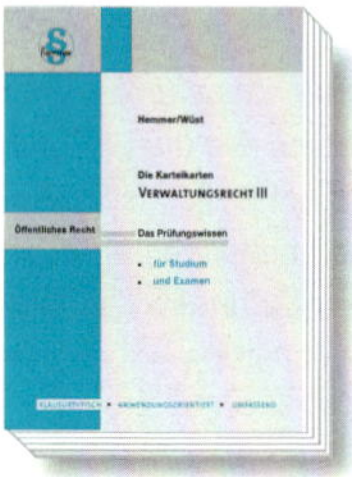

■ Hauptkarteikarten - je 16,90 €

Das Pendant zu den Hauptskripten

Das Prüfungswissen in Karteikartenform für den, der es bevorzugt, mit Karteikarten zu lernen. Im Frage- und Antwortsystem zum Wissen. Auf der Vorderseite der Karteikarte führt ein Einordnungsteil zur Frage hin. Die Frage trifft die Kernproblematik des zu Erlernenden. Auf der Rückseite schafft der Antworttext Wissen.

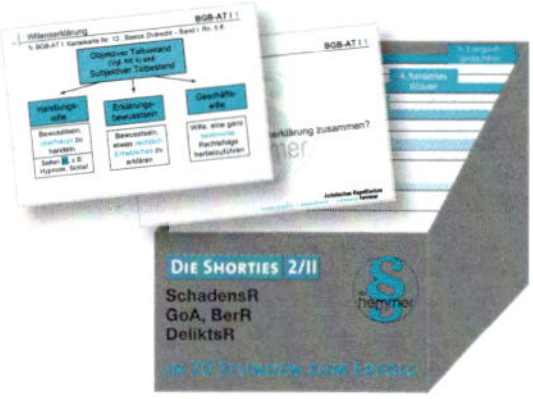

■ Die Shorties - je 24,90 €

In 20 Stunden zum Erfolg inkl. hemmer-Lernbox

Die kleinen Karteikarten in der hemmer Lernbox enthalten auf der Vorderseite jeweils eine Frage, welche auf der Rückseite grafisch aufbereitet beantwortet wird. Die bildhafte Darstellung ist lernpädagogisch sinnvoll. Die wichtigsten Begriffe und Themenkreise werden anwendungsspezifisch erklärt. Knapper geht es nicht - die Sounds der Juristerei! In Kürze verhelfen die Shorties so zum Erfolg.

Versandkostenfreie Bestellung in unserem hemmer-shop

www.hemmer-shop.de

hemmer/wüst Verlag

Unser Lernsystem im Überblick

Digitale Produkte

HEMMER APP StudySmarter & hemmer

FÜR SMARTPHONE, TABLET UND PC

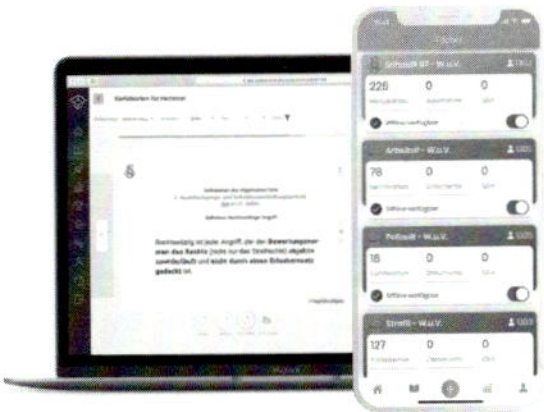

Laden im App Store

JETZT BEI Google Play

Das Frage-Antwort-System der hemmer Hauptskripten, unsere „haupties“, digital lernen mit der intelligenten Lernplattform StudySmarter. Behalten Sie mit detaillierten Lernstatistiken Ihren Fortschritt im Blick und lernen Sie mit einem individuellen Lernplan.

Für alle Jurastudierenden bundesweit kostenlos testbar:
„haupties BGB AT I - III“ (579 KK) sowie „Definitionen StrafR (279 KK).
Einfach den Code hemmer20 bei der Registrierung eingeben.
Zusätzlich kostenfrei nur für unsere Kursteilnehmenden:
Über 600 Wiederholungs- und Vertiefungsfragen des HK-Materials.
Der exklusive Code ist über die Kursleiter und Kursleiterinnen erhältlich.

eBOOKS - ab 9,90 €

DIE HEMMER SKRIPTENREIHE ALS eBOOKS

In den eBooks, die mit unserer hemmer Skriptenreihe identisch sind, werden die für die Prüfung nötigen Zusammenhänge umfassend aufgezeigt und wiederkehrende Argumentationsketten eingeübt. Nutzen Sie die eBooks als Ihre ortsunabhängige Bibliothek. Sie sind klausurorientiert und zahlreiche Beispielsfälle erleichtern das Verständnis. So wird Prüfungswissen auf anspruchsvollem Niveau vermittelt.

AUDIOCARDS - ab 19,95 €

AUDITIV - MODERN - EFFEKTIV

Die Wiederholungsfragen der hemmer Hauptskripten werden in den hemmer AudioCards vertont und beantwortet. Gleichzeitig haben Sie die Möglichkeit, den kompletten Inhalt inklusive Inhaltsverzeichnis per PDF einzusehen und auszudrucken. Wir verhelfen Ihnen mit unserem auditiven Lernsystem zu einer optimalen Prüfungsvorbereitung.

Erhältlich über unseren hemmer-shop
www.hemmer-shop.de

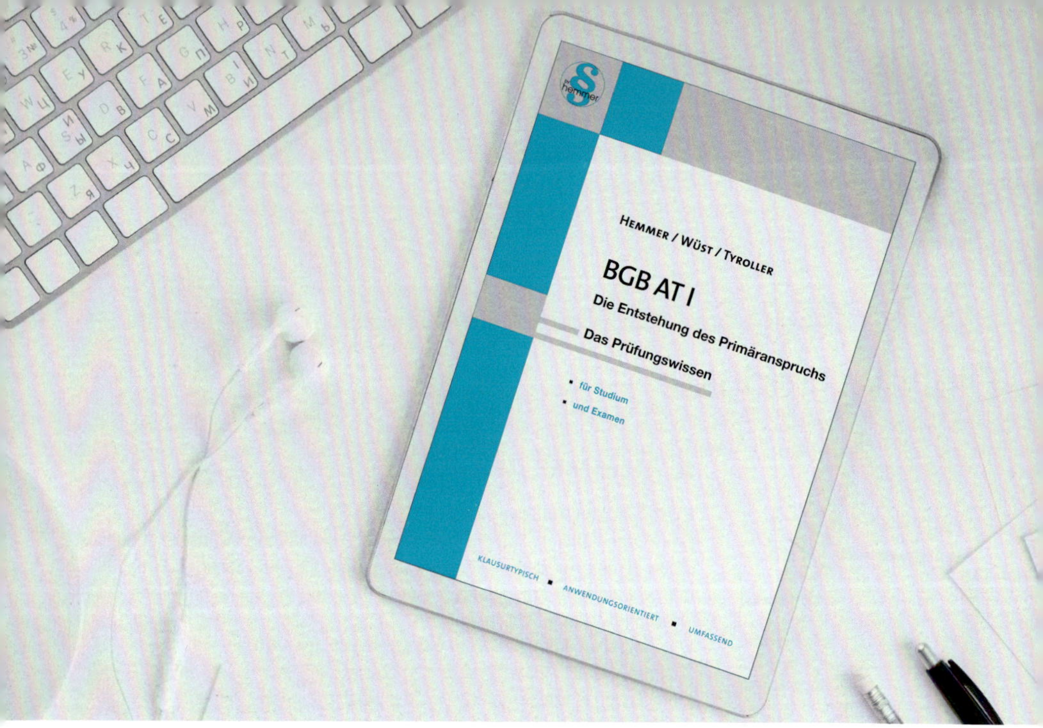
HEMMER / WÜST / TYROLLER
BGB AT I
Die Entstehung des Primäranspruchs
Das Prüfungswissen
für Studium
und Examen
KLAUSURTYPISCH
ANWENDUNGSORIENTIERT
UMFASSEND

examenstypisch
modern
effektiv